国家级职业教育规划教材
全国高等职业院校电子商务专业教材

跨境
电子商务实务

唐艳◎主编

中国劳动社会保障出版社

内容简介

本教材为全国高等职业院校电子商务专业教材，由人力资源社会保障部教材办公室组织编写。

本教材结合跨境电商行业最新发展和业务标准，按照职业领域典型工作任务，以培养职业能力为目标，以工作过程为主线，以真实项目为载体，融“教、学、做、评”于一体，体现项目导向、任务驱动、工学结合的教学设计。主要内容包括跨境电商入门、海外市场调研与选品、跨境电商物流方案设计、跨境店铺运营、跨境电商营销推广、跨境电商客户服务等项目模块。此外，教材还配套大量微课，帮助学生学习和理解教材内容。

本教材由唐艳任主编，龙登科、陆俊杰、张梦雅、杨文辉参与编写，谭燕伟审稿。

图书在版编目（CIP）数据

跨境电子商务实务 / 唐艳主编 . -- 北京：中国劳动社会保障出版社，2023
全国高等职业院校电子商务专业教材
ISBN 978-7-5167-5729-1

Ⅰ. ①跨… Ⅱ. ①唐… Ⅲ. ①电子商务 - 高等职业教育 - 教材 Ⅳ. ①F713.36

中国国家版本馆 CIP 数据核字（2023）第 011442 号

中国劳动社会保障出版社出版发行
（北京市惠新东街 1 号 邮政编码：100029）
*
北京市白帆印务有限公司印刷装订 新华书店经销

787 毫米 ×1092 毫米 16 开本 20.25 印张 406 千字
2023 年 2 月第 1 版 2026 年 2 月第 5 次印刷
定价：45.00 元

营销中心电话：400-606-6496
出版社网址：http://www.class.com.cn
http://jg.class.com.cn

前 言

近年来，我国电子商务取得显著成就，电子商务已经全面融入我国生产生活各领域，成为提升人民生活品质和推动经济社会发展的重要力量。电子商务的新业态、新模式发展也创造了大量新职业、新岗位，对电子商务从业人员的职业素质提出了新要求。为了培养更加符合电商技术领域和职业岗位（群）工作要求的高素质应用型人才，我们组织有关行业企业专家、职业院校电商专业学科带头人、骨干教师，依据电子商务师国家职业技能标准和企业实际需求，研发了这套全国高等职业院校电子商务专业教材。

新编写的教材具有以下主要特点：

1. 着眼电商企业新技术、新业态发展，构建满足企业用人需求的专业教材体系

本套教材立足电商企业技术服务与运营推广的岗位架构，围绕电商直播、短视频制作与推广、跨境电子商务等新技术与新业态，构建了由专业基础课程教材、专业核心课程教材和专业拓展课程教材组成的教材体系，主要包括《电子商务基础》《电子商务法律法规》等专业基础课程教材，《商品图片拍摄与处理》《网店视觉设计》《网站设计与开发》等技术与服务类专业核心课程教材，《网店运营实务》《跨境电子商务实务》《电商直播》等运营与推广类专业核心课程教材，以及《电子商务会计》《电子商务物流》等专业拓展课程教材，以岗位工作为导向，以综合职业能力为核心，培养符合企业需求的电商应用型人才。

2. 积极创新教材编写模式，注重实践能力培养

在教材研发过程中，坚持产教融合、工学一体的职业教育理念，对于技术技能型课程，积极探索按照职业领域典型工作任务，以工作过程为主线，以综合职业能力为目标，体现项目导向、任务驱动、工学结合的教学设计。对于专业理论课程，则尽可能多地引入企业真实案例、素材等，以提高学生的工作实践能力。

3. 开发多种教学资源，提供优质教学服务

在教学服务方面，围绕主教材，配套开发电子课件和相应的习题册，并对重点核心课程开发操作演示视频、微课、素材库等数字资源，方便教师教学和学生自主学习。电

子课件及习题册答案可登录技工教育网（jg.class.com.cn）查询下载，数字化配套产品扫描书中二维码即可在线观看。

4. 丰富教材表现形式，提高教材可读性

教材的表现形式符合职业院校学生的认知规律。通过清晰的栏目设置，增强教材的表现力，并尽可能多地以图表代替大段冗长的文字叙述，使教学内容直观明了，降低学习难度。同时，对部分教材采用四色印刷，以增强教材内容的表现效果，提高教材的时代性和可读性。

本套教材的编写工作得到了有关学校的大力支持，教材的编审人员做了大量的工作，在此我们表示衷心的感谢！同时，恳切希望广大读者对教材提出宝贵的意见和建议。

人力资源社会保障部教材办公室

目 录

项目一 跨境电商入门

案例导入

跨境电商进入 3.0“出海”时代

跨境电商的发展，给那些能够深入洞察消费者需求、扎根供应链、拥抱新型数字平台的企业和创业者带来了新的机会。在深度数字化和全球化的时代，跨境电商经历了以下三个发展阶段。

跨境电商 1.0 时代：典型特征是企业通过线上承接 OEM（Original Equipment Manufacturer，原始设备制造商）、ODM（Original Design Manufacturer，原始设计制造商）订单，进行委托代工生产。

跨境电商 2.0 时代：企业利用线上平台做商品页面（Listing），以满足平台电商的需求，销售商品。而消费者按照价格、产品类目搜索商品并购买，从而满足其消费需求。这一阶段的特征是薄利多销。

跨境电商 3.0 时代：中国跨境电商行业从薄利多销向卖得精、卖得贵、卖得好转变。2022 年 1 月 1 日，《区域全面经济伙伴关系协定》（Regional Comprehensive Economic Partnership，RCEP）正式生效。这是 2012 年由东盟发起，包括中国、日本、韩国、澳大利亚、新西兰和东盟十国共 15 个成员制定的协定。该协定的签署，标志着当今世界上人口最多、经贸规模最大、最具发展潜力的自由贸易区正式启航。协定成员国实行关税互惠，这为我国跨境出海品牌带来了巨大的利好。因此，2022 年被称为“万物出海元年”。

如何抓住跨境电商 3.0 时代的机遇？这就需要企业真正理解海外市场，洞察和满足消费者的真正需求，从之前的产品和产能中心型组织转变为以消费者需求为导向的组织，了解终端用户，连接终端用户，进行品牌转型，从产品出海升级到品牌出海。

面对不同民族、不同文化等许多方面差异很大的国家，如何将自身产品和品牌文化，与这些国家的地理差异、人口结构、审美爱好等进行更好的融合，这是一个复杂的过程，比做单一市场要复杂得多。因此，跨境电商企业应当力求在产品使用功能之上创造更多的价值，包括功能价值、情感价值和经济价值等。而创造价值的基础就是要以顾客为中心，洞察并满足其需求。

从产品出海到品牌出海，从功能性品牌转变成生活方式品牌，跨境电商 3.0 时代已经到来。

（资料来源：https: //www.cifnews.com/article/117795）

项目背景

深圳市征途箱包有限公司创建于 2010 年，是一家集箱包研发设计、生产、销售、服务为一体的公司。公司内部建立了科学完善的产品设计流程和产品开发流程，追求产品原创设计，拥有产品专利超过 200 项。公司采用线上线下相结合的经营模式，在国内在线零售平台上开设线上店铺 10 余家，产品销售遍布全球，已在全球 30 多个国家注册商标，为公司的全球战略和未来发展打下坚实基础。

高云、张平、王红、李兵是深圳某职业院校跨境电子商务专业的学生，在校期间他们在老师的带领下参观了校企合作企业——深圳市征途箱包有限公司，即将毕业的他们对该公司的电商业务很感兴趣，很想去这家企业毕业实习，刚好这家企业发出了跨境电商专员的毕业实习校招岗位，高云等 4 人作为合作院校学生直接参加了校招面试，进入企业实习。

作为有志于从事跨境电商工作的年轻人，在开始迈入工作岗位前应对跨境电商领域的知识和行业有一定了解和认识，本项目将介绍跨境电商入门知识，通过本项目的学习，要求学生完成以下学习目标。

知识目标

1. 了解跨境电商的基本含义。
2. 熟悉跨境电商与传统外贸、境内电商的区别。
3. 熟悉跨境电商 B2C 平台的类型和业务模式。
4. 掌握速卖通平台店铺注册流程与认证条件。

技能目标

1. 能够收集跨境店铺注册材料。
2. 能遵守相关平台规则，完成跨境电商平台的注册与认证。

素养目标

1. 能正确认识跨境电商行业发展，培养职业荣誉感和责任心。
2. 培养诚实守信、遵纪守法的职业道德。
3. 培养互联网思维和创新思维。
4. 培养精益求精的工匠精神。

任务 1　认识跨境电子商务

任务引入

为了在深圳市征途箱包有限公司实习顺利，高云、张平、王红、李兵 4 人准备再次全面学习跨境电商相关知识。为了更好地掌握跨境电商相关知识，他们积极上网收集资料，并找专业老师作指导、认真思考：怎样进一步理解跨境电子商务？跨境电商和传统外贸、境内电商有什么区别？企业开展跨境电商的盈利模式有哪些？

任务分析

跨境电子商务（Cross-border e-commerce）简称跨境电商，它是基于互联网发展起来的一种新型贸易业态。跨境电子商务和一般意义上的电子商务是有区别的，后者主要是指境内电子商务（Domestic e-commerce），如在淘宝网、京东开店从事商品销售，就是在从事境内电子商务活动。除此之外，在运作流程、平台选择、业务模式、交易规则方面，跨境电子商务与传统外贸、境内电子商务也有很大的区别。因此，在从事跨境电商具体业务之前，需要熟悉跨境电商领域的基本知识和业务范围。

相关知识

一、跨境电子商务的内涵

1. 跨境电子商务的定义

跨境电子商务是将传统外贸中的合同磋商、合同订立、合同履行等环节电子化，并通过跨境物流及异地仓储送达商品、完成交易。

广义上的跨境电商是指电子商务在国际贸易领域的应用。狭义上的跨境电商是指分属不同国（关）境的交易主体，通过电子商务平台达成交易，进行支付结算，并通过跨境物流送达商品、完成交易的一种国际商业活动，特指跨境电商 B2C 零售业务。本课程提及的“跨境电子商务”，一般指“跨境电子商务零售（出口）”。

国境和关境

关境是“海关境界”的简称，亦称“关税国境”，是执行统一海关法令的领土范围。国境和关境有紧密联系：①一般情况下，关境的范围等于国境。②关境可能大于国境。如关税同盟的成员国之间货物进出国境不征收关税，只对来自和运往非同盟国的货物在进出共同关境时征收关税，因而对于每个成员国来说，其关境大于国境，如欧盟。③关境可能小于国境。若在国内设立自由港、自由贸易区等特定区域，因进出这些特定区域的货物都是免税的，因而这些区域的关境小于国境。

我国的关境范围是除享有单独关境地位的地区以外的中华人民共和国的全部领域，包括领水、领陆和领空。目前我国的单独关境有香港、澳门和台、澎、金、马单独关税区。在单独关境内，各自实行单独的海关制度。

2. 跨境电商的发展意义

跨境电商冲破了国家间的障碍，使国际贸易走向无国界贸易，引起了世界经济贸易的巨大变革。跨境电商的发展具有以下重要意义。

（1）有利于企业转型，拓宽发展空间

对企业来说，跨境电商利用互联网平台在全球构建了开放的多边贸易合作，拓宽了企业进入国际市场的途径，促进资源优化配置，有利于企业转型，寻求更广阔的发展空间。

（2）交易直接化，降低产品价格

一方面，跨境电商可以通过电子商务平台，实现跨境企业之间、企业与消费者之间的直接贸易，减少了中间环节，提高了效率。另一方面，跨境电商减少了企业中间成本，将其让利给消费者，从而降低了产品价格。

（3）方便消费者，满足多层次需求

通过跨境电商，消费者可以不受地域、时间的限制，买到在国内买不到的产品，并且通过价格对比，买到性价比最优的商品。

（4）拉动国内需求，促进就业

跨境电商的发展促进了国内经济的增长，这一新业态得到国家政策大力扶持，反过来进一步推动了跨境电商的繁荣，促进就业。

3. 跨境电商的特点

跨境电商是互联网与外贸结合而产生的一种新型行业，与传统贸易相比，其呈现出以下主要特点。

（1）全球性

对因互联网而生的跨境电商而言，只要消费者接入了互联网，就可以通过互联网购买来自全球各地的商品和服务。因此，对于企业来说，不需要跨越国界，只需要把商品和服务信息发布到互联网上就可以实现全球化交易。全球性是跨境电商最基本的特征。

（2）虚拟性

传统交易以实物交易为主。而在跨境电商中，消费者在电商平台所看到的商品介绍、交易结算等都是数字化的、虚拟的，最终通过跨境物流交付商品实物，从而实现真实交易。

（3）即时性

在跨境电商环境中，人们不再受地域、时间的限制。通过互联网，消费者能全天候在电商平台上购物、交易、付款等，能方便快捷地完成过去较为复杂的商业活动；企业能够快速实现商品和服务的信息发布等。

（4）无纸化

跨境电商活动主要采取无纸化操作方式，如整个信息发送和接收过程实现了无纸化，提高了企业办事效率。

（5）匿名性

由于跨境电子商务的全球性和非中心化，很难识别买家身份和具体的地理位置。尽管在线交易的买家大多不会显示自己具体的位置和身份，但这并不影响交易的进行，网络匿名也允许买家这样做。

二、跨境电子商务的基本模式

这里的跨境电子商务模式，主要指跨境电商的交易模式和运作模式。由于互联网的广泛使用，跨境电商逐渐发展形成了不同的模式。

1. 按照交易主体不同，分为跨境 B2B（Business to Business）模式和跨境零售（Cross-border retail）模式

按照交易主体不同，跨境电商分为跨境 B2B 模式和跨境零售模式。

跨境 B2B 模式亦称跨境批发（Cross-border wholesale）模式，是指分属不同关境的企业之间通过电商平台达成交易、进行支付结算，并通过跨境物流送达商品、完成交易的一种国际商业活动。

跨境零售模式包括跨境 B2C（Business to Customer）模式和跨境 C2C（Customer to Customer）模式。

跨境 B2C 模式是指分属不同关境的企业直接面向个人消费者开展在线销售商品，通过电商平台达成交易、进行支付结算，并通过跨境物流送达商品、完成交易的一种国际商业活动。该模式的卖方是企业，买方为个人消费者，它是企业以零售方式将商品销售给消费者的一种模式。

跨境 C2C 模式是指分属不同关境的个人卖方对个人买方开展在线销售商品，由个人卖方通过第三方电商平台发布商品的信息和价格等内容，个人买方进行筛选，最终通过电商平台达成交易、进行支付结算，并通过跨境物流送达商品、完成交易的一种

国际商业活动。该模式的买卖双方都是个人，即经营主体是个人，面向的也是个人消费者。

目前，跨境 B2B 模式占跨境电商交易规模的 80% 以上，处于市场主导地位，如图 1-1-1 所示。随着智能手机、网购消费的兴起，以及物流、支付系统的不断完善，跨境零售（B2C、C2C）模式下的交易行为呈现不断上升的趋势。

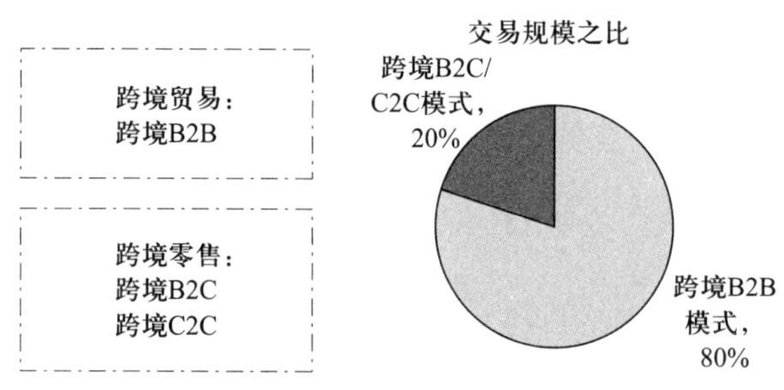

图 1-1-1　跨境 B2B 模式占跨境电商交易规模之比

2. 按照进出口方向不同，分为进口跨境电商和出口跨境电商

根据进出口方向不同，跨境电商分为进口跨境电商（Import cross-border e-commerce）和出口跨境电商（Export cross-border e-commerce）。从历年我国跨境电商进出口结构来看，进口额仍高于出口额，但出口额增长迅速，增长率已高于进口额。

2018 年通过海关跨境电子商务管理平台的零售进出口商品总额为 1 347 亿元，同比增长 50%，其中出口额为 561.2 亿元，同比增长 67%；进口额为 785.8 亿元，同比增长 39.8%。总体来看，我国跨境电子商务交易额继续保持增长，跨境电商已成为稳定外贸增长、促进经济发展的新动力。

Tips 进口跨境电商和出口跨境电商

按照货物流向区分，进口跨境电商主要是通过自建跨境电商平台，“海淘”各个国家和地区的商品，然后通过自己的平台在国内展开销售，如洋码头、小红书等就是主打进口的跨境电商。而出口跨境电商一般是通过海外电商平台，如亚马逊、eBay 等，将国内商品销售到海外。

三、跨境电商与传统外贸、境内电商的区别

1. 跨境电商与传统外贸的主要区别

（1）传播服务的平台不同

在传统外贸中，企业拓展海外市场通常采用电子邮件、展销会等信息流广告方式来

传播和宣传自己的商品和服务，以吸引外商，因此从传播方式来看，外贸属于信息流。而跨境电商商家是通过平台或是自建站等渠道，直接发布商品信息，完成商品交易，实现商品在境内外的流动。

（2）交易环节不同

在传统外贸中，由于都是大宗商品交易，并且进出口贸易的流程复杂，要经历工厂、出口商、进口商、零售商、消费者等多个环节，要根据国外物流行业开展多层级的分销，最后货品才会抵达终端。而跨境电商是直接面对终端消费者，通过跨境物流将商品直接运送到终端消费者，交易环节缩减，也降低了成本。

（3）交易方式不同

在传统外贸中，交易双方的交易方式是线下交易，或者说交易并不通过第三方支付平台，往往是直接的、线下面对面的交易。而在跨境电商中，交易双方是依靠平台产生的线上交易，支付也需要第三方支付平台介入。图 1-1-2 所示反映了传统外贸与跨境电商交易方式的差异。

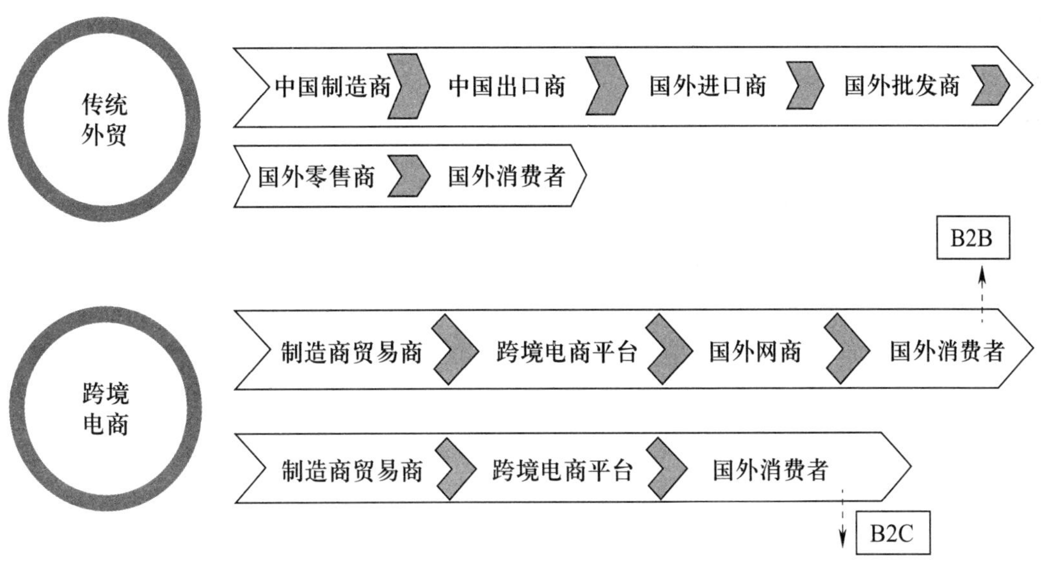

图 1-1-2　传统外贸与跨境电商交易方式的差异

（4）税收不同

因为传统外贸往往涉及大宗商品交易，所以在海关审核和税务申报方面比较复杂，如税种就涉及关税、增值税、消费税等。而当跨境电商以商家面对个体的交易方式时，税收方面就简单些。

（5）商业模式不同

传统外贸的基本模式是 B2B 模式，这属于全球化贸易发展初级阶段的产物。而跨境电商未来的主流贸易模式将是 B2C，这是全球化贸易发展的必然结果。

传统外贸和跨境电商的主要差异见表 1-1-1。

表 1-1-1　　传统外贸和跨境电商的比较

项目	传统外贸	跨境电商
1. 交易主体交流方式	面对面，直接接触	通过互联网平台，间接接触
2. 运作模式	基于商务合同的运作模式	需借助互联网电子商务平台
3. 订单类型	大批量、少批次、订单集中、周期长	小批量、多批次、订单分散、周期相对较短
4. 价格与利润率	价格高、利润率相对低	价格实惠、利润率相对较高
5. 产品类目	产品类目少、更新速度慢	产品类目多、更新速度快
6. 规模与速度	市场规模大但受地域限制，增长速度相对缓慢	面向全球市场，规模大，增长速度快
7. 交易环节	交易环节复杂（生产商—贸易商—进口商—批发商—零售商—消费者），涉及中间商众多	交易环节简单（生产商—零售商—消费者或生产商—消费者），涉及中间商
8. 支付	正常贸易支付	需借助第三方平台支付
9. 物流运输	多通过空运、集装箱海运完成，物流因素对交易达成影响不明显	通常借助第三方物流企业，一般以航空小包的形式完成，物流因素对交易达成影响明显
10. 通关与结汇	按传统国际贸易程序，可以享受正常通关、结汇和退税政策	通关缓慢或有一定限制，无法享受退税和结汇政策（个别城市已尝试解决）
11. 争端处理	有健全的争端处理机制	争端处理不畅，效率低

2. 区分跨境电商与境内电商

（1）跨境电商与境内电商的联系

跨境电商与境内电商之间的联系表现为以下几方面。

1）互联网技术的发展和普及为跨境电商与境内电商提供了良好的外部环境。借助互联网技术，跨境电商与境内电商的所有商务活动主要采取无纸化、在线化操作的方式，提高了企业办事效率。

2）依托电商平台，搭建数据库，能有效分析消费行为，能提供商品信息查询、货物运输以及交易信息查询等服务。

3）跨境电商与境内电商的经营目标是一致的，都是为促进贸易达成，实现商品销售。

（2）跨境电商与境内电商的区别

跨境电商与境内电商区别主要体现在以下几个方面。

1）交易主体不同。跨境电商的交易主体分属不同关境，参与对象涉及境外和境内的商家、物流企业、银行、政府机构等。而境内电商交易双方同属一个国家，即国内的卖家在线销售给国内的买家，参与对象只需涉及境内的商家、客户、物流企业、银行等。

2）运营环境不同。跨境电商运营是一种对外贸易运营环境，跨境电商运营者与买家之间存在语言障碍，虽然跨境电商运营者可以借助翻译软件弥补沟通障碍，但最好具备一定的外语基础。而境内电商与买家基本不存在语言障碍。同时运营跨境电商还要考虑文化差异，以及不同国家之间的时差问题等。比如你登录美国站，当前时间是北京时间下午 3 点，那么这时在美国是凌晨。因此，我国一些跨境电商公司采用“三班倒”或夜班制度。最后，还要考虑国外节假日情况。例如，美国的大促日“黑色星期五”类似于中国的“双十一”，但运营目标和节日促销方式却不同。因此，跨境电商运营者必须了解和熟悉外语环境和外国文化，这是跨境电商运营的一个挑战。

3）业务复杂程度不同。境内电商的业务有在线交易、支付结算、国内物流配送等，而跨境电商的业务除此之外还增加了国际物流、出入境清关、国际结算等。

4）关税不同。从 2016 年 4 月 8 日开始，中国正式实施跨境电商零售进口税收政策，并同步调整行邮税。现在跨境电商零售进口商品按照邮递物品不再征收行邮税，而是按照“货物”征收关税和进口环节增值税、消费税。税额暂按法定应纳税额的 70% 征收，同时取消免征税额（原来规定 50 元以下免征税额），这意味着跨境电商免税时代终结。而境内电商销售的商品不涉及缴纳关税问题。

Tips 跨境电商综合税及计税方法

根据跨境电子商务零售进口税收政策规定，个人单笔交易限值人民币 5 000 元，个人年度交易限值人民币 26 000 元。在限值以内进口的跨境电商零售进口商品，关税税率暂设为 0%；进口环节增值税、消费税按法定应纳税额的 70% 征收。计算公式如下：

跨境电商综合税计算方式 1 =（关税 + 增值税 + 消费税）×70%

跨境电商综合税计算方式 2 = 购买单价 × 件数 × 跨境电商综合税率

其中，

消费税 = 完税价格 ÷（1 − 消费税税率）× 消费税税率

增值税 =（完税价格 + 消费税）× 增值税税率

跨境电商综合税率 =（消费税税率 + 增值税税率）÷（1 − 消费税税率）×70%

例如，消费税税率为 30% 的商品，增值税税率为 13%，假设货物申报价值为 100 元（包含运费），应缴纳进口环节的跨境电商综合税是：

关税 =0 元

消费税 = 100 ÷（1 − 30%）×30%）≈ 42.86（元）

增值税 =（100 + 42.86）×13% = 18.57（元）

跨境电商综合税税率 =（30% + 13%）÷（1 − 30%）×70% = 43%

跨境电商综合税计算方式 1 =（42.86 + 18.57）×0.7 ≈ 43（元）

跨境电商综合税计算方式 2 = 100×43% = 43（元）

5）相关贸易法规制度不同。跨境电商在运输、安全和进口等标准上都有严格的规范和管理机制，并要求按照相关的国际惯例和交易流程执行。而对于境内电商，一般只需符合我国境内相关规定即可。

任务实施

★任务一：绘制跨境电子商务的运作方式

按照图 1-1-3 所示跨境电商运作流程，结合表 1-1-2 中的词汇，采用思维导图工具（如 XMIND、MINDNOW 等），绘制“进口跨境电商运作方式”和“出口跨境电商运作方式”的思维导图。

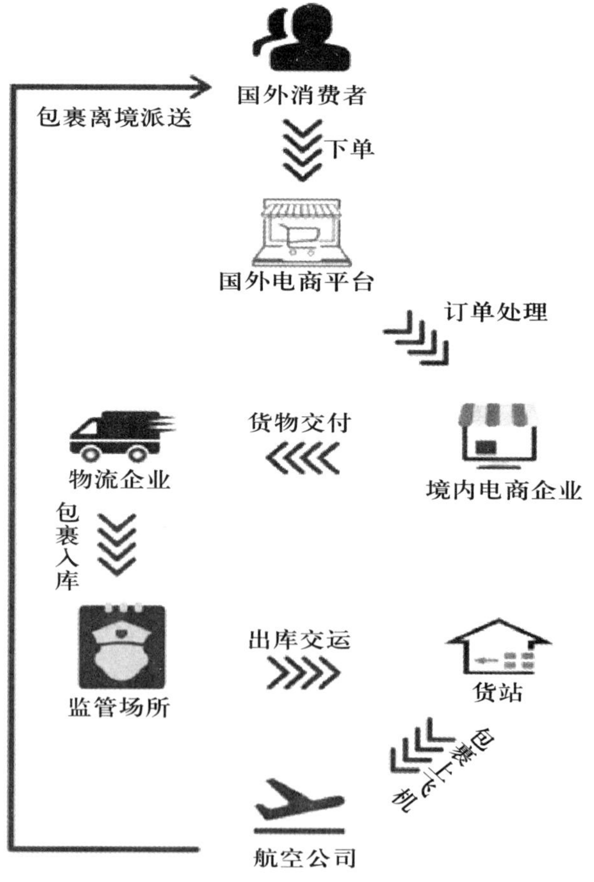

图 1-1-3　跨境电商运作流程

表 1-1-2　　词库

制造商	支付企业
A 企业	国外 B 客户
国内 C 客户	支付
电商平台	物流配送
下单	物流商
通关商检	海关

★任务二：查找不同跨境电商的代表模式

请使用“百度”搜索引擎，查找表 1-1-3 所示平台 LOGO 标志对应的网站名称或网站地址、平台特点以及跨境电商模式类型，并填入表中。

表 1-1-3　　查找不同跨境电商的代表模式

<table>
<tr><th rowspan="2">平台 LOGO 标志</th><th rowspan="2">网站名称 /
网站地址</th><th rowspan="2">平台特点</th><th>出口
模式</th><th>进口
模式</th><th>B2C</th><th>C2C</th><th>B2B</th></tr>
<tr><th colspan="5">对应画“○”</th></tr>
<tr><td>考拉海购</td><td></td><td></td><td></td><td></td><td></td><td></td><td></td></tr>
<tr><td>洋码头</td><td></td><td></td><td></td><td></td><td></td><td></td><td></td></tr>
<tr><td>eBay</td><td></td><td></td><td></td><td></td><td></td><td></td><td></td></tr>
<tr><td>LAZADA</td><td></td><td></td><td></td><td></td><td></td><td></td><td></td></tr>
<tr><td>Lightinthebox.com</td><td></td><td></td><td></td><td></td><td></td><td></td><td></td></tr>
</table>

★任务三：对比跨境 B2B 模式与跨境 B2C 模式

请根据所学知识，结合网络搜索，描述跨境 B2B 模式与跨境 B2C 模式的区别，填入表 1-1-4 中。

表 1-1-4　　对比跨境 B2B 模式与跨境 B2C 模式

项目	跨境 B2B 模式	跨境 B2C 模式
1. 交易规模	成交金额大、交易周期长	成交金额较小、成交次数多
2. 电子化程度		
3. 物流方式		
4. 支付结算方式		
5. 海关监管方式		

任务评价

本次任务主要通过理论学习、网络学习和任务实践，使学生知晓跨境电商的定义、特点、模式和功能，并完成相关任务单（表格）的填写。

本次任务引入跨境电商专员岗位角色，让学生以跨境电商专员角色组建小组（运营团队），根据每个工作任务情境和任务要求开展任务实施，在学习评价中采用过程性评价和结果性评价相结合的方式，从课前、课中、课后多角度评价，从知识能力、职业素养、专业能力三维度评价，发挥学生的主动性。同时开展小组讨论，培养团队协作意识。

一、职业素养评价

职业素养评价表是对任务完成过程中所需的职业规范、组织协作、沟通能力、创新实践四个方面进行评价，对组员的评分由组长完成，对组长的评分由组员集体评定，评价结果填写在表 1-1-5 中。

表 1-1-5　　　　职业素养评价表

评价项目	评价标准	完全符合（90～100 分）	比较符合（70～89 分）	基本符合（60～69 分）	完全不符合（59 分及以下）
①职业规范	按时到岗，具备职业认同感				
	工作过程诚实守信、遵纪守法、吃苦耐劳				
	仪容仪表符合职业规范				
②组织协作	服从组内安排				
	能完成小组分配的任务				
	能主动配合或帮助组员				
③沟通能力	小组讨论时能踊跃发表观点				
	能参与本组任务方案展示的准备或解说				
	能清晰准确地表达自己的观点				
④创新实践	能提出创新性的建议并落实				
	能总结反思并持续改进				
	能在实践活动中发挥个人特长				
合计					

二、任务实施评价

本次任务的专业能力评价表根据本次任务目标和要求填写，评价形式采取线上线下相结合，分为课前、课中、课后三个环节全面评价学生的综合专业能力。评价结果填写在表 1-1-6 中。

表 1-1-6　　专业能力评价表

序号	评价项目	评价标准	评价方式	评价环节	完全符合（90～100 分）	比较符合（70～89 分）	基本符合（60～69 分）	完全不符合（59 分及以下）
1	课前任务	数字资源平台 PPT、微课的学习程度	线上	课前				
		学习任务书填写情况						
2	任务一：绘制跨境电子商务的运作方式	能准确分析所绘制的思维导图	线上+线下	课中				
		流程图形要素绘制准确						
		任务成果思维导图绘制逻辑清晰						
		开始和结束图形要素绘制准确						
		按照“词库”绘制，并标出图形要素						
3	任务二：查找不同跨境电商的代表模式	网站地址填写准确	线上+线下	课中				
		模式特点分析全面						
		所属模式填写准确						
		任务填写成果准确、无遗漏						
4	任务三：对比跨境 B2B 模式与跨境 B2C 模式	能准确对比分析两者的“交易规模”	线上+线下	课中				
		能准确对比分析两者的“电子化程度”						
		能准确对比分析两者的“物流方式”						
		能准确对比分析两者的“支付结算方式”						
		能准确对比分析两者的“海关监管方式”						

续表

序号	评价项目	评价标准	评价方式	评价环节	完全符合（90～100分）	比较符合（70～89分）	基本符合（60～69分）	完全不符合（59分及以下）
5	学习成果输出	按时上交任务可视化成果（文档、照片、视频等）	线上+线下	课后				
		入选优秀作业（作品）集						

三、任务综合评价

根据任务权重计算方式填写任务综合评价总表（见表 1-1-7），记录小组任务执行情况，每个小组完成任务的可视化学习成果予以存档。

表 1-1-7　任务综合评价总表

任务名称						
小组名称	小组成员	职业素养评价（20%）	专业能力评价			总分
			课前学习评价（10%）	课中任务评价（60%）	课后验收评价（10%）	
小组一（示例）						
组平均分						
考核记录						

思考与练习

高云从某进口电商平台购买了 3 罐奶粉，货物申报总价值为 1 000 元。奶粉的消费税税率为 0，增值税税率为 13%，请计算应缴纳的跨境电商综合税。

任务 2　选择跨境电商平台

任务引入

高云、张平、王红、李兵 4 人在深圳市征途箱包有限公司国际运营部跨境电商专员岗位实习一段时间后，对该公司的业务有了一定了解。随着国内市场占有份额的饱和，行业竞争激烈，为了进一步拓展国际业务，深圳市征途箱包有限公司国际运营部负责人要对公司国际运营策略做调整，准备线上开拓童包国际市场，于是给高云等 4 人布置了一项任务：调研当前知名的跨境电商进出口平台，了解这些平台的基本情况，并在此基础上进一步熟悉跨境电商的交易流程，为后期在第三方跨境电商平台注册店铺、进行儿童箱包销售做准备。

任务分析

企业要进军跨境电商市场，需要选择一个合适的跨境电商平台。这里的跨境电商平台可以是第三方平台，也可以是自建站（独立站），大部分跨境电商企业在前期业务开拓中都会选择第三方跨境电商平台销售产品。那么，如何选择一个合适的第三方跨境电商平台呢？一般来说需要考虑以下因素：平台的经营理念和运营规则是什么？平台是否有稳定的仓储和物流系统？平台的费用支出和押金额度是多少？平台对商家的扶持力度如何？这些问题将对后期的企业运营，如选品、站内推广、物流方案选择等产生很大的影响。另外，从电商企业运营实践来看，同一种产品、一个品牌，不可能在所有电商平台上都销售得好；在某个平台上销售得好，也不一定在其他平台上就可以销售得好。所以，选择一个合适的跨境电商平台尤其重要。

相关知识

一、跨境电商平台的分类

1. 按照商品流向划分为出口跨境电商平台和进口跨境电商平台

出口跨境电商平台（Export cross-border e-commerce platform），是为企业拓展国际业务在网络上开展电子商务服务，以实现全球消费者在网上购物，并集订单、支付、物流功能于一体的全球外贸在线交易平台。例如亚马逊（Amazon）、阿里巴巴国际站、全球速卖通、Wish 等都属于目前主流的出口跨境电商平台，如图 1-2-1 所示。

图 1-2-1　主流出口跨境电商平台

进口跨境电商平台（Import cross-border e-commerce platform），是国内消费者通过“网购保税进口”（海关监管方式代码 1210、1239）或“直购进口”（海关监管方式代码 9610）购买境外商品的在线交易平台。例如网易考拉、蜜芽网、天猫国际等都是目前主流的进口跨境电商平台，如图 1-2-2 所示。

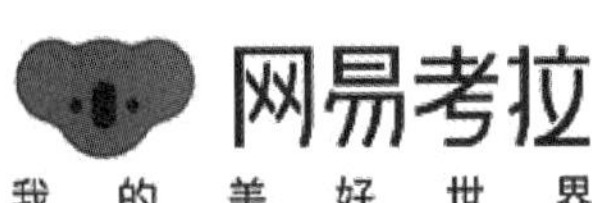

图 1-2-2　主流进口跨境电商平台

【微课】主流出口跨境电商平台

【微课】主流进口跨境电商平台

Tips 海关总署对跨境电商的监管方式“9610”“1210”“1239”“1039”

1.“9610”的含义：全称“跨境贸易电子商务”，简称“电子商务”。该监管方式适用于境内个人或电子商务企业通过电子商务交易平台实现跨境交易。以“9610”海关监管方式开展电子商务零售进出口业务的电子商务企业、监管场所经营企业、支付企业和物流企业应当按照规定向海关备案，并通过电子商务通关服务平台实时传送交易、支付、仓储和物流等数据。

2.“1210”的含义：全称“保税跨境贸易电子商务”，简称“保税电商”。该监管方式适用于境内个人或电子商务企业在经海关认可的电子商务平台实现跨境交易，并通过海关特殊监管区域或保税监管场所进出的电子商务零售进出境商品。“1210”相当于境内企业把生产出的货物存放在海关特殊监管区域或保税监管场所的仓库中，即可申请出口退税，之后按照订单由仓库发往境外消费者。

3.“1239”的含义：全称“保税跨境贸易电子商务A”，简称“保税电商A”。该监管方式适用于境内电子商务企业通过海关特殊监管区域或保税物流中心（B型）一线进境的跨境电子商务零售进口商品。与“1210”监管方式的区别是：国内15个试点城市，以及未来新设的22个跨境电商综合实验区的城市，暂不使用“1239”监管方式开展跨境电子商务零售进口业务。

4.“1039”的含义：即“市场采购”贸易方式，是指由符合条件的经营者在经国家商务部门认定的市场集聚区内采购的、单票报关单商品货值15万（含15万）美元以下并在采购地办理出口商品通关手续的贸易方式。

2. 按照交易模式划分为B2B跨境电商平台、B2C跨境电商平台、C2C跨境电商平台

B2B跨境电商平台所面向的最终客户为企业或集团客户，一般采用网上展示、线下交易的外贸信息服务模式向客户提供产品、服务等相关信息。代表平台企业有敦煌网、中国制造网、阿里巴巴国际站、环球资源网等。

B2C跨境电商平台和C2C跨境电商平台所面向的最终客户为个人消费者，是以网上零售的方式，将产品销售给个人消费者。目前，针对个人消费者的C类零售跨境电商市场在我国跨境电商交易总规模中的占比不断提高，未来还将迎来更大规模增长。代表平台企业有全球速卖通、DX、兰亭集势、大龙网、亚马逊、Lazada、eBay等。

3. 按平台运营模式划分为第三方开放平台和自营型平台

第三方开放平台（Third-party platform）通过线上搭建商城，整合物流、支付等资源，吸引商家入驻平台，为商家提供跨境电子商务交易服务。第三方开放平台以收取商家佣金以及增值服务佣金为主要盈利模式。代表平台企业有全球速卖通、敦煌网、环球资源网、阿里巴巴国际站等。

自营型平台（Self-operated platform）通过线上搭建平台，平台方自己整合供应商资源，寻找货源、采购商品，并且通过自己的平台售卖商品。自营型平台主要以获取商品差价为盈利模式。代表平台企业有兰亭集势、米兰网、大龙网、京东全球购、聚美优品、小红书等。

4. 按平台服务类型划分为信息服务平台、在线交易平台、外贸综合服务平台

信息服务平台（Information service platform）主要是为境内外会员商家提供网络营销平台，传递供应商或采购商等商家或服务信息，促成双方完成交易。简单地说，就是为交易双方提供信息交换的平台。会员费是该类平台的主要收入来源，平台还为会员商家提供增值服务，如竞价排名、点击付费及展位推广服务等。代表平台企业有阿里巴巴国际站、环球资源网、中国制造网等。

在线交易平台（Online trading platform）不仅能提供企业、产品、服务等多方面信息展示，并且支持交易双方的在线交易，通过该平台可以线上完成搜索、咨询、对比、下单、支付、物流、评价等全购物链。该类平台已逐渐成为跨境电商平台的主流模式，其盈利模式主要是收取佣金以及展示费用。代表平台企业有敦煌网、全球速卖通、Deal Extreme、炽昂科技、米兰网、大龙网等。

外贸综合服务平台（Foreign trade service platform）是指整合外贸各环节服务，将其统一投放给中小外贸企业的服务平台。其主要服务包括融资、通关、退税以及物流、保险等外贸必需环节，即为企业提供关、检、汇、税、商一体化进出口贸易服务。代表平台企业有阿里巴巴“一达通”。

Tips 本土化跨境电商平台

跨境电商要想做大做强，就必须走出国门，为用户提供本土化服务。能否本土化是跨境电商实现可持续发展的关键。例如小笨鸟跨境电商平台通过模式创新，充分利用出口目标国已有知名电子商务平台，搭建平台中的平台，让出口目标国的采购商或客户在本国平台上购买中国商品，从操作习惯、语言、支付到购买行为方式上不会有任何变化，从而使买家更加便捷地采购中国商品。代表性本土化跨境电商平台有印度的Flipkart、俄罗斯的Yandex、美国的Newegg、新西兰的Trademe、巴西的Mercadolibre等。

二、主流跨境电商平台基本情况

目前，主流跨境电商第三方平台有全球速卖通、亚马逊、Wish、eBay、阿里巴巴国际站等。

1. 全球速卖通（AliExpress）

全球速卖通简称速卖通，成立于2009年，是阿里巴巴旗下面向全球市场打造的在线交易平台，被广大的中国网友称为“国际版淘宝”。速卖通的网址是：www.aliexpress.com。

从 2009 年至今，速卖通已发展成为全球最大的跨境电商平台之一，平台买家累计购买人次超过一亿。速卖通覆盖 3C、服装、家居、饰品等 30 个一级行业类目，其中优势类目包括服装服饰、手机通信、鞋包、美容健康、珠宝手表、消费电子、计算机网络、家居、汽车摩托车配件、灯具等。

阿里巴巴拥有良好的社区和客户培训体系，使用户能快速入门速卖通。所以速卖通平台适合初级卖家，尤其是其产品特点符合新兴市场需求的卖家，产品性价比较高。速卖通经营的重点是新兴市场，特别是俄罗斯和巴西。

2014 年，速卖通对个别产品类目出台了收取 3 万～5 万元的年费政策，并对部分产品类目实行审核制的招商方式。2016 年，速卖通又将年费调整为 3 万～10 万元，同时加强对卖家的服务指标考核，考核不达标的店铺将被强行关闭。到 2017 年，速卖通开始全面清理个人账户，并且只接受企业身份的新注册用户。目前，速卖通的部分产品类目已经处于基本饱和的状态，卖家在入驻时要注意避开那些竞争激烈的产品类目。速卖通作为阿里巴巴国际化的重要战略产品，已成为全球最活跃的跨境电商平台之一，并依靠阿里巴巴庞大的会员基础，成为全球产品品类最丰富的平台之一。图 1-2-3 所示为全球速卖通官网首页。

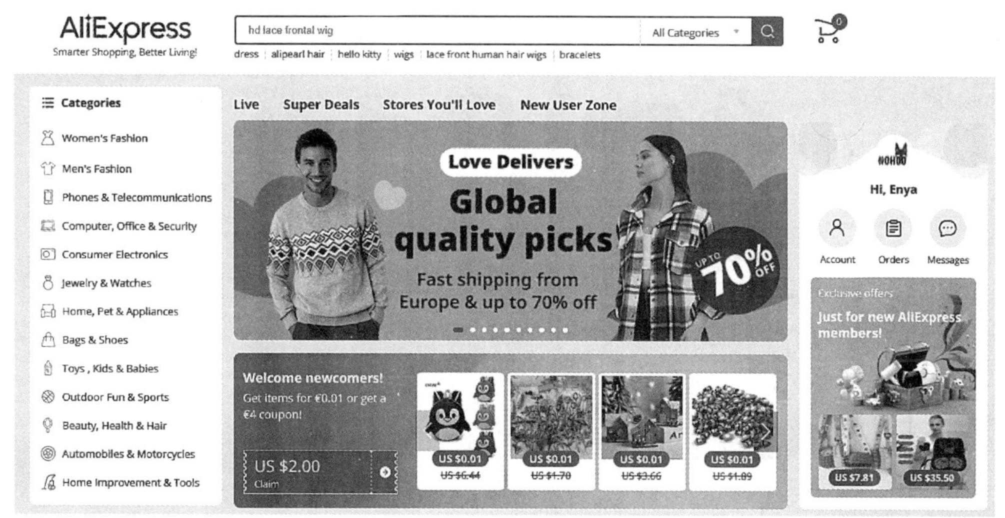

图 1-2-3　全球速卖通官网首页

2. 亚马逊（Amazon）

亚马逊由杰夫·贝佐斯创立于 1995 年。亚马逊的前身是一家在线书店，贝佐斯希望能打造一家书店，让人们在一分钟内访问世界上所有已经出版的图书。到 1997 年，贝佐斯认为网络零售是一个比实体店更能带给人们便利的商业模式，所以亚马逊开始扩充其产品种类，力图将自己打造成综合性的电商平台。现在亚马逊已经成为全球最大的电子商务平台。2018 年，亚马逊在美国的电商市场占有率达到了 49.1%。自 2012 年起，亚马逊开始招募第三方中国卖家入驻，在此后的几年中，中国卖家的数量呈现爆炸性增长。

亚马逊平台的优势体现在以下几个方面：一是消费群体质量高，面对的基本是发达国家市场。亚马逊平台全面开放北美、日本、欧洲等发达国家站点，遍布全球的跨境电子商务运营中心给卖家提供了广阔市场。二是亚马逊拥有自有的 FBA（Fulfillment by Amazon）仓储物流。亚马逊实行销售配送一体化，有效地节省了发货时间，为客户提供高效、安全的物流服务，大大降低了卖家的人工成本，提高了产品的销量和利润。三是亚马逊擅长大数据营销，卖家可以利用用户数据调整自己的店铺结构，优化升级，能够对顾客实行精准的个性化定制营销，使其获得独特的购物体验。如图 1-2-4 所示为亚马逊官网首页。

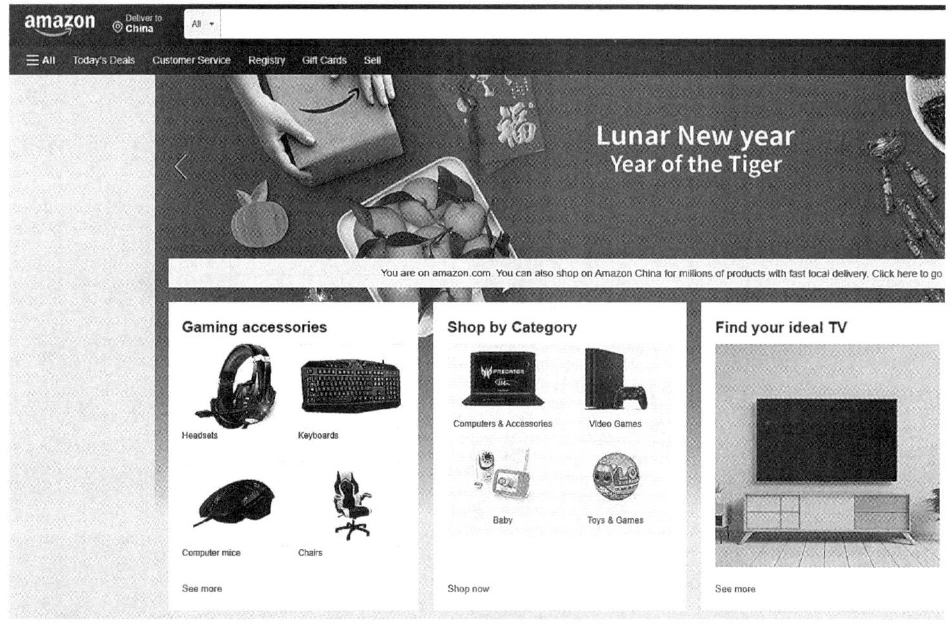

图 1-2-4　亚马逊官网首页

3.Wish

Wish 于 2011 年成立于美国硅谷，是全球排名第一的移动端[①]电商购物 App，也是北美最大的移动电商平台。Wish 最大的特点就是专注于移动端购物，平台根据用户喜好，通过精确的算法技术，将商品信息推送给感兴趣的用户。Wish 主张以亲民的价格给消费者提供优质的商品。

Wish 在各国移动端的排名均居购物类 App 前列，目前 Wish 平台拥有的注册买家超

① 移动端也称无线端，目前泛指手机端。

过3.5亿，每天有超过1 000万活跃用户在平台上浏览商品，月活跃用户数超过7 000万，周复购率超过75%。

Wish的主要市场是北美地区，客户群体比较集中。Wish适合具有一定经验的贸易商、B2C企业、品牌经销商。Wish对于产品质量有较高的要求，对于仿品的审查极为严格，因此它的审核周期较长，较短的是2个星期左右，长的可能到2个月。需注意的是，如果卖家被平台发现销售侵权或假冒产品，将有被关店封号的风险。如图1-2-5所示为Wish手机App页面。

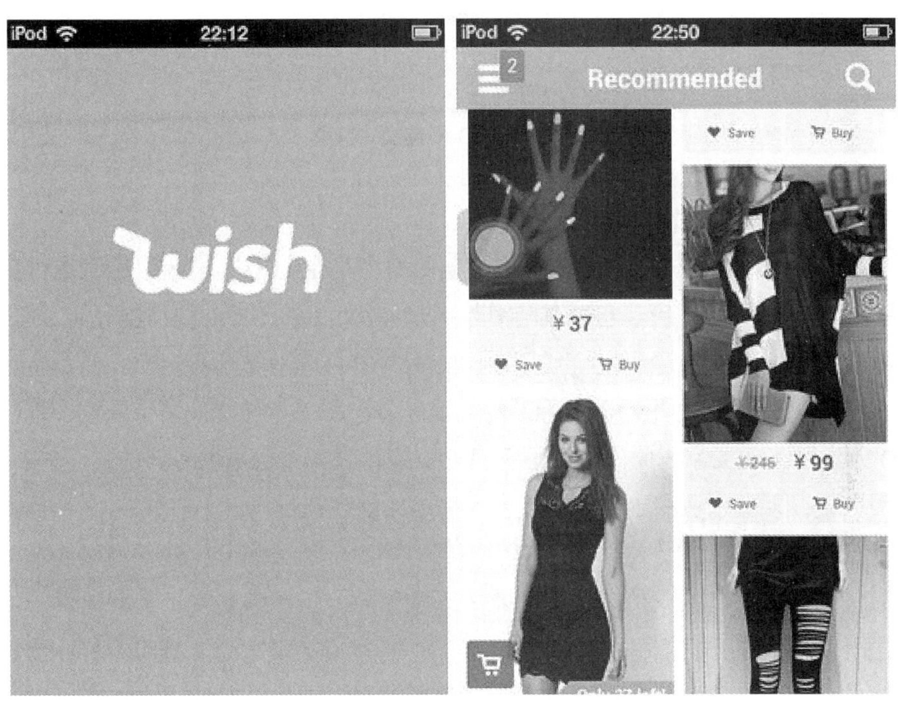

图1-2-5 Wish手机App页面

4.eBay

eBay于1995年创立于美国加利福尼亚州圣荷塞。eBay是一个面向全球消费者的线上购物以及拍卖网站，拥有美国、加拿大、奥地利、比利时、法国、中国、德国、爱尔兰、意大利、荷兰等24个国家的独立站点。个人也可以在eBay上出售商品。

相对于亚马逊而言，eBay的开店手续并不复杂。但是需要重视的是，eBay对卖家的要求更严格，对产品质量要求较高，如果产品售后问题严重的话，卖家将面临平台的处罚。二手货的交易也是eBay业务的重要组成部分。在eBay，交易方式分为拍卖和一口价两种，eBay的支付方式默认为PayPal，商户在注册开店时必须绑定有效的PayPal账户。eBay的主要市场在美国和欧洲。如图1-2-6所示为eBay英国站首页。

图 1-2-6　eBay 英国站首页

5. 阿里巴巴国际站（Alibaba）

阿里巴巴国际站成立于 1999 年，是一个帮助中小企业拓展国际贸易而提供出口营销推广服务的跨境电商平台。它通过向海外买家展示、推广供应商及其产品，使其获得贸易商机和订单。它是我国出口企业拓展国际贸易的首选网络平台之一。作为全球最大的 B2B 跨境电商平台，阿里巴巴国际站的物流业务已覆盖全球 200 多个国家和地区、超过 2 600 万活跃企业买家。此外，阿里巴巴外贸综合服务平台提供的一站式通关、退税、物流等服务，让外贸企业在出口流通环节变得更加便利和顺畅。

阿里巴巴国际站的优势主要体现为以下四方面：一是买家可以搜索卖家所发布的公司及产品信息；二是卖家也可以搜索买家的采购信息；三是为买家、卖家提供了沟通的工具、账号管理的工具；四是功能齐全完善，能够为买卖双方提供最新的行业信息整合服务。此外，阿里巴巴国际站还提供专业的外贸培训，针对外贸流程和技巧等，为外贸工作者提供专业的线上和线下培训。如图 1-2-7 所示为阿里巴巴国际站首页。

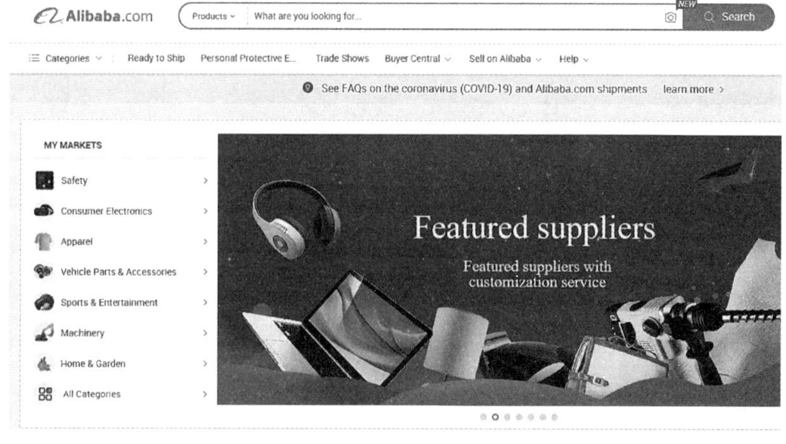

图 1-2-7　阿里巴巴国际站首页

6. 东南亚地区跨境电商平台

东南亚国家人口红利大，随着经济的日益崛起、对数字经济的高额投资，以及移动设备的全面普及等，东南亚的跨境电商逐渐具备了庞大的市场基础。即使在新冠肺炎疫情的影响下，东南亚电商整体的销售额依然呈上扬趋势。所以，出口东南亚，是当下品牌出海不可错过的选择。东南亚地区主要的跨境电商平台包括来赞达、虾皮等。

（1）来赞达（Lazada）

Lazada 是东南亚地区最大的在线购物网站之一，是阿里巴巴集团旗下的东南亚旗舰电商平台，主要面向印度尼西亚、马来西亚、菲律宾、新加坡、越南以及泰国用户。该平台已有上万卖家入驻，年销售额约为 15 亿美元。

Lazada 自建物流网络——LGS 全球物流方案（Lazada Global Shipping），为商家解决“第一公里”和“最后一公里”的复杂货运流程，从而大幅降低了东南亚部分地区因基础设施落后而产生的昂贵运费。目前，Lazada 在东南亚 17 个城市拥有超过 30 个仓储中心，并在各国建立自营仓库、分拣中心和电子科技设施，配合合作伙伴物流网络。如图 1-2-8 所示为 Lazada 官网首页。

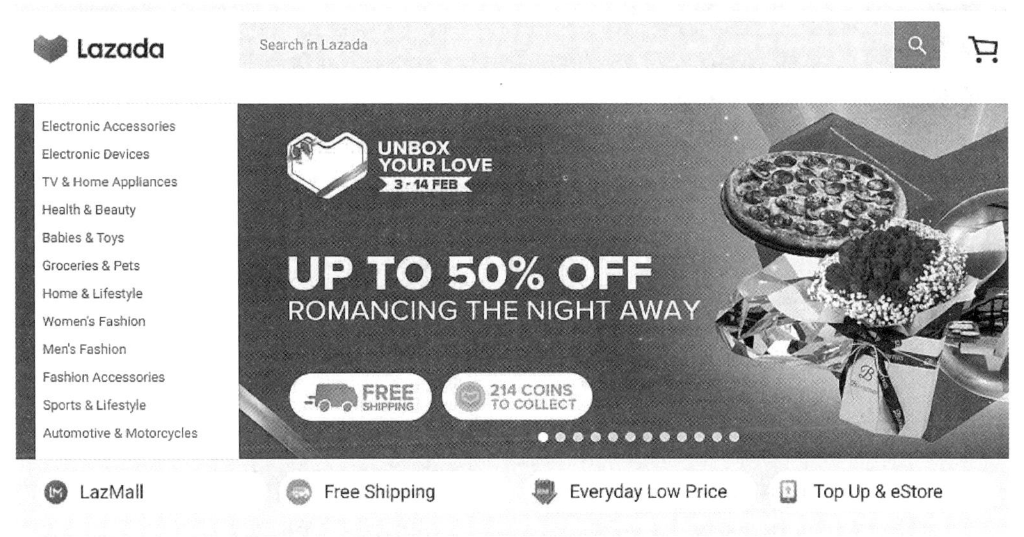

图 1-2-8　Lazada 官网首页

（2）虾皮（Shopee）

Shopee 是活跃在东南亚及中国台湾地区的电商平台。2015 年 Shopee 在新加坡成立并设立总部，随后拓展至马来西亚、泰国、中国台湾地区、印度尼西亚、越南及菲律宾，共七大市场。Shopee 拥有电子消费品、家居、美容保健、母婴、服饰及健身器材等商品种类。根据 App Annie 发布的《2019 移动市场报告》显示，2018 年 Shopee 在全球 C2C 购物类 App 中下载量排名第一，并凭借 PC 端和移动端共 1.84 亿人次访问量，成为 2019 年第一季度东南亚地区访问量最大且唯一流量呈正增长的电商平台。目前，Shopee

社群媒体粉丝数量超过 3 000 万，拥有 700 万活跃卖家，是东南亚发展最快的电商平台。如图 1-2-9 所示为 Shopee 官网首页。Lazada 与 Shopee 的商业模式比较如图 1-2-10 所示。

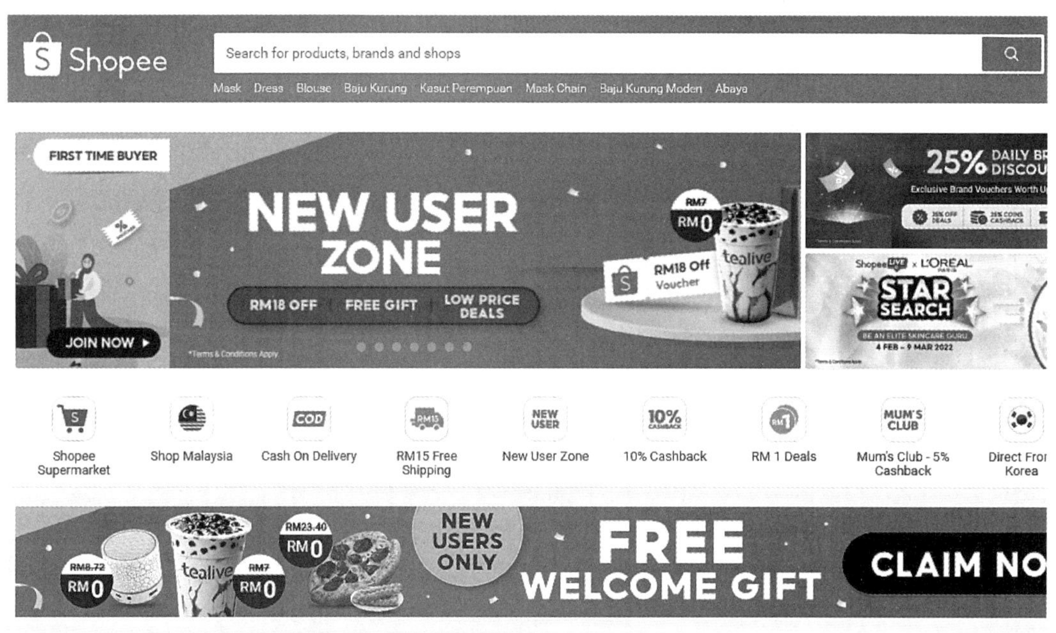

图 1-2-9　Shopee 官网首页

图 1-2-10　Lazada 与 Shopee 的商业模式比较

主流跨境电商进出口平台网址

速卖通商家门户网　　https: //sell.aliexpress.com/

亚马逊官网　　https: //www.amazon.com/

eBay 英国站官网　　https: //www.ebay.co.uk/

敦煌网　　https: //seller.dhgate.com/

兰亭集势官网	https: //www.lightinthebox.com/
阿里巴巴国际站	https: //www.alibaba.com/
来赞达官网	https: //www.lazada.com.my/
虾皮官网	https: //shopee.com/
中国制造网	http: //www.made-in-china.com/
Wish 官网	https: //www.wish.com/

三、跨境电商平台的选择

刚接触跨境电商时，人们听到最多的是亚马逊、速卖通、eBay、Wish、Shopee 等主流平台。那么，如何选择适合企业自身产品的跨境电商平台呢？对新手卖家来说，可以参考以下几点建议。

1. 速卖通平台比较适合学习型的创业者，特别是一些淘宝卖家、外贸从业者以及零起步的电商创业者。速卖通的中文后台管理、自动翻译的界面可以提供语言沟通上的便利。速卖通面向俄罗斯、巴西、以色列等国市场，平台运营前期卖家即可获得可观的利润，但后期卖家需要花费大量资金进行站外引流，导致门槛越来越高。目前速卖通平台流量大部分向金牌、银牌卖家倾斜，同时还要收取保证金、佣金、年费、手续费、运费等各项费用，使得平台在价格上竞争激烈，有时候价格会压得很低，才能有相应优势。

2.eBay 主要面向美国和欧洲市场。eBay 开店的门槛低，但需要的审核资料和手续比较多；尽管在 eBay 上是免费开店，但上架需要收费，且前期产品不能超过 10 个，审核周期较长。特别值得注意的是，由于平台规则有利于买家，如果遇到投诉是很麻烦的事，所以产品质量一定要过关。另外，出单周期长，需要积累信誉。总而言之，eBay 成功的关键在于选品，其操作简单，投入小，适合有一定外贸资源的卖家。

3. 亚马逊对卖家的要求比较高，平台门槛高，规则公平，卖家层次高，恶性竞争少。一般选择亚马逊平台的卖家需要有很好的外贸基础和资源，包括稳定可靠的供应商资源、外国本土人脉资源等。此外，卖家还应有一定的资金实力，并且有长期投入的心态。总之，亚马逊店铺运营成功与否，流量是关键。亚马逊流量主要分内部流量和外部流量两类，应注重社交网络服务（SNS）社区的营销，通过软文等营销方式有一定的引流效果。

4.Wish 是新兴的、基于 App 的移动端跨境电商平台，主要靠价廉物美吸引客户，在美国有非常高的人气，大约 90% 的平台货物来自中国。对中小卖家来说，Wish 平台规则更偏向于买家，所以卖家在退货纠纷中较吃亏。Wish 的商品审核期较长，平台佣金较高，物流解决方面也不够成熟，平台竞争程度比前两年更激烈。要想在 Wish 上盈利就要做精品店铺，但精品店铺的投入和产出需要相当长的周期，短期内不会有明显的效果。

5. Shopee 面向的主要是东南亚地区各国消费者，在虾皮平台注册时需要 QQ 号。Shopee 运营是这些平台中最简单的，可以短时间看到效果，而且几乎是零成本开店，但是 Shopee 的利润比较低，一般适合店群（即用群控系统同时操作多个店铺）方式、成交单量大的。

6. 阿里巴巴国际站已经成为全球领先的 B2B 跨境电商平台，以下三种类型的企业适合入驻国际站。

（1）线下传统外贸企业转型

传统外贸企业为拓宽获客渠道，纷纷选择转型为线上外贸。由于这一类型的企业已经拥有了较为丰富的外贸经验，业务内容也与阿里巴巴国际站相契合。因此只需要搭建好国际站的基础建设，学习并且适应线上外贸电商的运营模式，相对来说可以比较轻松地完成转型。

（2）国内电商转型

运营过淘宝天猫或者 1688 等国内电商平台的企业，在国内电商市场已经饱和的情况下，可以尝试转型做外贸电商业务。由于同为阿里巴巴电商平台，国际站的运营逻辑以及卖家后台与淘宝和 1688 平台差别并不大。因此国内电商企业想要转型入驻阿里巴巴国际站，最需要学习的就是外贸相关知识。

（3）拥有供应链的供货商

即使没有外贸经验，也没有做过国内电商，但拥有强大供应链的供货商还是可以选择阿里巴巴国际站。作为 B2B 平台，拥有供应链优势的企业或厂家是受到国际站欢迎的。当然，这一类型的卖家想要入驻阿里巴巴国际站，需要系统地学习包括外贸及跨境电商运营的相关知识。

四、跨境电商经营基本流程

跨境电商经营过程中需要解决四个流程问题：一是信息流，即商家在网上发布产品或服务信息，消费者通过互联网搜寻需要的产品或服务信息；二是物流，即消费者在网上下单，商家委托跨境物流服务公司将产品运送到海外消费者手中；三是资金流，即消费者通过第三方支付方式及时、安全地付款，商家收汇结汇;四是贸易流，即外贸零售商和消费者之间通过电子商务平台实现在线交易。跨境电商经营基本流程如图 1-2-11 所示。

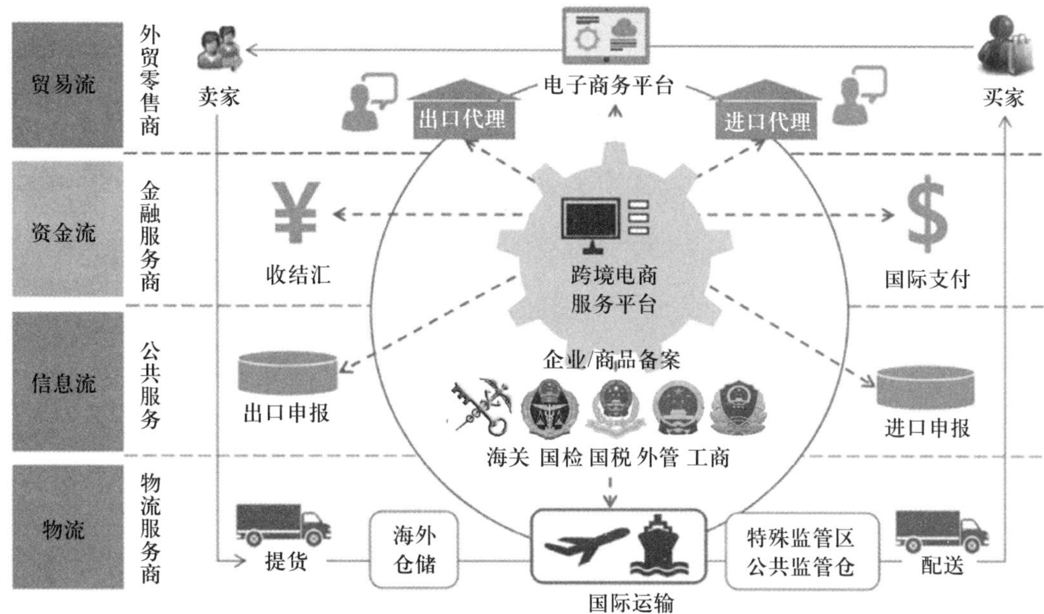

图 1-2-11 跨境电商经营基本流程

具体而言，出口跨境电商经营基本流程如图 1-2-12 所示。

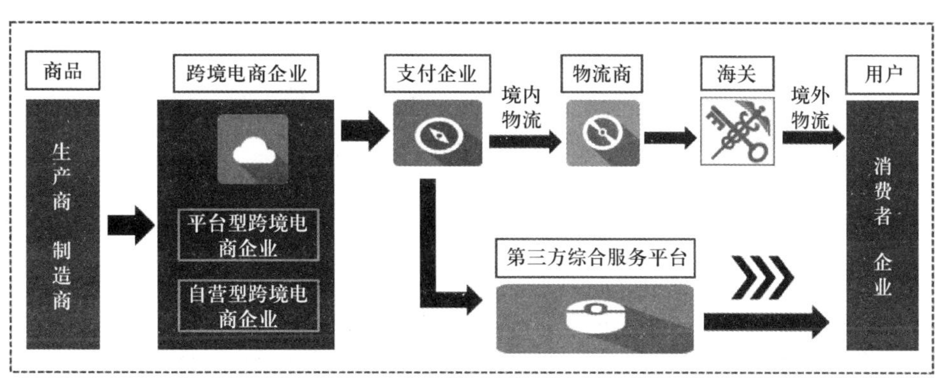

图 1-2-12 出口跨境电商经营基本流程

进口跨境电商经营基本流程如图 1-2-13 所示。

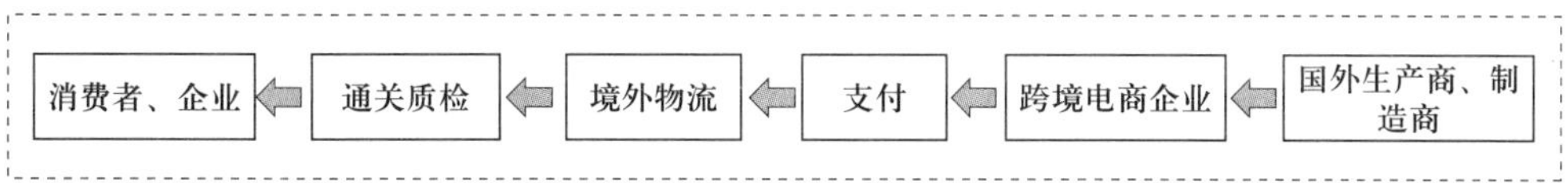

图 1-2-13 进口跨境电商经营基本流程

任务实施

本次任务中国际运营部负责人要求高云等人开展跨境电商进出口平台调研，请结合本次任务要求和相关知识，完成以下任务：

★任务一：对比不同的跨境电商平台

任务目标： 运用搜索引擎进行网络调研，查找国内排名前十的跨境电商进出口平台，并按表 1-2-1 和表 1-2-2 所示完成相关内容的填写。

任务工具： PC 端或手机端网络搜索引擎（如百度）、跨境电商智能服务平台（如雨果跨境网 https: //www.cifnews.com/ ）等。

任务实施：

表 1-2-1　　国内排名前十的进口跨境电商平台

序号	名 称	网 址	平台交易模式	主要经营范围
1				
2				
3				
4				
5				
6				
7				
8				
9				
10				

表 1-2-2　　国内排名前十的出口跨境电商平台

序号	名 称	网 址	平台交易模式	主营业务市场	主要经营范围
1					
2					
3					
4					
5					
6					
7					
8					
9					
10					

★任务二：区分跨境电商平台的类型

任务目标： 运用搜索引擎进行网络调研，查找有哪些出口跨境电商平台、进口跨境电商平台和本土化跨境电商平台，并区分图 1-2-14 所示各主流跨境电商平台类型，填写到表 1-2-3 中。

任务工具： PC 端或手机端网络搜索引擎（如百度）、跨境电商智能服务平台（如雨果跨境网 https: //www.cifnews.com/）等。

任务实施：

考拉海购	洋码头	ebay	LAZADA	Lightinthebox.com
TMALL GLOBAL 天猫国际	Walmart	DHgate.com 敦煌网	Shopee	mercado livre
Yandex	trademe Where Kiwis Buy and Sell	Rakuten	全球购 GTAOBAO.COM	wish

图 1-2-14　主流跨境电商平台

表 1-2-3　　　　跨境电商平台的类型

出口跨境电商平台	进口跨境电商平台	本土化跨境电商平台

任务评价

本次任务主要通过理论学习、网络学习和任务实践，使学生掌握跨境电商的平台类型和跨境电商进出口流程，并完成相关任务单（表格）的填写。

本次任务引入跨境电商专员岗位角色，让学生以跨境电商专员角色组建小组（运营团队），根据每个工作任务情境和任务要求开展任务实施，在学习评价中采用过程性评价和结果性评价相结合的方式，从课前、课中、课后多角度评价，从知识能力、职业素养、专业能力三维度评价，发挥学生的主动性。同时开展小组讨论，培养团队协作意识。

一、职业素养评价

职业素养评价表是对任务完成过程中所需的职业规范、组织协作、沟通能力、创新实践四个方面进行评价，对组员的评分由组长完成，对组长的评分由组员集体评定，评价结果填写在表 1-2-4 中。

表 1-2-4　　职业素养评价表

评价项目	评价标准	完全符合（90～100 分）	比较符合（70～89 分）	基本符合（60～69 分）	完全不符合（59 分及以下）
①职业规范	按时到岗，具备职业认同感				
	工作过程诚实守信、遵纪守法、吃苦耐劳				
	仪容仪表符合职业规范				
②组织协作	服从组内安排				
	能完成小组分配的任务				
	能主动配合或帮助组员				
③沟通能力	小组讨论时能踊跃发表观点				
	能参与本组任务方案展示的准备或解说				
	能清晰准确地表达自己的观点				
④创新实践	能提出创新性的建议并落实				
	能总结反思并持续改进				
	能在实践活动中发挥个人特长				
合计					

二、任务实施评价

本次任务的专业能力评价表根据本次任务目标和要求填写，评价形式采取线上线下相结合，分为课前、课中、课后三个环节全面评价学生的综合专业能力。评价结果填写在表 1-2-5 中。

表 1-2-5　　专业能力评价表

序号	评价项目	评价标准	评价方式	评价环节	完全符合（90～100 分）	比较符合（70～89 分）	基本符合（60～69 分）	完全不符合（59 分及以下）
1	课前任务	数字资源平台 PPT、微课的学习程度	线上	课前				
		学习任务书填写情况						

续表

序号	评价项目	评价标准	评价方式	评价环节	完全符合（90～100分）	比较符合（70～89分）	基本符合（60～69分）	完全不符合（59分及以下）
2	任务一：对比不同的跨境电商平台	能准确填写排名前十的进口跨境电商平台名称	线上+线下	课中				
		能准确填写排名前十的出口跨境电商平台名称						
		主营业务市场填写准确						
		经营范围填写无遗漏						
		平台交易模式填写准确						
3	任务二：区分跨境电商平台的类型	能对出口跨境电商平台正确归类	线上+线下	课中				
		能对进口跨境电商平台正确归类						
		能对本土化跨境电商平台正确归类						
		任务成果填写全面，无遗漏						
4	学习成果输出	按时上交任务可视化成果（文档、照片、视频等）	线上+线下	课后				
		入选优秀作业（作品）集						

三、任务综合评价

根据任务权重计算方式，填写任务综合评价总表（见表1-2-6），记录小组任务执行情况，每个小组完成任务的可视化学习成果予以存档。

表1-2-6　　任务综合评价总表

任务名称						
小组名称	小组成员	职业素养评价（20%）	专业能力评价			总分
			课前学习评价（10%）	课中任务评价（60%）	课后验收评价（10%）	
小组一						
组平均分						
考核记录						

思考与练习

1. 请以 4 人一组为单位，结合表 1-2-7 所示要求，上网搜索 3 家主流跨境电商平台的开店要求和流程，为今后在跨境电商平台开设网店做好准备。

表 1-2-7　　跨境电商平台开店情况表

序号	跨境电商平台名称	开店要求	开店流程	平台适用范围
1				
2				
3				

2. 阿里巴巴国际站是全球知名的 B2B 跨境电商平台。目前很多国内企业纷纷转型为跨境电商。请思考：哪些类型的企业适合入驻阿里巴巴国际站。

任务 3　开设平台店铺

任务引入

深圳市征途箱包有限公司国际运营部负责人决定选择第三方跨境电商平台——全球速卖通作为其拓展国际市场的第一个跨境电商平台，并安排高云、张平、王红、李兵 4 人组成团队参与速卖通平台店铺的运营工作。在运营部门经理的指导下，高云团队准备开展速卖通平台的店铺注册与认证工作。

任务分析

全球速卖通是阿里巴巴旗下面向海外市场打造的跨境零售平台，是中国最大的跨境电商出口平台，平台模式类似于国内的天猫，注重店铺经营，走品牌化的发展路线。在速卖通上开店，要准备好开店所需各种资料，了解该平台对招商准入、商品发布与展示、发货以及交易等的详细规定和说明，包括开店流程、认证流程、平台规则等，以便顺利通过官方平台规定的“开店考试”，完成店铺账号的注册和认证工作。

相关知识

一、速卖通平台注册、认证准入规则

速卖通平台的注册、认证准入规则及开通店铺规则属于速卖通平台的交易规则，可以登录速卖通商家门户网站（https: //sell.aliexpress.com/），在“经营支持”板块下的

“规则频道”浏览相关信息。如图 1-3-1 所示为全球速卖通平台规则（卖家规则）页面。

图 1-3-1　全球速卖通平台规则（卖家规则）页面

1. 速卖通平台店铺注册规则 *

（1）卖家在速卖通所使用的邮箱不得包含违反国家法律法规、涉嫌侵犯他人权利或干扰速卖通运营秩序的相关信息，否则速卖通有权要求卖家更换相关信息。

（2）卖家在速卖通注册使用的邮箱、联系信息等必须属于卖家授权代表本人，速卖通有权对该邮箱进行验证，否则速卖通有权拒绝提供服务。

（3）卖家有义务妥善保管账号的访问权限。账号下（包括但不限于卖家在账号下开设的子账号内的）所有的操作及经营活动均视为卖家的行为。

（4）速卖通有权终止、收回未通过身份认证或连续一年 180 天未登录速卖通或 TradeManager 的账户。

（5）用户在速卖通的账户因严重违规被关闭，不得再重新注册账号；如被发现重新注册了账号，速卖通有权立即停止服务、关闭卖家账户。

（6）速卖通的会员 ID 在账号注册后由系统自动分配，不可修改。

* 由于速卖通平台会根据需要不定期更新交易规则，如需了解最新规则内容，可登录速卖通平台查询。

速卖通平台的 TradeManager 是什么？速卖通会员 ID 是什么？

TradeManager 即贸易通，是阿里巴巴公司推出的网上即时通信软件，是阿里旺旺的国际版，主要用作速卖通用户与国外客户沟通的即时通信工具。

ID 是英文 identity 的缩写，是身份标识号码的意思，就是一个序列号，也叫账号，表现形式是编码，而且是唯一的。注册速卖通账号后就会有一个以“cn”开头的 ID 账号。

2. 速卖通平台店铺开通规则

（1）速卖通平台接受依法注册并正常存续的个体工商户或公司开店，并有权对卖家的主体状态进行核查、认证，包括但不限于委托支付宝进行实名认证。通过支付宝实名认证的卖家，在对速卖通账号与支付宝账户绑定过程中，应提供真实有效的法定代表人姓名和身份信息、联系地址、注册地址、营业执照等信息。

（2）卖家（无论是个体工商户还是公司）应依法设置收款账户，并按照规定缴纳履约保证金，否则卖家不得开始线上销售。

（3）卖家应就每个开设的店铺，按入驻的类目（经营大类）在卖家指定的支付宝账号内缴存一笔资金，并由“支付宝”冻结作为平台规则的履约保证金。如果卖家的店铺入驻多个类目，则该店铺应按多个类目中最高的金额要求缴纳履约保证金。

（4）商品发布后，卖家将在平台自动开通店铺，即基于速卖通技术服务、用于展示商品的虚拟空间。除本规则或其他协议约定外，完成认证的卖家在速卖通可最多开设 6 个虚拟店铺，卖家不得就店铺进行转让或从事任何交易。

表 1-3-1 所示为速卖通平台各经营大类履约保证金一览表（部分），详细信息可登录速卖通商家门户网站查询。

表 1-3-1　　速卖通平台各经营大类履约保证金一览表（部分）　　单位：元

序号	经营大类	履约保证金	经营大类下可发布的类目
1	珠宝手表（含精品珠宝）	1 万	Jewelry & Accessories 珠宝饰品及配件 Watches 手表 以下类目可共享发布： Apparel Accessories 服饰配饰（男 / 女 / 儿童配件、婴儿配饰到婴儿服装） Men’s Clothing　男装 Women’s Clothing　女装 Novelty & Special Use　新奇特及特殊用途服装 Underwear，Socks，Sleep & Lounge Wear　男女内衣 / 袜子 / 家居服 Weddings & Events Wedding Accessories　婚庆配饰 Consumer Electronics>Smart Electronics>Wearable Devices>Wristbands 腕带 Consumer Electronics>Smart Electronics>Wearable Devices>Smart Watches 智能手表

续表

序号	经营大类	履约保证金	经营大类下可发布的类目
2	服装服饰	1 万	以下类目可共享发布： Jewelry & Accessories，Watches　珠宝饰品及配件、手表 Luggage & Bags (part)　箱包部分类目 Mother & Kids > Children's Clothing (over 2 years old) > Family Matching Outfits)　孕婴童 > 儿童服装（2 岁以上）> 亲子装 Shoes　男女鞋类目 Swim　泳装类目 Apparel Fabrics & Textiles　服装面辅料及纺织品
3	婚纱礼服	1 万	Weddings & Events　婚礼及重要场合 以下类目可共享发布： Jewelry & Accessories Fashion Jewelry　流行饰品 Apparel Fabrics & Textiles　服装面辅料及纺织品
4	美容个护（含护肤品）	1 万	Beauty & Health Tools & Accessories　工具 / 配件 Beauty & Health Tattoo & Body Art　文身及身体彩绘 Beauty & Health Skin Care Tool　护肤工具 Beauty & Health Shaving & Hair Removal　剃须及脱毛产品 Beauty & Health Sanitary Paper　卫生用纸 Beauty & Health Oral Hygiene　口腔清洁 Beauty & Health Nail Art & Tools　美甲用品及修甲工具 Beauty & Health Makeup　彩妆 Beauty & Health Hair Care & Styling　头发护理 / 造型用品 Beauty & Health Bath & Shower　沐浴用品 Beauty & Health Fragrances & Deodorants　香氛 / 除臭芳香用品 Beauty & Health Skin Care　护肤品 以下类目可共享发布： Massage & Relaxation　按摩 Massage Products　按摩产品 Massage Appliance　按摩器具
5	真人发（定向邀约制）	5 万	Hair Extensions & Wigs Beauty Supply　接发及假发美容用品 Hair Extensions & Wigs Hair Salon Supply　接发及假发沙龙用品 Hair Extensions & Wigs Human Wigs　接发及真人发假发 以下类目可共享发布： Beauty & Health Hair Care & Styling　头发护理和造型
6	化纤发	1 万	Hair Extensions & Wigs Synthetic Hair　化纤发 以下类目可共享发布： Beauty & Health Hair Care & Styling　头发护理和造型
7	母婴玩具	1 万	Mother & Kids　孕婴童 Toys & Hobbies　玩具 以下类目可共享发布： Shoes　鞋子

续表

序号	经营大类	履约保证金	经营大类下可发布的类目
8	箱包鞋类	1 万	Luggage & Bags　箱包 Shoes　鞋子 以下类目可共享发布： Mother & Kids Children's Shoes　童鞋 Men's Clothing　男装 Women's Clothing　女装 Mother & Kids Baby Shoes　婴儿鞋 Apparel Accessories　服饰配饰（男 / 女 / 儿童配件，婴儿配饰到婴儿服装） Novelty & Special Use World Apparel　世界民族服饰 Novelty & Special Use Stage & Dance Wear　舞台表演服和舞蹈服
9	健康保健	1 万	Beauty & Health Health Care　健康保健 以下类目可共享发布： Beauty & Health Sex Products-Safer Sex　安全 / 避孕 Skin Care Tool　护肤工具
	成人用品	1 万	Beauty & Health Sex Products　成人用品 以下类目可共享发布： Novelty & Special Use Exotic Apparel　情趣服装（不要发布日常穿着的性感内衣）
10	3C 数码（除内置存储、移动硬盘、U 盘、刻录盘、电子烟、手机、电子元器件）（投影仪定向邀约）	1 万	Security & Protection　安全防护 Office & School Supplies　办公文教用品 Phones & Telecommunications　电话和通信 Computer & Office　计算机和办公用品 Consumer Electronics　消费电子
	内置存储、移动硬盘、U 盘、刻录盘	1 万	Computer & Office Internal Storage　内置存储［包含内置固态硬盘、储存卡、存储卡配件（读卡器、存储卡卡套 / 适配器 / 转卡器 / 内存卡盒）、固态硬盘托架和支架］ Computer & Office External Storage　移动硬盘、U 盘、刻录盘（包含刻录盘、外置机械移动硬盘、外置固态硬盘、硬盘壳包、硬盘盒）
	电子烟	3 万	Consumer Electronics Electronic Cigarettes　电子烟
	手机	3 万	Phones & Telecommunications Mobile Phones　手机
11	电子元器件	1 万	Electronic Components & Supplies　电子元器件
12	汽摩配件	1 万	Automobiles, Parts & Accessories　汽车及零配件 Motorcycle Equipments & Parts　摩托车装备配件

续表

序号	经营大类	履约保证金	经营大类下可发布的类目
13	家居、家具、家装、灯饰、工具	1 万	Furniture　家具和室内装饰品 Home & Garden　家居及园艺用品 Home Improvement　家装（硬装） Lights & Lighting　照明灯饰 Tools　工具
14	家用电器	1 万	Home Appliances　家用电器 以下类目可共享发布： Hair Care & Styling　头发护理 / 造型 Skin Care Tool　护肤工具 Shaving & Hair Removal　剃须及脱毛产品 Bath & Shower　沐浴用品
15	运动娱乐（含电动滑板车）	1 万	Sports & Entertainment　运动及娱乐 Sports & Entertainment Cycling Self Balance Scooters　平衡车 Sports & Entertainment Roller Skateboard & Scooters Electric Scooters 电动滑板车
16	特殊类		Special Category（特殊类）

数据来源：速卖通官网。

二、速卖通平台违规处罚规则

1. 速卖通平台违规行为及处罚规则

在速卖通平台上开店的商家需要了解各种平台规则，以免触犯平台规则而受到处罚，导致不必要的经济损失。速卖通平台根据违规性质将违规行为分为 4 种类型，分别是知识产权严重违规、知识产权禁限售违规、交易违规及其他，以及商品信息质量违规。具体违规类型及处罚规则可以登录速卖通商家门户网站，在“经营支持”板块下的“规则频道”浏览。

表 1-3-2 所示为速卖通平台违规处罚节点一览表，表 1-3-3 所示为速卖通平台知识产权违规行为及其处罚规则。

表 1-3-2　　速卖通平台违规处罚节点一览表

违规类型	违规节点	处罚规则
知识产权严重违规	第一次违规	冻结（以违规记录展示为准）
	第二次违规	冻结（以违规记录展示为准）
	第三次违规	关闭

续表

违规类型	违规节点	处罚规则
知识产权禁限售违规	2 分	警告
	6 分	限制商品操作 3 天
	12 分	冻结账号 7 天
	24 分	冻结账号 14 天
	36 分	冻结账号 30 天
	48 分	关闭
交易违规及其他	12 分	冻结账号 7 天
	24 分	冻结账号 14 天
	36 分	冻结账号 30 天
	48 分	关闭
商品信息质量违规	12 分及 12 分倍数	冻结账号 7 天

表 1-3-3　　速卖通平台知识产权违规行为及其处罚规则

侵权类型	性质	处罚规则
商标侵权	严重违规行为：未经注册商标权人许可，在同一种商品上使用与其注册商标相同或相似的商标	三次违规则关闭账号
	一般违规行为：其他未经权利人许可使用他人商标的情况	1）首次违规积 0 分 2）其后每重复一次违规积 6 分 3）累计达到 48 分则关闭账号
著作权侵权	未经权利人授权，擅自使用受版权保护的作品材料，如文本、照片、视频、音乐和软件，构成著作权侵权 实物层面侵权： 1）盗版实体产品或其包装 2）实体产品或其包装非盗版，但未经授权使用了受版权保护作品的相关图形 信息层面侵权： 产品及其包装不侵权，但未经授权在店铺信息中使用图片、文字等受著作权保护的作品	1）首次违规积 0 分 2）其后每重复一次违规积 6 分 3）累计达到 48 分则关闭账号
专利侵权	侵犯他人外观专利、实用新型专利、发明专利、外观设计（一般违规或严重违规的判定视个案而定）	1）首次违规扣 0 分 2）其后每重复一次违规积 6 分 3）累计达到 48 分则关闭账号 （严重违规情况，三次违规则关闭账号）

什么是商标侵权、著作权侵权和专利侵权？

商标侵权是指行为人未经商标权人许可，在相同或类似商品上使用与其注册商标相同或近似的商标，或者其他干涉、妨碍商标权人使用其注册商标，损害商标权人合法权益的行为。

著作权侵权是指未经著作权人许可，以盈利为目的，违反著作权法规定的义务，侵害他人依著作权法享有的人身权或财产权的行为。

专利侵权是指未经专利权人许可，也没有法定的抗辩或免责事由，而以盈利为目的实施了专利权保护范围内的有效专利的违法行为。

要想了解更多速卖通平台禁限售商品及其违规发布信息的处罚规则可登录速卖通商家门户网站，在“经营支持”板块下的“规则频道”浏览，如图 1-3-2 所示。

AliExpress 全球速卖通　首页　招商计划　卖家故事　最新动态　商家成长　经营支持　中文　注册　登录

（一）毒品、易制毒化学品及毒品工具 详解	
1. 麻醉镇定类、精神药品、天然类毒品、合成类毒品、一类易制毒化学品；	严重违规，最高扣除48分
2. 二类易制毒化学品、类固醇；	一般违规，6分/次
3. 三类易制毒化学品；	一般违规，2分/次
4.毒品吸食、注射工具及配件；	一般违规，2分/次
5. 帮助走私、存储、贩卖、运输、制造毒品的工具；	一般违规，1分/次
6. 制作毒品的方法、书籍；	一般违规，1分/次
（二）危险化学品 详解	
1. 爆炸物及引爆装置；	严重违规，最高扣除48分
2. 易燃易爆化学品；	一般违规，6分/次
3. 放射性物质；	一般违规，6分/次
4. 剧毒化学品；	一般违规，6分/次
5.有毒化学品；	一般违规，2分/次
6. 消耗臭氧层物质；	一般违规，1分/次
7. 石棉及含有石棉的产品；	一般违规，1分/次
8. 烟花爆竹及配件；	一般违规，0.5分/次

图 1-3-2　速卖通平台禁限售商品及其违规发布信息处罚规则（部分）

2. 速卖通平台对违规行为的处罚种类

为保障消费者、经营者和速卖通平台的正当权益，一旦发现违规行为，速卖通将按照平台规则规定的情形对卖家采取相应的违规处罚措施，直至速卖通确认风险基本可控后方予以部分或全部解除管控。违规处罚措施包括：

（1）警告，指速卖通通过口头或书面的形式对卖家的不当行为进行提醒和告诫。

（2）调整搜索排名，指调整店铺的部分或全部商品在搜索结果中的排序。

（3）屏蔽，指卖家的所有商品（包括违规商品和非违规商品），除了在卖家店铺能看到外，在前台搜索页面不会有任何展示的处罚措施。

（4）限制发送站内信，指禁止速卖通卖家发送站内信。

（5）删除评价，指店铺评分等删除不计分，并删除评论内容。

（6）限制发布商品，指禁止速卖通卖家发布新商品的处罚措施。

（7）品牌下挂，指限制或禁止该品牌商品在平台展示。

（8）下架商品，指速卖通对卖家商品进行下架的处罚措施。

（9）删除商品，指速卖通对卖家商品进行删除的处罚措施。

（10）限制参加营销活动，指限制卖家参加平台发起或协助组织的营销活动。

（11）关闭经营权限，指关闭卖家单个经营类目或整个经营大类的权限。

（12）关闭提前放款功能，指关闭卖家使用提前放款的功能。

（13）冻结账户，指下架店铺内所有出售中的商品，并限制发布商品的处罚措施。

（14）冻结卖家账户资金，指冻结卖家包括但不限于国际支付宝账户或速卖通账户资金，直至平台认为已经风险可控。

（15）关闭账户，指冻结账户，同时限制发送站内信、停止店铺访问、冻结卖家账号资金 180 天的处罚措施。关闭账户的同时，平台有权根据卖家违规严重程度对卖家其余订单进行审核处理。

（16）限制卖家销往特定国家，指限制卖家将商品销往特定国家的处罚措施。

（17）删除信用及销量，指删除店铺的全部或部分信用积分，并删除店铺全部商品或部分商品的销量记录。

三、速卖通平台的准入条件

2015 年 12 月，速卖通平台发布了最新的入驻门槛，即要求从 2016 年 4 月开始，所有商家必须以企业身份入驻，不再允许个体商家入驻。并且到 2017 年下半年，以企业入驻的商家，入驻时必须拥有品牌或品牌授权。

1. 速卖通平台商家入驻要求

（1）企业身份

卖家需要有企业营业执照、对公账户、企业支付宝。假如没有企业支付宝账户，则需在支付宝官方平台按流程申请，并且用企业法人的支付宝和企业执照进行认证。

（2）所售商品品牌要求

卖家须拥有或者代理一个品牌，按照品牌的资质，可以选择经营品牌官方店、专卖店或者专营店。

（3）技术服务年费门槛

在速卖通平台上，每个店铺账号只允许选取一个经营范围，但可以在此经营范围下经营一个或者多个大类。相应地，按照经营类别，卖家选择不同经营大类是需要缴纳不同数额的技术服务年费。拥有良好服务质量及不断壮大经营规模的优质店铺将有机会获得平台的年费返还奖励。具体年费划分可以登录速卖通商家门户网站，在“规则频道”下的“招商规则”中查看，如图 1-3-3 所示。

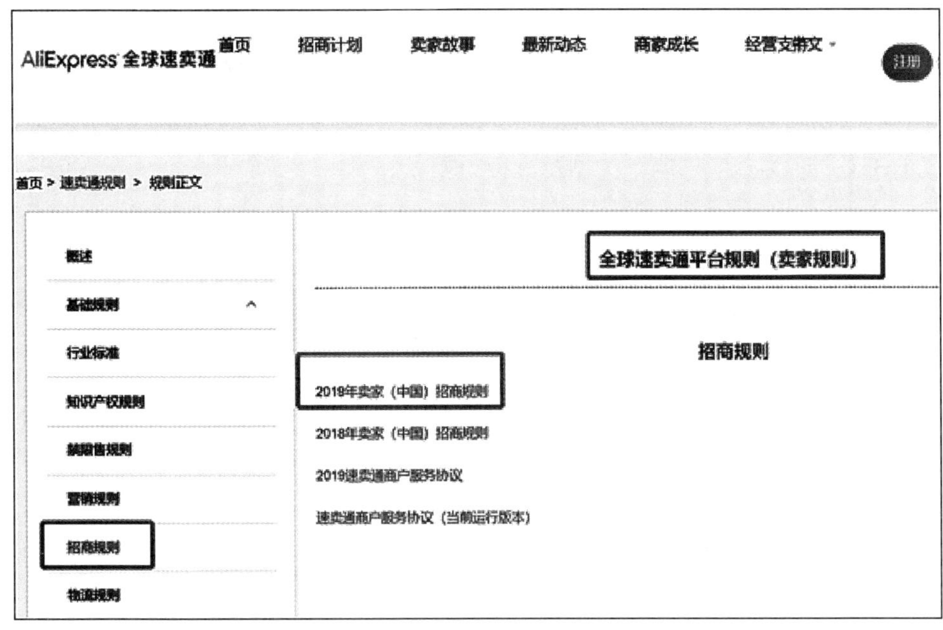

图 1-3-3　速卖通平台招商规则入口

2. 速卖通平台的入驻流程

第一步，开通速卖通卖家账号。要求使用企业身份进行卖家账号的注册。

第二步，填写 / 提交信息及资料。卖家须提供符合使用要求的营业执照、商标、产品清单、类目资质等资料，等待平台审核通过。

第三步，审核通过后，缴纳类目保证金。卖家应根据所选的经营类目缴纳相应的类目保证金。

第四步，设置店铺信息。付费完成后，进入卖家后台—店铺—店铺资产管理，设置店铺名称和二级域名（参见《速卖通店铺二级域名申请及使用规范》）。若申请的是官方店，还要同步设置“品牌官方直达”及“品牌故事内容”。

第五步，入驻成功。卖家入驻成功后即可发布商品、进行店铺装修。

Tips　关于速卖通入驻的相关名词解释

产品清单，指速卖通卖家首选的需要在系统上传的 10 款即将售卖的产品，以供平台审核。

类目资质，指在招商准入系统中提交想要经营的类目和店铺类型所准备的相关类目材料，等待平台审核通过。根据经营安排、商标及品牌授权情况，可为店铺选择以下店铺类型：①品牌官方店；②品牌专卖店；③品牌专营店。

二级域名，是相对于主域名而言，指主域名中分出来的域名。比如 www.aliexpress.com 是一个主域名，那么 yourshop.aliexpress.com 就是二级域名。卖家在二级域名的设置中，可以融入创意构思，比如将“yourshop”改成采用字母和数字组合方式设置的名称，如“bagshop001”。

表 1-3-4 所示为速卖通店铺类型及其相关要求。

表 1-3-4　速卖通店铺类型及其相关要求

店铺类型	品牌官方店	品牌专卖店	品牌专营店
店铺含义	独占性授权（仅商标带Ⓡ标记且非中文商标）入驻速卖通开设的店铺	商家以自有品牌（商标带Ⓡ或 TM 标记且非中文商标），或者持他人品牌授权文件在速卖通开设的店铺	经营 1 个及以上他人或自有品牌（商标带Ⓡ或 TM 标记）商品的店铺
开店企业资质	需要完成企业认证，卖家需提供如下资料： 1）企业营业执照副本复印件 2）企业税务登记证复印件（国税、地税均可） 3）组织机构代码证复印件 4）银行开户许可证复印件 5）法定代表人身份证正反面复印件	同官方店	同官方店
单一店铺可申请品牌数量	仅 1 个	仅 1 个	可多个
平台允许的店铺数	同一品牌（商标）仅 1 个	同一品牌（商标）可多个	同一品牌（商标）可多个
店铺名称	品牌名 +official store（默认店铺名称）或品牌名 + 自定义内容 + official store	品牌名 + 自定义内容 + store	自定义内容 +store
二级域名	品牌名（默认二级域名）或品牌名 + 自定义内容	品牌名 + 自定义内容	自定义内容

四、速卖通开店考试规则

从 2014 年起新注册速卖通账号须通过开店考试，内容包括平台情况、发布产品、国际物流、平台规则、营销与数据等几个交易核心环节的测试，以便新卖家快速了解速卖通平台，熟悉平台规则，并具备基本的出单技巧。具体考试规则如下：

1. 速卖通开店考试采用开卷形式。
2. 速卖通开店考试的题目都是选择题，且是多项选择题，少选不得分！
3. 每道试题为 2 分，有 50 道选择题，共计 100 分；90 分为及格！
4. 速卖通开店考试没有考试时间限制。
5. 没有考试次数限制，没有达到 90 分以上可以重考。

任务实施

公司选择速卖通作为拓展国际市场的第一个平台，高云团队在运营部门经理的指导下要完成速卖通平台的店铺注册与认证工作。请结合本次任务要求和相关知识，完成以下任务：

★任务一：熟悉速卖通平台禁限售商品规则

任务目标： 速卖通开店之前要先了解商品的禁限售规则。须注意，平台禁止发布任何含有或指向性描述禁限售商品信息。请登录速卖通商家门户网站（https: //sell.aliexpress.com/），在“经营支持”下的“规则频道”浏览相关信息，并完成表 1-3-5 的填写。

任务工具： PC 端或手机端网络搜索引擎（如百度）、速卖通商家门户网站等。

任务实施：

表 1-3-5　　速卖通平台店铺禁限售部分商品信息及违规处理办法

禁限售商品信息	违规处理办法
（一）毒品、易制毒化学品及毒品工具	
1. 麻醉镇定类、精神药品、天然类毒品、合成类毒品、一类易制毒化学品	
2. 二类易制毒化学品、类固醇	
（二）危险化学品	
1. 爆炸物及引爆装置	
2. 易燃易爆化学品	
（三）枪支弹药	
1. 大规模杀伤性武器、真枪、弹药、军用设备及相关器材	
2. 仿真枪及枪支部件	
（四）管制器具	
1. 刑具及限制自由工具	
2. 管制刀具	
（五）药品	
1. 处方药、激素类、放射类药品	
2. 有毒中药材	
（六）医疗器械	
1. 医疗咨询和医疗服务	
2. 三类医疗器械	
（七）非法用途产品	
1. 用于监听、窃取隐私或机密的软件及设备	
2. 信号干扰器	
（八）非法服务类	
政府机构颁发的文件、证书、公章、勋章、身份证及其他身份证明文件，用于伪造、变造相关文件的工具、主要材料及方法	
（九）危害国家安全及侮辱性信息	
1. 宣扬恐怖组织和极端组织信息	
2. 宣传国家分裂及其他各国禁止传播发布的敏感信息	

★任务二：完成速卖通店铺的注册与认证

任务目标：请根据表 1-3-6 的信息，完成深圳市征途箱包有限公司在速卖通平台的店铺注册与认证。

表 1-3-6　　深圳市征途箱包有限公司速卖通平台开店信息

姓名	高云	手机号码	15711973410
英文姓名	Gao Yun	邮箱	GY2022@163.com
开设店铺类型	品牌专营店	店铺名称	Alnaue Store
二级域名	alnaue.aliexpress.com		
联系地址	广东省深圳市龙岗区将军帽 1 号		

任务工具：PC 端或手机端网络搜索引擎（如百度）、速卖通商家门户网站、速卖通官网（https: //www.aliexpress.com/）等。

任务实施：

【步骤 1】准备开店资料。根据速卖通平台招商规则，将所需开店资料填入表 1-3-7 中。

表 1-3-7　　速卖通平台品牌专营店开店资料

速卖通平台品牌专营店开店资料	
1	
2	
3	
4	
5	

【步骤 2】打开速卖通官网（www.aliexpress.com），单击“中国卖家入驻”，进行注册，如图 1-3-4 所示。或者直接打开速卖通商家门户（sell.aliexpress.com），点击“注册”按钮，进行注册，如图 1-3-5 所示。

【步骤 3】进入注册页面，填写账号信息，包括登录密码、电子邮箱、手机号码等。

【步骤 4】完善企业信息，包括刊登商品的币种选择（人民币定价或者美元定价）以及企业信息的认证方式（一种是通过企业支付宝扫码认证，另一种是按照要求填写企业的基本信息资料）。

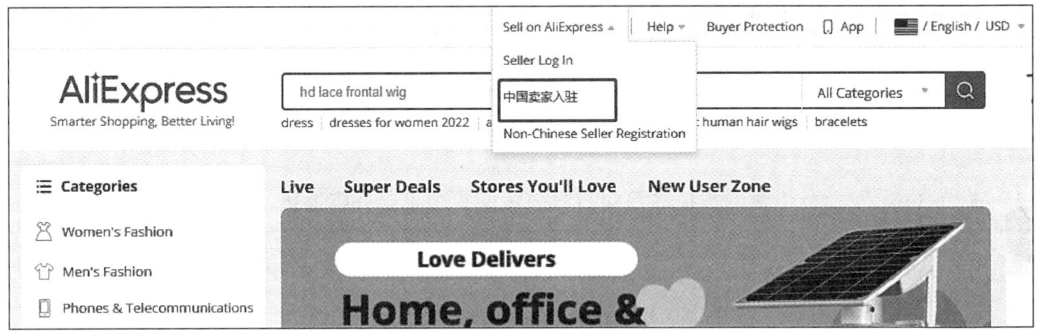

图 1-3-4　速卖通卖家注册入口（一）

图 1-3-5　速卖通卖家注册入口（二）

企业信息主要包括企业类型（是否为上市公司）、企业名称、企业统一社会信用代码、企业营业执照（副本）、企业注册地址、营业执照有效期（无截止日期则为长期）、公司经营地址、企业联系电话以及企业经营范围。

【步骤 5】完善个人信息，包括法人姓名、法人证件类型、法人证件号、法人国籍、法人出生日期、法人居住地、股东信息和联系人信息。

【步骤 6】开通经营大类并缴纳保证金。

【步骤 7】开通店铺，设置店铺头像、店铺名称、店铺类型以及二级域名，关闭休假模式。

如果速卖通平台品牌数据库中有收录商家目前使用的品牌，则需要商家提交该品牌使用授权书，经平台审核通过后，商家才可以开通店铺。商标资质申请资料包括全链路进货发票、品牌授权书、商标受理通知书或商标注册证书。

【步骤 8】完成店铺注册、开通与认证。

任务评价

本次任务主要通过理论学习、网络学习和任务实践，使学生熟悉跨境电商平台相关规则，掌握第三方跨境电商平台的注册与认证流程，并完成相关任务单（表格）的填写。

本次任务引入跨境电商专员岗位角色，让学生以跨境电商专员角色组建小组（运营团队），根据每个工作任务情境和任务要求开展任务实施，在学习评价中采用过程性评价和结果性评价相结合的方式，从课前、课中、课后多角度评价，从知识能力、职业素养、专业能力三维度评价，发挥学生的主动性。同时开展小组讨论，培养团队协作意识。

一、职业素养评价

职业素养评价表是对任务完成过程中所需的职业规范、组织协作、沟通能力、创新实践四个方面进行评价，对组员的评分由组长完成，对组长的评分由组员集体评定，评价结果填写在表 1-3-8 中。

表 1-3-8　　职业素养评价表

<table>
<tr><th>评价项目</th><th>评价标准</th><th>完全符合（90～100 分）</th><th>比较符合（70～89 分）</th><th>基本符合（60～69 分）</th><th>完全不符合（59 分及以下）</th></tr>
<tr><td rowspan="3">①职业规范</td><td>按时到岗，具备职业认同感</td><td rowspan="3"></td><td rowspan="3"></td><td rowspan="3"></td><td rowspan="3"></td></tr>
<tr><td>工作过程诚实守信、遵纪守法、吃苦耐劳</td></tr>
<tr><td>仪容仪表符合职业规范</td></tr>
<tr><td rowspan="3">②组织协作</td><td>服从组内安排</td><td rowspan="3"></td><td rowspan="3"></td><td rowspan="3"></td><td rowspan="3"></td></tr>
<tr><td>能完成小组分配的任务</td></tr>
<tr><td>能主动配合或帮助组员</td></tr>
<tr><td rowspan="3">③沟通能力</td><td>小组讨论时能踊跃发表观点</td><td rowspan="3"></td><td rowspan="3"></td><td rowspan="3"></td><td rowspan="3"></td></tr>
<tr><td>能参与本组任务方案展示的准备或解说</td></tr>
<tr><td>能清晰准确地表达自己的观点</td></tr>
<tr><td rowspan="3">④创新实践</td><td>能提出创新性的建议并落实</td><td rowspan="3"></td><td rowspan="3"></td><td rowspan="3"></td><td rowspan="3"></td></tr>
<tr><td>能总结反思并持续改进</td></tr>
<tr><td>能在实践活动中发挥个人特长</td></tr>
<tr><td colspan="2">合计</td><td></td><td></td><td></td><td></td></tr>
</table>

二、任务实施评价

本次任务的专业能力评价表根据本次任务目标和要求填写，评价形式采取线上线下相结合，分为课前、课中、课后三个环节全面评价学生的综合专业能力。评价结果填写在表 1-3-9 中。

表 1-3-9 专业能力评价表

<table>
<tr><th>序号</th><th>评价项目</th><th>评价标准</th><th>评价方式</th><th>评价环节</th><th>完全符合（90～100分）</th><th>比较符合（70～89分）</th><th>基本符合（60～69分）</th><th>完全不符合（59分及以下）</th></tr>
<tr><td rowspan="2">1</td><td rowspan="2">课前任务</td><td>数字资源平台 PPT、微课的学习程度</td><td rowspan="2">线上</td><td rowspan="2">课前</td><td rowspan="2"></td><td rowspan="2"></td><td rowspan="2"></td><td rowspan="2"></td></tr>
<tr><td>学习任务书填写情况</td></tr>
<tr><td rowspan="4">2</td><td rowspan="4">任务一：熟悉速卖通平台禁限售商品规则</td><td>符合法律规定与平台政策</td><td rowspan="4">线上+线下</td><td rowspan="4">课中</td><td rowspan="4"></td><td rowspan="4"></td><td rowspan="4"></td><td rowspan="4"></td></tr>
<tr><td>任务成果填写准确无误</td></tr>
<tr><td>任务全面完成，步骤无遗漏</td></tr>
<tr><td>违规处罚办法填写无遗漏</td></tr>
<tr><td rowspan="4">3</td><td rowspan="4">任务二：完成速卖通店铺的注册与认证</td><td>符合法律规定与平台政策</td><td rowspan="4">线上+线下</td><td rowspan="4">课中</td><td rowspan="4"></td><td rowspan="4"></td><td rowspan="4"></td><td rowspan="4"></td></tr>
<tr><td>店铺注册与认证任务全面完成，步骤无遗漏</td></tr>
<tr><td>注册资料填写准确</td></tr>
<tr><td>符合平台注册规则</td></tr>
<tr><td rowspan="2">4</td><td rowspan="2">学习成果输出</td><td>按时上交任务可视化成果（文档、照片、视频等）</td><td rowspan="2">线上+线下</td><td rowspan="2">课后</td><td rowspan="2"></td><td rowspan="2"></td><td rowspan="2"></td><td rowspan="2"></td></tr>
<tr><td>入选优秀作业（作品）集</td></tr>
</table>

三、任务综合评价

根据任务权重计算方式填写任务综合评价总表（见表 1-3-10），记录小组任务执行情况，每个小组完成任务的可视化学习成果予以存档。

表 1-3-10　　任务综合评价总表

<table>
<tr><td>任务名称</td><td colspan="6"></td></tr>
<tr><td rowspan="2">小组名称</td><td rowspan="2">小组成员</td><td rowspan="2">职业素养评价（20%）</td><td colspan="3">专业能力评价</td><td rowspan="2">总分</td></tr>
<tr><td>课前学习评价（10%）</td><td>课中任务评价（60%）</td><td>课后验收评价（10%）</td></tr>
<tr><td rowspan="4">小组一</td><td></td><td></td><td></td><td></td><td></td><td></td></tr>
<tr><td></td><td></td><td></td><td></td><td></td><td></td></tr>
<tr><td></td><td></td><td></td><td></td><td></td><td></td></tr>
<tr><td></td><td></td><td></td><td></td><td></td><td></td></tr>
<tr><td>组平均分</td><td colspan="6"></td></tr>
<tr><td>考核记录</td><td colspan="6"></td></tr>
</table>

思考与练习

1. 请以 4 人一组为单位，上网搜索了解 Amazon、eBay 和 Shopee 平台“箱包类目”的招商准入流程和相关资质要求，完成表 1-3-11 的填写。

表 1-3-11　　跨境电商平台开店情况

序号	跨境电商平台名称	资质要求	开店准备材料	招商入驻标准（填写网址）
1	Amazon			
2	eBay			
3	Shopee			

2. Wish 平台是知名的移动跨境电商平台，请在手机上下载 Wish 应用 App，并完成 Wish 账号的注册。

项目二　海外市场调研与选品

中国出口跨境电商品牌出海的4大特征

据海关总署发布的数据显示，我国出口跨境电商规模以年平均约40%的速度高速增长，是外贸出口增速的4倍多。高速增长的背后，是我国数百个产业集群转型升级，通过出口跨境电商实现全球业务拓展和品牌打造的结果。

近日，亚马逊发布了《聚势而上 勇拓新机——2022年中国出口跨境电商产业集群发展白皮书》(以下简称白皮书)，重点阐述了当下发展较为活跃、相对成熟的17个出口跨境电商产业集群的特点，这些产生集群覆盖珠三角、长三角、海西、华北以及中西部等多个区域，白皮书从产业基础、贸易生态、发展潜力和跨境进展4个维度进行分析，为那些具备传统外贸优势的产业集群品牌出海提供可借鉴的成功方法。

一、传统外贸产业借助数字化开辟增长新模式

传统外贸出海方式由于链路太长，利润层层剥减，且无法快速响应海外终端市场的需求变化。而跨境电商的“轻量化”和“去中间化”，不仅摆脱了中间环节的限制，还让企业把发展的“主动权”掌握在自己手中。过去几年，众多具备传统外贸优势的产业集群成功借助跨境电商走上数字化的道路。

二、打磨“产品”和“品牌”成为企业出海发力点

随着“万物皆可铺”的红利时代一去不复返，越来越多的出海企业和产业集群开始聚焦于产品与品牌的打造。一方面以产品为根本，将产品的研发、设计做到极致，赢得消费者的信赖与认可；另一方面以品牌为指引，不断为品牌注入内涵，增强客户黏性。以深圳运动耳机品牌韶音(Shokz)为例，韶音把骨传导技术应用于耳机上，开发出体积小、重量轻、音质好、佩戴体验佳的专业运动耳机。极致的产品设计让韶音耳机获得海内外广大消费者的青睐，产品畅销亚马逊。

三、“科技创新”和“敏捷制造”成就企业突围优势

近年来，出口跨境电商的产业集群在科技创新和敏捷制造等方面正展现出极大的活力与优势。比如亚马逊上顶级卖家石头科技已经在扫地机器人领域累积了超过750项专利技术，通过激光测速快速获取距离信息，并结合即时定位与地图构建算法，极大改善了客户的使用体验，顺利打开了国外消费市场。

四、在新兴市场和细分品类挖掘大生意

越来越多的企业深耕细分品类，在小赛道做出了大生意。例如亚马逊有几十个在售的大品类，每个大品类下又包含很多子品类，像服饰品类就包含运动套装、跑步装、运动内衣、泳衣、睡衣等细分品类，厨房用品包含烘焙、厨房小家电、刀具、酒具等细分品类。不少出海企业正是洞察到消费者在不同场景的使用需求，并推出满足这些需求的产品，从而在细分领域找到了广阔的发展空间。

（资料来源：https://www.cifnews.com/article/134453）

项目背景

相比于我国电商平台高度集中的情况，海外市场电商平台集中度较低，跨境行业格局分散，长尾平台、独立站等有一定的竞争空间。近年来，俄罗斯、巴西、印度等新兴市场蓬勃发展，拥有广阔的电商发展基础和巨大的发展潜力，也吸引了我国许多电商企业及卖家纷纷布局，未来这些市场将成为我国出口跨境电商发展的增长点。如何分析海外市场，抓住海外消费者的需求，选择适销对路的产品，满足客户的差异化和个性化需求，对于跨境电商卖家来说是一个非常重要的课题。

深圳市征途箱包有限公司也不例外。为了在激烈竞争的环境下扩大市场份额，寻找新的业务增长点，该公司决定新增一些销售品类，并打造爆款产品，以扩大市场经营，提高自身竞争力。新增品类、打造爆款产品前需要做一系列的市场调研工作。本项目将围绕“海外市场调研与选品”这一课题展开，通过本项目的学习，要求学生完成以下学习目标。

知识目标

1. 了解海外主要市场电商发展现状及特点。
2. 掌握海外市场调研的一般方法。
3. 熟悉不同国家的节假日风俗、商业习惯和消费习惯。
4. 掌握跨境选品的原则。
5. 掌握商品上架价格、销售价格和成交价格的含义。
6. 掌握跨境产品价格策略。

技能目标

1. 能对全球主要电商市场进行调研，形成调研报告。
2. 能运用第三方工具进行跨境选品数据化分析，形成选品分析报告。
3. 能结合平台相关规则和要求，确定速卖通平台商品的上架价格。
4. 能根据店铺运营目标，制定跨境电商选品策略。
5. 能根据店铺运营目标，运用第三方工具开展站内外选品分析。

素养目标

1. 培养严谨务实的工作作风。
2. 培养互联网思维、创新思维和数据运营思维。
3. 培养精益求精的工匠精神。

任务 1　海外市场调研与分析

任务引入

深圳市征途箱包有限公司国际运营部开通了速卖通店铺后，跨境电商运营专员高云团队正准备上架一些产品开展店铺运营工作，这时经理告诉他们，跨境电商全球零售对象是个人消费者，首要的是开展海外市场调研，为选品和产品上架做好准备。那么，如何进行海外市场调研呢?

任务分析

海外市场调研可以帮助跨境电商卖家制订正确的商业计划和国际经营战略。开展海外市场调研，首先要了解全球主要跨境电商市场发展情况，并且调研海外消费者的消费习惯、搜索习惯和支付习惯等，摸清海外买家的需求，调研平台的买家主要来自哪些国家，这些国家消费者的消费偏好是什么，他们能接受什么价位的商品等。

相关知识

一、海内外电子商务市场发展分析

1. 我国跨境电子商务进出口的品类分析

根据商务部 2021 年发布的《中国电子商务报告（2020）》中跨境电子商务报告部分显示，2020 年我国跨境电子商务蓬勃发展，全国跨境电商进出口总额达 1.69 万亿元，按可比口径计算增长 31.1%。其中出口额为 1.12 万亿元，增长 40.1%；进口额为 0.57

万亿元，增长16.5%。全年通过海关跨境电子商务管理平台验放进出口清单达24.5亿票，同比增长了63.3%。2017—2020年我国跨境电子商务进出口总额及增速如图2-1-1所示。

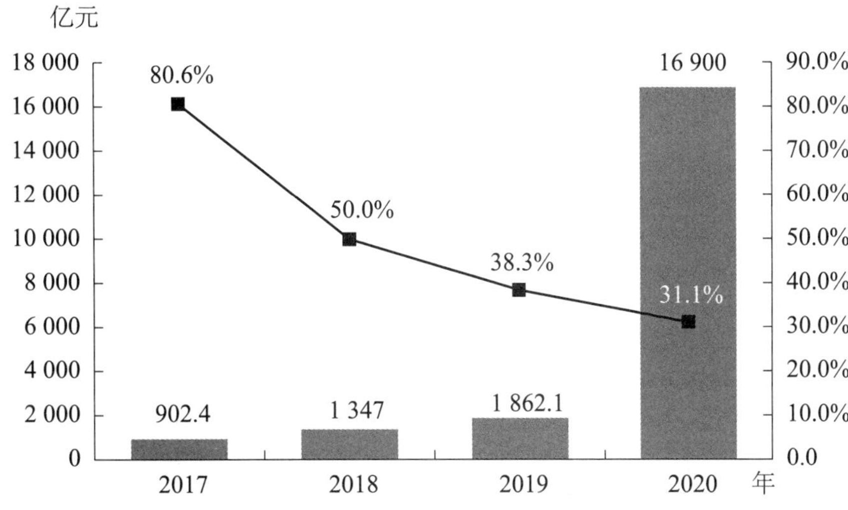

数据来源：商务部发布的《中国电子商务报告（2020）》。

图2-1-1　2017—2020年我国跨境电子商务进出口总额及增速

从商品品类来看，2020年我国跨境电商零售出口额排名前十的品类合计占比为97%，纺织原料及纺织制品；光学、医疗等仪器，钟表，乐器；革、毛皮及制品，箱包，肠线制品等实现快速增长，增速均超过30%，见表2-1-1。2020年我国跨境电商零售进口额排名前十的品类合计占比为99%，见表2-1-2。

表2-1-1　2020年我国跨境电商零售出口额排名前十的品类占比及增速

商品品类	占比	同比增速
特殊交易品及未分类商品	51%	161.3%
纺织原料及纺织制品	18%	106.0%
机电、音像设备及其零件、附件	9%	10.6%
杂项制品	5%	29.4%
塑料及其制品，橡胶及其制品	4%	20.1%
革、毛皮及制品，箱包，肠线制品	2%	31.4%
贱金属及其制品	2%	-39.2%
光学、医疗等仪器，钟表，乐器	2%	40.9%
鞋帽伞等，羽毛品，人造花，人发品	2%	30.0%
珠宝、贵金属及制品，仿首饰，硬币	2%	34.2%

数据来源：商务部发布的《中国电子商务报告（2020）》。

表 2-1-2　2020 年我国跨境电商零售进口额排名前十的品类占比及增速

商品品类	占比	同比增速
化学工业及其相关工业的产品	44%	24.6.%
食品，材料、酒及醋，烟草及制品	35%	21.6%
机电、音像设备及其零件、附件	4%	23.0%
杂项制品	4%	-21.9%
纺织原料及纺织制品	2%	8.9%
光学、医疗等仪器，钟表，乐器	2%	28.4%
活动物，动物产品	2%	37.4%
鞋帽伞等，羽毛品，人造花，人发品	2%	-18.6%
革、毛皮及制品，箱包，肠线制品	2%	-11.9%
动、植物油、脂、蜡，精制食用油脂	2%	20.6%

数据来源：商务部发布的《中国电子商务报告（2020）》。

从贸易伙伴来看，2020 年我国跨境电商零售进口来源地排名前十的国家和地区分别为中国香港、日本、韩国、美国、澳大利亚、荷兰、新西兰、德国、西班牙、英国。我国跨境电商零售出口目的地排名前十的国家和地区分别为马来西亚、美国、新加坡、英国、菲律宾、荷兰、法国、韩国、中国香港、沙特阿拉伯。

2. 海外消费者细分品类平台情况分析

图 2-1-2 所示为 2020 年我国跨境电商企业入驻各平台情况。其中亚马逊、阿里巴巴国际站和速卖通的平台入驻率分别排列前三位，Shopee、Lazada 两个面向东南亚市场的平台也成为企业出海的重要选择。此外，入驻 Newegg（新蛋）等海外国家本地平台的企业占比达 14.4%。由此可见，跨境电商企业正在深度融入全球市场。

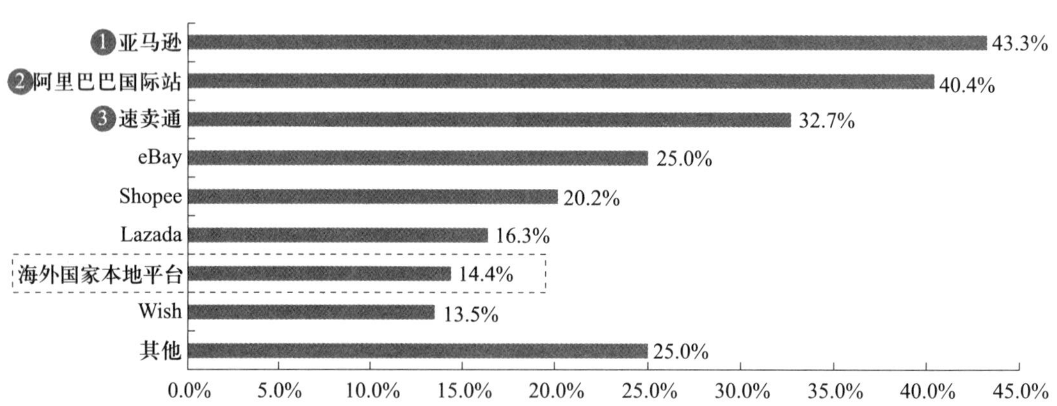

数据来源：亿邦智库调研。

图 2-1-2　2020 年我国跨境电商企业入驻平台情况

根据调查发现，海外消费者较倾向于细分品类、精选型平台。根据 Multiorders 平台的一项消费者调查显示，在最受消费者喜爱的平台中，除亚马逊和 eBay 两大平台外，其他均为 Newegg（新蛋）、Esty 等细分品类平台或精选型平台，见表 2-1-3。

表 2-1-3　　2020 年最受消费者喜爱的平台

	平台	品类	市场	活跃用户
1	Amazon	全品类	全球	3 亿
2	eBay	全品类	全球	2.5 亿
3	Newegg	3C 产品起家开始拓展全品类	北美	4 200 万
4	Esty	手工艺品	北美	3 170 万
5	Houzz	家装产品	美国	2 500 万
6	Manomano	家居饰品、园艺产品	西欧	350 万
7	Bonanza	全品类精选产品	美国	150 万

其中个人和家庭消费中，经营家居家具、服装鞋帽、数码 3C 类目产品的商家占比均超过 40%，成为跨境电商的核心类目，如图 2-1-3 所示。

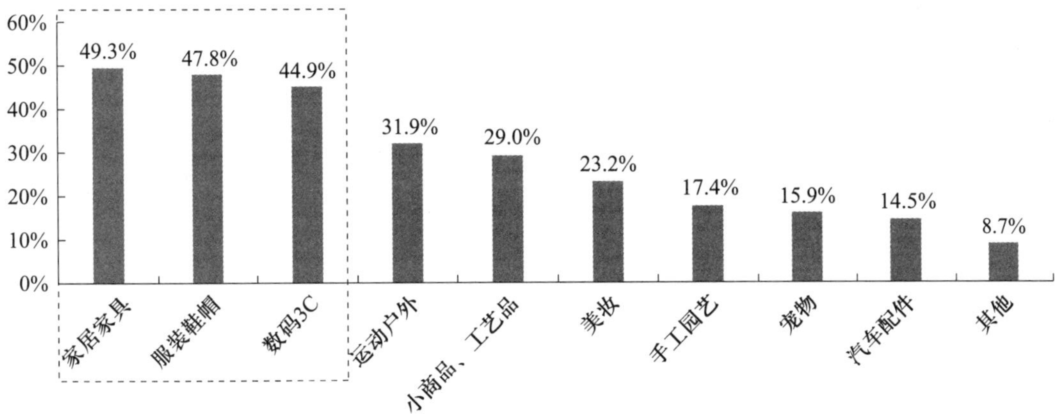

数据来源：亿邦智库调研。

图 2-1-3　2020 年我国跨境电商 B2C 品类分布

3. 欧洲电子商务市场分析

在线零售方式（B2C、C2C）在欧洲已经非常普遍。作为欧洲最大的电子商务市场，英国 2021 年的电子商务收入接近 1 040 亿美元，比上年增长 7%。德国是欧洲第二大电子商务市场，2021 年的电子商务收入达到约 950 亿美元，高于 2020 年的 876 亿美元。紧随其后的是法国和西班牙，2021 年的电子商务收入分别为 589 亿美元和 238 亿美元。

从区域划分来看，欧洲电子商务总营业额中西欧市场占比最高，紧随其后的是南欧，占总营业额的 16%；就电子商务营业额增长率而言，东欧在 2020 年以 36% 的增长率大放异彩；而西欧的增长率为 4%，较为平稳；中欧和南欧在 2020 年的增长率相差不大，分别为 28% 和 24%。

根据有关数据显示，2021 年欧洲电子商务市场收入约达到 4 650 亿美元，比 2019 年增长 30% ；到 2025 年，欧洲电子商务领域的收入预计达到近 5 700 亿美元。其中时尚品类、电子品类和媒体音像制品在 2021 年创造了一半的收入。2021 年时尚市场规模约为 1 435 亿美元，到 2025 年，这一数字预计达到 1 765 亿美元。

4. 东南亚电子商务市场分析

2020 年网络零售额增速居前 10 位的国家中印度尼西亚、马来西亚、菲律宾等多个东南亚国家上榜。现在东盟已超越欧盟，成为我国第一大贸易伙伴。2020 年我国与东盟伙伴的进出口总额为 4.74 万亿元，增长 7%。

2020 年 11 月 15 日，RCEP 协定正式签署，标志着东南亚跨境电商迎来黄金期，RCEP 成员国将成为国际经贸的重要市场，跨境电商海外仓建设的阻碍得以减小，跨境电商成功经验可向东南亚复制推广。据调查，东南亚地区平均电商渗透率仅为 2.5%，存在较大提升空间。目前，东南亚电商处于高速扩张期。若将东南亚电商产品分为 5 大类，则整体产品类目受欢迎程度排名依次为：数码与 3C 产品、时尚与美妆、家具与电器、玩具与爱好、食品与个人护理。当然，具体到不同国家，也会呈现更多不同特性。

二、进行海外市场调研

与国内电商相比，跨境电商的目标市场都在海外。由于不同国家和地区在电商市场规模、消费习惯、购物倾向、支付方式、风土人情等方面均有很大差异，且不同国家的政策也有较大不同，因此要做好跨境电商，必须要深入调研和分析目标国家和地区的各方面情况，做好海外市场调研与分析，制订海外市场调研计划。

在跨境电商领域，海外市场调研是指运用科学的调研方法与手段，系统地搜集、记录、整理、分析有关海外市场的各种状况及其影响因素，以帮助跨境电商企业制定有效的营销决策，实现企业经营目标。一个企业要想进入某一新市场，往往要求海外市场调研人员提供与此有关的一切信息，包括该国的政治局势、法律制度、文化属性、地理环境、市场特征、经济水平等。

1. 海外市场调研的内容

从国际贸易商品进出口角度看，海外市场调研的内容主要包括海外市场环境调研、海外市场商品情况调研、海外市场营销情况调研以及海外客户情况调研等。

（1）海外市场环境调研

企业对国际市场环境调研的主要内容包括：

1）国外经济环境。包括一国的经济结构、经济发展水平、经济发展前景、就业情况、收入分配等。

2）国外政治和法律环境。包括政府重要经济政策及政府对贸易实行的鼓励或限制措施，特别是有关外贸方面的法律法规，如关税、配额、国内税收、外汇限制、卫生检疫、安全条例等。

3）国外文化环境。包括使用的语言、受教育水平、宗教信仰、风俗习惯、价值观念等。

4）其他。包括国外人口、交通、地理等情况。

（2）海外市场商品情况调研

企业要把产品打入国际市场或从海外市场进口产品，除需了解海外市场环境外，还需了解海外商品市场情况，主要包括：

1）海外市场商品的供给情况。包括商品供应的渠道、来源，国外生产厂家、生产能力、生产规模及库存情况等。

2）海外市场商品需求情况。包括海外市场对商品需求的品种、数量、质量要求等。

3）国际市场商品价格情况。包括国际市场商品的价格、价格与供求变动的关系等。

（3）海外市场营销情况调研

海外市场营销情况调研是对国际市场营销组合情况的调研，除上述已经提到的商品及其价格外，一般还应包括：

1）商品销售渠道。包括销售网络设立、批零商的经营能力、经营利润、消费者对于市场的观感、售后服务等。

2）广告宣传。包括消费者购买动机、广告内容、广告时间、广告方式和效果等。

3）竞争分析。包括竞争者的产品质量、价格、经营政策、广告宣传、销售渠道、占有率等。

（4）海外客户情况调研

每种商品都有自己的销售（或进货）渠道。销售（或进货）渠道是由不同客户组成的。企业出口商品必须选择合适的销售（或进货）渠道，并做好国外客户的调查研究。一般来说，电商企业对国外客户的调查研究主要包括以下内容：

1）客户政治情况。主要了解客户的政治背景、与政界的关系、公司（企业）负责人参加的党派及对我国的政治态度等。

2）客户资信情况。包括客户拥有的资本和信誉两个方面。资本指企业的注册资本、实有资本、公积金、其他财产以及资产负债等情况。

3）客户经营业务范围。主要指客户经营的商品及其品种。

4）客户类型。指客户是中间商、专营商还是兼营商等。

5）客户经营能力。包括客户业务活动能力、资金融通能力、贸易关系、经营方式和销售渠道等。

2. 海外市场调研的步骤

（1）确定市场调研目标

进行海外市场调研，首先要明确市场调研的目标。市场调研的目标不同，调研的内容和方法也有所不同，见表 2-1-4。

表 2-1-4　　海外市场调研目标分析

市场调研目标	对应的调研内容	调研方法示例
海外电商市场趋势	互联网用户数、互联网普及率、智能手机等设备普及率、网购人群规模及年龄段、电子商务销售额、年增长率、移动电商销售额等	可以登录 http: //www.cnnic.net.cn/ 查询相关的数据，辅助调研
海外各国电商平台情况	考察几个关键网站的各国流量占比	例如登录亚马逊等网站，在买家页面搜索某店铺，查看该店铺商品销售情况
海外消费者购物习惯	调研目标国消费者的网站使用习惯，用户体验最佳的 10 个购物网站，用户搜索习惯、支付习惯、购物时间，电商活动时间（即电商打折力度最大的时间）等	例如美国网上购物高峰期为感恩节前一周到元旦。可以采用 Google Trends 和 Alexa 等工具进行目标市场的具体分析
海外电商运营风险	调研海外电商的隐私和数据保护、海关和关税政策、知识产权法律法规等	例如登录中国海关网，了解海关关税情况
海外市场竞争者	调研网络竞争程度（行业角度、企业竞争角度）、网络竞争者优劣势分析（产品、研发能力、渠道、资金、营销策略、组织、生产经营、管理能力）等	例如浏览竞争者的平台店铺或官网，了解竞争者的商品、生产规模、性质等信息，并加以分析

（2）设计调研方案，开展调研活动

根据调研的目的和调研对象的性质，在进行调研前，对调研工作总任务的各个方面和各个阶段进行通盘考虑和安排，提出相应的调研实施方案，制定合理的工作程序。海外市场调研方案主要包括以下内容：

1）确定调研目的。明确目的是调研设计的首要问题。

2）确定调研对象。调研对象就是根据调研目的和任务确定的调研范围以及所要调研的主体，它是由某些性质上相同的许多调研单位所组成。

3）确定调研项目。调研项目是指对调研单位所要调研的主要内容。确定调研项目就是要明确向被调研者了解什么问题。调研项目一般就是调研单位的各个标志（品质标志和数量标志）的名称。

4）拟定调研提纲和调研表。当调研项目确定后，应将调研项目科学分类、排列，构成调研提纲或调研表，方便调研登记和汇总。调研表一般由表头、表体和表脚三个部分组成。

5）确定调研时间和调研工作期限。调研时间是指完成调研工作所需时间。调研工作期限是规定调研工作的开始时间和结束时间，包括从调研方案设计到提交调研报告的整个工作时间，其目的是使调研工作能及时开展、按时完成。

6）确定调研方式和方法。搜集调研资料的方式有普查、重点调研、典型调研、抽样调研等。具体调研方法有文案法、访问法、观察法和实验法等。在调研时，采用何种方式，要根据调研对象和调研任务具体分析，灵活选择。

7）确定调研资料整理和分析方法。对于一手资料的分析可以采用观察法、实验法和询问法。对于二手资料的分析可以采用文献查找法、手工检索法、网络搜索法等。

8）确定报告的提交内容。主要包括报告书的形式和份数、报告书的基本内容、报告书中的图表等。

9）制订调研的组织计划。包括人员配备、调研人员的招聘及培训、工作进度控制和费用预算等。

（3）撰写海外市场调研报告

市场调研报告，就是通过市场调查，搜集、记录、整理和分析市场对商品的需求状况以及与此有关资料的文书。海外市场调研报告一般要涵盖现有市场规模、支付方式、品类以及物流等在内的目标国家或地区的电商市场现状分析、消费者群体分析以及未来发展趋势预测等方面。

海外市场调研报告的格式一般由标题、目录、概述、正文、结论与建议、附件等几个部分组成。

海外市场调研报告的内容主要包含调研目的、调查对象及其情况、调研内容、调研方式、调研时间、调研结论、解决方案建议、预测风险等。

Tips 常用海外市场调研工具

1.Google Trends：是谷歌推出的一项服务，主要用于计算某个搜索词相对于其他搜索词的走势比较，网址为 https: //www.google.com/trends。

2.KeywordSpy：是一款在线搜索关键词信息的工具。其查询条件为关键词、站点和国家。网址为 https: //labs.keywordspy.com/。

3.Alexa：可以查询网站目标市场及分析，网址为 https: //www.alexa.com/。

其他市场调研工具还有 Consumer Barometer、数据脉（datartery）等。

三、海外典型国家消费市场分析

电商消费市场调研内容包含消费者性格、消费水平、搜索习惯、支付习惯、网购习惯、网购平台倾向等。据速卖通数据显示，在1亿海外电商买家中，俄罗斯、巴西、美国、西班牙、法国、乌克兰、以色列、白俄罗斯、加拿大、荷兰是购买力最强的十大国家。下面将围绕速卖通的主要买家市场——美国、俄罗斯、巴西等国展开网购消费市场分析。

1. 美国网购消费市场分析

据美国统计局的一项研究数据显示，在商品销售总额方面，线下购买仍占据多数，

但是书籍和杂志、服饰、电子产品等品类的线上购买已占据了主导位置。美国是一个注重效率的国家，美国消费者对于发货速度要求较高，往往希望下单后可以尽快收到自己满意的产品。除此之外，他们对于产品的搜索也有自己的特定方式。根据 BloomReach 的调查显示，44% 的美国消费者网购时首选到亚马逊搜索产品，34% 的人会选择谷歌之类的搜索引擎寻找产品，21% 的人选择特定零售商的网站。表 2-1-5 所示为美国买家网购排名前十的电商平台。

表 2-1-5　　美国买家网购排名前十的电商平台

排名	平台名称	平均月流量（亿人次）	排名	平台名称	平均月流量（亿人次）
1	Amazon	18.7	6	AliExpress	0.433
2	eBay	8.176	7	Costco	0.421
3	Walmart	3.39	8	Kohls	0.404
4	Esty	1.204	9	Wish	0.387
5	Target	1.174	10	Sears	0.261

数据来源：雨果跨境网。

另外。美国人爱好高科技，喜欢社交网络。他们常用的五大社交平台是：Facebook、YouTube、WhatsApp、Instagram、Twitter。美国人常通过社交网络平台了解最新商品情况，以此作为网购参考。

在美国，每个季节都有一个商品换季的销售高峰期，如果错过了当期销售季节，商品就要降价处理，“黑色星期五”是公认的美国传统购物日。美国大商场和超级市场的销售季节是：1—5 月为春季销售季；7—9 月为初秋升学期销售季，主要以销售学生用品为主；9—10 月为秋季销售季；11—12 月为假期销售季，即圣诞节假期，这时又是退税季节，人们都趁机添置用品，购买圣诞礼物，消费者此时对各类网店的访问量极高，适销对路商品很快就会销售一空，这一时期的销售额可以占到全年销售额的 1/3 左右。

由于美国国土面积比较大，横跨三个时区，所以不同时区的买家上网购物的时间不同。为了提高商品的关注率，卖家应选择一个买家上网购物比较集中的时间段来发布商品。

北美地区是全球最发达的网上购物市场，该地区的消费者习惯各种先进的电子支付方式。网上支付、电话支付、电子支付、邮件支付等各种支付方式对于美国消费者来说都不陌生。在美国，信用卡是在线常用支付方式，PayPal 也是美国人非常熟悉的电子支付方式。与美国人做生意的中国商家，一定要习惯并善于利用信用卡等各种各样的电子支付工具。

2. 俄罗斯网购消费市场分析

俄罗斯地广人稀，以俄语为主，共有 194 个民族，其中俄罗斯族人口占总人口的

77%。俄罗斯工业结构不合理，重工业占工业总产值的 80%，轻工业和食品工业合计比重约占 16%，这造成了居民用消费品缺乏，需要依靠国外进口。

俄罗斯人非常喜欢社交网络，智能手机的普及率为 40%，社交媒体普及率达到 42%，同时月人均访问社交网络时长达到 9.8 小时。俄罗斯流行的社交网站有 VK（原 VKontakte）、Ok.ru、Facebook 等。俄罗斯人主要使用的搜索引擎是 Yandex。Mail.ru 是俄罗斯本土最大门户网站，rambler.ru 也是俄罗斯人喜爱的网站。

【微课】俄罗斯市场用户画像分析

俄罗斯的海外电商销售额占整个电商销售额的 20%，市场规模较大。俄罗斯的海外电商平台主要有速卖通、Amazon、eBay。其中速卖通在俄罗斯的业务主要涉及服装、鞋子、配饰、内衣、电子产品、美妆等。根据 Yandex 和 GFK 发布的一项研究报告表明，与中文网站相比，俄罗斯男性喜欢从英文网站购买商品（占 54%），而女性更喜欢从中文网站购物（占 52%）。女性购买的品类多为服装、饰品、儿童用品和家居用品，而男性经常集中购买电子产品和汽车配件。从普及度上来说，Webmoney 是俄罗斯最为普及的第三方支付工具，其次依次是 Yandex.Money、Qiwi、RBK Money 和 Robokassa。另外还有一些使用少的支付方式，比如 PayU、PayOnline 和 MoneyMail 等。

针对俄罗斯客户，给跨境电商卖家的建议是：

（1）使用俄语客服，多关注俄罗斯热点，以便融洽与俄罗斯客户的沟通，引导需求。

（2）俄罗斯买家喜欢秀，喜欢晒单，所以可以鼓励买家写评论、晒图片，以返利或者发红包等方式吸引买家。

（3）如果销售服装品类，服装尺码须按照俄罗斯标准；由于买家喜欢搭配，可以对服装搭配售卖。

（4）通过建立 VK 群吸引粉丝，发一些买家感兴趣的话题，或者回答买家关心的问题，鼓励买家在社交平台晒单返利等。

3. 巴西网购消费市场分析

巴西电商发展非常迅速，速卖通是最受巴西人欢迎的跨境电子商务网站。另外，巴西人喜欢使用 MercadoLibre（美客多）网站，这是拉美地区 C2C 电商巨头，月访问量达 3.3 亿人次，业务范围覆盖拉丁美洲的 18 个国家。亚马逊（巴西站）也是巴西人经常使用的电商平台。

巴西消费者在网购过程中最看重的是价格实惠、品种丰富、打折促销以及免运费。巴西人更关注商品的价格，而不盲目追求品牌。他们的主要需求类目是服装配饰、美容保健和家具用品等。以服装为例，他们追求休闲大气、欧美潮流、配色夸张的服装风格，要求尺码准确，注重售后服务以及产品的耐用性。

巴西人大多喜欢超前消费，喜欢分期付款的交易方式。在网上支付方式的选择上，他们会首选 BOLETO，这种支付方式在巴西一直占据着主导地位，客户可以到任何一家银行或通过网上银行授权转账。

需要注意的是，卖家的店铺好评对巴西人影响很大，甚至决定他们是否会购买；同时店铺设置免邮产品更是受到巴西人的青睐。另外，很多消费者会直接搜索折扣商品，喜欢参与促销活动。

【微课】东南亚市场用户画像分析

【微课】德国市场用户画像分析

任务实施

高云团队按照公司运营部负责人的要求，调研海外市场的电子商务发展情况和消费现状，调研海外电商平台消费者的搜索习惯、支付习惯和购买习惯，并撰写海外市场调研报告，为后期选品和产品发布做好准备。请结合本次任务要求和相关知识，完成以下任务：

★任务一：速卖通平台主要购买国家消费者分析

任务目标：运用搜索引擎进行网络调查，调研速卖通平台主要购买国家的网购特点，并完成表 2-1-6 的填写。

任务工具：PC 端或手机端网络搜索引擎（如百度）、跨境电商智能服务平台（雨果跨境网 https://www.cifnews.com/）、速卖通平台（https://www.aliexpress.com/）。

任务实施：

表 2-1-6　　速卖通平台主要购买国家消费者分析

国家	消费者性格画像	消费水平及物价	消费偏好	网购习惯		
				搜索习惯	支付习惯	使用的主要网购平台
美国						
俄罗斯						
巴西						
西班牙						

★任务二：开展速卖通平台市场调研活动

任务目标： 公司将通过速卖通平台销售儿童箱包类产品，请以“箱包品类”为对象，开展速卖通市场调研活动，对“箱包”货源平台、速卖通箱包主要买家特征和销售情况进行深入细致的调研，并完成调研报告的撰写。

任务工具： PC 端或手机端网络搜索引擎（如百度）、阿里巴巴批发平台（https://www.1688.com/）、跨境电商智能服务平台（雨果跨境网 https://www.cifnews.com/）、速卖通平台“生意参谋”工具（https://sycm.aliexpress.com/）。

任务实施：

【步骤 1】利用网络搜索引擎、阿里巴巴批发平台（1688）开展国内箱包货源调查及分析，填写表 2-1-7。

表 2-1-7　国内箱包货源调查及分析

货源地情况	
商品品类分析	
商品价格分析	

【步骤 2】登录速卖通卖家平台，使用“生意参谋”工具对速卖通平台箱包的买家特征和销售情况等进行调研分析，并根据调研要素表（见表 2-1-8），生成数据报告。

表 2-1-8　速卖通平台箱包销售情况调研要素及说明

序号	调研要素	说明
1	箱包品类主要购买国家分析	按照支付金额占比，筛选出箱包类产品前十的主要购买国
2	箱包品类的市场大盘	收集包括访客指数、商品浏览率、供需指数、客单价、商品加购人数、加收藏人数等方面数据
3	箱包品类购买者年龄、性别分布情况	可采用饼状图绘制箱包品类购买者年龄分布图和性别分布图
4	箱包品类买家行为特征	调研箱包类买家的速卖通等级分布情况、购买次数分布情况
5	箱包类产品买家网购偏好	可从行业偏好和品牌偏好两方面进行分析
6	箱包类产品适销的节假日	可以按照单一国家来分析

有关速卖通平台箱包销售数据均可通过速卖通平台“生意参谋”工具获取，如图 2-1-4 至图 2-1-8 所示。

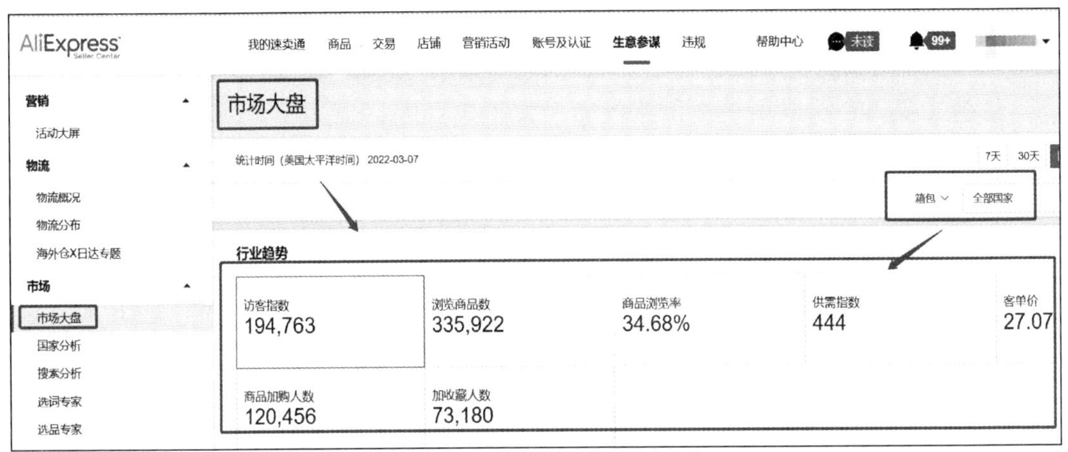

图 2-1-4　速卖通平台箱包销售情况——市场大盘数据

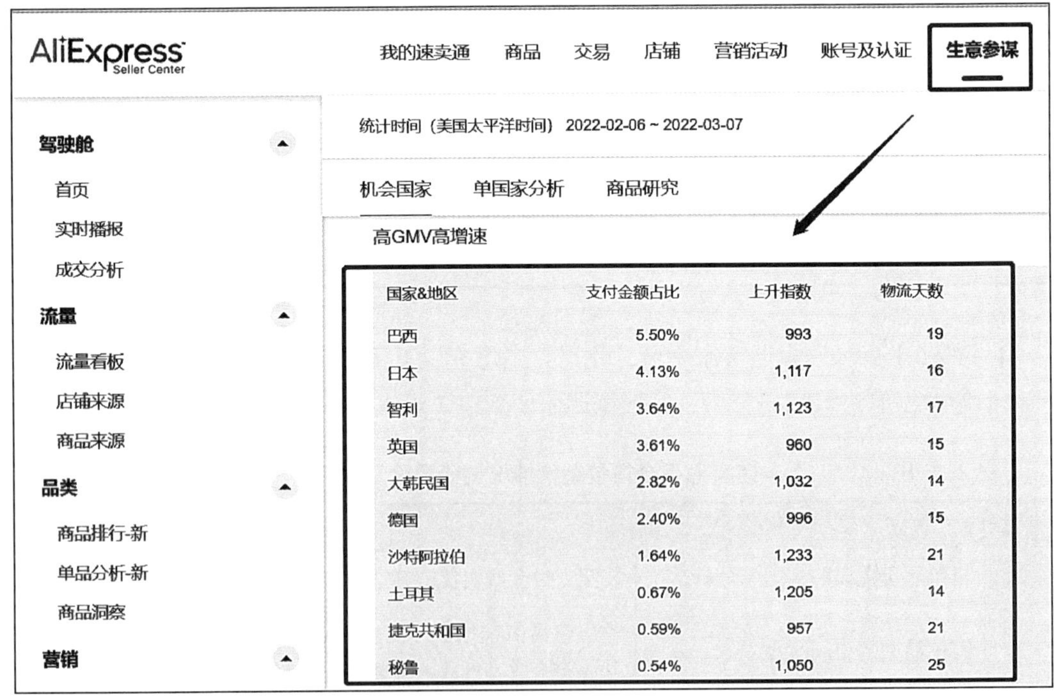

国家&地区	支付金额占比	上升指数	物流天数
巴西	5.50%	993	19
日本	4.13%	1,117	16
智利	3.64%	1,123	17
英国	3.61%	960	15
大韩民国	2.82%	1,032	14
德国	2.40%	996	15
沙特阿拉伯	1.64%	1,233	21
土耳其	0.67%	1,205	14
捷克共和国	0.59%	957	21
秘鲁	0.54%	1,050	25

图 2-1-5　速卖通平台箱包销售情况——主要购买国数据

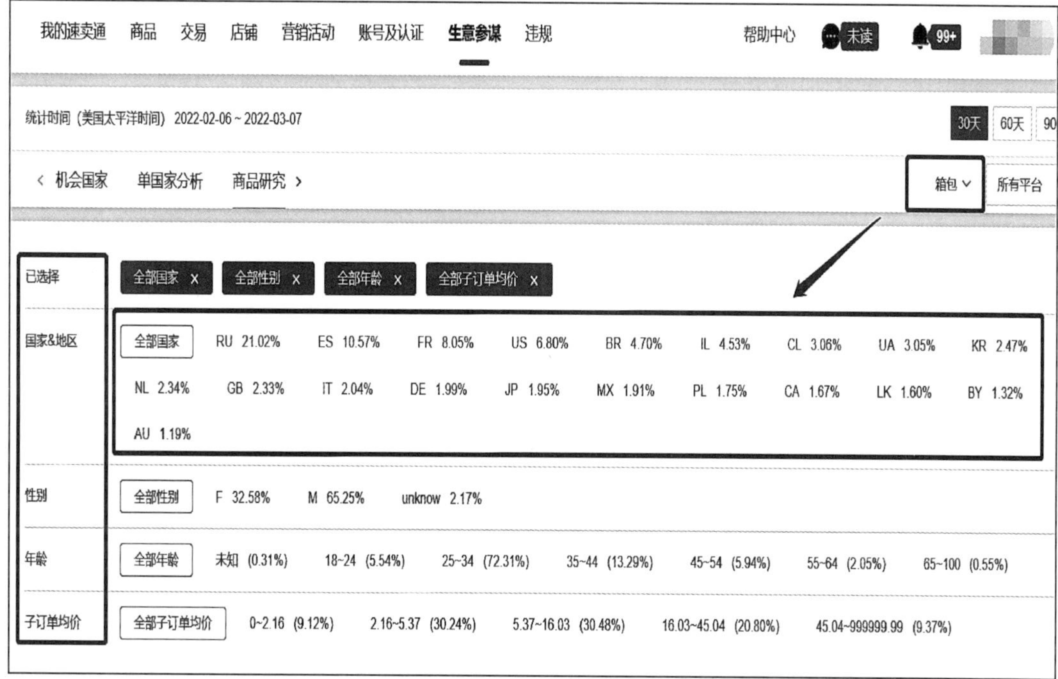

图 2-1-6　速卖通平台箱包销售情况——购买者分析数据

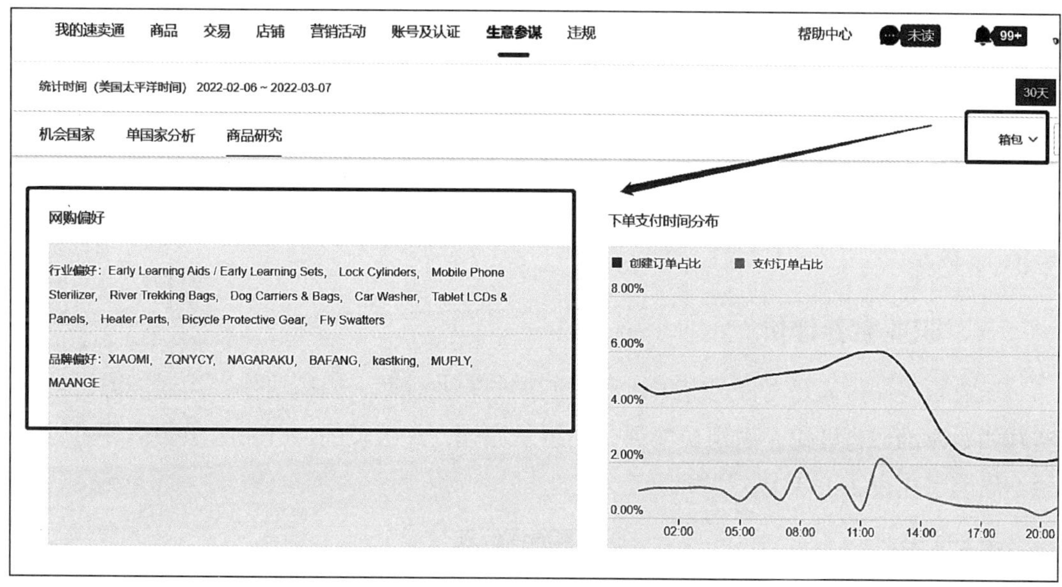

图 2-1-7　速卖通平台箱包销售情况——买家行为分析

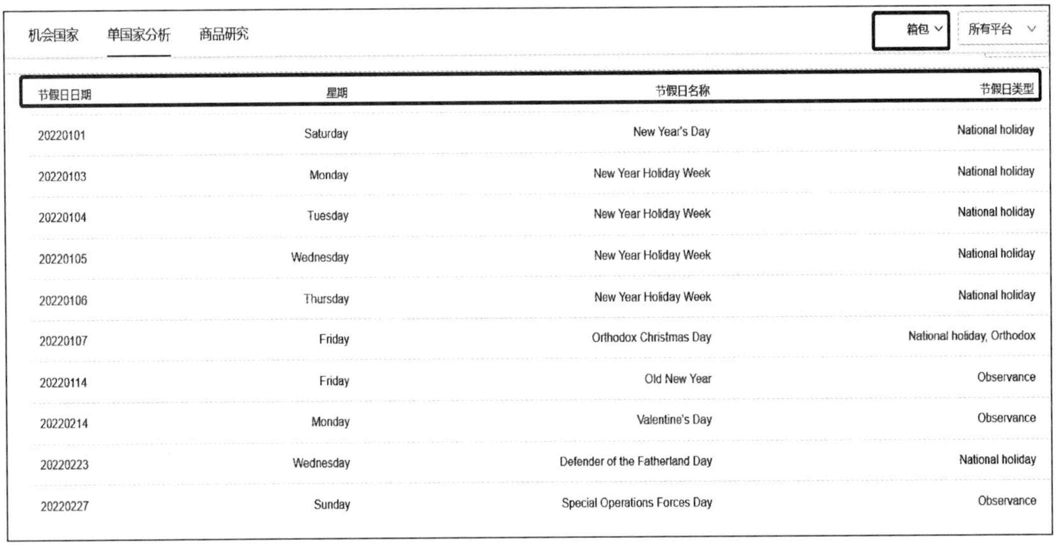

机会国家 单国家分析 商品研究 箱包 所有平台

节假日日期	星期	节假日名称	节假日类型
20220101	Saturday	New Year's Day	National holiday
20220103	Monday	New Year Holiday Week	National holiday
20220104	Tuesday	New Year Holiday Week	National holiday
20220105	Wednesday	New Year Holiday Week	National holiday
20220106	Thursday	New Year Holiday Week	National holiday
20220107	Friday	Orthodox Christmas Day	National holiday, Orthodox
20220114	Friday	Old New Year	Observance
20220214	Monday	Valentine's Day	Observance
20220223	Wednesday	Defender of the Fatherland Day	National holiday
20220227	Sunday	Special Operations Forces Day	Observance

图 2-1-8 速卖通平台箱包销售情况——俄罗斯节假日

【步骤 3】根据调研数据，整理资料，撰写速卖通箱包品类市场调研报告。

任务评价

本次任务主要通过理论学习、网络学习和任务实践，使学生知晓海外市场调研的一般方法和主要国家电商消费市场的特点，并完杨相关任务单（表格）的填写。

本次任务引入跨境电商专员岗位角色，让学生以跨境电商专员角色组建小组（运营团队），根据每个工作任务情境和任务要求开展任务实施，在学习评价中采用过程性评价和结果性评价相结合的方式，从课前、课中、课后多角度评价，从知识能力、职业素养、专业能力三维度评价，发挥学生的主动性。同时开展小组讨论，培养团队协作意识。

一、职业素养评价

职业素养评价表是对任务完成过程中所需的职业规范、组织协作、沟通能力、创新实践四个方面进行评价，对组员的评分由组长完成，对组长的评分由组员集体评定，评价结果填写在表 2-1-9 中。

表 2-1-9　　职业素养评价表

评价项目	评价标准	完全符合（90～100 分）	比较符合（70～89 分）	基本符合（60～69 分）	完全不符合（59 分及以下）
①职业规范	按时到岗，具备职业认同感				
	工作过程诚实守信、遵纪守法、吃苦耐劳				
	仪容仪表符合职业规范				

续表

评价项目	评价标准	完全符合（90～100分）	比较符合（70～89分）	基本符合（60～69分）	完全不符合（59分及以下）
②组织协作	服从组内安排				
	能完成小组分配的任务				
	能主动配合或帮助组员				
③沟通能力	小组讨论时能踊跃发表观点				
	能参与本组任务方案展示的准备或解说				
	能清晰准确地表达自己的观点				
④创新实践	能提出创新性的建议并落实				
	能总结反思并持续改进				
	能在实践活动中发挥个人特长				
合计					

二、任务实施评价

本次任务的专业能力评价表根据本次任务目标和要求填写，评价形式采取线上线下相结合，分为课前、课中、课后三个环节全面评价学生的综合专业能力。评价结果填写在表 2-1-10 中。

表 2-1-10　　专业能力评价表

序号	评价项目	评价标准	评价方式	评价环节	完全符合（90～100分）	比较符合（70～89分）	基本符合（60～69分）	完全不符合（59分及以下）
1	课前任务	数字资源平台 PPT、微课的学习程度	线上	课前				
		学习任务书填写情况						
2	任务一：速卖通平台主要购买国家消费者分析	任务全面完成，步骤无遗漏	线上+线下	课中				
		消费者性格画像分析						
		消费水平及物价分析						
		消费偏好分析						
		网购习惯分析						

续表

序号	评价项目	评价标准	评价方式	评价环节	完全符合（90～100分）	比较符合（70～89分）	基本符合（60～69分）	完全不符合（59分及以下）
3	任务二：开展速卖通平台市场调研活动	任务全面完成，步骤无遗漏	线上+线下	课中				
		调研数据准确						
		调研报告撰写质量						
		符合行业、企业标准						
		任务成果有创新						
4	学习成果输出	按时上交任务可视化成果（文档、照片、视频等）	线上+线下	课后				
		入选优秀作业（作品）集						

三、任务综合评价

根据任务权重计算方式填写任务综合评价总表（表 2-1-11），记录小组任务执行情况，每个小组完成任务的可视化学习成果予以存档。

表 2-1-11　　任务综合评价总表

任务名称						
小组名称	小组成员	职业素养评价（20%）	专业能力评价			总分
			课前学习评价（10%）	课中任务评价（60%）	课后验收评价（10%）	
小组一						
组平均分						
考核记录						

思考与练习

1. 调研“金砖五国”的跨境电商发展情况，并撰写调研报告。
2. 调研东南亚地区消费者电商产品的消费习惯，并撰写调研报告。

任务 2 跨境电商选品分析

任务引入

深圳市征途箱包有限公司国际运营部的跨境电商运营专员高云团队在了解了国内外跨境电商市场消费现状和发展趋势，并初步确定了现阶段主流跨境电商平台的消费人群所在地区和购物偏好。接下来经理要求他们做好跨境选品工作：在现有基础上做好进一步调研，一方面把握目标市场用户需求，另一方面要熟悉供应市场，对整个供需市场有整体的认知，从众多供应市场中筛选出最符合目标市场和用户的产品，确定出企业要新增的产品品类，并在产品分析基础上确定主营产品。

任务分析

选品，简单地说就是选品专员从供应市场中选择适合目标市场需求的产品，也称为产品开发。选品是跨境电商运营的重要环节。俗话说三分靠运营，七分靠选品，尤其是对于那些自身并没有生产工厂的电子商务运营商来说，需要从各个市场中挑选产品进行跨境销售，或是根据跨境市场的需求，寻找供应商、组织生产并进行销售，进而通过市场需求分析与预测，开发新产品，组织企业生产并进行销售。不管是哪一种销售方式，这些企业都将面临选品的问题。要做好跨境选品，需要选品专员熟悉选品规则并掌握选品数据分析工具，能从平台、区域、行业以及竞争同行等多维度调查产品，挖掘产品潜在数据价值，确保产品开发成功率。

相关知识

所谓跨境电商选品，更多的是指跨境电子商务第三方平台注册卖家在销售产品前选择符合自身条件以及市场需求的产品进行售卖。要做好跨境电商选品，首先要了解何为“品”，要了解产品和商品的区别，了解单品和品类的含义，并学会进行品类管理。其次要掌握跨境选品的技巧和方法，能使用大数据分析来指导选品，进行产品开发。

一、品类与品类管理知识

1. 品类（Category）

品类是指目标顾客购买某种商品的单一利益点（Single Benefit Point，SBP）。每个单一利益点都由物质利益（或功能利益）和情感利益构成。“品类”的大众定义是“商品分类”，即消费者认为相关且可相互替代的一组特定商品或服务。在电商平台上，平台会事先划分好品类结构中的大类目，如速卖通平台的顶级品类，如图 2-2-1 所示。

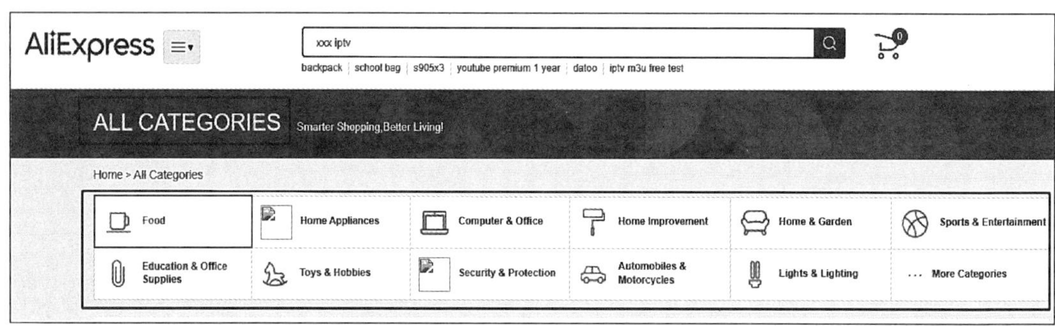

图 2-2-1　速卖通平台的顶级品类图

2. 品类管理

品类管理（Category Management，CM）是卖家将所经营的商品分为不同的类别，并对每一类商品按照企业经营战略目标进行独立管理的一系列相关活动。品类管理是零售商经营和零售商与供应商合作的重要战略，是满足消费者不断变化的需求，以顾客为中心的经营方法。

3.SKU 与 SPU

SKU 和 SPU 是品类管理中最基础的概念。SKU（Stock Keeping Unit）是最小库存单元，SPU（Standard Product Unit）是标准化产品单元。

SKU 是库存进出计量的单位，可以是以件、盒、托盘等为单位。近几年随着电子商务快速发展，在电商运营中也将 SKU 称为“单品”，即单独的某一种商品。以一款手机为例，手机有不同的型号、配置，不同的颜色和配置组合会形成一个新的产品，这时会产生很多 SKU。在传统线下行业里 SKU 也是一个常用的概念。例如服装行业中，同款服装可以有不同的尺码、颜色，这些都是独立的 SKU，需要有独立的条形码，以便仓库进行统计管理等。

SPU 是商品信息聚合的最小单位，是一组可复用、易检索的标准化信息的集合，该集合描述了一个产品的特性。简单地讲，属性值、特性相同的商品就可以称为一个 SPU。SPU 的作用就是为了区分品种，同时也是为了更好地进行电子商务平台的后台数据管理。SPU 与 SKU 的关系有多种，可以是一对多、一对一，绝大部分 SPU 与 SKU 都是一对一，多规格的 SPU 和 SKU 之间是通过规格属性来连接的。以 iPhone10 Plus 手机为例，这个 SPU 的规格有多种，颜色包含金色、白色、黑色、玫瑰金、银色、亮黑、红色 6 种，内存包含 32 G、128 G、256 G 3 种，那么 SKU 就是 18 种（即 6 × 3）。

二、了解红海和蓝海

现在的电商市场由两种“海洋”组成，即红海和蓝海。红海代表现今存在的所有产业，也就是我们已知的市场空间；蓝海则代表目前未知或待开发的产业。红海市场是竞争激烈、白热化的市场，但是蓝海市场也不是一个没有竞争的地方，它是一个通过差异化手段得到的新市场领域，在这里，企业可以凭借自身业务能力和创新能力获得更快的发展和更高的利润。从本质上看，“红海与蓝海”战略反映了企业不同的市场发展和竞争策略。蓝海战略更注重创新，给顾客创造不一样的体验，发掘出新的商机，从而避免红海的同质化产生的激烈竞争。

很多新手做跨境电商的时候，都会选择从蓝海市场做起，因为这里既有生存的空间，又竞争程度不高，容易做成功。但是，蓝海市场最终也会演变成红海市场，新开辟的蓝海市场中会有新的卖家不断地加入，长此以往，也会形成红海的局势。所以跨境电商卖家要从一开始就不断超越自己，保持领先。

三、跨境选品的数据分析

【微课】跨境产品市场调研

在进行跨境选品时，需要调查产品的市场容量、市场需求趋势、市场潜力和竞争优势等数据和信息，只有这样才能找到适销的产品，便于后期的产品分析和上架销售。借助各种数据分析工具，对各种指标进行定性、定量分析，可以为选品分析提供科学依据。

1. 内部数据和外部数据

俗话说，巧妇难为无米之炊。不论是前期的选品，还是后期的精细化运营，都需要数据来作支撑，如果没有有效的数据来源，后期的选品工作将毫无意义。

数据是指企业内部经营过程中产生的数据信息，以及跨境电商平台后台生成的有关店铺、行业、平台的各项数据。例如速卖通平台“生意参谋”中的访客数占比、浏览量占比、成交额占比、供需指数等，这些属于企业经营内部数据。而外部数据是指企业外部或平台以外的其他企业、市场或平台等产生的数据，例如 Google Trends、KeywordSpy、Alexa 网站等产生的各种数据。如图 2-2-2 所示为 2021 年“headphones”在 Google Trends 上的搜索热度数据，如图 2-2-3 所示为在速卖通平台对鞋子品类的行业趋势分析数据。

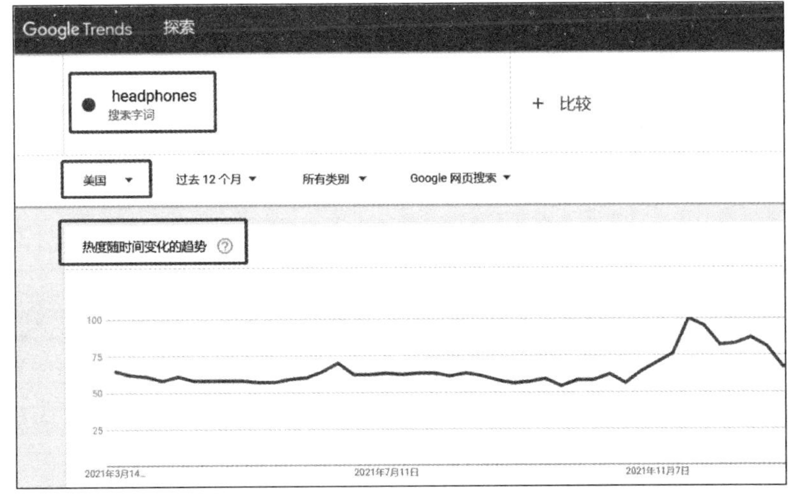

图 2-2-2　2021 年“headphones”在 Google Trends 上的搜索热度数据

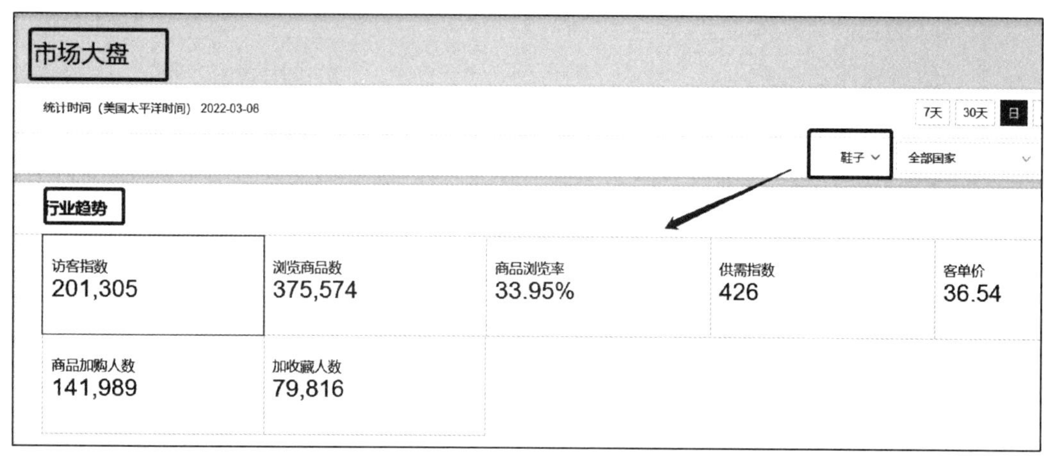

图 2-2-3　在速卖通平台对鞋子行业趋势的分析数据

2. 站内工具和站外工具

（1）站内工具

速卖通站内数据分析工具主要是"生意参谋"。在"生意参谋"中，有"市场大盘""国家分析""搜索分析""选词专家"和"选品专家"等几大功能。通过对选取平台的全部数据进行分析可以为用户提供行业选择、选品和店铺运营的决策参考。

（2）站外工具

站外工具即第三方工具。常用站外工具有 Google Trends、Jungle Scout、AMZScout、Terapeak、CamelCamelCamel、Sorftime 和米库等。登录 AMZ123 网站（https: //www.amz123.com/）可以查看各种选品分析工具，如图 2-2-4 所示。

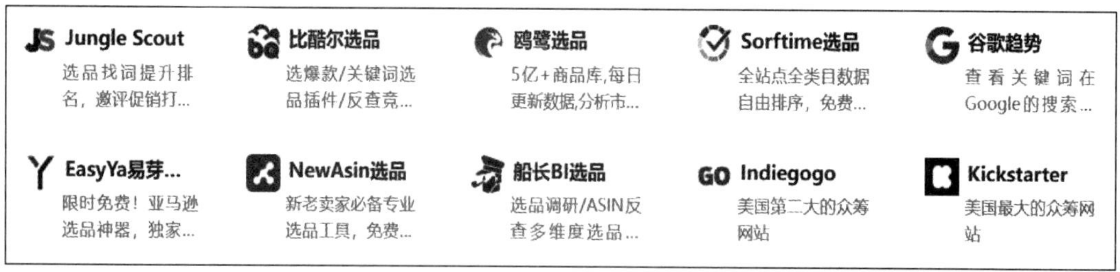

图 2-2-4　AMZ123 网站上的选品分析工具

Tips　Google Trends 工具

谷歌趋势（Google Trends）是 Google（谷歌）推出的一款基于搜索日志分析的应用产品，它通过分析谷歌全球数以十亿计的搜索结果，可以告诉用户某一搜索关键词在各个时期被谷歌搜索的频率和相关的统计数据。那么，如何用谷歌趋势进行选品呢？

1. 看关键词趋势。通过"比较"功能，比较同一产品的多个同义词，根据搜索指数可得知国外客户的使用习惯，找到最准确的关键词。

2. 看产品趋势。通过“比较”功能，搜索不同产品，再通过搜索指数进行筛选。

3. 看区域趋势。在分析产品的搜索热度同时，可分析产品在哪些国家或目标国家的哪些地区更受欢迎。

4. 了解行业趋势并提前制订营销计划，确定季节性营销趋势，在恰当的时间创建推广内容。

3. 跨境数据化选品分析

（1）市场容量分析

通过在跨境电商平台或搜索工具上输入核心关键词，可以调查网络市场现在和未来的市场规模。在实际操作时应注意：如果关键词是由两个词组合构成的，要使搜索绝对匹配，关键词须用双引号。如果商品是针对特殊国家、市场或细分平台，则必须取对应的结果。如果平台包含了国家、语言、细分平台等多个子集，人工统计时应取该项下搜索结果最高值；而机器人统计时，则取其总数。也就是说，在相关平台和搜索工具上输入相关产品核心关键词，对相应的搜索结果进行比较就能分析出该产品的市场容量大小。相关分析如下：

1）核心关键词在主流跨境电商平台搜索结果数。主流跨境电商平台一般包括 eBay、速卖通、Wish、Lazada 等电商平台。例如分别在谷歌和亚马逊平台搜索“eq headphones”关键词，可以得到不同的搜索结果数，通过比较可分析出“eq headphones”的市场容量大小。

2）核心关键词在社交平台的搜索结果数。社交平台一般包括 Facebook、YouTube、Twitter、Instagram、Pinterest、VK 等。社交平台的数据相对而言有独立的生态闭环，有的还屏蔽了谷歌的搜索爬虫，因此其内部的搜索数据是自成体系的。

（2）市场潜力分析

市场容量是一个静态数据，体现的是当前数据。市场潜力是一个过程数据，是从历史过程的增长情况预测未来的增长趋势。尤其可利用复合增长指标分析，同一个时间段里的复合增长率越高，得分越高。

以核心关键词在谷歌趋势的数据搜索为例，一般以过去 1 年的复合增长率为标准。1 年中每个月的复合增长率 =（年末的数据 ÷ 年初的数据）$^{(1/12)}$ −100%。例如，假设某一年 Wireless charger（无线充电器）在谷歌趋势里年初的搜索指数为 24，年末是 51，中间经历了 12 个月的发展，总体增长率是 112.5%，月度复合增长率是 0.648%；而另一个 Wireless headphone（无线耳机），虽然市场保有量巨大，但根据搜索趋势分析，其过去一年的复合增长率几乎为 0，如图 2-2-5 所示。

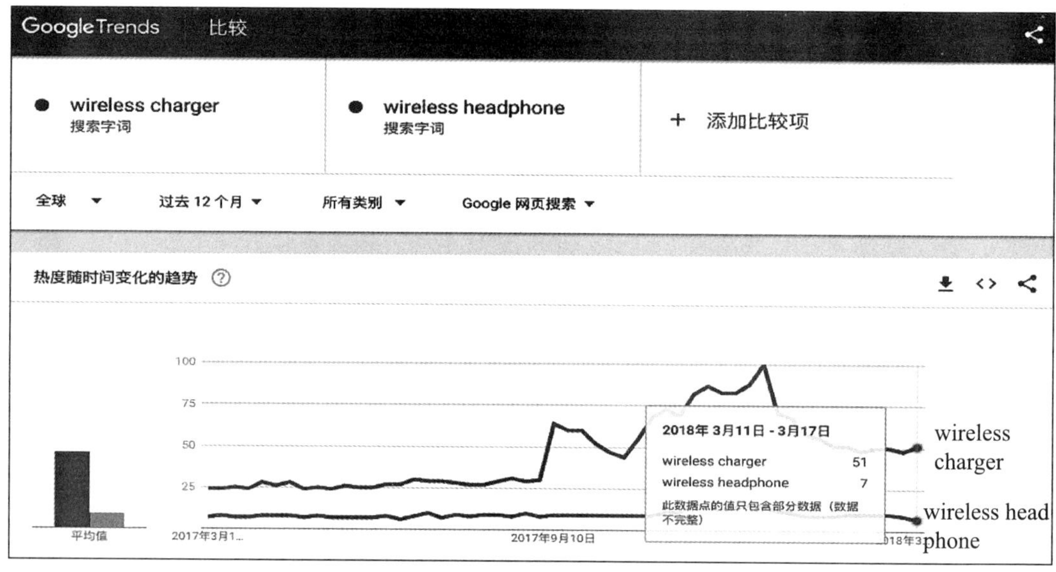

图 2-2-5 使用 Google Trends（谷歌趋势）搜索核心关键词

另外，谷歌趋势可以提供更丰富的数据呈现，可以在商品立项评分中进行手工增加或者减少一些打分。

（3）市场竞争力分析

对于跨境电商选品工作而言，进行竞争力分析，可以预测出产品的潜在市场空间和市场增长潜力。将竞争力按照得分高低（假设满分是 100 分，最低分是 0 分）来进行测量，得分越高，说明竞争不激烈，机会越大；反之，得分越低，说明被对手垄断程度越高。

四、跨境选品的原则

【微课】跨境选品分析

跨境选品，不能想当然地主观臆断，要结合市场调研，进行数据分析，从客观角度出发进行选品。跨境选品的原则包括：

1. 优先选择有市场容量和市场潜力的产品

产品的市场容量和市场潜力如何是非常关键的选品指标。产品能否为市场接受，不仅仅取决于目前用户需求比重，未来的市场增长趋势也是一个重要因素，而这些都需要用数据来分析判断。

2. 选品要符合用户需求

不同地区的用户偏好、习性及文化都是不同的。只有了解不同地区的用户需求和消费偏好，才能正确地进行选品。

3. 选品要注意产品是否受专利保护

某些产品市场潜力巨大，用户需求较高，利润收益也非常可观。但这样的产品并不是所有卖家都能售卖的，其原因在于专利保护。只有经专利授权的卖家才能进行相应产品销售。

4. 产品有稳定货源

做出口跨境电商，选品最好是一手货源，而非各级代理商的产品。因为没有稳定的上游货源，在价格上将难以保持足够的优势，甚至无法获得合理的利润。

5. 要考虑同行竞争程度

同行之间的价格战是无法避免的，同一款产品，不同卖家店铺的价格都不同，因此要分析竞品数据，结合自身优势，做好价格的差异化策略。

6. 选择符合物流要求的产品

跨境电商的订单都是运往海外的，如果运输时间过长，往往会引起买家的不满，甚至导致退货。所以选品应倾向于选择体积小、重量轻、款式多且更新快、功能不复杂，而且客单价高、便于运送，物流成本不高的产品。

五、跨境选品策略

通过数据工具对市场进行有效数据分析只是选品工作的一个方面。要做好跨境选品工作，尤其是选品工作中的产品立项环节，还需要企业展开充分的线上和线下调研，搜集产品信息，进行整理和分析，为产品立项提供可参照性依据。那么，如何找到适销的产品呢？

1. 参加品类展会

展会是前沿产品集中展示的平台。参加展会可以熟悉行业的发展状况，获取最新最热最畅销的产品资讯；熟悉行业技术发展，直观体验产品，获取较为优质的供应链资源。一个优秀的选品专员，应该对有关品类的全国甚至全球各类展会信息，包括展会定位、参展商概况、目标受众、发展趋势等了如指掌。世界知名产品展览会有美国拉斯维加斯的国际消费类电子产品展览会（CES）、德国柏林国际消费电子展（IFA）、中国进出口商品交易会（简称广交会）等。

2. 利用现有供应商资源

合作过的供应商，只要有新产品、新方案，一般都会向经销商广而告之。所以，密切关注重点供应商，主动联系、询问是否有新产品和新的市场信息，可以及时获得最新产品信息。

3. 利用行业资讯论坛、网站

这里的行业分两类，一类是产品行业，另一类是跨境电商行业。专业的论坛网站会报道最前沿最新最热的行业趋势和动态，关注产品行业动态及平台动态，可以提前获得产品开发线索，赢得销售先机。跨境电商行业有名的论坛网站有数据脉、雨果跨境网、鹰熊汇、海贸会、亿邦动力等。

通常，行业资讯新闻和门户网站也会报道有关行业最新最热的话题，还会报道行业类目的产品概况，这些信息将为卖家提供一些选品方面的灵感和思路。国内这类网站有36氪、今日头条科技频道等，国外有CNN、Forbes等。

此外，还可以访问行业资讯里的“专栏作者”。这些专栏作者会介绍当下流行的产品和大众产品消费趋势，并留有公开的联系方式。选品专员与这些专栏作者联系，可以进一步获取有价值的信息。比如某企业访问Cnet网站一篇关于“迷你蓝牙音箱”产品的报道（见图2-2-6），可以看到专栏作者的联系方式，从而可以进一步与其联系，咨询选品信息。

图2-2-6　Cnet网站“专栏作者”页面

4. 使用第三方平台选品调查工具

使用第三方选品调查工具，能够辅助卖家进行选品。例如，使用 Terepeak，可以调查 eBay 市场；使用海鹰数据（haiyingshuju.com），可以调查 Wish 市场；而速卖通平台自带的"生意参谋"工具，可以进行速卖通自身平台选品调查与分析。如图 2-2-7 所示为使用海鹰数据对 Wish 数据进行选品分析。

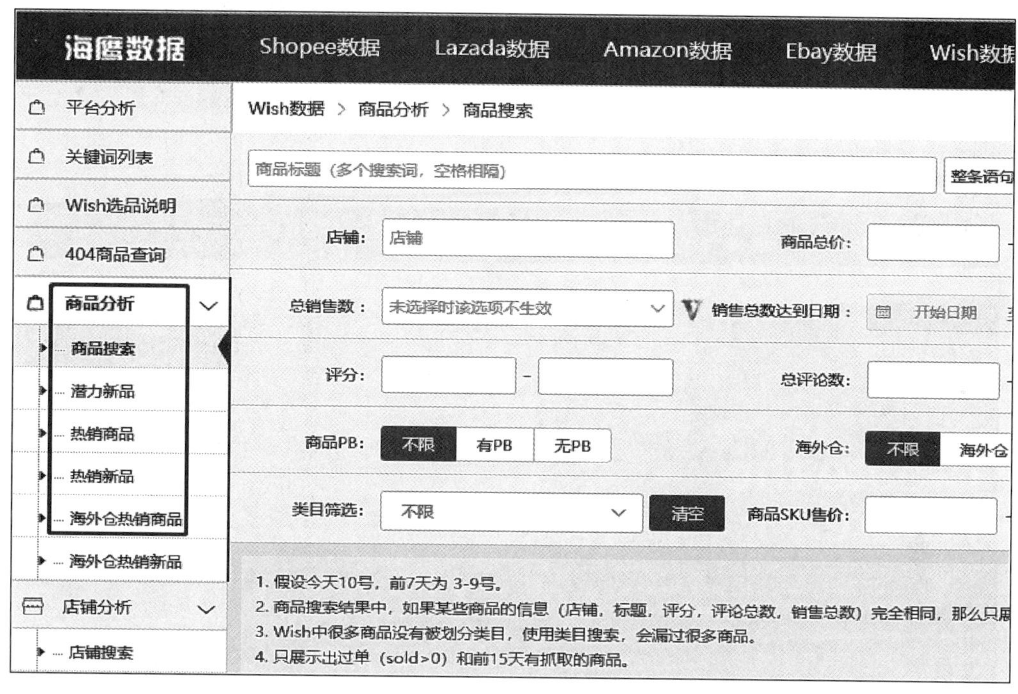

图 2-2-7　海鹰数据选品分析

5. 关注同行网站和店铺

对同行网站和店铺进行调研是一个很有效的选品策略。例如，全国综合跨境电商龙头企业傲基、有棵树、泽宝等，这些企业的直营网站产品上新速度非常快，运营手段也较多，经常关注可以很好地借鉴学习。总的来说，各品类的跨境电商企业都可以找到该品类的标杆卖家，无论是在第三方跨境平台或是在垂直网站，找到这样的标杆同行，关注学习同行的产品特点、品类特点、营销特点等，将更有利于选品工作顺利开展。

6. 对国内外的 B2C 网站进行调研

一方面，亚马逊、速卖通等跨境平台有相关品类的后台销售报告，使用第三方数据工具可以获得更多平台数据源，从中可分析品类增长趋势、买方国家容量趋势、国际及国内品牌增长趋势、二三级子类目销售增长趋势、单品 SKU 销售链接线索挖掘等，从而分析选定需要优先开发的类目或产品、目标国及消费群体，进一步对比新类目，优先开发增长势头良好、竞争小、销量大、能快速带来高收益的产品。另一方面，熟悉亚马逊、速卖通等平台规则，基于前台熟悉各平台品类的子类别，然后通过关键词搜索查看结果，分析搜索对应产品数量，关键词数量，表现靠前的产品销量、评分、评价，从上架时间、近一个月销量、是否参与活动、发货地、物流渠道等来综合判断产品的市场发展趋势。

7. 访问国内外众筹平台

众筹平台聚集的是最前沿的创新者和尝新者。这些创新者往往采用预售方式，根据市场反馈来决定投入，或者寻找投资者，让各种奇思妙想有了转化为现实的渠道。而参与众筹的客户对产品或服务的反馈，往往潜藏着新的消费动向和潮流。对成功众筹产品的关注其实就是在发现选品的“蓝海”。代表性的众筹网站有 Trendhunter（见图 2-2-8）、Kickstarter、Indiegogo、AngelList 等。

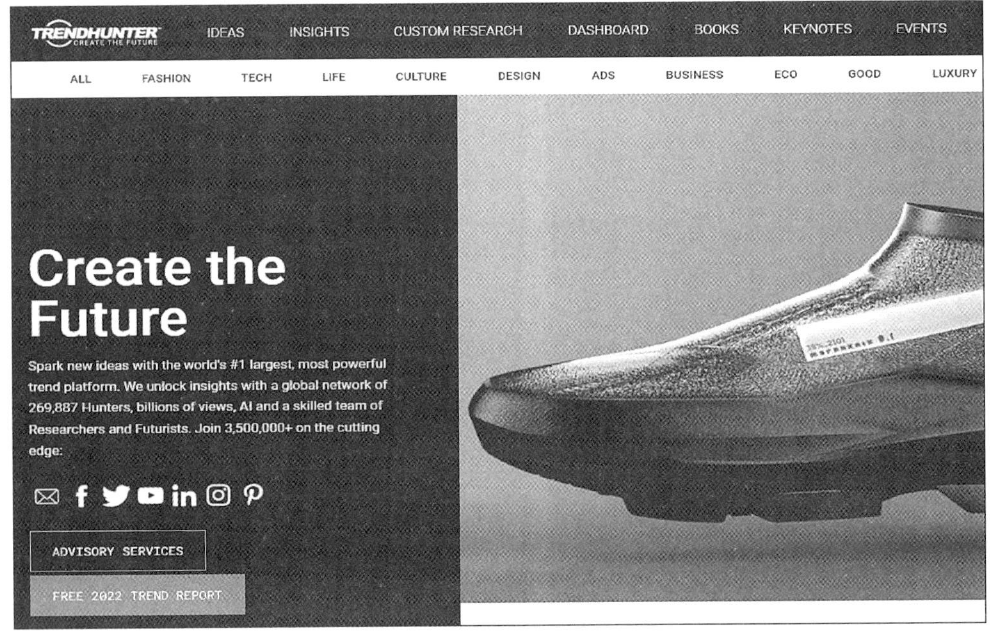

图 2-2-8　Trendhunter 众筹网站

8. 关注行业网络达人

行业网络达人是在行业具有一定影响力的人，一般都积累了不少粉丝，他们的账号往往知名度高，更容易得到推荐并成为市场潮流的引领者。关注所属行业的网络达人和账号，定期查看他们发布的内容，研究他们在社交媒体或者自己的小店里推荐的产品，这些产品后期成为热门产品的可能性很大，可以为卖家选品做参考。

例如，Deal Gu 是一位评测博主，他主要测评产品的功能和使用方法，发布视频在网络上分享并推广产品，进而获得一部分佣金。目前他的视频订阅量高达 120 万。通过他的推荐，我们可以知道现在的热门产品或者即将热门的产品。找到这样的产品之后，我们要做的就是在 Facebook 页面上搜索类似的产品，查看被推广的次数和频率，了解这款产品的热度是否符合预期。

任务实施

按照经理要求，高云团队要进行跨境选品，企业拟新增的产品品类为箱包品类，拟新增的主营产品为童包，请确定上述品类和主营产品是否具备销售可行性，并进行选品分析，完成分析报告。请结合本次任务要求和相关知识，完成以下任务：

★任务一：开展速卖通平台站内选品分析

任务目标： 高云团队准备在速卖通平台上销售童包产品，请运用速卖通平台数据分析工具“生意参谋”，开展速卖通平台童包品类的选品调研与分析，并撰写选品调研分析报告。

任务工具： PC 端或手机端网络搜索引擎（如百度）、速卖通平台“生意参谋”工具（https: //sycm.aliexpress.com/）、速卖通商家门户网站（https: //sell.aliexpress.com/）。

任务实施：

【步骤 1】登录速卖通平台（https: //www.aliexpress.com/），查看速卖通首页的产品类目，如图 2-2-9 所示，了解拟销售的“Kids & Baby's Bags（童包）”的类目情况。点击规则频道，查看“速卖通各类目保证金一览表”，查看“箱包鞋类”经营大类信息，了解“Kids & Baby's Bags（童包）”的服务指标考核标准。

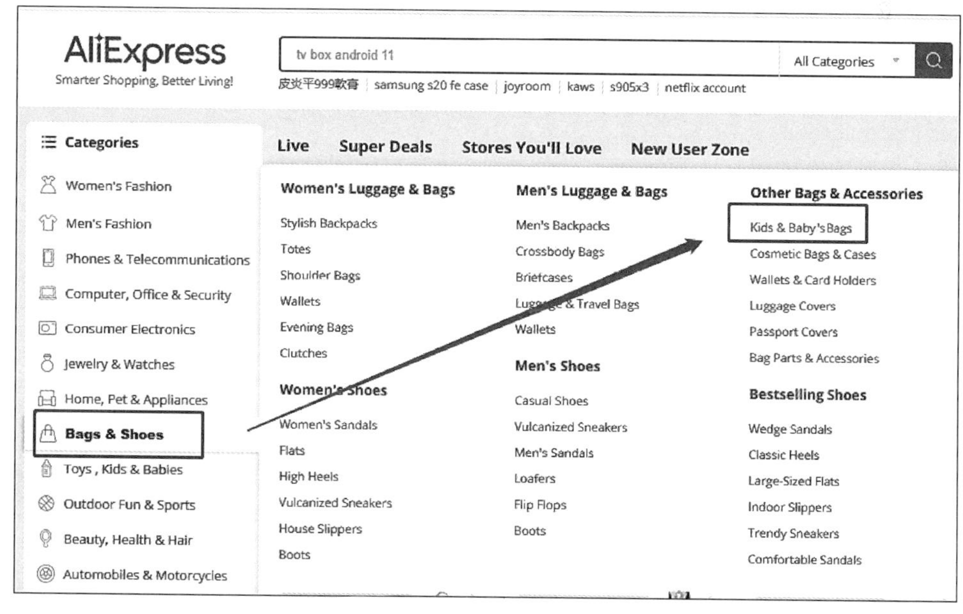

图 2-2-9 速卖通买家平台“Kids & Baby's Bags”类目情况

【步骤 2】查看“Related Categories”，了解“Kids & Baby's Bags”在速卖通平台的销售情况，包括“Kids & Baby's Bags”的热销品牌、材质、款式和产品详情信息，如图 2-2-10 所示，了解消费者的购买偏好，并做好记录。

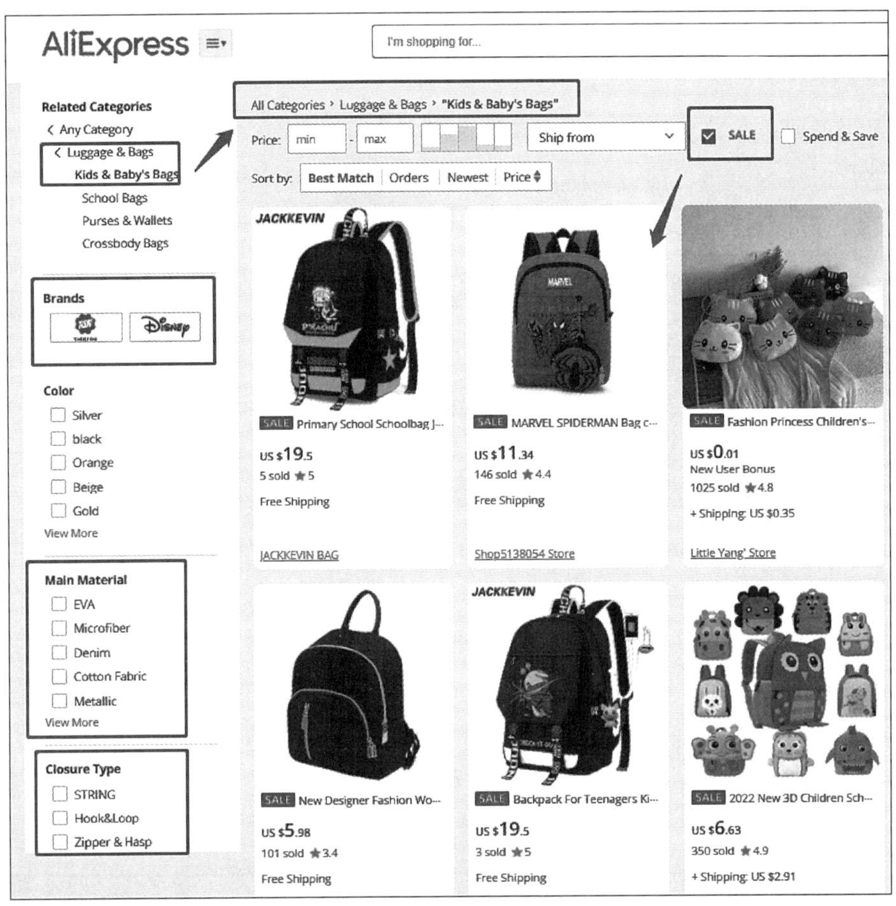

图 2-2-10　速卖通买家页面“Kids & Baby's Bags”销售情况

【步骤 3】进入速卖通后台，打开“生意参谋”—“市场大盘”页面。行业选择“童包”，时间选择“30 天”，国家选择“全部国家”，平台选择“所有平台”，如图 2-2-11 所示，了解“童包”行业的销售数据、销售趋势，如图 2-2-12 所示，了解“童包”的行业构成和国家构成，如图 2-2-13 所示，完成表 2-2-1 的填写，并形成“童包”行业销售可行性结论。

市场大盘

统计时间（美国太平洋时间）2022-02-09 ~ 2022-03-10　7天 30天 日 周 月

箱包 > 童包　全部国家　所有平台

行业趋势

访客指数	浏览商品数	商品浏览率	供需指数	客单价
184,786	71,850	29.11%	337	17.98
商品加购人数	加收藏人数	搜索指数	交易指数	父类目金额占比
34,984	19,015	162,635	565,875	0.42%

图 2-2-11　“童包”的销售数据分析

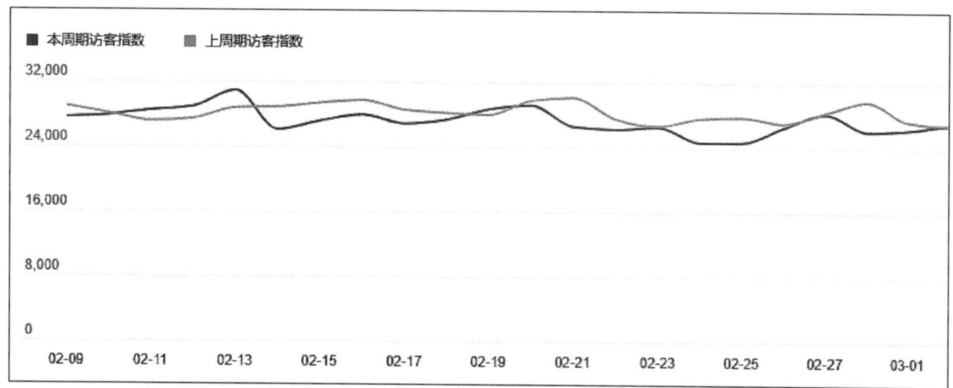

图 2-2-12 “童包”的销售趋势

行业构成

排名	行业	搜索指数	交易指数	在线商家占比	供需指数	父类目金额占比	客单价
1	Backpacks 较前30日	104,697 -11.77%	331,862 -8.82%	3.99% -3.62%	294 -10.87%	38.17% -13.39%	16.68 +6.31%
2	Crossbody Bags 较前30日	90,381 +2.21%	350,779 +3.34%	3.10% -3.43%	292 +5.69%	42.17% +8.49%	22.12 -7.60%
3	Shoulder Bags 较前30日	83,118 +6.59%	181,831 +14.92%	3.09% -1.28%	265 +9.41%	12.96% +31.04%	14.48 +12.42%
4	Waist Packs 较前30日	38,997 -1.22%	92,502 +21.09%	1.26% -2.33%	198 +0.45%	3.89% +43.54%	10.23 +18.68%
5	Top-Handle Bags 较前30日	24,821 +60.58%	58,625 +51.84%	1.05% -7.89%	132 +84.80%	1.73% +113.58%	18.32 +6.70%
6	Chest Bags 较前30日	18,773 -6.47%	37,181 -56.91%	0.75% -5.06%	119 -3.90%	0.78% -76.79%	10.96 -80.94%
7	Clutches 较前30日	17,276 -32.19%	14,876 -14.93%	0.46% -2.13%	151 -34.62%	0.16% -20.00%	8.78 -5.39%
8	Satchels 较前30日	6,311 -18.82%	4,682 +90.56%	0.11% +10.00%	127 -22.17%	0.02% +100.00%	6.52 -2.40%
9	Tote Bags 较前30日	5,802 +20.88%	4,606 0.00%	0.15% 0.00%	90 +22.53%	0.02% 0.00%	19.05 0.00%
10	Messenger Bags 较前30日	4,971 +136.35%	11,113 +10.89%	0.06% 0.00%	141 +149.74%	0.10% +25.00%	7.08 -10.49%

国家构成

排名	国家&地区	访客指数	浏览商品数	商品浏览率	供需指数	客单价	商品加购人数	加收藏人数
1	俄罗斯 较前30日	62,836 -8.15%	23,069 -9.91%	19.44% +6.29%	98 -8.18%	9.79 +36.92%	4,575 -24.80%	2,961 -19.97%
2	巴西 较前30日	49,065 -26.19%	18,775 -9.87%	27.22% -8.69%	66 -29.95%	10.63 -46.64%	2,097 -33.74%	1,653 -23.40%
3	西班牙 较前30日	45,814 +6.22%	16,499 +9.37%	21.65% -6.11%	64 +8.82%	12.23 -1.13%	2,816 +15.79%	1,386 +13.14%
4	美国 较前30日	44,776 +6.56%	16,397 +17.45%	24.07% -0.62%	63 +11.56%	39.46 -1.69%	3,278 +15.91%	2,264 +4.67%
5	法国 较前30日	37,626 +8.66%	11,393 +16.05%	18.75% -3.35%	53 +10.85%	14.42 -13.65%	2,205 +25.43%	882 +20.33%
6	墨西哥 较前30日	27,840 +3.93%	11,138 +20.61%	24.50% +4.12%	34 +7.16%	12.16 -44.27%	1,059 +17.67%	857 -0.35%
7	智利 较前30日	27,263 +2.83%	10,181 +3.62%	21.22% -3.63%	34 +5.77%	20.84 +0.53%	1,048 -4.20%	708 +4.58%
8	以色列 较前30日	22,849 +5.84%	7,183 +8.37%	21.30% -8.43%	29 +11.23%	14.72 -7.54%	1,027 -6.12%	412 -16.43%
9	乌克兰 较前30日	22,508 -28.58%	6,832 -40.47%	20.61% -2.87%	29 -29.69%	11.54 +15.63%	684 -48.26%	693 -43.75%

图 2-2-13 “童包”行业构成和国家构成

表 2-2-1 “童包”行业销售大盘分析

近 30 天“童包”行业的销售数据大盘分析					
1. 平台访客指数	2. 浏览商品数	3. 商品浏览率	4. 供需指数	5. 客单价	6. 搜索指数
近 30 天“童包”行业构成（TOP3）分析					
行 业	搜索指数	交易指数	供需指数	在线商家占比	客单价
TOP1：					
TOP2：					
TOP3：					
近 30 天“童包”国家构成（TOP3）分析					
国家	访客指数	浏览商品数	商品浏览率	供需指数	客单价
TOP1：					
TOP2：					
TOP3：					
“童包”行业结论					
通过以上几个维度的数据分析，得出“童包”行业的销售可行性结论：					

【步骤 4】进入速卖通后台，打开“生意参谋”—“选品专家”页面。根据国家和行业的组合分析，了解热搜和热销的产品品类，如图 2-2-14、图 2-2-15 所示。图 2-2-14 所示不同的颜色变化代表产品的竞争大小差异，圈的大小表示产品的销量差异，圈越大则产品销量越高。图 2-2-15 所示圈的大小代表销售热度，圈越大，该产品销售量越高。最后完成表 2-2-2 的填写。

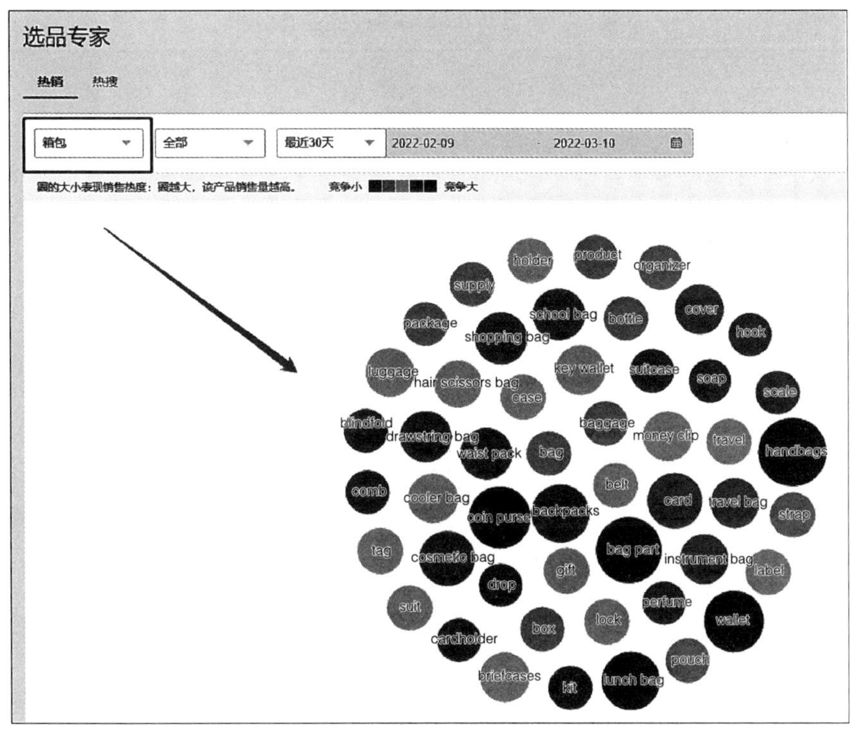

图 2-2-14　“箱包”热销产品品类

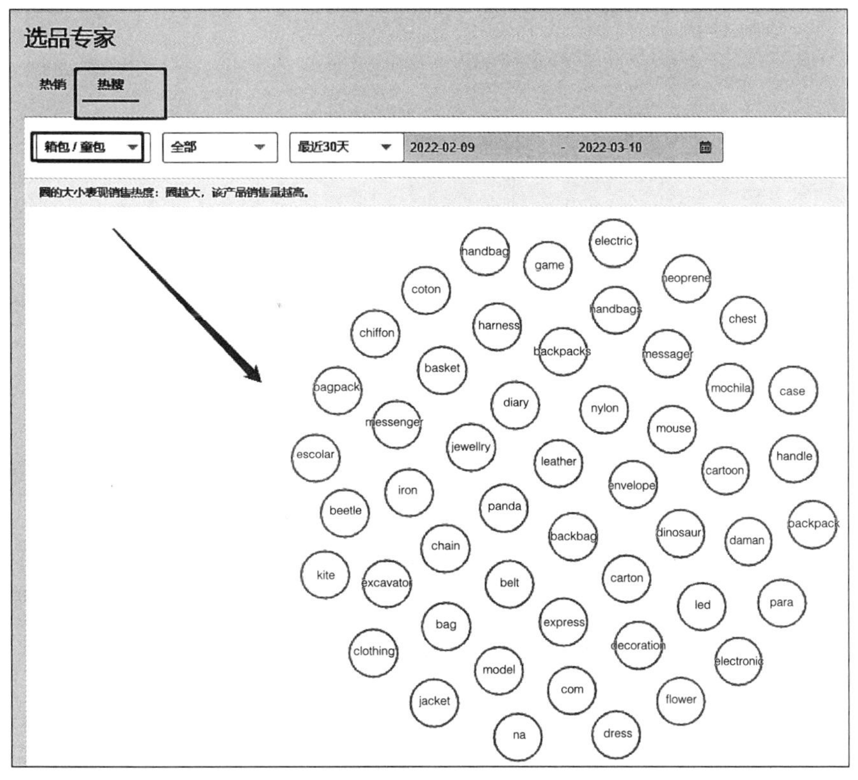

图 2-2-15　“箱包 / 童包”热搜产品品类

表 2-2-2　　“箱包”类目热销和热搜产品品类分析

“箱包”类目近 30 天热销产品名称		
前 5 个竞争大的产品品类		
后 5 个竞争小的产品品类		
“童包”类目近 30 天热搜产品名称		

【步骤 5】进入速卖通后台，打开“生意参谋”—“搜索分析”页面。了解买家前台经常使用的搜索词，包括热搜词、飙升词和零少词，并了解对应的搜索人气、搜索指数、点击率、支付转化率和热搜国家等，如图 2-2-16 所示。这些搜索词一方面代表买家的需求；另一方面，速卖通平台的完整热搜词数据库是制作产品标题的利器。根据搜索分析完成表 2-2-3 的填写。

搜索分析

统计时间（美国太平洋时间）2022-02-09 ~ 2022-03-10　　7天　30天　箱包 > 童包　全部国家

热搜词　飙升词　零少词　　请输入搜索词

搜索词		是否品牌原词	搜索人气	搜索指数	点击率	支付转化率	竞争指数	Top3热搜国家
crossbody bags	查看商品	N	48,397	176,871	17.37%	0.06%	3.26	美国 英国 加拿大
mochila	查看商品	N	58,441	166,843	15.55%	0.08%	1.29	巴西 西班牙 智利
purses and handbags	查看商品	N	36,288	129,087	17.71%	0.11%	1.20	美国 加拿大 英国
mochila infantil	查看商品	N	18,494	122,811	26.12%	0.12%	10.61	巴西 西班牙 智利
bags for girls	查看商品	N	22,685	93,606	13.84%	0.12%	2.91	美国 英国 意大利
mochilas	查看商品	N	27,873	81,859	16.94%	0.08%	1.70	墨西哥 智利 巴西

图 2-2-16　“童包”类目搜索词分析

表 2-2-3　　“童包”类目搜索词分析

<table>
<tr><th colspan="7">“童包”类目近 30 天热搜词分析</th></tr>
<tr><td>搜索词</td><td>搜索人气</td><td>搜索指数</td><td>点击率</td><td>支付转化率</td><td>竞争指数</td><td>TOP3 热搜国家</td></tr>
<tr><td></td><td></td><td></td><td></td><td></td><td></td><td></td></tr>
<tr><th colspan="7">“童包”类目近 30 天飙升词分析</th></tr>
<tr><td>搜索词</td><td>搜索指数</td><td colspan="5">曝光商品数增长幅度</td></tr>
<tr><td></td><td></td><td colspan="5"></td></tr>
<tr><td></td><td></td><td colspan="5"></td></tr>
<tr><td></td><td></td><td colspan="5"></td></tr>
<tr><th colspan="7">“童包”类目近 30 天搜索词分析结论</th></tr>
<tr><td colspan="7"></td></tr>
</table>

【步骤 6】根据以上步骤的分析，撰写童包类目站内选品分析报告。

★任务二：开展站外选品分析

任务目标： 高云团队准备在速卖通平台上架童包类产品，请结合跨境选品策略和站外数据选品工具，开展童包行业站外选品分析，并生成站外选品分析报告。

任务工具： PC 端或手机端网络搜索引擎（如百度）、速卖通平台“生意参谋”工具（https: //sycm.aliexpress.com/）、速卖通商家门户网站（https: //sell.aliexpress.com/）、第三方数据选品工具（如Google Trends、Jungle Scout、Terapeak）。

任务实施：

【步骤 1】跨境选品立项，制定跨境选品策略，填写表 2-2-4。

表 2-2-4　　站外跨境选品策略

序号	选品思路	选品平台	具体做法
1（示例）	浏览行业论坛、网站	跨境电商行业网站：雨果跨境网、亿邦动力	专业的论坛网站会报道最前沿、最新、最热的行业趋势和动态，关注雨果跨境网、亿邦动力的产品行业动态及平台动态，提前获得产品开发线索
2	参加品类展会		
3	联系现有供应商		
4	调研竞争对手的网站和店铺		
5	调研国内外众筹平台		
6	寻找网络达人		

【步骤 2】运用站外数据分析工具，进行“童包”品类的站外选品分析，并填写表 2-2-5。

表 2-2-5　　运用第三方数据工具开展选品分析

序号	选品工具	主要功能	选品分析步骤
1	Google Trends		
2	Jungle Scout		
3	Keepa		
4	Terapeak		
5	Merchantwords		

【步骤 3】根据以上步骤的分析，确定企业的主营产品，撰写“童包”品类站外选品分析报告。

任务评价

本次任务主要通过理论学习、网络学习和任务实践，使学生能运用跨境选品工具进行站内外选品数据分析，并完成相关任务单（表格）的填写。

本次任务引入跨境电商专员岗位角色，让学生以跨境电商专员角色组建小组（运营团队），根据每个工作任务情境和任务要求开展任务实施，在学习评价中采用过程性评价和结果性评价相结合的方式，从课前、课中、课后多角度评价，从知识能力、职业素养、专业能力三维度评价，发挥学生的主动性。同时开展小组讨论，培养团队协作意识。

一、职业素养评价

职业素养评价表是对任务完成过程中所需的职业规范、组织协作、沟通能力、创新实践四个方面进行评价，对组员的评分由组长完成，对组长的评分由组员集体评定，评价结果填写在表 2-2-6 中。

表 2-2-6　　职业素养评价表

评价项目	评价标准	完全符合（90～100 分）	比较符合（70～89 分）	基本符合（60～69 分）	完全不符合（59 分及以下）
①职业规范	按时到岗，具备职业认同感				
	工作过程诚实守信、遵纪守法、吃苦耐劳				
	仪容仪表符合职业规范				
②组织协作	服从组内安排				
	能完成小组分配的任务				
	能主动配合或帮助组员				
③沟通能力	小组讨论时能踊跃发表观点				
	能参与本组任务方案展示的准备或解说				
	能清晰准确地表达自己的观点				
④创新实践	能提出创新性的建议并落实				
	能总结反思并持续改进				
	能在实践活动中发挥个人特长				
合计					

二、任务实施评价

本次任务的专业能力评价表根据本次任务目标和要求填写，评价形式采取线上线下相结合，分为课前、课中、课后三个环节全面评价学生的综合专业能力。评价结果填写在表 2-2-7 中。

表 2-2-7　　　　　　　　　　　　专业能力评价表

序号	评价项目	评价标准	评价方式	评价环节	完全符合（90～100分）	比较符合（70～89分）	基本符合（60～69分）	完全不符合（59分及以下）
1	课前任务	数字资源平台 PPT、微课的学习程度	线上	课前				
		学习任务书填写情况						
2	任务一：开展速卖通平台站内选品分析	任务全面完成，步骤无遗漏	线上+线下	课中				
		工具运用得当						
		结合市场大盘进行分析						
		热搜与热销品类分析具体						
		网购习惯分析						
3	任务二：开展站外选品分析	任务全面完成，步骤无遗漏	线上+线下	课中				
		调研数据准确						
		调研报告撰写质量						
		符合行业、企业标准						
		任务成果有创新						
4	学习成果输出	按时上交任务可视化成果（文档、照片、视频等）	线上+线下	课后				
		入选优秀作业（作品）集						

三、任务综合评价

根据任务权重计算方式填写任务综合评价总表（见表 2-2-8），记录小组任务执行情况，每个小组完成任务的可视化学习成果予以存档。

表 2-2-8　　任务综合评价总表

<table>
<tr><td>任务名称</td><td colspan="6"></td></tr>
<tr><td rowspan="2">小组名称</td><td rowspan="2">小组成员</td><td rowspan="2">职业素养评价（20%）</td><td colspan="3">专业能力评价</td><td rowspan="2">总分</td></tr>
<tr><td>课前学习评价（10%）</td><td>课中任务评价（60%）</td><td>课后验收评价（10%）</td></tr>
<tr><td rowspan="4">小组一</td><td></td><td></td><td></td><td></td><td></td><td></td></tr>
<tr><td></td><td></td><td></td><td></td><td></td><td></td></tr>
<tr><td></td><td></td><td></td><td></td><td></td><td></td></tr>
<tr><td></td><td></td><td></td><td></td><td></td><td></td></tr>
<tr><td>组平均分</td><td colspan="6"></td></tr>
<tr><td>考核记录</td><td colspan="6"></td></tr>
</table>

思考与练习

1. 请列举一些国外创新选品的方法。

2. 针对深圳市征途箱包有限公司的主营产品在速卖通销售的优劣势和可行性展开分析。

任务 3　确定跨境商品价格

任务引入

深圳市征途箱包有限公司国际运营部的跨境电商运营专员高云团队在对国内外箱包行业市场调研和数据化选品分析后，将童包（Kids & Baby's Bags）作为速卖通平台的公司销售类目。为了做好下一步的商品上架和发布工作，需要制定合适的商品价格。

任务分析

在跨境电商平台上销售商品，要想获得销量，除了商品本身优良的品质和服务之外，一个合理的价格至关重要。据调查，82% 的消费者将低廉的价格视为在 B2C 电商平台上购买商品的重要因素。价格是影响商品选择和消费者参与度的关键因素。对于卖家来说，商品定价是一项专业的技术性工作。如果商品价格过高，会造成销量低；但价格过低，又导致亏本不赚钱。因此首先要了解跨境商品的价格计算方法，熟悉商品成本的构成，在此基础上结合所学的定价策略，才能制定合理的商品价格。

相关知识

一、跨境电商商品价格构成

1. 价格类型

（1）上架价格（List Price，LP）

上架价格指商品在平台上传时所填写的价格。

（2）销售价（折后价，Discount Price，DP）

销售价指商品按店铺折扣销售的价格。

销售价（折后价）= 上架价格 × 折扣率

（3）成交价（Order Price，OP）

成交价指客户在最终下单后所支付的单位商品价格。

成交价 = 销售价 − 营销推广成本（优惠券、满立减、卖家手动优惠等）

2. 跨境电商平台商品成本结构

要确定跨境电商平台的商品上架价格，首先要了解平台的商品成本构成。下面以速卖通平台为例介绍商品成本结构。一般来说，速卖通的商品成本包含以下几个组成部分：

（1）采购价（进货价）

采购价是指从商品供应平台（如国内 1688 网站）或从工厂采购（批发或零售）的成本价。

（2）平台交易手续费（交易佣金）

在交易完成后，平台会根据卖家订单成交总金额（包含商品销售额和运费）收取交易手续费（即交易佣金）。商品交易手续费按照该商品所属类目的佣金比例（一般为 5%～8%）收取。

（3）提现手续费

卖家在进行提现时，银行会收取 15 美元 / 笔的提现手续费，手续费在提现时扣除。提现退票后重新提现还将记一笔，需再次收取手续费。如果是使用支付宝结汇，则无手续费。

（4）营销费用

卖家推广自己店铺及其商品需要投入一定的运营成本。速卖通平台向卖家提供了两个常用营销手段：一个是“直通车”，通过直通车可以将卖家的商品尽可能优先展示给消费者，但卖家使用直通车服务，平台要向卖家收取一定的推广费用；另一个是“联盟营销”，平台也要收取一定的佣金。

Tips 速卖通直通车和联盟营销

（1）直通车。这是速卖通平台会员通过自主设置多维度关键词，免费展示商品信息，通过大量曝光商品来吸引潜在买家，并按照点击量计费的全新网络推广方式。简单地说，速卖通直通车就是一种快速提升店铺流量的营销工具。速卖通直通车是按点击量计费，展示不计费。

（2）联盟营销。这是联合各类海外媒体提供一站式付费流量解决方案。用户通过联盟推广的链接进入店铺购买商品并交易成功后，平台向卖家按照一定销售百分比收取佣金。商家支付佣金＝商品实际成交价格（不包含运费或其他第三方服务商费用）× 商品佣金比率。佣金是在订单交易成功（确认收货）时从店铺绑定支付宝中扣除。

（5）保证金

在速卖通平台上开设店铺时卖家需要缴纳保证金。虽然每个速卖通账号只能选取一个经营范围经营，但是可在该经营范围下经营一个或多个经营大类。保证金按店铺入驻的经营大类收取，一般为 1 万～5 万元。

（6）物流运费

在跨境电商交易中，运费是商品成本构成中非常重要的组成部分。速卖通平台的物流运费跟卖家选择的物流渠道和包裹有关。因为物流运输成本的变动，运费不是固定不变的，会发生变化和调整。登录速卖通卖家后台（https: //gsp.aliexpress.com/），进入“物流解决方案”，可以查询相关的运费计算规则和标准。一般物流总费用的计算公式为：

物流总费用＝（运费＋燃油附加费）× 折扣＋包装费用＋其他费用

二、跨境电商商品价格的计算

1. 商品上架价格的计算

商品上架价格有三种计算方式：

第一种：上架价格＝商品进价＋运费＋速卖通平台佣金＋平均营销推广费用＋类目保证金＋预期利润

第二种：上架价格＝（采购价＋费用＋预期采购利润）÷（1−佣金率）÷ 汇率

第三种：上架价格＝（采购价＋跨境物流费用）÷（1−预期利润率）÷（1−佣金率）÷汇率

2. 商品上架价格计算案例

例 2-3-1　某商品成本是 3 美元，目前这类商品在速卖通的平均毛利率为 15%，速卖通佣金率为 5%，部分订单产生的联盟营销佣金为 3%～5%，计算商品的上架价格。

解析：先根据成本价加利润来确定商品的销售价格，再根据店铺营销活动情况确定商品上架价格。

第一步：计算销售价格。

销售价格 =3÷（1−15%）÷（1−5%−5%）≈ 3.92（美元）

其中，5% 的联盟营销佣金并不是所有订单都会产生，但考虑到部分满立减、店铺优惠券、直通车等营销投入，可以以 5% 作为营销费用。

当然，如果考虑到丢包及纠纷损失等费用，按照邮政小包 1% 的丢包率计算，又可以得到：

销售价格 =3÷（1−15%）÷（1−5%−5%−1%）≈ 3.97（美元）

第二步:得到销售价格后，需要进一步考虑该商品是作为活动款还是一般款来销售。

如果作为活动款，则按照平台通常活动折扣要求 40%（活动折扣最高可以达到 50%）计算:

上架价格 = 销售价格 ÷（1−40%）

如果作为一般款销售，按照平时折扣 30% 计算:

上架价格 = 销售价格 ÷（1−30%）

建议折扣参数不低于 15%。另外，平台大促所要求的折扣不高于 50%，这是因为折扣过大容易产生虚假折扣的嫌疑。根据速卖通官方统计，折扣在 30% 左右属于合理预期范围。对于 50% 折扣的活动要求，基于以上定价模式，基本上相当于平出，不会亏本或者略亏，假如客户购买两个及两个以上商品，卖家就有利润可赚。

例 2−3−2　高云从 1688 网站采购了一批儿童腰包配件（包扣），共 100 个，包装总质量为 2 500 g（每一个包扣包装质量为 25 g），采购价为 0.95 元/个，国内快递费为 8 元。预期采购利润率为 100%，速卖通平台佣金率是 5%，假设美元对人民币汇率为 1 美元兑换 6.6 人民币。现在高云准备在速卖通店铺销售这批包扣，其他成本忽略不计，请计算上架价格。

解析：预期采购利润是基于采购价格的利润，预期利润 =0.95 × 100%=0.95（元）。

（1）如果不计算跨境物流费用:

上架价格 =（采购价 + 费用 + 预期采购利润）÷（1− 佣金率）÷ 美元对人民币汇率

=（0.95+8÷100+0.95）÷（1−5%）÷6.6=0.32（美元）

（2）如果考虑卖家包邮，并假设该批商品包邮到俄罗斯:

第一步：先计算跨境物流费用，登录速卖通卖家后台（https: //gsp.aliexpress.com/），进入“物流解决方案”，查询中国邮政挂号小包价格表，按照全球包邮到俄罗斯的物流费用计算成本（报价表:质量在 0～150 g，基本运费为 58 元/千克，挂号费为 24 元/单），则跨境物流费用为:

跨境物流费用 =25÷1 000 × 58+24=25.45（元）

第二步：计算上架价格。

上架价格 =（采购价 + 费用 + 预期采购利润）÷（1− 佣金率）÷ 美元对人民币汇率

=（0.95+8÷100+25.45+0.95）÷（1-5%）÷6.6

=4.37（美元）

三、跨境电商商品定价思路

1. 认真研究市场价格和汇率变动情况

由于很多平台的商品价格已经相当透明，所以卖家可以通过对比平台相同商品的价格来定价。如果没有完全相同的商品时，可以参考同类商品（如材质、款式等相同）定价。如果在平台上找不到同类商品，建议利润率控制在 20%。

速卖通平台的商品价格是以美元计价，所以对汇率可以采用简便换算。例如，如果汇率都在 6.3～6.7 波动，那么卖家就可以按照 6.5 或 6.6 左右的汇率来计算价格。卖家应随时关注汇率的变化。

2. 分析平台同类商品的价格

如果卖家上架商品时，仅根据进货成本、质量运费、包装成本、佣金、汇率、预期利润等几个因素来制定价格，就可能导致定价过高或过低。如果定价过高，则没有客户购买；如果定价过低，会导致整个平台出现这类商品的价格战。因此，卖家要了解平台同类商品的价格，对比同行的价格，确定最终上架价格。了解同类商品价格时，可以通过搜索选项找出该商品价格从高到低的排序。

3. 根据买家特点定价

跨境平台的买家中经营网店或实体店的中小批发商为数众多。他们的特点是库存量小、产品订购频繁、产品专业性不强，一般都是几条产品线同时经营，比较注重转售利润空间，以及卖家的专业性和售后服务。根据这类买家的特点，对小巧轻便的产品可以打包销售，并免运费。跨境平台卖家的批发定价一般要比国外市场零售单价至少低 30%，这样才能使买家有一定的转售利润空间。

4. 仔细计算运费，帮助买家控制成本

运费核算是跨境电商交易中不能忽视的重要环节，卖家应给予足够的重视。卖家在上架商品前，应对每个商品仔细地称重并计算运费，将运费成本降到最低，并将省下的运费让利于买家，从而在价格上形成更大的竞争优势。

Tips 速卖通平台商品定价注意事项

（1）混淆“Lot”和“Piece”，造成上架商品时填错价格。有的卖家在商品包装信息的“销售方式”一栏选择的是“打包出售”，而填写商品价格的时候，误把 Lot 当成 Piece，填的却是 1 件商品的价格。

（2）注意货币单位。有些卖家不注意货币单位，把美元看成人民币，数字填对了，但单位却错了。本来是 100 元人民币一件的商品，显示出来的实际商品价格变成了 100 美元一件，造成滞销。

四、跨境电商商品定价策略

定价策略是市场营销组合中一个十分关键的策略。众所周知，价格是影响交易成败的重要因素，同时又是市场营销组合中最难以确定的因素。企业定价的目标是促进销售，获取利润。这就要求企业既要考虑成本，又要考虑消费者对价格的接受能力，从而使定价策略同时满足买卖双方的利益。

1. 成本导向定价

成本导向定价是基于成本定价，即根据成本来计算盈利。该定价策略的计算方式是：价格 = 成本 + 预期利润。例如，采购一件衬衫需要花 11.5 美元，并且这件衬衫的平均运费是 3 美元，那么保守成本是 14.5 美元。如果卖家想在每件售卖的衬衫上赚取 10.5 美元的利润，定价就应该是 25 美元。

基于成本的定价策略虽然可以让卖家避免亏损，但它有时可能会导致利润下降。尤其当商品对所有用户、市场都采取成本导向统一定价时，一方面，如果定价与市场水平相差太大，由于跨境电商的销售模式无法让买家看到实物，定价低很可能让买家无法相信你的商品质量，价格优势会直接变成竞争劣势，导致销量无法保证。另一方面，如果竞争对手降价，卖家不能对市场价格变化做出及时调整，仍保持原价，这也会影响商品销量。

2. 竞争导向定价

竞争导向定价是寻找同类型商品中较有竞争力的对手跟价，不让对方抢占市场份额，以提升自己的竞争力。但是由于双方的成本信息不对等，无法确定竞争对手的成本，所以这种定价策略风险较大，不可持续。

3. 市场导向定价

市场导向定价要求跨境电商卖家根据当地消费者的消费能力和市场价格进行价格调整。例如，根据商品的相关搜索关键词，整理筛选出已购买用户中不同价位下的用户群比例，然后根据用户量来制定价格区间。这一定价策略的优势在于可以在部分市场获得更大的利润空间，同时又保证价格的灵活性和商品的竞争力。劣势在于对于跨境电商卖家来说，要获得每个国家的市场具体情况并不容易，需要借助一些数据工具或者花费成本和时间去实地考察。

【微课】制定跨境电商商品销售价格

【资料】电商行业商品定价策略

任务实施

跨境电商运营专员高云团队为了做好童包商品上架和发布工作，需要制定合适的商品价格。请结合本次任务要求和相关知识，完成以下任务：

★任务一：确定速卖通店铺商品的上架价格

任务目标：跨境电商专员高云团队准备先从国内 1688 网站采购一批某品牌的儿童背包，放在速卖通店铺进行试销。该儿童背包单个包装后的质量为 680 g，采购价格为 63 元 / 个，商品预期利润率为 30%，速卖通平台佣金率为 8%，汇率为 1 美元 =6.60 元人民币，其他成本忽略不计。物流费用以使用中国邮政挂号小包包邮到俄罗斯为例计算，请确定该商品上架价格（注意：预期利润理解为销售利润，即基于销售价格的利润）。

任务工具：速卖通商家门户网站（https: //sell.aliexpress.com/）、PC 端或手机端网络搜索引擎（如百度）。

任务实施：

【步骤 1】根据已知内容，确定店铺商品的上架价格计算方式：

上架价格=（采购价+跨境物流费用）÷（1−预期利润率）÷（1−佣金率）÷汇率

【步骤 2】登录速卖通商家门户网站（https: //sell.aliexpress.com/），进入“速卖通物流介绍”，查询“物流服务方案列表”，查询使用“中国邮政挂号小包”包邮到俄罗斯的跨境物流报价：质量在 300 g 以上，包裹正向配送运费为 53.5 元 / 千克，挂号服务费为 23 元 / 单。计算到俄罗斯的跨境物流运费。

【步骤 3】根据【步骤 1】和【步骤 2】确定商品上架价格。

★任务二：制定速卖通店铺商品的定价策略

任务目标：跨境电商专员高云团队将在速卖通店铺销售几款童包，请制定童包定价策略。

任务工具：速卖通商家门户网站（https: //sell.aliexpress.com/）、PC 端或手机端网络搜索引擎（如百度）、速卖通买家平台（https: //www.aliexpress.com/）。

任务实施：

【步骤 1】登录速卖通平台（https: //www.aliexpress.com/），查看速卖通首页的“Luggage & Bags”下的“kids & Baby’s Bags”商品类目。

【步骤 2】查看“Related Categories”下“kids & Baby’s Bags”类目，按照拟销售商品相关质量属性和销售条件，依照销量（Order）大小降序排列，搜索同行竞品的价格，如图 2-3-1 所示，分析竞争对手的商品价格。

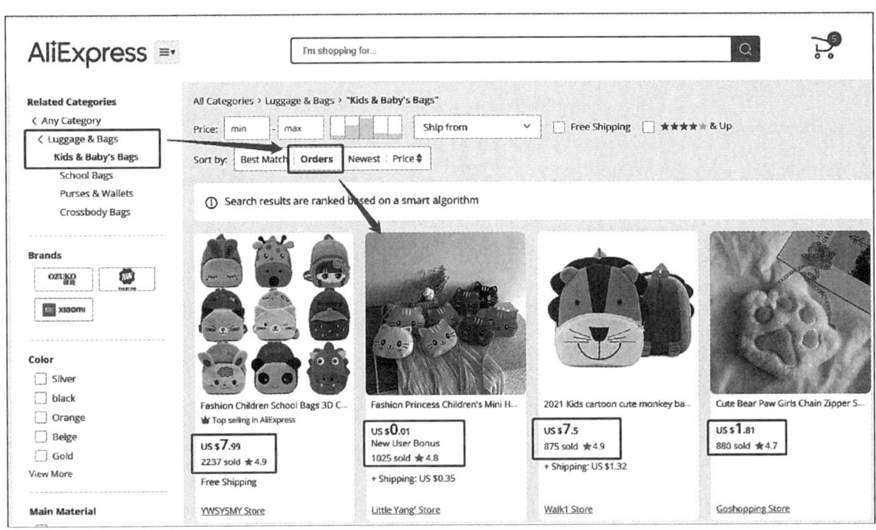

图 2-3-1　速卖通平台童包商品价格查询（按销量排序）

【步骤 3】结合【步骤 2】的调研，分析速卖通店铺上架的商品成本构成，并确定预期利润率，填写表 2-3-1。

表 2-3-1　　速卖通店铺“童包”商品成本利润分析

序号	项目名称	具体分析
1	采购价	
2	该类目交易佣金	
3	平台提现手续费	
4	平台广告费用	
5	该类目保证金	
6	物流运费	
7	预期利润率	

【步骤 4】结合【步骤 3】的分析，分析商品卖点，制定拟销售童包商品的定价策略，填写表 2-3-2。

表 2-3-2　　童包商品的定价策略

序号	商品名称	拟采取的定价策略	上架价格	定价说明

【步骤 5】完成童包商品定价，在速卖通后台填写商品的上架价格。

任务评价

本次任务主要通过理论学习、网络学习和任务实践，将学习过程与工作过程相结合，学生学会计算跨境店铺商品的上架价格，并完成相关任务单（表格）的填写。

本次任务引入跨境电商专员岗位角色，让学生以跨境电商专员角色组建小组（运营团队），根据每个工作任务情境和任务要求开展任务实施，在学习评价中采用过程性评价和结果性评价相结合的方式，从课前、课中、课后多角度评价，从知识能力、职业素养、专业能力三维度评价，发挥学生的主动性。同时开展小组讨论，培养团队协作意识。

一、职业素养评价

职业素养评价表是对任务完成过程中所需的职业规范、组织协作、沟通能力、创新实践四个方面进行评价，对组员的评分由组长完成，对组长的评分由组员集体评定，评价结果填写在表 2-3-3 中。

表 2-3-3 职业素养评价表

评价项目	评价标准	完全符合（90～100 分）	比较符合（70～89 分）	基本符合（60～69 分）	完全不符合（59 分及以下）
①职业规范	按时到岗，具备职业认同感				
	工作过程诚实守信、遵纪守法、吃苦耐劳				
	仪容仪表符合职业规范				
②组织协作	服从组内安排				
	能完成小组分配的任务				
	能主动配合或帮助组员				
③沟通能力	小组讨论时能踊跃发表观点				
	能参与本组任务方案展示的准备或解说				
	能清晰准确地表达自己的观点				
④创新实践	能提出创新性的建议并落实				
	能总结反思并持续改进				
	能在实践活动中发挥个人特长				
合计					

二、任务实施评价

本次任务的专业能力评价表根据本次任务目标和要求填写，评价形式采取线上线下相结合，分为课前、课中、课后三个环节全面评价学生的综合专业能力。评价结果填写在表 2-3-4 中。

表 2-3-4　专业能力评价表

<table>
<tr><th>序号</th><th>评价项目</th><th>评价标准</th><th>评价方式</th><th>评价环节</th><th>完全符合（90～100分）</th><th>比较符合（70～89分）</th><th>基本符合（60～69分）</th><th>完全不符合（59分及以下）</th></tr>
<tr><td rowspan="2">1</td><td rowspan="2">课前任务</td><td>数字资源平台 PPT、微课的学习程度</td><td rowspan="2">线上</td><td rowspan="2">课前</td><td rowspan="2"></td><td rowspan="2"></td><td rowspan="2"></td><td rowspan="2"></td></tr>
<tr><td>学习任务书填写情况</td></tr>
<tr><td rowspan="5">2</td><td rowspan="5">任务一：确定速卖通店铺商品的上架价格</td><td>任务全面完成，步骤无遗漏</td><td rowspan="5">线上+线下</td><td rowspan="5">课中</td><td rowspan="5"></td><td rowspan="5"></td><td rowspan="5"></td><td rowspan="5"></td></tr>
<tr><td>商品上架价格计算方式运用合理</td></tr>
<tr><td>价格计算数据准确</td></tr>
<tr><td>成本构成分析合理</td></tr>
<tr><td>计算结果准确</td></tr>
<tr><td rowspan="5">3</td><td rowspan="5">任务二：制定速卖通店铺商品的定价策略</td><td>任务全面完成，步骤无遗漏</td><td rowspan="5">线上+线下</td><td rowspan="5">课中</td><td rowspan="5"></td><td rowspan="5"></td><td rowspan="5"></td><td rowspan="5"></td></tr>
<tr><td>定价策略选用合理</td></tr>
<tr><td>成本构成分析合理</td></tr>
<tr><td>符合速卖通平台定价规则</td></tr>
<tr><td>采取 3 种以上定价策略</td></tr>
<tr><td rowspan="2">4</td><td rowspan="2">学习成果输出</td><td>按时上交任务可视化成果（文档、照片、视频等）</td><td rowspan="2">线上+线下</td><td rowspan="2">课后</td><td rowspan="2"></td><td rowspan="2"></td><td rowspan="2"></td><td rowspan="2"></td></tr>
<tr><td>入选优秀作业（作品）集</td></tr>
</table>

三、任务综合评价

根据任务权重计算方式填写任务综合评价总表（见表 2-3-5），记录小组任务执行情况，每个小组完成任务的可视化学习成果予以存档。

表 2-3-5　　任务综合评价总表

<table>
<tr><td>任务名称</td><td colspan="7"></td></tr>
<tr><td rowspan="2">小组名称</td><td rowspan="2">小组成员</td><td rowspan="2">职业素养评价（20%）</td><td colspan="3">专业能力评价</td><td rowspan="2">总分</td></tr>
<tr><td>课前学习评价（10%）</td><td>课中任务评价（60%）</td><td>课后验收评价（10%）</td></tr>
<tr><td rowspan="4">小组一</td><td></td><td></td><td></td><td></td><td></td><td></td></tr>
<tr><td></td><td></td><td></td><td></td><td></td><td></td></tr>
<tr><td></td><td></td><td></td><td></td><td></td><td></td></tr>
<tr><td></td><td></td><td></td><td></td><td></td><td></td></tr>
<tr><td>组平均分</td><td colspan="6"></td></tr>
<tr><td>考核记录</td><td colspan="6"></td></tr>
</table>

思考与练习

根据速卖通平台某款童包的商品详情页（见图 2-3-2）分析该商品的上架价格、销售价格和成交价格。

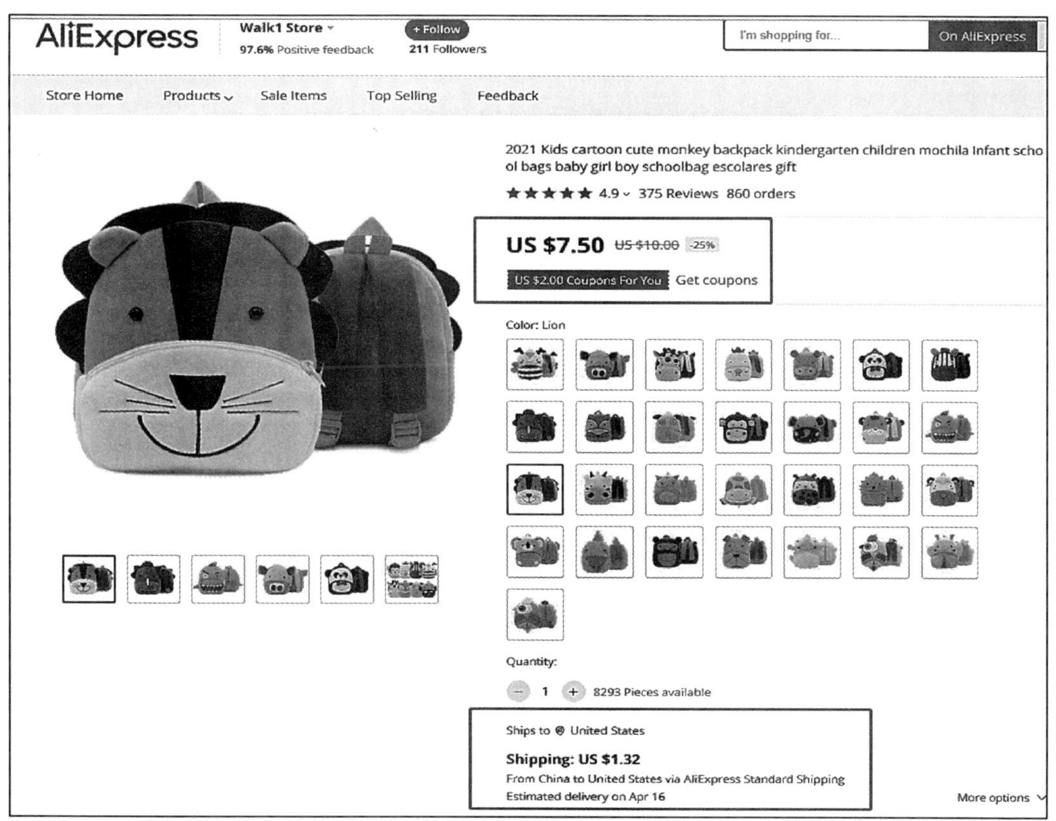

图 2-3-2　速卖通某店铺的童包商品详情页

项目三　跨境电商物流方案设计

案例导入

我国跨境电商物流市场伴随着我国跨境电商业态的蓬勃发展而不断成长，在跨境电商物流的各条产品线上都涌现出很多茁壮成长的企业。国内物流行业知名服务机构“运联智库”发布了《2021 中国跨境电商物流 TOP30》榜单（见图 3-1-1），其依据翔实的企业营收数据，列出了行业前 30 名企业，让我们对我国跨境电商物流市场的总体格局有了一个基本认识。

2021 年度中国跨境电商物流企业 TOP30

排名	企业名称	营收（亿元）	营收同比增速	主营业务
1	纵腾	186.0	30%	专线、海外仓
2	中国外运	155.0	180%	FBA、专线、干线
3	递四方	124.0	24%	专线、FBA、海外仓
4	燕文物流	90.0	45%	邮政、专线、FBA
5	顺丰国际	53.0	15%	专线、海外仓
6	港中旅华贸	35.5	80%	邮政、FBA、海外仓
7	万邑通	35.0	35%	海外仓、专线
8	递一物流	31.0	100%	专线
9	COPE	21.3	84%	商业快递、海外仓、FBA
10	盈和	20.0	80%	FBA、商业快递
11	飞特物流	17.5	40%	专线、邮政
12	佳成国际	16.5	80%	FBA、专线
13	中通国际	16.1	-25%	专线小包、仓储
14	点达供应链	15.0	200%	FBA、海外仓
15	义达国际	14.5	35%	专线、FBA、海外仓
16	圆通国际	14.0	90%	专线、海空运
17	万邦速达	13.8	25%	FBA、专线
18	大森林	12.9	125%	FBA
19	九方通逊	12.2	46%	FBA
20	联宇物流	12.0	140%	FBA
21	锦联	11.6	156%	FBA
22	百世国际	11.5	48%	FBA、进口、云仓
23	卓志供应链	11.0	20%	进口保税仓、专线
24	凯琦供应链	10.7	20%	FBA
25	跨境好运	10.2	200%	平台
26	众包物流	9.5	60%	FBA、海外仓
27	德邦跨境	9.0	100%	FBA、邮政、中欧班列
28	物友供应链	6.3	25%	FBA、海外仓
29	京华达	6.2	25%	FBA、海外仓
30	扬程国际	6.0	100%	FBA

说明：统计区间为企业2021年1月1日—2021年12月31日跨境电商物流业务收入。

图 3-1-1　2021 年度中国跨境电商物流企业 TOP30

资料来源：运联智库。

其中，纵腾集团以186亿元营收位居跨境电商物流企业第一名，进入“百亿俱乐部”的企业还包括中国外运的跨境电商物流业务及递四方（4PX），而扬程国际物流的6亿元营收作为TOP30的进入门槛，义乌盈和的20亿元营收作为TOP10的进入门槛。

项目背景

跨境电子商务运作过程中涉及信息流、贸易流、资金流和物流。信息流、贸易流和资金流均可通过计算机和网络通信设备在虚拟环境下实现，但物流环节是不能在虚拟环境下实现的。跨境物流系统高效率、高质量、低成本的运作是促进跨境电商发展的有力保证。

深圳市征途箱包有限公司国际运营部的跨境电商专员高云团队在速卖通平台顺利注册了店铺后，接到部门经理的任务，要求在运营店铺之前，根据平台规则和跨境商品的特点，确定跨境物流方案。

接到任务后，在部门经理的指导下，该团队登录速卖通商家门户网站（https: //sell.aliexpress.com/），打开“物流方案设计”频道，了解跨境商品的物流发货方式，熟悉全球零售商品在质量、体积和合规化通关方面的要求，查询运价信息，根据跨境商品和客户需求，结合物流成本和时效，选择合适的跨境物流方式，设计合理的跨境电商物流方案，最后登录平台设置物流运费模板，为后期店铺运营做好准备。本项目将围绕“跨境电商物流方案设计”这一课题展开，通过本项目的学习，要求学生完成以下学习目标。

知识目标

1. 了解跨境物流与国内物流的区别。
2. 熟悉跨境物流的主要运作方式。
3. 熟悉国际邮政包裹的优劣势、规格限制和适用范围。
4. 熟悉国际商业快递的优劣势、规格限制和适用范围。
5. 了解跨境专线物流的特点、价格和优劣势。
6. 掌握海外仓优劣势与操作流程。
7. 掌握跨境物流运费的计价规则。

技能目标

1. 能结合店铺规则和客户情况，选取国际邮政小包作为跨境物流方式。
2. 能结合店铺规则和客户情况，选取商业快递作为跨境物流方式。

3. 能结合店铺规则和客户情况，选取海外仓作为跨境物流方式。
4. 能结合店铺规则和客户情况，选取跨境专线物流作为跨境物流方式。
5. 能结合店铺订单情况，设计合理的跨境电商物流方案。
6. 能依据平台运费规则，设置平台的跨境物流运费模板。
7. 能依据平台运费规则，设置平台的海外仓运费模板。

素养目标

1. 培养统筹规划意识、成本意识和全局意识。
2. 培养诚实守信、遵纪守法的职业道德。
3. 培养互联网思维和创新思维。
4. 培养精益求精的工匠精神。

任务 1　选择跨境物流方式

任务引入

深圳市征途箱包有限公司国际运营部的跨境电商专员高云团队在速卖通平台顺利注册了店铺后，准备在速卖通平台上架商品，进行童包商品的试销。但部门经理建议他们应先了解跨境商品的物流如何解决，全球零售的商品在质量、体积和合规化通关方面有哪些要求，要求他们比较分析后再选择合适的跨境物流方式。他们该如何做呢？

任务分析

跨境电商卖家处理订单业务时，第一个要考虑的问题就是选择哪种物流方式把货送至国外买家处。一般来说，一些跨境电商小卖家既可以选择通过平台发货，也可以选择国际小包等渠道。但对于跨境电商大卖家或者独立平台卖家而言，他们则需要优化物流成本，提升客户体验，所以往往需要整合物流资源，确定更加适合的跨境物流方式。

相关知识

一、跨境物流与国内物流的区别

跨境物流是指以海关关境两侧为端点的实物和信息有效流动和存储计划、实施和控制管理的过程。它是在电子商务环境下，依靠互联网与计算机技术等先进技术，使物品从跨境电商企业流向跨境消费者的跨越不同国家或地区的物流活动，也可以理解为将商品从一个国家或地区通过空运、海运、陆运等方式运送至另外一个国家或地区（头程物流），并通过目的地国当地配送来完成国际商品交易（目的地本地物流）的过程。

近年来随着跨境电商业态的发展，跨境电商物流能力也得到快速提升，表现为时效更快，丢包率相比以前大大下降，清关效率加快，物流渠道丰富，行业整体运作更加标准，服务能力整体提升。实际上，跨境物流是国内物流的延伸和进一步扩展，是跨越国界的、流通范围扩大了的“物的流通”。尽管跨境物流具有一定的国内物流属性，但由于其特殊的流通性，与国内物流还是有许多不同之处，主要表现在以下几方面。

1. 物流环境差异大

跨境物流面向的是全球各个国家及地区，而国内物流只是在本国区域内的物流活动，因此国际物流面临的环境更加广泛而复杂。在运输商品的种类上，跨境物流也有着严格的要求，例如液体、粉末等类别的商品在过境时需要大量的认证和审核文件，是海关的重点关注对象。

2. 物流作业复杂程度不同

跨境物流在运输过程中需要多语言作业，尤其是经过多个国家的商品运输，需要用到多种语言的物流单证，虽然目前大部分国家用英语作为商业通用语言，但也有一些国家要求必须提供当地语言的单证和报关单，这就给跨境物流作业增加了难度。

3. 运输方式不同

跨境物流运输路程更远，一般需要空运、海运、陆运多种运输方式配合，通常要经过两次以上运输。例如先从中国空运到泰国，在泰国再通过陆运的方式配送给消费者。跨境运输中如果发生意外，相较国内运输而言经济损失大得多。

4. 物流费用、时间和面临的风险不同

跨境物流运输距离远，且面临出口国和进口国两重海关，需要进行较复杂的检验检疫等清关商检活动，发生货物破损、丢失等风险相对较高，并且物流时间长、成本高，还受不同国家或地区的经济、文化、风俗、政治、政策、法律、宗教等外部因素差异的影响。而国内物流在运作流程上相对更加便捷，运送周期短，运作风险与成本相对低。

【微课】跨境电商物流模式分析

二、跨境物流主要运作方式

与跨境电商的交易方式相配合，跨境物流的运作方式可分为 B2B 跨境物流方式和 B2C 跨境物流方式，如图 3-1-2 和图 3-1-3 所示。从货物规格来看，跨境物流又可分为批量货物跨境物流方式和零散货物跨境物流方式，如图 3-1-4 和图 3-1-5 所示。本项目主要研究的是 B2C 跨境物流方式、零散货物跨境物流方式。

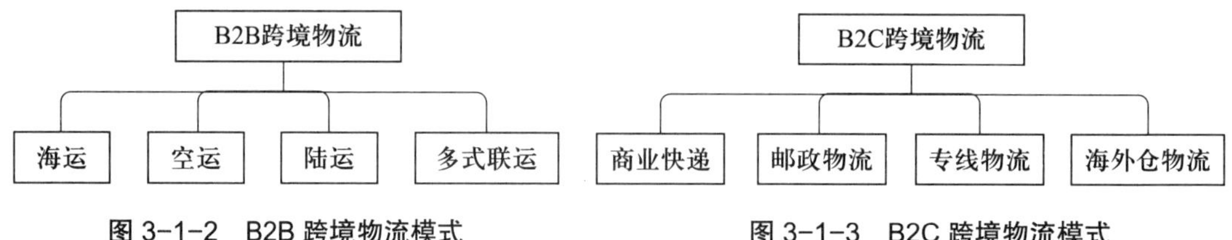

图 3-1-2 B2B 跨境物流模式　　图 3-1-3 B2C 跨境物流模式

图 3-1-4 批量货物跨境物流模式

图 3-1-5 零散货物跨境物流模式

三、国际邮政包裹模式

国际邮政包裹模式，是指通过万国邮政联盟或邮联（Universal Postal Union，UPU，见图 3-1-6）实现商品的进出口，即运用个人邮包形式进行发货的一种方式。目前国际邮政小包在跨境电子商务中使用较多，占比较大。国际邮政包裹模式具有网络覆盖率高、物流渠道广、价格较便宜等优点，缺点是投递速度较慢、丢包率高。

图 3-1-6 万国邮政联盟

1. 中国邮政航空小包（China Post Air Mail）

（1）含义

中国邮政航空小包又称中国邮政小包、邮政小包、航空小包，是指包裹质量在 2 kg 以内，外包装长、宽、高之和小于 90 cm，最长边小于 60 cm，且通过中国邮政空邮服务寄往国外的小邮包。它分为中国邮政平常小包（China Post Ordinary Air Mail）和中国邮政挂号小包（China Post Registered Air Mail）两种，可寄达全球各个邮政网点。

中国邮政平常小包是中国邮政针对订单金额 5 美元以下、质量 2 kg 以下的小件物品推出的空邮产品，运送范围通达全球 54 个国家和地区。

中国邮政挂号小包是中国邮政针对质量 2 kg 以下的小件物品推出的空邮产品，运送范围为全球 56 个国家及地区。

（2）资费与物流详情查询

中国邮政航空小包的运费根据包裹质量按克计费，1 g 起算。每个单件包裹限重在 2 kg 以内。选用"中国邮政平常小包"不需要挂号费，适合货值低、质量小的物品（仅 5 美元以下订单）。选用"中国邮政挂号小包"可以提供全程跟踪查询服务。物流详情查询平台如下：

1）速卖通平台订单页面。物流商与速卖通平台已实现对接，速卖通会在订单详情页面直接展示物流跟踪信息。

2）菜鸟官方物流追踪网站（https: //global.cainiao.com/）。

（3）规格限制

质量限制：每个包裹质量不超过 2 kg。

体积限制：

非圆筒货物：长 + 宽 + 高≤ 90 cm，单边长度≤ 60 cm，长度≥ 14 cm，宽度≥ 9 cm。

圆筒形货物：直径的两倍 + 长度≤ 104 cm，长度≤ 90 cm，直径的两倍 + 长度≥ 17 cm，长度≥ 10 cm。

（4）优点

中国邮政航空小包优点如下：

1）价格实惠，中国邮政小包相对于其他运输方式（如 DHL、UPS、FedEx、TNT 等）来说具有绝对的价格优势，甚至比中国香港小包价格还要便宜。

2）邮寄方便，可以寄达全球各地，只要有邮局的地方都可以送达（极少数国家和地区除外）。

3）中国邮政挂号小包安全性高，丢包率低，并可全程跟踪物流信息。

（5）缺点

中国邮政航空小包缺点如下：

1）一般情况下物流时间需要 5～30 天（工作日），时间长是中国邮政小包的缺点。

2）中国邮政平常小包不能查询物流信息，且丢失后将不能获得赔偿，丢包率比较高。

2. 其他邮政小包

跨境电商卖家除了选择中国邮政小包之外，还可以根据产品的特点（例如是否能带电池等）选择其他国家和地区的邮政小包，如新加坡邮政小包、中国香港邮政小包、瑞士邮政小包等，如图 3-1-7 所示。

图 3-1-7　国际邮政小包一览

3. 中国邮政航空大包（China Post Air Parcel）

（1）含义

中国邮政航空大包又称航空大包或中邮大包、国际大包，是通过邮政空邮服务寄往国外的大邮包。国际大包分为普通大包（Normal Air Parcel，非挂号）和挂号大包（Registered Air Parcel）两种。

中邮大包相关资费及体积和质量的限制根据运输物品的质量及目的国家而有所不同，具体可登录中国邮政网上营业厅（https: //11185.cn）查询。普通大包空邮费率较低，邮政不提供物流跟踪查询服务；挂号大包空邮费率稍高，可提供网上物流跟踪查询服务。对时效性要求不高而质量稍大的货物，可选用中邮大包寄送。

（2）特点

1）以首重 1 kg、续重 1 kg 的计费方式结算运费，价格比国际 EMS 低，且和国际 EMS 一样不计算体积重量，没有偏远附加费，与商业快递相比有绝对的价格优势。

2）可寄达全球 200 多个国家和地区，通达国家多且清关能力非常强。

3）中邮大包的运单简单，操作方便。

4）部分目的国家和地区限重 10 kg，最重不超过 30 kg。

5）妥投速度慢，查询信息更新慢。

表3-1-1所示为部分国际邮政包裹特点对比。

表3-1-1　部分国际邮政包裹特点对比

邮政包裹方式	寄送时效	优势	劣势	备注
中国邮政小包	到亚洲邻国需5～10个工作日，到欧美主要国家需7～15个工作日，其他国家和地区需7～30个工作日	线路覆盖广、最具价格优势	限制带电产品	市场占有率第一，包裹质量在2 kg以内，上网时效为1～2个工作日
中国邮政大包	航空大包时效：10～15个工作日，空运水陆大包：15～25个工作日，水陆大包：15～25个工作日	价格较国际EMS稍低，不计算体积重量，没有偏远附加费	寄送稍慢	包裹质量在2 kg以上，30 kg以内，上网时效为3个工作日
中国香港邮政小包	一般为5～14个工作日	综合质量较高，时效、价格、清关等各个指标值较稳定	限制带电产品	最早被用于跨境电商领域，超过2 kg需要分多件，上网时效为2～4个工作日
新加坡邮政小包	一般为7～15个工作日	对东南亚地区有优势，带电小包曾具竞争优势，价格实惠	比中邮挂号小包略贵	包裹质量在2 kg以内
瑞典邮政小包、马来西亚邮政小包	一般为7～20个工作日	较中国香港和新加坡邮政小包便宜，可配送带电产品	寄送稍慢	包裹质量在2 kg以内
德国、比利时、瑞士、荷兰邮政小包	一般为8～15个工作日	时效和稳定性较好，发欧洲尤其理想	价格优势不明显	比利时邮政小包和荷兰邮政小包支持带电产品配送

四、国际专线物流服务

国际专线物流服务主要是依托业务量规模，通过整合全球资源，与海外快递公司合作，将货物在国内分拣，批量直接发往特定国家或地区的物流服务。目前常见的专线物流有美国专线、西班牙专线、澳洲专线和俄罗斯专线，也有不少公司推出了中东专线、南美专线和南非专线等。下面重点介绍中国邮政跨境专线物流——ePacket和e特快。

1. 含义

ePacket俗称e邮宝，又称EUB，是中国邮政速递物流为适应跨境电商轻小件物品寄递市场需要，与主要电商平台合作推出的经济型国际速递业务。e邮宝业务已经开通通往美国、加拿大、澳大利亚、英国、法国、俄罗斯、以色列、沙特阿拉伯等国的路线，也称为美国专线、澳大利亚专线、欧洲专线、俄罗斯专线、中东专线、南美专线等。e 特快是中国邮政速递物流为适应跨境电商较高价值物品寄递市场需要而推出的国际速递业务，现已开通日本、韩国、新加坡、中国香港、中国台湾、英国、法国、加拿大、澳大利亚、西班牙、荷兰、俄罗斯、巴西、乌克兰、白俄罗斯等国家和地区路线，后续将根据市场需要增加更多开办范围。

2. 规格限制

（1）e 邮宝

质量限制：中邮 e 邮宝单件限重 2 kg。

体积限制：

最大尺寸：非圆筒货物为长 + 宽 + 高≤ 90 cm，单边长度≤ 60 cm ；

圆筒形货物为直径的两倍 + 长度≤ 104 cm，长度≤ 90 cm。

最小尺寸：非圆筒货物为单件邮件长度≥ 14 cm，宽度≥ 11 cm ；

圆筒形货物为直径的两倍 + 长度≥ 17 cm，长度≥ 11 cm。

（2）e 特快

质量限制：e 特快除寄达邮政另有规定外，每件限重 30 kg。内装易碎物品或流质物品的邮件，每件限重 10 kg。寄往西班牙、乌克兰、白俄罗斯的限重是 20 kg。

体积限制：

最大尺寸：非圆筒货物为长度≤ 1 050 mm，最大横周≤ 2 000 mm。

圆筒货物为直径的 2 倍 + 长度≤ 1 040 mm，长度≤ 900 mm。

最小尺寸：非圆筒货物为包装箱、盒至少有一个面的长度≥ 215 mm，宽度≥ 130 mm。

圆筒形货物为长度≥ 300 mm，直径≥ 60 mm。

需注意的是，使用 e 特快时，寄达国邮政对国际特快邮件的质量、尺寸限制另有规定时，应按寄达国邮政的有关规定办理。

3. 时效与物流信息查询

e 邮宝和 e 特快对国际及中国港澳台地区的电子商务物流业务不提供时限承诺，主要城市间全程时限标准参考如下：

e 邮宝业务：7～10 个工作日。

e 特快业务：

①日本、韩国、中国香港、新加坡、中国台湾：2～4 个工作日；

②英国、法国、加拿大、澳大利亚、西班牙、荷兰：5～7 个工作日；

③俄罗斯、巴西、乌克兰、白俄罗斯：7～10 个工作日。

美国、澳大利亚和加拿大专线的 e 邮宝业务提供全程时限跟踪查询，但不提供收件人签收证明；英国专线的 e 邮宝业务提供收寄、出口封发和进口接收信息，不提供投递确认信息。客户可以登录中国邮政速递物流官网或拨打邮政速递客服热线 11183 查询。

此外，e 邮宝业务不受理查单业务，不提供邮件丢失、延误赔偿。

e 特快业务提供收寄、出口封发、进口接收和投递签收等实时跟踪查询信息，客户也可以登录中国邮政速递物流网站或拨打邮政速递客服热线 11183 查询。e 特快业务因延误引起索赔，一般可退还邮费的 50%。邮件发生丢失或内件完全损毁时，按实际损失比例赔偿，但每件最高赔偿不超过（2× 首重资费 +2 元 /50 克），并退还寄件人所付的邮费。在支付赔偿金以后，原认为已经丢失的邮件又找到时，应通知寄件人退回赔偿金，领取其邮件。

4. 优缺点

优点是经济实惠。由于集中大批量货物发往目的地，通过规模效应降低了成本，因此，跨境专线物流价格比商业快递低，速度比邮政小包快，丢包率也比较低。

【微课】国际商业快递物流分析

缺点是：与邮政小包相比，跨境专线物流的运费成本高了不少，而且在国内的揽收范围相对有限，覆盖地区还有待扩大。

五、国际商业快递

常用的国际商业快递方式包括 EMS、UPS、FedEx、DHL、TNT 等。不同的国际快递公司具有不同的渠道，在价格、服务、时效上都有所不同。

1.EMS

EMS 即邮政特快专递服务，是中国邮政集团旗下的中国速递服务公司提供的一种快递服务。中国速递服务公司主要经营国际、国内 EMS 快递业务，是中国速递服务的最早供应商，也是目前中国速递行业的最大运营商和领导者。EMS 业务通达全球 200 多个国家和地区以及国内近 2 000 个城市。更重要的是，该业务在海关、航空等部门均享有优先处理权，它以高速度、高质量为用户传递国际、国内紧急信函、文件资料、金融票据、商品货样等各类文件资料和物品。

规格限制：单件货物不能超过 30 kg，每票货只能走一件；货物单边长度超过 60 cm（含 60 cm）时需要按照体积重量计费，计费方式为：长 × 宽 × 高 ÷6 000。

快递查询：EMS 具备领先的信息处理能力，其凭借与万国邮政联盟（UPU）查询系统链接，可实现 EMS 邮件的全球跟踪查询。同时它还建立了多通道信息接入，包括公司网站平台（www.11183.com.cn）、全国统一的 7×24 小时的呼叫平台（11183）和遍布城乡的邮政营业网点。

EMS 国际快递拥有快速清关的优点，不用提供商业发票即可清关，且具有优先通关的权利。承诺时限是客户交寄邮件的最大运递时限，实际运递时间有可能比承诺时限短。EMS 国际快递邮件运递时间一般只需要 3～5 天。因 EMS 原因造成邮件的实际运递时间超过承诺时限时，会退还已收取的邮件资费。

2.UPS

UPS 即美国联合包裹运送服务公司，前身是 1907 年在美国西雅图成立的一家信差公司，现已成为世界最大的快递承运商与包裹递送公司。UPS 最有影响力的地区为美洲地区，那里的性价比最高。UPS 的相关运费及附加运费、规格限制、实时跟踪等信息可登录 UPS 官网（https: //www.ups.com/content/cn/zh/index.jsx），或拨打客服电话 4008208388 查询。在中国，UPS 的影响力要次于 FedEx。

UPS 的优势在于：

（1）物流时效快

UPS 快递的物流时效非常快，比 DHL、FedEx、EMS 等国际快递公司都要快。DHL、FedEx 快递的时效在 3～7 天，EMS 国际快递的时效在 3～5 天，而 UPS 快递的时效在 2～5 天，可提供更快捷的货运服务。

（2）航空班次频繁

UPS 快递拥有充足的航班递送货物。例如香港 UPS，每天都有 2～4 班航班进行货物运输，更能及时满足客户的货运需求。充裕的航班，意味着承运能力强，物流旺季不易排仓。即便出现排仓情况，排仓的时间也会比较短，使用户可以享受良好的邮寄体验。

（3）价格优势

UPS 快递在部分地区有显著的价格优势，特别是美洲地区，以美国、加拿大、墨西哥、波多黎各这四个国家为代表，递送质量 5～10 kg 以及 21 kg 以上重量段的邮件，不仅物流时效快，而且价格非常低。除此之外，UPS 快递在英国、德国、法国、西班牙、意大利等欧洲国家也有不错的时效与价格优势。

（4）末端派送能力强

UPS 快递的末端派送能力也非常强，特别是在欧美地区，很多亚马逊平台卖家的 FBA（Fulfillment by Amazon）头程、海派等运输方式的末端派送基本都是交给 UPS 快递负责。

3.FedEx

FedEx 即联邦快递，是一家国际性速递集团，提供隔夜快递、地面快递、重型货物运送、文件运送服务，总部设在美国田纳西州。该公司业务已涵盖全球 200 多个国家和地区，可提供快捷、可靠的快递服务。FedEx 的相关运费及附加运费、规格限制、实时跟踪等信息可查询官网（https: //www.fedex.com/），或拨打客服电话 4008891888 获取。

FedEx 的优势在于：

（1）地区优势

DHL、FedEx、UPS 在不同地区有各自不同的优势。DHL 快递的优势在美国及欧洲，UPS 快递的优势在北美地区及部分欧洲地区，而 FedEx 的优势在东南亚、南美地区、中东地区。

（2）价格优势

对比 DHL、UPS，FedEx 不仅在 10 kg 以下有价格优势，而且在 21 kg 以上同样有价格优势，即集合了 DHL 与 UPS 的优点——DHL 快递优势在 10 kg 以内、UPS 快递优势在 23 kg 以上。

（3）网点优势

FedEx 的网点分布较广泛，使得在很多国家地区可能对于 DHL、UPS 快递来说属于偏远地区的区域，而对于 FedEx 来说，则不属于偏远地区，因此抵达这些地区，选用其他快递需要支付偏远附加费，而选用 FedEx 则不需要支付这一附加费。

4.DHL

DHL 称为敦豪航空货运公司，1969 年创立于美国旧金山，现隶属德国邮政集团。DHL 是全球快递、洲际运输和航空货运的领导者，也是全球领先的海运和合同物流提供商。DHL 与中国对外贸易运输总公司合资成立了中外运敦豪，成为进入中国市场时间最早、经验最为丰富的国际快递公司。DHL 拥有世界上很完善的速递网络，可以到达 220 个国家和地区的 12 万个目的地。

DHL 可以提供全球派送服务，可全程追踪查询，并提供包装检验与设计服务。其报关代理服务及清关派送服务能力强，尤其在美国、西欧有很强的清关能力。DHL 还建立了欧洲专线及周边国家专线服务，服务速度快，物流行踪清晰，安全可靠，查询方便。DHL 具有一定的价格优势，其 20 kg 以下小货和 21 kg 以上大货的快递价格都相对便宜。

DHL 的时效优势表现为：正常情况下 2～6 个工作日货通全球。特别是在欧洲和东南亚的快递速度极快，从德国到其他欧洲地区仅要 3 个工作日，到东南亚地区仅需 2 个工作日。DHL 派送网络遍布世界各地，查询网站货物状态更新及时准确。

DHL 的相关运费及附加运费、规格限制、实时跟踪等信息可查询官网（https: //www.dhl.com），或拨打客服电话 4008108000 获取。

5.TNT

TNT 国际快递集团是全球领先的快递邮政服务供应商，为企业和个人客户提供全方位的快递和邮政服务，公司总部设在荷兰阿姆斯特丹，现已被联邦快递收购。TNT 拥有欧洲最大的空陆联运快递网络，能实现门到门的递送服务，它正在通过扩大全球范围内的运营规模来最大幅度地优化网络效能。TNT 于 1988 年进入中国市场，拥有 26 家国际快递分公司及 3 个国际快递口岸，拥有国内最大的私营陆运递送网络，服务覆盖中国 500 多个城市。TNT 的相关运费及附加运费、规格限制、实时跟踪等信息可查询官网（https: //www.tnt.com/），或拨打客服电话 4008209868 获取。

TNT 的优势在于：

（1）质量优势

TNT 可以寄运的货物类型多。

（2）时效优势

TNT 的物流时效非常快，2～4 个工作日即可通达全球，特别是到西欧地区，如英国、荷兰、比利时、法国、卢森堡等国家，仅需 3 个工作日。

（3）清关优势

TNT 在西欧及中东地区具有极强的清关能力，在西欧、中东地区之外，TNT 在清关上就没有太大的优势，属于一般清关。

【微课】专线物流分析

（4）价格优势

TNT 货通全球，无偏远地区派送附加费用，在西欧地区价格较低。相较而言，该渠道在快递质量 21 kg 以上的物品方面较有价格优势。

六、海外仓

1. 含义

在跨境电子商务中，海外仓是指国内企业将商品通过大宗运输的形式运往目标市场国家，在当地建立仓库、储存商品，然后根据当地的销售订单，第一时间作出响应，从当地仓库直接进行分拣、包装和配送。据不完全统计，我国有超过 200 家企业在境外设立了海外仓，数量超过 500 个。在地区分布上，主要集中在美国、欧洲等发达地区；在形式上，以租用仓为主，自建仓较少。广东、福建、江苏、浙江等省的企业设立海外仓的数量较多。

2. 海外仓的优劣势

优势是：

（1）改变传统的跨境电商物流方式，实现海外物流的本地化运输。

（2）降低物流成本及清关费用，从海外仓直接发货给客户，相当于境内快递。

（3）通过缩短配送时间、加快物流时效、改善服务，提升了海外客户的体验度，从而增加销售额。

（4）可以扩大跨境货物的运输品类，降低跨境物流费用。

（5）订单处理更加方便，订单和发货同步，可实现自动化批量处理订单。

劣势是：

（1）海外仓的运转会导致库存压力大，仓储成本高，资金周转不便。

（2）跨境电商卖家无法像管理自己的仓库一样管理海外仓，货物一旦发到海外仓，卖家就无法接触到货物，无法对货物进行实时有效的监控和管理。

3. 海外仓的模式

海外仓分为自营海外仓和第三方公共服务海外仓。自营海外仓是指仅为本企业销售的商品提供仓储、配送等物流服务，适于市场份额较大、实力较强的出口跨境电商企业。第三方公共服务海外仓是指由第三方物流企业建设并运营的海外仓，可以为众多的出口跨境电商企业提供清关、入库质检、接收订单、订单分拣、多渠道发货、后续运输等物流服务，如亚马逊的 FBA 海外仓等，主要适用于市场份额相对较小、实力相对较弱的出口跨境电商企业。

4. 海外仓的操作流程

海外仓的一般操作流程如下：

（1）中国卖家通过一般贸易出口的方式（选择传统的国际海运、空运或者国际快递等）将货物发往海外仓。

（2）通过国际物流商的信息系统管理海外仓的货物。

1）买家下订单，卖家将订单信息发送给海外仓进行订单操作处理；

2）海外仓收到指令，按照卖家指示对货物进行包装、分拣、派送等操作；

3）海外仓扣除相关费用后，发货至买家。

（3）通过国际物流商的信息系统及时更新发货及库存信息，让卖家及时掌握情况。海外仓的操作流程如图 3-1-8 所示。

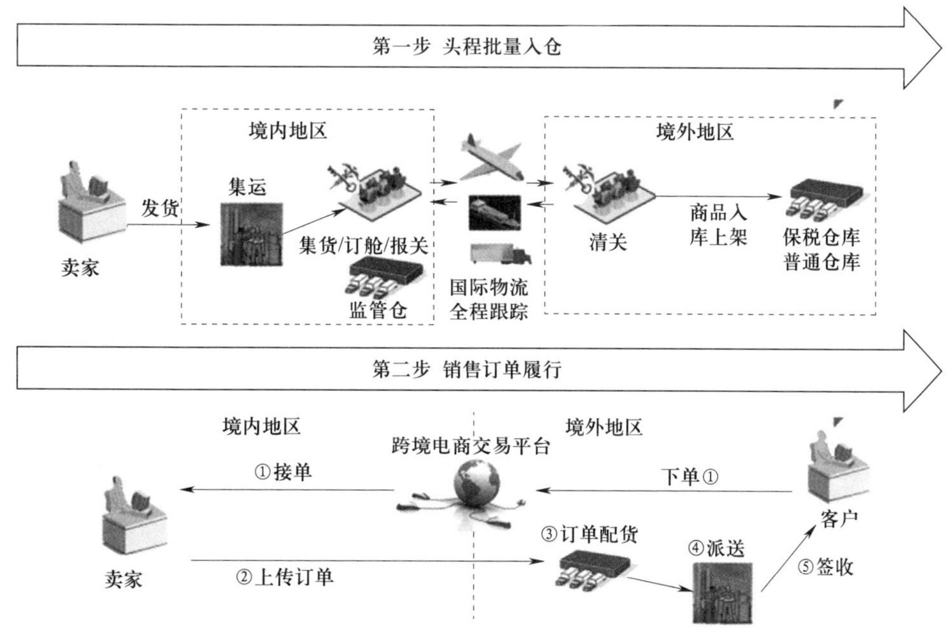

图 3-1-8　海外仓的操作流程

七、跨境物流模式的选择

不同跨境物流模式有各自不同的优劣势，比如邮政小包价格相对便宜，但重量受限较大；国际商业快递时效性强，但价格较高；专线物流安全高效，好评率高等。作为跨境电商卖家，选择哪个渠道和物流商，需要考虑以下因素：

1. 根据目标国情况选择物流渠道

以欧洲市场为例，向欧洲国家发商业快递适合选用 DHL、TNT，因为这两个快递公司在欧洲清关能力强。而法国、德国、西班牙、英国等西欧国家不适合发邮政小包，原因主要有两点：一是这些国家本地派送的物流信息更新不详尽，有可能出现买家收到货了也说没收到的情况，容易引起纠纷；二是这些国家的消费者对物流的时效要求高，邮政小包不能满足买家对时效的要求。对这些更适合选用 DHL、TNT 或专线物流。

2. 根据产品选择物流渠道

商业快递都是自然清关和快递公司自营的航班运输，对带电产品、仿牌、食品、化妆品、液体、刀具等敏感货物的限制是非常严格的，一旦查到违禁品，卖家将会面临高额罚款。因此，商业快递不能寄运任何航空禁运品，即使允许递送内置电池的产品，对内置电池的功率也有严格要求。由此可见，商业快递适合递送高价值、对时效要求高的普通货物。

3. 根据买家需求选择物流渠道

买家对物流时效要求高时，可以使用商业快递或海外仓；买家要求高性价比时，可使用邮政 EMS 或专线物流，相对来说，专线物流的性价比更高。买家对物流时效没要求时，可选用邮政小包。要给买家更好的购物物流体验，可使用国际快递和海外仓，但这更适合高附加值的产品。

总之，跨境电商首先应根据所销售商品的特点（如尺寸、安全性等）来选择合适的物流模式；其次应根据不同目标国市场的物流布局及发达程度、清关要求和能力等选择最合适的方式。最后，出售前要明确向买家列明不同物流方式的特点，为买家提供多样化的物流选择，让买家根据实际需求来选择物流方式。

任务实施

深圳市征途箱包有限公司国际运营部的跨境电商专员高云团队详细研究了跨境商品的物流方案，以及店铺商品在重量、体积和合规化通关上的要求后，准备选择合适的跨境物流方式，为下一步跨境物流方案的制定做好准备。请结合本次任务要求和相关知识，完成以下任务：

★任务一：比较分析中国邮政物流方式

任务目标：登录中国邮政官网（https: //www.chinapost.com.cn/）和速卖通商家门户网站（https: //sell.aliexpress.com/zh/）物流服务页面，并运用搜索引擎查找“中国邮政”物流产品的信息资料，对中国邮政物流产品进行比较分析，完成表 3-1-2 的填写。

任务工具：PC 端或手机端网络搜索引擎（如百度）、中国邮政官网（https: //www.chinapost.com.cn/）和速卖通商家门户网站（https: //sell.aliexpress.com/zh/）物流服务页面。

任务实施:

表 3-1-2　　　　　中国邮政物流产品比较分析

序号	项目	中国邮政挂号小包	中国邮政平常小包	中国邮政航空大包	e 邮宝
1	线路介绍				
2	运送范围及价格				
3	限重和尺寸				
4	时效				
5	物流信息查询				
6	寄运限制				
7	主要优势				

★任务二：比较分析国际商业快递物流模式

任务目标: 登录速卖通商家门户网站（https: //sell.aliexpress.com/zh/）物流服务页面和各国际商业快递公司官网，并运用搜索引擎查找相关信息，完成表 3-1-3 的填写。

任务工具: PC 端或手机端网络搜索引擎（如百度）、中国邮政官网（https: //www.chinapost.com.cn/）和速卖通商家门户网站（https: //sell.aliexpress.com/zh/）物流服务页面。

任务实施:

表 3-1-3　　　　　国际商业快递模式比较

物流模式	中文名称	运送范围及优势区域	时效	价格	物流信息查询方式
UPS					
TNT					
DHL					
FedEx					
EMS					

★任务三：调研分析速卖通平台的物流产品

任务目标：登录速卖通商家门户网站（https: //sell.aliexpress.com/zh/）物流服务页面，调研速卖通平台的物流产品信息，完成表 3-1-4 的填写。

任务工具：PC 端或手机端网络搜索引擎（如百度）、速卖通商家门户网站（https: //sell.aliexpress.com/zh/ ）物流服务页面。

任务实施：

【步骤 1】登录速卖通商家门户网站（https: //sell.aliexpress.com/zh/）物流服务页面，进入“速卖通物流介绍”频道。

【步骤 2】查看“物流线路列表”，如图 3-1-9 所示，填写表 3-1-4。

物流线路列表

经济类物流：物流运费成本低，目的国包裹妥投信息不可查询，适合运送货值低重量轻的商品。经济类物流仅允许使用线上发货
简易类物流：邮政简易挂号服务，可查询包含妥投或买家签收在内的关键环节物流追踪信息
标准类物流：包含邮政挂号服务和专线类服务，全程物流追踪信息可查询
快速类物流：包含商业快递和邮政提供的快递服务，时效快全程物流追踪信息可查询，适合高货值商品使用
线下类物流：线下物流线路可达国家查询，详情请点击下载线下物流线路可达国家列表

海外仓物流：已备货到海外仓的货物所使用的海外本地物流服务,详情请点击海外仓物流方案列表
说明：涉及外邮线路的部分仅指境外段服务

经济类线路

线路展示名称(中)	线路展示名称(英)	填写发货通知API (ServiceName)
菜鸟超级经济	Cainiao Super Economy	CAINIAO_SUPER_ECONOMY
菜鸟超级经济Global	Cainiao Super Economy Global	AE_CN_SUPER_ECONOMY_G
菜鸟特货专线 - 超级经济	Cainiao Super Economy for Special Goods	CAINIAO_SUPER_ECONOMY_SG
菜鸟专线经济	Cainiao Expedited Economy	CAINIAO_EXPEDITED_ECONOMY
中国邮政平常小包+	China Post Ordinary Small Packet Plus	YANWEN_JYT
飞特特货经济	Flyt Special Economy	FLYT_ECONOMY_SG
顺友特货经济	SunYou Special Economy	SUNYOU_ECONOMY_SG
燕文特货经济	YANWEN Special Economy	YANWEN_ECONOMY_SG
通邮特货经济	TOPYOU Special Economy	TOPYOU_ECONOMY_SG
德群特货经济	BSC Special Economy	BSC_ECONOMY_SG
菜鸟超级经济-顺友	SunYou Economic Air Mail	SUNYOU_ECONOMY
菜鸟超级经济-燕文	Yanwen Economic Air Mail	YANWEN_ECONOMY

图 3-1-9　速卖通平台“物流线路列表”页面

表 3-1-4　速卖通平台主要物流产品比较

序号	物流产品名称	所属类型	覆盖国家	运送范围及价格	时效和寄送限制
1	菜鸟无忧物流（简易）				
2	新加坡邮政挂号小包				

续表

序号	物流产品名称	所属类型	覆盖国家	运送范围及价格	时效和寄送限制
3	顺丰快递				
4	FedEx IE				
5	燕文航空挂号小包				
6	菜鸟大包专线				
7	菜鸟专线经济				
8	中东专线				
备注	速卖通物流类型说明： ①经济类物流：物流运费成本低，目标国包裹妥投信息不可查询，适合运送货值低、重量轻的商品。经济类物流仅允许使用线上发货。 ②简易类物流：邮政简易挂号服务，可查询包含妥投或买家签收在内的关键环节物流追踪信息。 ③标准类物流：包含邮政挂号服务和专线类服务，全程物流追踪信息可查询。 ④快速类物流：包含商业快递和邮政提供的快递服务，时效快，全程物流追踪信息可查询，适合高货值商品使用				

任务评价

本次任务主要通过理论学习、网络学习和任务实践，使学生知晓跨境物流的模式、特点和适用范围，并完成相关任务单（表格）的填写。

本次任务引入跨境电商专员岗位角色，让学生以跨境电商专员角色组建小组（运营团队），根据每个工作任务情境和任务要求开展任务实施，在学习评价中采用过程性评价和结果性评价相结合的方式，从课前、课中、课后多角度评价，从知识能力、职业素养、专业能力三维度评价，发挥学生的主动性。同时开展小组讨论，培养团队协作意识。

一、职业素养评价

职业素养评价表是对任务完成过程中所需的职业规范、组织协作、沟通能力、创新实践四个方面进行评价，对组员的评分由组长完成，对组长的评分由组员集体评定，评价结果填写在表 3-1-5 中。

表 3-1-5 职业素养评价表

评价项目	评价标准	完全符合（90～100 分）	比较符合（70～89 分）	基本符合（60～69 分）	完全不符合（59 分及以下）
①职业规范	按时到岗，具备职业认同感				
	工作过程诚实守信、遵纪守法、吃苦耐劳				
	仪容仪表符合职业规范				
②组织协作	服从组内安排				
	能完成小组分配的任务				
	能主动配合或帮助组员				
③沟通能力	小组讨论时能踊跃发表观点				
	能参与本组任务方案展示的准备或解说				
	能清晰准确地表达自己的观点				
④创新实践	能提出创新性的建议并落实				
	能总结反思并持续改进				
	能在实践活动中发挥个人特长				
合计					

二、任务实施评价

本次任务的专业能力评价表根据本次任务目标和要求填写，评价形式采取线上线下相结合，分为课前、课中、课后三个环节全面评价学生的综合专业能力。评价结果填写在表 3-1-6 中。

表 3-1-6 专业能力评价表

序号	评价项目	评价标准	评价方式	评价环节	完全符合（90～100 分）	比较符合（70～89 分）	基本符合（60～69 分）	完全不符合（59 分及以下）
1	课前任务	数字资源平台 PPT、微课的学习程度	线上	课前				
		学习任务书填写情况						
2	任务一：比较分析中国邮政物流方式	线路介绍全面	线上+线下	课中				
		价格介绍准确						
		时效、物流信息查询介绍准确						
		寄运限制范围描述准确						
		任务全面完成，步骤无遗漏						

续表

序号	评价项目	评价标准	评价方式	评价环节	完全符合（90～100分）	比较符合（70～89分）	基本符合（60～69分）	完全不符合（59分及以下）
3	任务二：比较分析国际商业快递物流模式	运送范围描述无遗漏	线上+线下	课中				
		时效及价格介绍准确						
		物流信息查询地址准确						
		任务全面完成，步骤无遗漏						
4	任务三：调研分析速卖通平台的物流产品	物流类型辨别准确	线上+线下	课中				
		覆盖国家描述无遗漏						
		运送范围及时效描述准确						
		任务全面完成，步骤无遗漏						
5	学习成果输出	按时上交任务可视化成果（文档、照片、视频等）	线上+线下	课后				
		入选优秀作业（作品）集						

三、任务综合评价

根据任务权重计算方式填写任务综合评价总表（见表3-1-7），记录小组任务执行情况，每个小组完成任务的可视化学习成果予以存档。

表3-1-7　　任务综合评价总表

任务名称						
小组名称	小组成员	职业素养评价（20%）	专业能力评价			总分
			课前学习评价（10%）	课中任务评价（60%）	课后验收评价（10%）	
小组一						
组平均分						
考核记录						

思考与练习

1. 调研速卖通平台上专线物流模式在运费、时效、覆盖区域方面的特点。

2. 在速卖通平台等 B2C 平台上选择一个店铺，调研该店铺销量前三和单价前三的产品信息，包括产品单价、收货地、是否包邮、物流方式、运送时效等。将调研结果列表汇总，并分析其采用的物流方式及选择原因，制作 PPT 并进行小组展示汇报。

任务 2　设计跨境电商物流方案

任务引入

深圳市征途箱包有限公司国际运营部的跨境电商专员高云团队对各种出口跨境物流方式进行了深入了解，分析了邮政小包、商业快递等主要跨境电商物流模式在递送物品重量、体积和合规化通关方面的优劣势，接下来他们要结合速卖通平台物流产品的政策要求，制定适合速卖通平台店铺适用的跨境电商物流方案。他们该怎么做呢?

任务分析

在跨境电商贸易中，物流成本在运营成本中占比很大，物流效率更关系着跨境服务的用户体验。人们越来越意识到，跨境物流已成为影响跨境电商发展的关键因素之一。

跨境电商卖家都希望选择合适的物流服务商，以确保产品能顺利、安全、准确地送达客户，并使自己能够专注于销售，提高店铺营业额。对跨境电商卖家而言，设计适合自身店铺运营的跨境物流方案是十分重要的。跨境电商卖家可以从商品本身的特性、客户的时效性要求、所在地情况、物流成本（运费）、丢包率和延迟率等几个方面综合考虑，制定平台店铺适用的跨境电商物流方案。

相关知识

一、设计跨境电商物流方案应考虑的因素

跨境电商卖家在设计跨境电商物流方案时，应结合平台物流政策进行全方位的分析，做出科学的决策，同时根据自身实际需求和资源状况，综合考虑以下因素。

1. 商品特性

物流方案的选择与所运输的货物有密切关系，不同的商品种类、货值、尺寸、安全性等，往往导致物流方案的选择会有所不同。例如，商品的体积和重量直接影响跨境物流成本的高低。带电产品，一定要选择可承接带电类产品的物流渠道，例如欲采用邮政

小包运输带电毛绒玩具，可以使用新加坡邮政小包，但不能使用中国邮政小包。对于手机、计算机和高科技电子产品等价值较高、重量较轻、更新换代较快的商品，则适合选择商业快递。对于家具类、大型机器等大件物品，由于国际快递的运输成本比海外仓本土发货的成本要高，其适合的物流方案应该是海外仓模式。

2. 物流费用

跨境物流费用是卖家比较关心的问题之一，由于费用和时效相关联，速度更快，相对的价格就较高。在费用方面，首要关注物流服务商是否提供透明、合理、稳定的报价。跨境电商卖家可以关注物流服务商官网列出的各种收费项目及计费方式，将所有的费用进行综合考虑之后再选择对本企业最优的物流方式。

3. 物流时效

跨境电商卖家在设计物流方案前要充分考虑物流渠道本身的时效，不同的物流方式，其时效性存在明显的差异。例如，国际快递的时效为3～7个工作日；国际小包的时效则较长，一般在20个工作日左右；海外仓则能够在较短的时间内将货物运送到客户手中。对于时间方面要求不高的物品来说，可以采用邮政小包，以节省成本；抑或采用海外仓或国际快递，以追求效率。

4. 店铺客户需求

跨境电商卖家还要根据店铺客户对物流方式的时效要求、客户所在地情况来考虑物流方案的选择。例如，速卖通平台的某买家要求采用邮政小包发货，并能查询物流发货信息，这时卖家就应该选择中国邮政挂号小包，而不宜选择中国邮政平常小包，因为后者不能查询包裹的状态。

5. 平台本身的资源支持

跨境电商平台对企业选择物流方式的资源倾斜程度也是卖家制定物流方案的重要参考依据。例如亚马逊对自己的FBA物流有资源支持，不但可以提升物流时效，还可以提高商品曝光、排名，成为特色卖家等，因此亚马逊平台卖家在同等条件下，往往优先选择亚马逊FBA物流。总之，依托第三方跨境电商平台的卖家，不应错过平台给予资源支持的物流方式，这些物流方式将有利于跨境电商销售业绩的稳步提升。

二、跨境物流运费的计价规则

无论是自发货，还是基于第三方平台线上发货，都需要详细了解各跨境物流方式的运费计价规则和计算方法，确定合适的物流运费标准，保证跨境物流方案合理、合规、可行。

1. 邮政物流和专线物流运费的计价规则

这里主要介绍中国邮政小包、新加坡邮政挂号小包、e邮宝的物流运费计价规则和计算方法，见表3-2-1。

表 3-2-1　　　　邮政小包物流运费计价表

邮政小包类型	方式说明	计价标准	计算方法
中国邮政平常小包	适合订单金额 5 美元以下、质量 2 kg 以下小件物品	运费根据包裹质量按克计费，1 g 起重，每个单件包裹限重在 2 kg 以内	运费总额 = 标准资费 × 实际质量 × 折扣
中国邮政挂号小包	适合包裹质量在 2 kg 以下小件物品		运费总额 = 标准资费 × 实际质量 × 折扣 + 挂号费
新加坡邮政挂号小包	适合包裹质量在 2 kg 以下小件物品，可发带电产品。但不接受带充电盒的蓝牙耳机作为内置电池的带电产品		
e 邮宝	适合包裹质量在 2 kg 以下小件物品，中邮 e 邮宝目前可以直发挪威		运费总额 = 标准资费 × 实际质量 + 操作处理费

2. 国际商业快递运费术语及计算方法

国际商业快递运费术语见表 3-2-2。

表 3-2-2　　　　国际商业快递运费术语

序号	术语	解释
1	计费质量单位	一般以 0.5 kg 为一个计费质量单位
2	首重与续重	以第一个 0.5 kg 为首重（或起重），每增加 0.5 kg 为一个续重，不足 0.5 kg 的按 0.5 kg 计算；通常首重的费用相对续重费用高
3	实重与材积	实重是指需要运输的一批物品包括包装在内的实际总质量。当需寄递物品体积较大而实重较轻时，因受运输工具（如飞机、火车、轮船、汽车等）承载能力及能装载物品体积所限，需采取量取物品体积折算成质量的办法作为计算运费的质量，称为体积重量或材积。体积重量大于实际质量的物品又称为轻抛物
4	计费质量	按国际航空货运协会规定，货物运输过程中计收运费的质量是按整批货物的实际质量和体积重量中较高者计算
5	包装费	一般情况下，快递公司是免费包装，提供纸箱、气泡等包装材料，但一些贵重、易碎物品，对包装的材质等有一定要求，快递公司要收取一定的包装费用。包装费用一般不计入折扣

国际商业快递运费计算方法如下：

（1）当需寄递物品实重大于体积重量时，运费计算方法为：

运费 = 首重运费 +（质量 ×2 － 1）× 续重运费

例如，7 kg 货品按首重 20 元、续重 9 元计算，则

运费 = 20 +（7×2-1）×9=137（元）

（2）当需寄递物品实际重量小而体积较大，运费需按体积重量标准收取，然后按上述公式计算总运费。

体积重量计算公式如下：

规则物品：体积重量（kg）= 长（cm）× 宽（cm）× 高（cm）÷ 计费系数

不规则物品：体积重量（kg）= 最长（cm）× 最宽（cm）× 最高（cm）÷ 计费系数

总运费 =（运费 + 燃油附加费）× 折扣 + 包装费用 + 其他费用（燃油费）

不同的国际快递公司可能有不同的计费系数。例如，有些国际快递公司的计费系数为 5 000，有的计费系数为 6 000。

3. 海外仓计价方式

海外仓费用主要包括头程运费、仓储及管理费、尾程运费、税费等，计算公式如下：

海外仓费用 = 头程运费 + 仓储及管理费 + 尾程运费 + 税费

（1）头程运费

头程运费指卖家将物品运送到目的国的海外仓所产生的运费，包括头程运输方式范围内的空运、海运散货、海运整柜、当地拖车费用等，计算公式如下：

头程空运费用 = 运费 + 清关费 + 其他费（如拖车费、文档费、送货费等）

其中运费按质量计算，有最低起运质量限制（一般为 5 kg 以上）；清关费按单票数量及金额计算；空运途径包括客机行李托运、普货空运和商业快递等。空运时对质量小、体积大的货物做计抛处理，体积重量计算公式为：

体积重量（kg）= 长（cm）× 宽（cm）× 高（cm）÷ 计费系数

（2）仓储及管理费

仓储及管理费包括客户货物储存在海外仓库、处理分单和当地配送产生的入库费、仓储费、出库费、订单处理费等。

1）仓储费。货物发至海外仓后，商品储存在仓库中产生的费用就是仓储费，一般第三方公司会按一定时间范围收取相应费用。表 3-2-3 所示为某海外仓运营企业仓储费报价。

表 3-2-3　　某海外仓运营企业仓储费报价

单件商品体积	每周仓储费
0.001CBM（含）	0.45 美元 /CBM
0.001～0.02CBM（含）	0.65 美元 /CBM
0.02CBM 以上	40 美元 /CBM

注：1CBM=1 立方米。

2）订单处理费。海外仓的订单处理费是指买家在平台上对卖家商品下单后，由海外仓第三方人员对其订单拣货打包产生的费用。表 3-2-4 所示为某海外仓运营企业订单处理费报价。

表 3-2-4　　某海外仓运营企业订单处理费报价

商品质量区间划分	订单处理费（美元 / 件）
0 ~ 1 000 g	8
1001 ~ 5 000 g	10
5 000 ~ 10 000 g	14
10 001 ~ 30 000 g	18
30 001 ~ 31 500 g	20
31 500 ~ 50 000 g	40
50 000 ~ 70 000 g	70

（3）尾程运费

尾程运费是指在目的地国家和地区对商品进行配送产生的本地派送费用，例如采用 FedEx、DHL、UPS、当地邮政等快递方式产生的费用。

（4）税费

这里的税费是指海外仓税费。海外仓税费是我国和目的国海关等部门收取的出口或进口关税、增值税以及其他税费等。通常情况下，关税主要是指进口关税。增值税由进口增值税、销售增值税两个独立缴纳的税项组成。当货物进口到一国后，货主应缴纳进口增值税；当货物销售后，货主应按销售额缴纳相应销售增值税。

Tips　EORI

EORI 是“Economic Operators Registration and Identification”的缩写，即“经济运营商注册识别”，是由欧盟成员国海关颁发给企业或个人的唯一必备数字标识，在欧盟成员国中的任意一国注册可全欧盟通用。企业或个人在进行增值税和关税扣税以及增值税抵扣的时候，都必须提供 EORI 号。

目前，主要跨境电商市场税费的计算方式见表 3-2-5。

表 3-2-5　　主要跨境电商市场税费的计算方式

国家	税费名称	税费计算公式	备注
美国	关税	税费 = 关税 = 货值 × 关税税率	—
英国	关税、增值税	税费 = 关税 + 增值税 关税 = 货值 × 关税税率 增值税 =（货值 + 运费 + 关税）× 20%	—

续表

国家	税费名称	税费计算公式	备注
俄罗斯	关税、增值税	税费＝关税＋增值税 关税＝货值 × 关税税率 增值税＝（货值＋运费＋关税）×20%	食品及儿童用品增值税税率为 10%，高科技、棉花、药物则免缴增值税，奢侈品如烟、酒、汽车、石油及首饰等增值税税率为 25%～90%
德国	关税、增值税	税费＝关税＋增值税 关税＝货值 × 关税税率 增值税＝（货值＋运费＋关税）×19%	特定商品如食品、书籍、医疗设备和艺术品的供应以及特定活动（即文化活动）的服务适用 7% 增值税税率
澳大利亚	关税、GST	税费＝关税 +GST 关税＝货值 × 关税税率 GST=（货值＋运费＋关税）×20%	GST 是商品用服务税（Goods and Service Tax）

三、计算跨境物流运费

1. 计算国际邮政小包的运费

例 3-2-1　一位美国客户从深圳市征途箱包有限公司的“Alnaue Store”速卖通店铺购买了 1 个童包，质量为 250 g，包装纸箱质量为 50 g，童包单价为 25 美元。若选择中国邮政挂号小包和 e 邮宝运输，请分别计算运费。

中国邮政挂号小包报价（部分）见表 3-2-6，中邮 e 邮宝报价（部分）见表 3-2-7。

表 3-2-6　　中国邮政挂号小包报价（部分）

国家 / 地区列表		0～150 g（含 150 g）		151～300 g（含 300 g）		300～2 000 g	
		正向配送费（根据包裹质量按克计费、元 / 千克）	挂号服务费（元 / 包裹）	正向配送费（根据包裹质量按克计费、元 / 千克）	挂号服务费（元 / 包裹）	正向配送费（根据包裹质量按克计费、元 / 千克）	挂号服务费（元 / 包裹）
俄罗斯	RU	72.91	24.00	72.91	23.00	68.41	23.00
美国	US	90.35	39.00	89.35	39.00	88.35	39.00
法国	FR	67.52	13.45	49.75	15.82	49.75	15.82
英国	UK	52.41	17.95	52.41	17.95	51.41	17.95
澳大利亚	AU	79.57	16.50	74.57	16.50	71.57	16.00
德国	DE	60.13	16.32	54.13	16.52	51.13	17.02
以色列	IL	78.84	18.50	78.84	18.50	77.34	19.00

表 3-2-7　　中邮 e 邮宝报价（部分）

国家 / 地区列表		首重（g）	质量资费（元 / 千克）按克计重，限重 2 kg	操作处理费（元 / 包裹）
美国	US	50	95.00	25.00
俄罗斯	RU	1	70.00	17.00
乌克兰	UA	10	75.00	8.00
加拿大	CA	1	90.00	19.00
澳大利亚	AU	1	65.00	19.00
挪威	NO	1	80.00	19.00
沙特阿拉伯	SA	1	50.00	26.00

解析:（1）选择中国邮政挂号小包，本票业务包裹质量为 300 g（250 g+50 g），根据表 3-2-6 所示报价表，发往美国，质量区间在 151～300 g，其对应的运费报价为 89.35 元 / 千克，挂号服务费为 39 元 / 单，跨境物流运费为:

$$
\begin{aligned}
\text{跨境物流运费} &= \text{基本运费} + \text{挂号服务费} \\
&= 300 \div 1\,000 \times 89.35 + 39 \\
&= 65.805\text{（元）}
\end{aligned}
$$

（2）选择中邮 e 邮宝，本票业务包裹质量为 300 g（250 g+50 g），根据表 3-2-7 所示报价表，发往美国，其对应的报价为 95 元 / 千克，操作处理费为 25 元 / 单，跨境物流运费为:

$$
\begin{aligned}
\text{跨境物流运费} &= \text{基本运费} + \text{操作处理费} \\
&= 300 \div 1\,000 \times 95 + 25 \\
&= 53.5\text{（元）}
\end{aligned}
$$

总结分析: 如果平台客户对发货方式没有具体要求，卖家应优先选择中邮 e 邮宝发货，既可节省物流成本，且时效性较高，又能提升客户体验感和物流满意度。

例 3-2-2　一位巴西客户从深圳市征途箱包有限公司的“Alnaue Store”速卖通店铺购买了 1 个毛绒电动玩具款的儿童背包，质量为 500 g，包装纸箱质量为 100 g，童包单价为 30 美元，客户要求 30 天之内到货（正常情况下）。请选择发货方式并计算发往巴西的运费。

新加坡邮政挂号小包报价（部分）见表 3-2-8。

表 3-2-8　　新加坡邮政挂号小包报价（部分）

国家 / 地区列表		配送服务费（元 / 千克）按克计重，限重 2 kg	挂号服务费（元 / 包裹）
波兰	PL	119.20	16.90

续表

国家 / 地区列表		配送服务费（元 / 千克） 按克计重，限重 2 kg	挂号服务费 （元 / 包裹）
巴西	BR	114.80	28.70
墨西哥	MX	116.30	26.70
南非	ZA	135.50	28.20
智利	CL	146.60	23.60
法国	FR	95.00	20.00

解析：毛绒电动玩具为带电产品，根据寄送限制要求，只能发新加坡邮政小包。按照买家对物流时效的要求，进入速卖通物流服务页面“物流方式介绍”查询，对比新加坡邮政平邮小包和挂号小包的物流时效，应选择新加坡邮政挂号小包发货方式。

本票业务包裹质量为 600 g（500 g+100 g），根据表 3-2-8 所示报价表，发往巴西，其对应的报价为 114.80 元 / 千克，挂号服务费为 28.70 元 / 单，跨境物流运费为：

$$\begin{aligned}\text{跨境物流运费} &= \text{基本运费} + \text{挂号服务费} \\ &= 600 \div 1\,000 \times 114.80 + 28.70 \\ &= 97.58\text{（元）}\end{aligned}$$

总结分析：产品发运过程中，需要将产品配套的电池和产品一起运输的货物被称为带电产品。带电产品不能发中国邮政小包，可以发新加坡邮政小包，运送范围为全球。

2. 计算国际商业快递费用

例 3-2-3　某西班牙客户在“ENNA 服装定制品牌”网站上定制了一件女士衬衫，包装重量为 450 g，包装尺寸为 20 cm × 10 cm × 8 cm，卖家拟选用 UPS 商业快递邮寄，请计算运费（经查询 UPS 运费报价表，中国到西班牙的运费报价为首重 230 元/0.5 千克，续重为每增加 0.5 kg，运费增加 62 元；假设体积重量的计费系数为 5 000）。

解析:（1）计算商品的体积重量。

$$\text{体积重量（材积）} = (20 \times 10 \times 8) \div 5\,000 = 0.32\text{（kg）} = 320\text{（g）}$$

（2）计算商品的实际质量。由于商品实际质量为 450 g，实际质量大于体积重量，因此按照实际质量计算运费。由于 UPS 要求货物首重为 500 g，不足 500 g 按照 500 g 算运费。

$$\text{跨境物流运费} = 450 \div 500 \times 230 = 207\text{（元）}$$

总结分析：按国际航空货运协会规定，货物运输过程中计收运费的质量是按整批货物的实际质量和体积重量两者之中高的计算。

3. 计算国际空运头程物流运费

例 3-2-4　深圳市征途箱包有限公司拟空运 200 个童包到其英国仓，每个童包为 0.22 kg，长、宽、高分别为 21 cm、6 cm、8 cm。假设童包体积重量的计费系数为 5 000，请计算每个童包的空运运费。深圳市征途箱包有限公司空运运费报价见表 3-2-9。

表 3-2-9　　深圳市征途箱包有限公司空运运费报价

转运方式	质量区间	英国仓配送费（元 / 千克）	最低起运量	时效
空运	5 ~ 21 kg	45	5 kg	5 ~ 7 个工作日
	22 ~ 45 kg	32		
	46 ~ 99 kg	30		
	100 kg 以上	29		

解析:（1）计算童包的体积重量:

体积重量 =（长 × 宽 × 高）÷5 000 = 21×6×8×200÷5 000 = 40.32（kg）

（2）计算童包的实际质量:

实际质量 = 0.22×200 = 44（kg）

因为实际质量大于体积重量，所以按照实际质量计算运费。

根据空运运费报价表，质量 44 kg 对应的英国仓运费是 32 元 / 千克，所以:

空运运费 = 44×32 = 1 408（元）

每个童包的运费是: 1 408÷200 = 7.04（元）

总结分析：如果童包的质量为 46 kg，运费应该为多少呢？根据空价报价表，质量为 46 kg，对应的运价为 30 元 / 千克，所以运费是 1 380 元。因为空运的报价规律是运价与货物的质量成反向关系，如果公司多运 2 kg 商品，运费反而会减少，平摊到 200 个童包，每个童包的运费是 6.9 元。

4. 计算海外仓相关费用

例 3-2-5　某跨境电商卖家选择空运（采用普货空运方式）将 10 kg 某货物运到英国海外仓（由 4PX 代清关），请计算空运货物到英国仓的头程费用。我国空运至英国仓费用报价见表 3-2-10。

表 3-2-10　　我国空运至英国仓费用报价

运输方式	价格或运费标准		英国仓配送费（欧元）
普货空运（Air Freight）	100 kg 以内，每千克费用		31.0
	100 kg 及以上，每千克费用		28.0
	由 4PX 代清关	清关费 / 票	300.0
		提货费 /kg	2.0
	客户自有增值税税号清关	清关费 / 票	1 200.0
		提货费 /kg	2.0

解析：

$$头程费用 = 运费 + 清关费 + 提货费 = 31 \times 10 + 300 + 2 \times 10 = 630（欧元）$$

例 3-2-6　某跨境电商卖家将一批某品牌货物运到德国海外仓，货值 50 万欧元，运费为 5 000 欧元，适用关税税率为 8.8%，欧元兑换人民币汇率为 7.286 2，该货物单件体积是 0.000 8 CBM，请计算该批货物的应缴进口税费（以人民币计算）。

解析：

$$关税 = 货值 \times 关税税率 = 500\,000 \times 8.8\% \times 7.286\,2 = 320\,592.8（元）$$

$$增值税 =（货值 + 运费 + 关税）\times 19\% =（500\,000+5\,000+500\,000 \times 8.8\%）\times 7.286\,2 \times 19\% = 760\,023.52（元）$$

税费 = 关税 + 增值税 = 320 592.8+760 023.52 = 1 080 616.32（元）。

总结分析：海外仓总费用计算公式为：海外仓总费用 = 头程费用 + 仓储及管理费 + 尾程运费 + 税费。一般根据已知条件计算出头程费用、仓储及管理费、尾程运费、税费后，即可得出海外仓的总费用。

考虑到国际物流方式多、差别大，以及不同企业情况、不同收货国家情况、不同货物情况等因素，平台物流方案仅仅是一种选择，跨境电商企业可以自主选择适合自己的第三方平台跨境物流方案。

任务实施

跨境电商专员高云团队在分析了邮政小包、商业快递等主要的跨境电商方式在重量、体积和合规化通关上的优劣势后，接下来要结合速卖通平台物流产品的政策要求，制定适合速卖通平台店铺适用的跨境物流方案。请结合本次任务要求和相关知识，完成以下任务:

★任务一：确定跨境电商企业的物流运费

任务目标: 计算分析深圳市征途箱包有限公司采取邮政小包、商业快递、专线物流发货方式的运费，并根据物流运费确定应缴税费。

任务工具: PC 端或手机端网络搜索引擎（如百度）、中国邮政官网（https: //www.chinapost.com.cn/）、中国邮政速递（https: //www.11183.com.cn/）、速卖通商家门户网站（https: //sell.aliexpress.com/zh/）的“速卖通物流介绍”。

任务实施:

【步骤 1】计算邮政小包作为发货方式的运费。

一位俄罗斯买家从深圳市征途箱包有限公司的“Alnaue Store”速卖通店铺购买了 2 个儿童双肩包，质量为 260 克 / 个（纸箱质量为 180 g），童包单价为 30 美元。请回答:

（1）若选择中国邮政挂号小包和 e 邮宝运输，请计算运费。

（2）比较中国邮政挂号小包和 e 邮宝两种运输方式，店铺应该选择哪一种物流方式种发货?

（3）如果某法国买家购买了店铺的一款内置电池的玩具包，单价是 50 美元，包装后的质量为 1 kg，则应该选择哪一种物流方式，并计算其运费。

速卖通平台中国邮政挂号小包报价（部分）见表 3-2-6，e 邮宝报价（部分）见表 3-2-7，新加坡邮政挂号小包报价（部分）见表 3-2-8。

【步骤 2】计算商业快递作为发货方式的运费。

深圳市征途箱包有限公司通过速卖通平台向美国客户销售了 1 个儿童腰包，订单包装后质量为 1.45 kg，包装尺寸为: 20 cm × 30 cm × 10 cm（长 × 宽 × 高）。假如使用 DHL 寄送该包裹需要多少运费?（假设 DHL 业务资费：美国，0.5～2 kg，首重 0.5 kg 为 111.5 元，续重 0.5 kg 为 17.6 元）

【步骤 3】计算专线物流作为发货方式的运费。

深圳市征途箱包有限公司采用空运（普货空运方式）发 28 kg 某货物到德国海外仓（由 4PX 代清关），请计算空运货物到德国海外仓的头程费用。我国空运至德国的费用报价见表 3-2-11。

表 3-2-11　　我国空运至德国仓费用报价

<table>
<tr><th>运输方式</th><th colspan="2">价格或运费标准</th><th>德国仓配送费（欧元）</th></tr>
<tr><td rowspan="6">普货空运
（Air Freight）</td><td colspan="2">100 kg 以内，每千克</td><td>31.0</td></tr>
<tr><td colspan="2">100 kg 及以上，每千克</td><td>28.0</td></tr>
<tr><td rowspan="2">由 4PX 代清关</td><td>清关费 / 票</td><td>350.0</td></tr>
<tr><td>提货费 /kg</td><td>2.0</td></tr>
<tr><td rowspan="2">客户自有增值税税号清关</td><td>清关费 / 票</td><td>1 250.0</td></tr>
<tr><td>提货费 /kg</td><td>2.0</td></tr>
</table>

【步骤 4】计算应缴进口税费。

深圳市征途箱包有限公司拟发一批某品牌童包到澳大利亚海外仓，货值 23.9 万澳元，运费为 2 000 澳元，适用关税税率为 7.8%，澳元兑换人民币汇率为 5.265 7，请计算该批货物的应缴进口税金（以人民币计）。

★任务二：制定速卖通店铺的跨境物流方案

任务目标： 深圳市征途箱包有限公司的“Alnaue Store”速卖通店铺拟发 3 款产品到国外，具体信息见表 3-2-12。请制定该店铺的跨境物流方案。

表 3-2-12　　“Alnaue Store”速卖通店铺的产品信息

商品 ID	产品图片	销售价格（美元）	产品性质	产品数量	包裹尺寸（cm）	包裹质量（kg）	发货地 / 收货地
NH041L		30	普通产品	3	40 × 30 × 25	0.52	深圳至俄罗斯
NHB087L		56	带电产品（内置电池）	2	40 × 40 × 35	0.65	深圳至美国
HBD045		48	普通产品	1	40 × 40 × 40	0.45	深圳至巴西

任务工具： PC 端或手机端网络搜索引擎（如百度）、速卖通物流服务页面的“速卖通物流介绍”。

任务实施：

【步骤 1】登录 https：//www.aliexpress.com/，进入速卖通买家平台，选择“Bags & Shoes”类目中的“Kids & Baby's Bags”；列举“Kids & Baby's Bags”类目下 5 款不同店铺童包产品的品名、包装质量、尺寸、物流方式、物流费用及预计运输时间，了解平台其他店铺童包的物流方案信息，完成表 3-2-13 的填写。

表 3-2-13　速卖通平台“Kids & Baby's Bags”类目童包产品物流方案调研

Product-Name（产品名称）	Package-Weight（包裹重量）	Package-Size（包裹尺寸）	Shipping-Company（运输公司）	Shipping-Cost（运输成本）	Estimated-Delivery-Time（预计交付时间）

【步骤 2】登录 https：//gsp.aliexpress.com/ 或 https：//sell.aliexpress.com/zh/，进入速卖通卖家后台，打开“速卖通物流介绍”，点击“物流方案查询”和“物流服务列表”。调研店铺 3 款产品的跨境物流方案，并形成调研结果列表，填写表 3-2-14。

表 3-2-14　速卖通店铺童包产品的跨境物流方案

商品编号	商品图片	速卖通平台推荐跨境物流方案								
		方案 1			方案 2			方案 3		
		线路名称	价格	时效	线路名称	价格	时效	线路名称	价格	时效
NH041L										
NHB087L										
HBD045										

【步骤 3】分析以上列表中的物流方案及形成原因，将分析结果制作 PPT 并进行小组展示汇报。

任务评价

本次任务主要通过理论学习、网络学习和任务实践，使学生知晓邮政小包、商业快递等主要的跨境电商物流方式在重量、体积和合规化通关上的优劣势，制定速卖通平台店铺适用的跨境物流方案，并完成相关任务单（表格）的填写。

本次任务引入跨境电商专员岗位角色，让学生以跨境电商专员角色组建小组（运营团队），根据每个工作任务情境和任务要求开展任务实施，在学习评价中采用过程性评价和结果性评价相结合的方式，从课前、课中、课后多角度评价，从知识能力、职业素养、专业能力三维度评价，发挥学生的主动性。同时开展小组讨论，培养团队协作意识。

一、职业素养评价

职业素养评价表是对任务完成过程中所需的职业规范、组织协作、沟通能力、创新实践四个方面进行评价，对组员的评分由组长完成，对组长的评分由组员集体评定，评价结果填写在表 3-2-15 中。

表 3-2-15　职业素养评价表

评价项目	评价标准	完全符合（90～100 分）	比较符合（70～89 分）	基本符合（60～69 分）	完全不符合（59 分及以下）
①职业规范	按时到岗，具备职业认同感				
	工作过程诚实守信、遵纪守法、吃苦耐劳				
	仪容仪表符合职业规范				
②组织协作	服从组内安排				
	能完成小组分配的任务				
	能主动配合或帮助组员				
③沟通能力	小组讨论时能踊跃发表观点				
	能参与本组任务方案展示的准备或解说				
	能清晰准确地表达自己的观点				
④创新实践	能提出创新性的建议并落实				
	能总结反思并持续改进				
	能在实践活动中发挥个人特长				
合计					

二、任务实施评价

本次任务的专业能力评价表根据本次任务目标和要求填写，评价形式采取线上线下相结合，分为课前、课中、课后三个环节全面评价学生的综合专业能力。评价结果填写在表 3-2-16 中。

表 3-2-16　　专业能力评价表

序号	评价项目	评价标准	评价方式	评价环节	完全符合（90~100分）	比较符合（70~89分）	基本符合（60~69分）	完全不符合（59分及以下）
1	课前任务	数字资源平台 PPT、微课的学习程度	线上	课前				
		学习任务书的填写情况						
2	任务一：确定跨境电商企业的物流运费	子任务 1 的计算分析准确	线上+线下	课中				
		子任务 2 的计算分析准确						
		子任务 3 的计算分析准确						
		子任务 4 的计算分析准确						
		任务全面完成，步骤无遗漏						
3	任务二：制定速卖通店铺的跨境物流方案	速卖通物流方案调研准确	线上+线下	课中				
		相关数据填写无误						
		物流信息查询准确						
		物流方案制定可行						
		任务全面完成，步骤无遗漏						
4	学习成果输出	按时上交任务可视化成果（文档、照片、视频等）	线上+线下	课后				
		入选优秀作业（作品）集						

三、任务综合评价

根据任务权重计算方式填写任务综合评价总表（见表 3-2-17），记录小组任务执行情况，每个小组完成任务的可视化学习成果予以存档。

表 3-2-17　　任务综合评价总表

任务名称						
小组名称	小组成员	职业素养评价（20%）	专业能力评价			总分
			课前学习评价（10%）	课中任务评价（60%）	课后验收评价（10%）	
小组一						
组平均分						
考核记录						

思考与练习

登录出口易（https: //www.chukou1.com/）平台（见图 3-2-1），查询该平台海外仓产品的概况和优势，并绘制海外仓的操作流程，制作 PPT 并进行小组展示汇报。

图 3-2-1　出口易平台首页

任务 3　设置店铺物流模板

任务引入

深圳市征途箱包有限公司长期以来采用中国邮政挂号小包、中邮 e 邮宝、速卖通无忧物流（标准）进行发货。这三种物流方式均采用标准运费减免 10% 的方式进行计费。近期，以上 3 个物流公司由于受到疫情的影响，业务范围和费用都进行了调整。跨境电商专员高云作为店铺运费模板管理人员，下载了新的完整版运费报价单，准备优先为店铺的几款热销童包商品设置新的运费模板，为后期商品发布做好准备。高云将根据商品发货信息，结合最新的运费报价，核算运费成本，设置不同的运费组合，完成童包商品物流运费模板的设置。

任务分析

店铺物流模板，在很多第三方跨境电商平台也被称为运费模板。如何设置运费模板，是跨境电商卖家入行都会遇到的一个问题。通过运费模板，跨境电商卖家可以解决不同地区的买家购买商品时运费差异化的问题，可以解决同一买家在店内购买多件商品时的运费合并问题，还可以在买家下单的时候根据商品所绑定的物流模板，自动为卖家计算出该商品质量和运费（包括在一定条件下到达某个国家的不同物流路线的运费）。运费模板的设置直接影响着商品的成交转化率。对于速卖通卖家来说，由于面向全球的买家，国家不同，渠道不同，运费也不同，因此运费模板设置极其复杂，需要从计费标准、运输流程、通关清关、时效、订单金额等多个方面设置适用的物流运费模板。

相关知识

我国跨境商家可以设置物流模板发货到国外，海外本地商家也可以设置物流模板发货到本地或全球。下面以速卖通为例进行一般物流运费模板和海外仓运费模板的设置。

一、速卖通运费模板的设置

速卖通平台上的卖家在发布商品前可以选择自定义运费模板，具体设置流程如下：

1. 进入速卖通卖家后台，点击“商品”—“物流模板”—“新建运费模板”，进行运费模板设置，如图 3-3-1 所示。

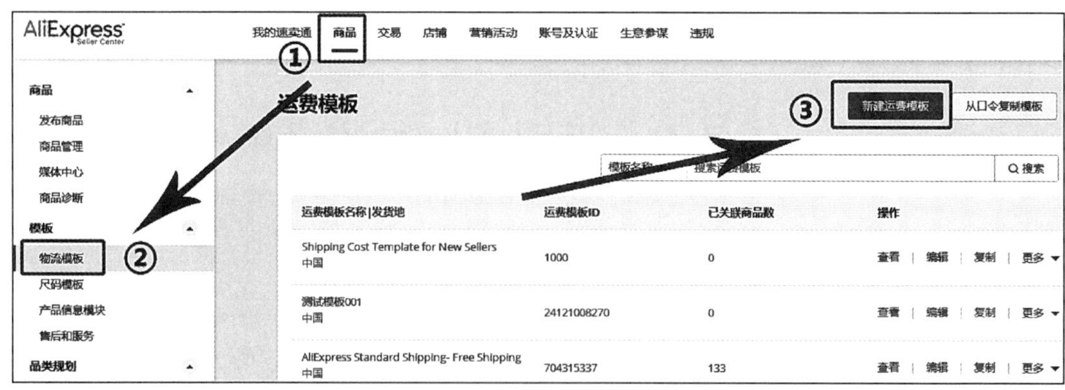

图 3-3-1 速卖通平台的“新建运费模板”

2. 进入编辑页面后，为该运费模板设置一个名字（只能输入英文和数字），可以选择不同的发货地区。如果商品从国内发货，请选择发货地为中国，如图 3-3-2 所示。同一运费模板可以同时设置多个发货国家。

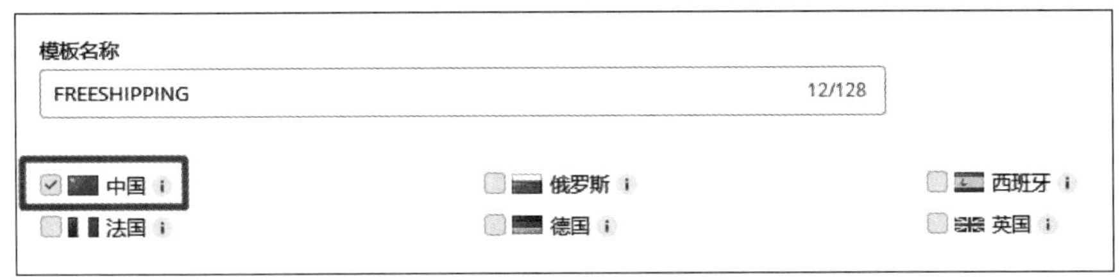

图 3-3-2　速卖通平台“新建运费模板”命名

3. 选择物流线路类型。编辑页面会展示不同的物流线路供选择、设置，如图 3-3-3 所示。但设置的物流线路要符合物流方案列表和速卖通物流政策，这样商品前台才会展示对应的物流线路。

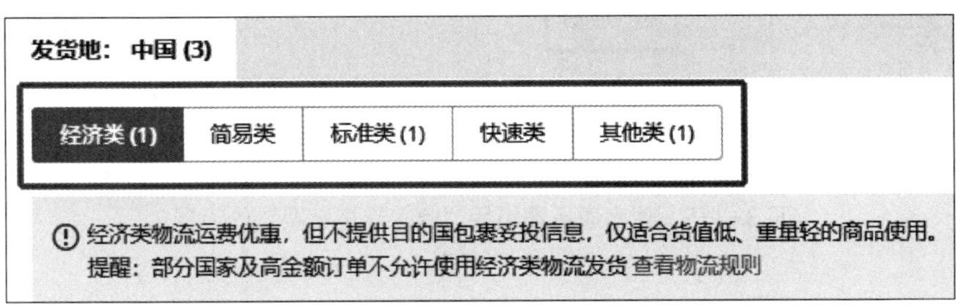

图 3-3-3　速卖通运费模板“物流线路”的选择

4. 选定物流线路后，下方会出现该物流线路设置模块，可以针对不同的发货地区以及不同的物流方式分别设置运费及承诺运达时间。这里的运费设置有 3 种方式供选择：

（1）标准运费：平台会自动按照各物流服务提供商给出的官方报价计算运费。

（2）卖家承担运费：即免运费，可设置对部分国家或所有国家进行免运费。

（3）自定义运费：可以根据自己的需求自由设置运费。

图 3-3-4 所示为速卖通运费模板“标准运费”的设置，图 3-3-5 所示为“卖家承担运费”的设置，图 3-3-6 所示为“自定义运费”的设置。

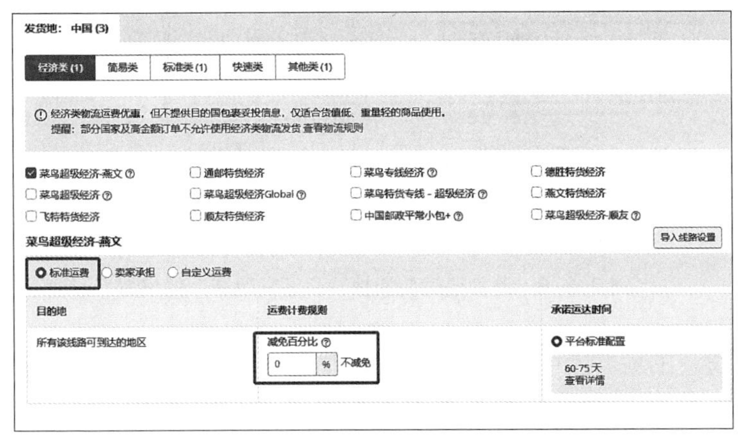

图 3-3-4　速卖通运费模板“标准运费”的设置

发货地：中国 (3)

经济类 (1) 简易类 标准类 (1) 快速类 其他类 (1)

经济类物流运费优惠，但不提供目的国包裹妥投信息，仅适合货值低、重量轻的商品使用。
提醒：部分国家及高金额订单不允许使用经济类物流发货 查看物流规则

菜鸟超级经济-燕文 通邮特货经济 菜鸟专线经济 德胜特货经济
菜鸟超级经济 菜鸟超级经济Global 菜鸟特货专线 - 超级经济 燕文特货经济
飞特特货经济 顺友特货经济 中国邮政平常小包+ 菜鸟超级经济-顺友

菜鸟超级经济-燕文 导入线路设置

标准运费 卖家承担 自定义运费

目的地	运费计费规则	承诺运达时间
所有该线路可到达的地区	卖家承担运费	平台标准配置 60-75天 查看详情

图 3-3-5　速卖通运费模板“卖家承担运费”的设置

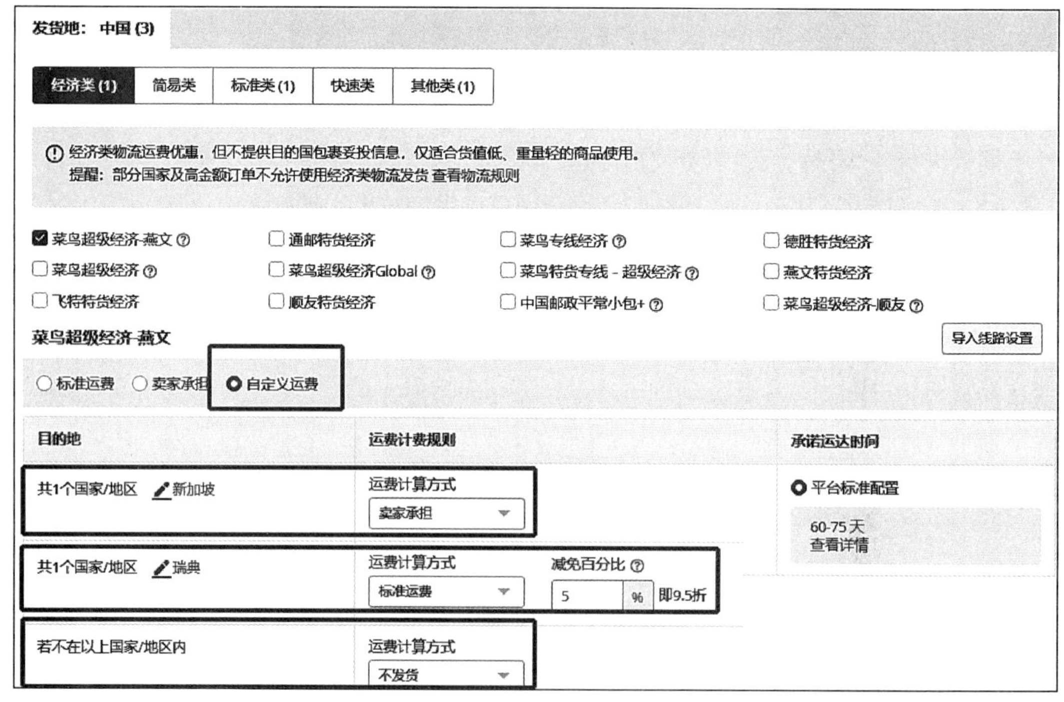

图 3-3-6　速卖通运费模板“自定义运费”的设置

5. 设置收货目的地。既可以按大洲选择目的地，也可以按物流商分区选择目的地，并支持跨境电商和本地电商设置，如图 3-3-7 所示。例如在计算完运费报价后，如果使用菜鸟专线经济至西班牙，则可手动输入查询并选择西班牙。

按大洲选择目的地　按物流商分区选择目的地
手动选择地区　批量选择地区
全选　全部已选 0
瑞典
欧洲
瑞典
亚洲　已选地区 0
北美洲　已选地区 0
南美洲　已选地区 0
大洋洲　已选地区 0
欧洲　已选地区 0
确定　取消

图 3-3-7　速卖通运费模板“收货目的地”的设置

如果点击“按大洲选择目的地”—“批量选择地区”，不同大洲的国家 / 地区支持同时选择；在批量选择目的地时，所需的国家 / 地区之间可以使用顿号、中文逗号或换行输入等方式隔开，如图 3-3-8 所示。

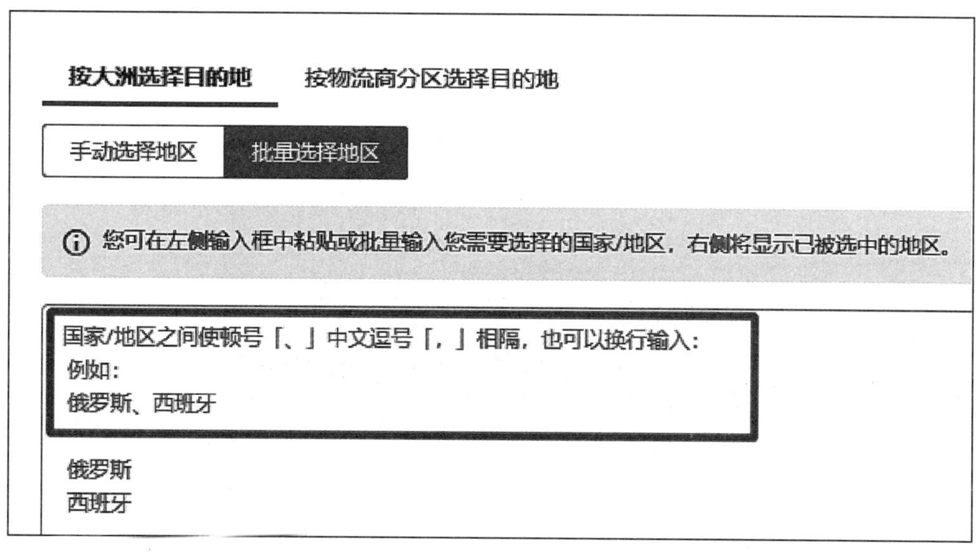

图 3-3-8　速卖通运费模板“收货目的地”的设置——“批量选择地区”

另外，自定义运费中，可以选择“按照重量计费”。例如某货物首重 0.5 kg，首重运费为 1 美元，续重范围自行设置，每增加相应克重，可进行相应的续加运费，如图 3-3-9 所示。

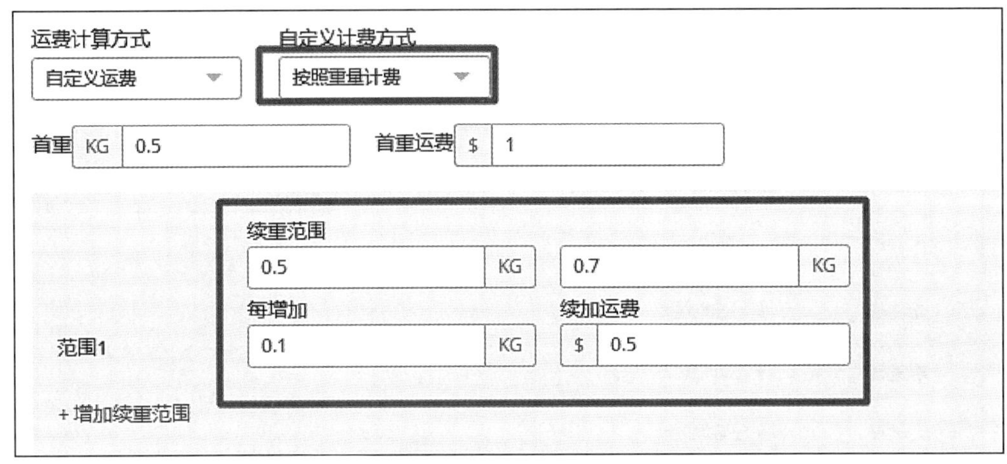

图 3-3-9 在“自定义运费”模板设置“按照重量计费”

也可以选择“按照数量计费”，如图 3-3-10 所示。

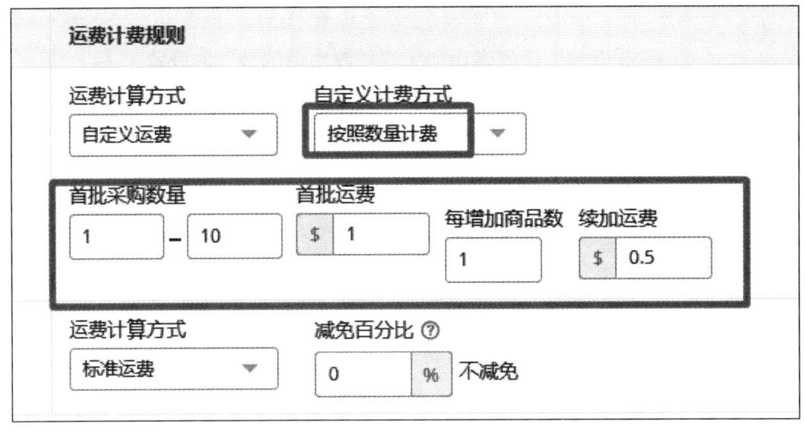

图 3-3-10 在“自定义运费”模板设置“按照数量计费”

二、设置海外仓商品运费模板

1. 申请海外仓权限

速卖通平台海外仓服务包括菜鸟海外仓和商家海外仓。由于海外发货地设置功能仅向通过审核的卖家开放，因此卖家需要先备货到海外，再提交申请，提供海外仓证明资料，通过审核后才能设置海外发货地。速卖通海外仓申请流程如图 3-3-11 所示。

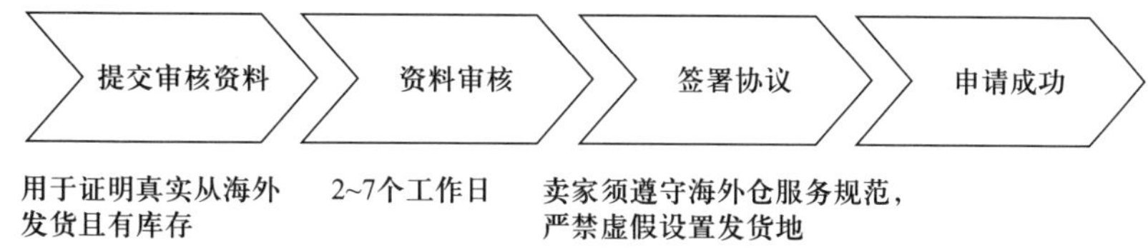

图 3-3-11　速卖通平台海外仓申请流程

申请注意事项如下：

（1）主账号和子账号都可以用于报名，申请成功后，系统会同时开通主账号以及所属子账号的权限。

（2）如果使用的是第三方海外仓，需要提供以下资料：客户代码（合作物流商给客户的代码）、与第三方物流商签订合同的照片、使用第三方物流系统的后台截图、库存查询、订单管理页面。

（3）如果使用自营海外仓，需要提供以下资料：海外仓地址；中国发货证明（如发货底单、发货拍照、物流跟踪详情截图等）；海外通关证明（如缴税证明等）；仓库照片（将报名 ID 写在小纸条上并放在当地最近报纸上拍照，照片背景可以看到门牌号或仓库实景）。

2. 设置海外仓运费模板

速卖通平台要求商品发货地必须和运费模板设置完全一致，因此对于海外仓卖家来讲，需要根据海外仓所在地新增或编辑运费模板。

例如，某卖家有 3 个商品，其商品发货地见表 3-3-1。由于“商品发货地”必须完全和“运费模板设置的发货地”一致，因此，需要分别设置 3 个不同的运费模板。A 商品只能关联运费模板 1，不能够关联运费模板 2 和模板 3。

表 3-3-1　　某卖家商品的运费模板

商品	发货地	商品可关联的运费模板
A	中国	运费模板 1：发货地只有中国
B	美国	运费模板 2：发货地只有美国
C	中国或美国	运费模板 3：有 2 个发货地，分别为中国和美国

（1）海外仓申请

图 3-3-12 显示了菜鸟官方海外仓布局情况。目前菜鸟官方海外仓布局在西班牙、法国、比利时、波兰、捷克、英国、德国、意大利，只要客户在西班牙、法国、波兰、德国、比利时、葡萄牙、卢森堡、斯洛伐克、捷克、匈牙利、奥地利、荷兰、丹麦、英国、爱尔兰、意大利、斯洛文尼亚、芬兰、拉脱维亚、立陶宛、瑞典、保加利亚、爱沙

尼亚、希腊、罗马尼亚等欧洲国家，就可以使用菜鸟官方海外仓服务。在设置海外仓模板之前要先申请开通海外仓。

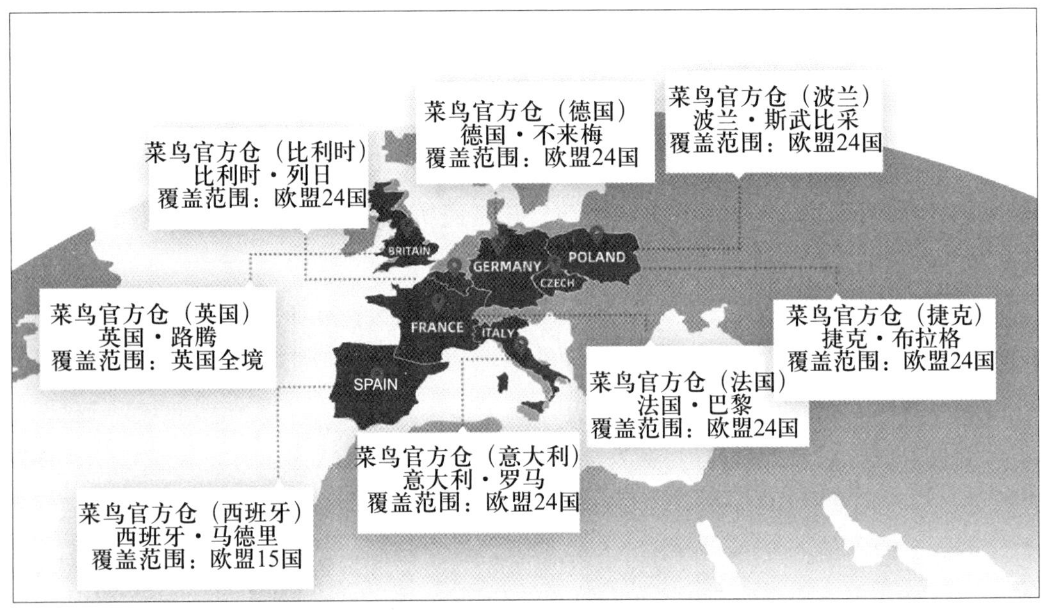

图 3-3-12　菜鸟官方海外仓布局情况示意图

菜鸟海外仓入驻订购、备货以及尾程发货流程如图 3-3-13 所示。

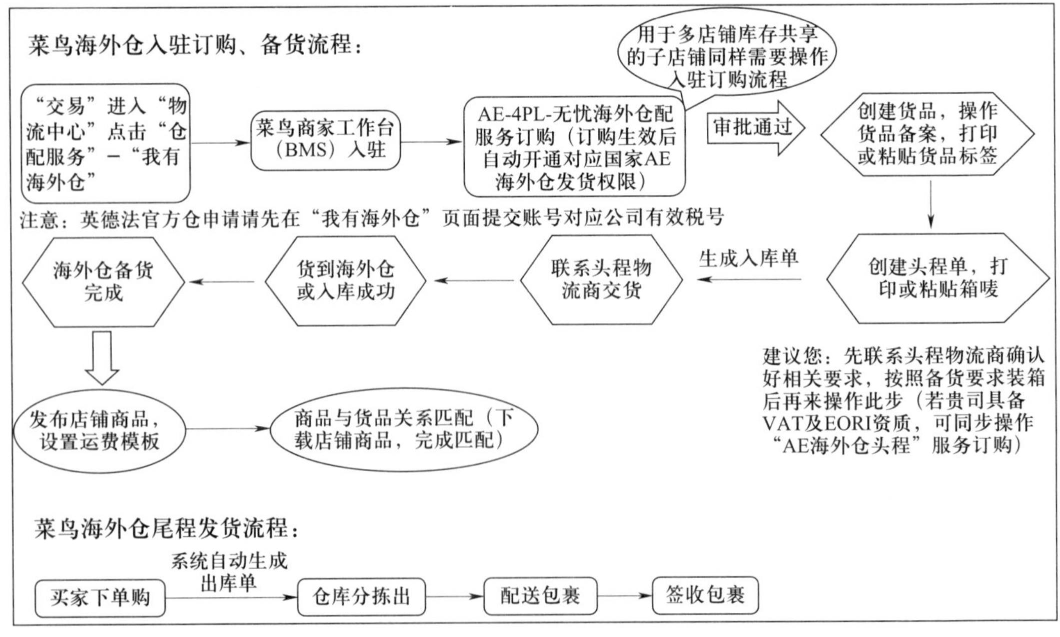

图 3-3-13　菜鸟海外仓入驻订购、备货以及尾程发货流程

商家海外仓，即第三方海外仓，是商家线下签订协议的海外仓服务商或商家自建的海外仓库，它不属于菜鸟认证仓库，其申请方法如图 3-3-14、图 3-3-15 所示。

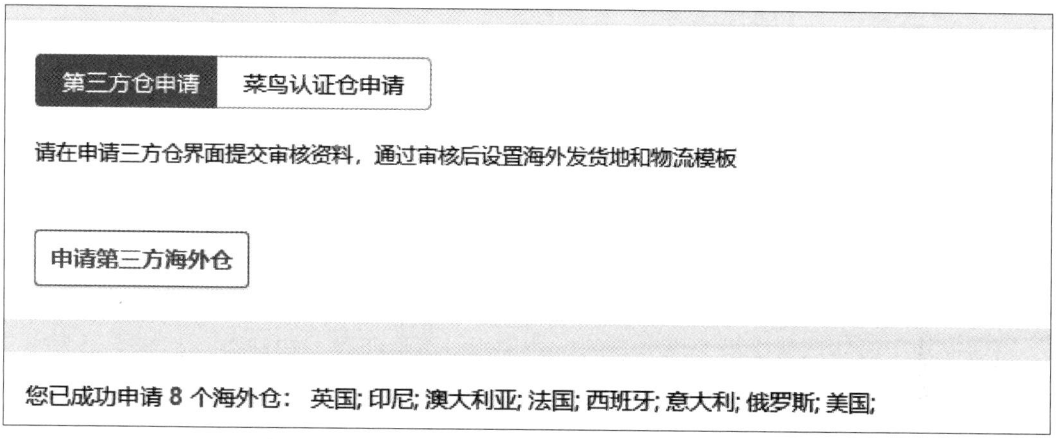

图 3-3-14　商家仓的申请

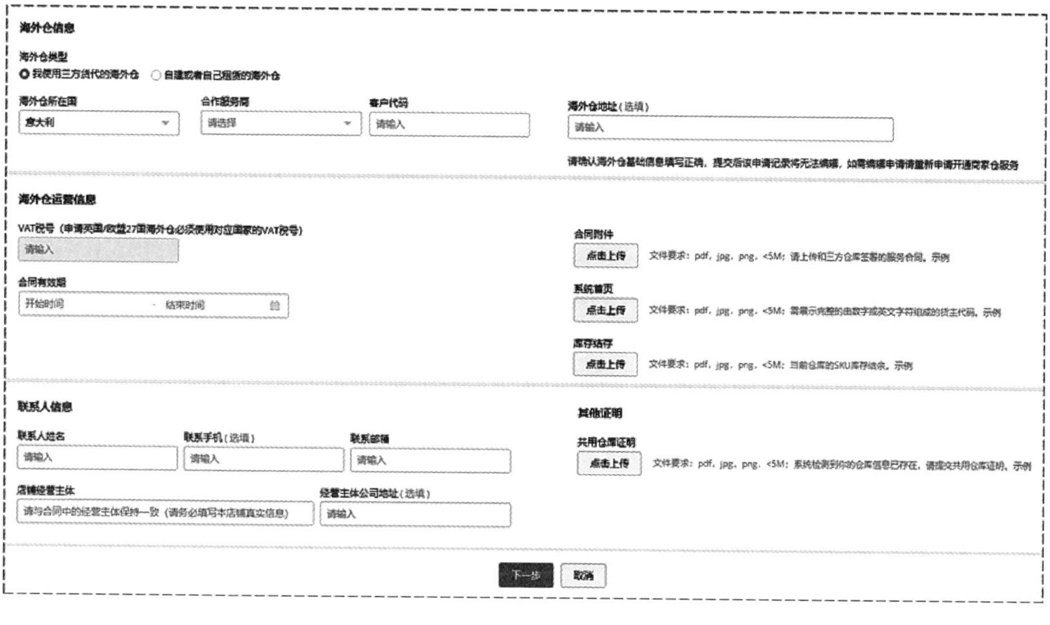

图 3-3-15　填写商家仓申请信息

（2）创建海外仓运费模板

【步骤 1】进入速卖通卖家后台，点击“商品”—“物流模块”—“新建运费模板”。以商家的俄罗斯海外仓为例，新建运费模板的设置如图 3-3-16 所示。

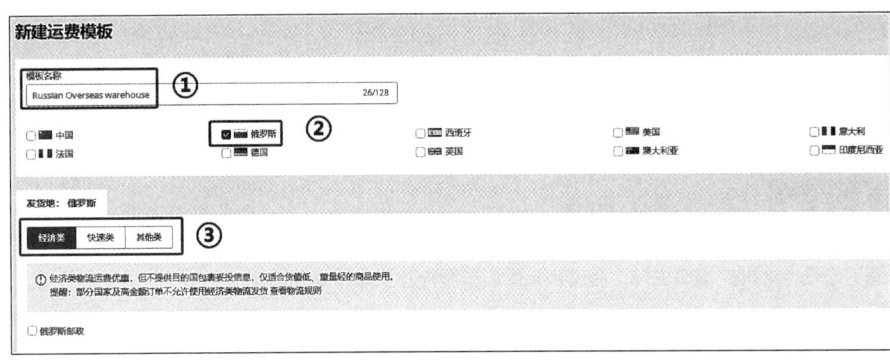

图 3-3-16　速卖通平台“新建运费模板”页面

【步骤 2】设置运费模板。海外仓的运费模板分为经济类、快速类、其他类三大类。“经济类”运费模板设置方式如图 3-3-17 所示。

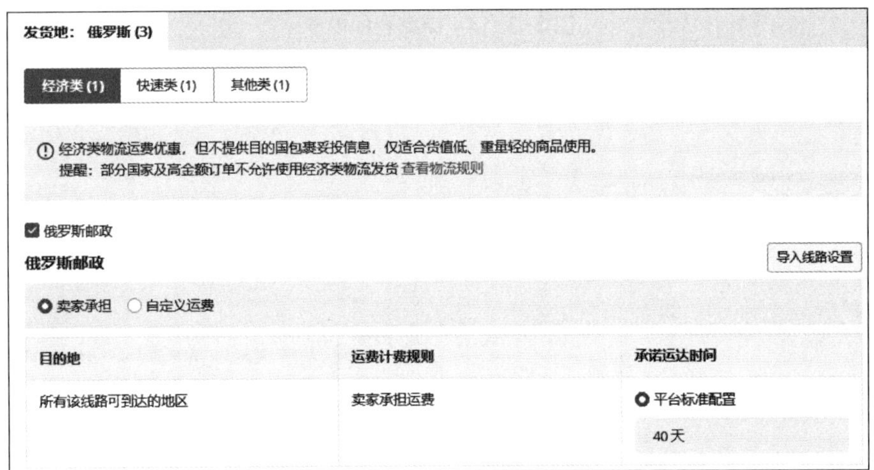

图 3-3-17　“经济类”运费模板设置

“快速类”运费模板设置方式如图 3-3-18 所示。

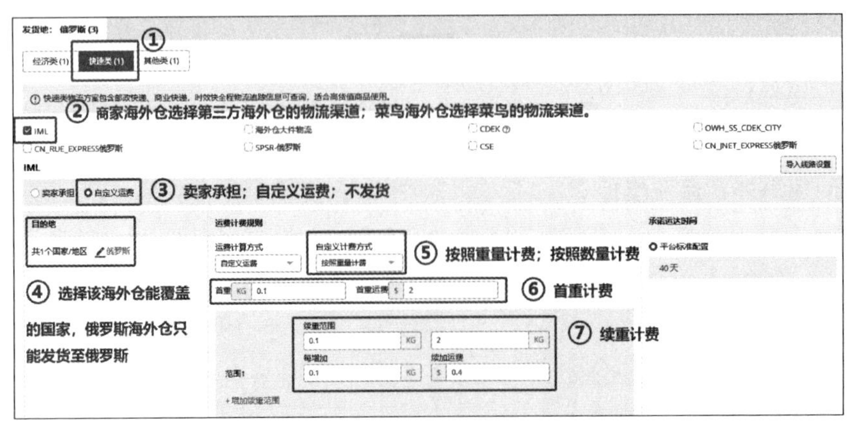

图 3-3-18　“快速类”运费模板设置

“其他类”运费模板设置方式如图 3-3-19 所示。

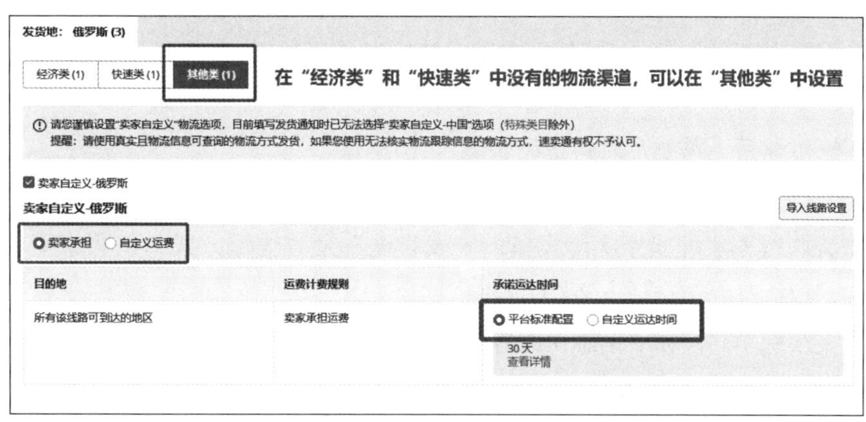

图 3-3-19 “其他类”运费模板设置

设置了海外仓运费模板后，就可以进入商品发布页面，发布商品信息。海外仓商品发布成功后，卖家可以在商品详情页看到商品发货地信息，并进行选择。

Tips 速卖通平台海外发货地设置注意事项

1. 卖家可设置海外发货地：美国、英国、德国、西班牙、法国、意大利、俄罗斯、澳大利亚、印尼、智利、巴西、捷克、土耳其等，实际以申请开通的海外仓国家列表为准。

2. 越南、匈牙利、乌克兰、阿联酋、以色列、南非、尼日利亚、波兰海外仓仅开通了部分类目海外发货地功能（商品设置后台有该国家发货地就说明已经开通），未开放海外发货地设置功能的类目，卖家即使申请了海外仓发货地设置权限也暂时不能设置。

3. 海外发货地设置功能仅向通过审核的卖家开放，需要先确保平台已经有海外仓的国家且类目也开通了海外发货地（商品设置后台有该国家发货地就说明已经开通）之后再备货到海外，到卖家后台“我有海外仓”提交审核资料，通过审核后设置海外发货地和运费模板。

3. 速卖通平台海外仓服务规范

2015 年 4 月 28 日速卖通向所有卖家发布了《海外仓服务规范》，定期对海外仓发货订单的物流服务进行考核，规范海外仓物流服务标准，以保证物流时效和买家体验。具体内容如下：

（1）如果买家的订单为海外仓发货（即买家下单时选择的发货地非中国），则需要注意以下几点。

1）商品实际发货地必须与买家选择的发货地一致，禁止擅自更改发货地，一旦出现平台有权对店铺处罚。

2）选择物流信息可追踪的物流方式进行发货，禁止使用无挂号物流方式。《速卖通平台规则（卖家规则）》第 4.4.3 条规定卖家填写发货通知时，所填写的运单号必须真实并可查询。

3）买家付款后，需要及时将货物寄出。

（2）平台将对海外仓发货订单的物流履行率、跟踪率及时效等指标进行考核。

1）物流履行率。即卖家实际发货的“发货国”及“物流方式”与买家下单时选择的“发货国”及“物流方式”一致的订单占比。

2）物流跟踪率。即物流信息可跟踪的订单占比。

3）物流时效。即买家付款后 7 天（俄罗斯 10 天）内可妥投的订单占比。

（3）若卖家的海外发货订单无法提供优质的海外发货物流服务，物流履行率、跟踪率及时效低于海外仓发货的平均水平，将受到以下影响。

1）物流履行率低。速卖通将取消卖家的海外发货地设置权限（即海外仓权限），并保留对店铺处罚的权利。

2）物流跟踪率低。速卖通将取消商品的国内寄送（Domestic Delivery）打标及资源支持。

3）物流时效慢。速卖通将取消商品的国内寄送（Domestic Delivery）打标及资源支持。

（4）通过海外仓发货，还需注意以下几点。

1）检查商品设置，准确设置发货地，不得虚假设置。例如，若商品只使用了英国海外仓，可以发往英国和德国，则只能设置发货地英国，不得设置发货地德国。

2）及时更新海外仓库存，避免超卖缺货。

3）选择可跟踪的物流方式，并在填写发货通知时准确填写。填写发货通知时需要准确选择物流方式并填写真实有效的运单号，物流方式选错将会导致物流信息不可追踪。例如通过 USPS（United States Postal Service，美国邮政总署）发货的订单，若选择的物流方式为 other-US，将会导致物流不可跟踪。

（5）买家付款后尽快发货。

（6）选择时效有保障的物流方式。

任务实施

深圳市征途箱包有限公司采用的中国邮政挂号小包、中邮 e 邮宝、速卖通无忧物流（标准）3 种物流方式。近期，这 3 种物流方式的业务范围和费用都进行了调整。国际运营部的跨境电商专员高云团队作为店铺运费模板管理人员，下载了新的完整版运费报价单，准备为店铺的几款热销童包商品设置新的运费模板。请结合本次任务背景和相关知识，完成以下任务：

★任务：设置速卖通店铺运费模板

任务目标：深圳市征途箱包有限公司“Alnaue Store”速卖通店铺需要新建 2 个运费模板，具体信息如下：

（1）新建 1 个运费模板，中国发货，发往俄罗斯、美国、加拿大、英国、日本、巴西、澳大利亚等国。单个包裹的质量平均约 800 g，包裹尺寸为 40 cm × 20 cm × 30 cm，卖家包邮，采用中国邮政挂号小包，店铺承诺运达时间为 30 天。

（2）新建 1 个运费模板，中国发货，发往澳大利亚、挪威，单个包裹的质量平均约 800 g，包裹尺寸为 40 cm × 20 cm × 30 cm，标准运费减免 10%，采用中邮 e 邮宝，承诺运达时间为 30 天。

任务工具：速卖通商家门户网站（https: //sell. aliexpress.com/zh/）的“速卖通物流介绍”、速卖通卖家后台（https: //gsp. aliexpress.com/）。

任务实施：

【步骤 1】登录速卖通店铺卖家后台，点击“商品”—“物流模板”—“新建运费模板”，进行运费模板设置，输入模板名称。

【步骤 2】选择符合配送时效、成本最小的物流方式。

【步骤 3】设置运费模板信息：设置运费类型、配送国家、运费计费规则，点击“创建模板”完成运费模板创建。

【步骤 4】将运费模板设置过程制作成 PPT，录制演示视频，进行小组展示和汇报，并提交 PPT 和视频。

任务评价

本次任务主要通过理论学习、网络学习和任务实践，使学生掌握跨境平台物流运费模板设置的方法和流程，并完成相关任务单（表格）的填写。

本次任务引入跨境电商专员岗位角色，让学生以跨境电商专员角色组建小组（运营团队），根据每个工作任务情境和任务要求开展任务实施，在学习评价中采用过程性评价和结果性评价相结合的方式，从课前、课中、课后多角度评价，从知识能力、职业素养、专业能力三维度评价，发挥学生的主动性。同时开展小组讨论，培养团队协作意识。

一、职业素养评价

职业素养评价表是对任务完成过程中所需的职业规范、组织协作、沟通能力、创新实践四个方面进行评价，对组员的评分由组长完成，对组长的评分由组员集体评定，评价结果填写在表 3-3-2 中。

表 3-3-2 职业素养评价表

评价项目	评价标准	完全符合（90～100分）	比较符合（70～89分）	基本符合（60～69分）	完全不符合（59分及以下）
①职业规范	按时到岗，具备职业认同感				
	工作过程诚实守信、遵纪守法、吃苦耐劳				
	仪容仪表符合职业规范				
②组织协作	服从组内安排				
	能完成小组分配的任务				
	能主动配合或帮助组员				
③沟通能力	小组讨论时能踊跃发表观点				
	能参与本组任务方案展示的准备或解说				
	能清晰准确地表达自己的观点				
④创新实践	能提出创新性的建议并落实				
	能总结反思并持续改进				
	能在实践活动中发挥个人特长				
合计					

二、任务实施评价

本次任务的专业能力评价表根据本次任务目标和要求填写，评价形式采取线上线下相结合，分为课前、课中、课后三个环节全面评价学生的综合专业能力。评价结果填写在表 3-3-3 中。

表 3-3-3 专业能力评价表

序号	评价项目	评价标准	评价方式	评价环节	完全符合（90～100分）	比较符合（70～89分）	基本符合（60～69分）	完全不符合（59分及以下）
1	课前任务	数字资源平台PPT、微课的学习程度	线上	课前				
		学习任务书填写情况						
2	任务：设置速卖通店铺运费模板	选择中国邮政挂号小包作为物流方式	线上+线下	课中				
		选择中邮e邮宝作为物流方式						
		运费组合设置准确						
		运费模板信息填写无误						
		任务全面完成，步骤无遗漏						

续表

序号	评价项目	评价标准	评价方式	评价环节	完全符合（90～100分）	比较符合（70～89分）	基本符合（60～69分）	完全不符合（59分及以下）
3	学习成果输出	按时上交任务可视化成果（文档、照片、视频等）	线上+线下	课后				
		入选优秀作业（作品）集						

三、任务综合评价

根据任务权重计算方式填写任务综合评价总表（见表 3-3-4），记录小组任务执行情况，每个小组完成任务的可视化学习成果予以存档。

表 3-3-4　　任务综合评价总表

任务名称						
小组名称	小组成员	职业素养评价（20%）	专业能力评价			总分
			课前学习评价（10%）	课中任务评价（60%）	课后验收评价（10%）	
小组一						
组平均分						
考核记录						

思考与练习

请通过速卖通教学账号或者真实的速卖通账号，分别设置从美国、英国、西班牙海外仓发货，并将设置过程制作 PPT，进行小组课堂展示和汇报。

项目四 跨境店铺运营

速卖通店铺运营之“商品搜索排名”解析

速卖通搜索的目标是帮助客户快速找到想要的商品，并且能够有比较好的交易体验。而搜索排名的目标就是要将最好的商品、服务能力最好的卖家优先推荐给客户，谁能带给客户最好的采购体验，谁的商品就会排序靠前。那么，卖家的商品如何才能在搜索排名中靠前呢？

● 商品的信息描述尽量准确完整

卖家要如实描述商品，商品信息完整、准确。由虚假描述引起的纠纷会严重影响卖家商品的排名，甚至受到平台的处罚。

商品的标题、发布类目、属性、图片、详细描述等内容信息对于客户快速做出购买决策来说都非常重要，务必准确、详细地填写。

1. 标题是搜索的一个非常关键因素，在标题中清楚地描述商品的名称、型号以及关键的特征和特性，可以让客户对卖家销售的商品一目了然，从而吸引其进入详情页进一步查看。

2. 发布类目的选择一定要准确，切忌将自己的商品放到不相关的类目中，这样做不但被客户搜索到的概率比较小，而且错放类目属于违规，情节严重的会受到平台的处罚。

3. 商品的属性填写要尽量完整和准确，商品详细描述的信息要真实、准确，最好能够图文并茂地向客户介绍店铺商品的功能、质量、优势，帮助客户快速地理解。商品图片实物拍摄，页面排版设计美观，这些都会吸引客户的眼球，提升店铺商品成交的机会。

● 商品与客户搜索需求的相关性好

相关性是搜索引擎技术中一套非常复杂的算法，简单地说，就是在客户输入的关键词搜索与类目浏览时，判断卖家的商品与客户实际需求的相关程度，越相关的商品，排名越靠前。在判断相关性时，最主要考虑的是商品的标题，其次是发布类目的选择、商品属性的填写以及详细描述的商品内容。

● 商品的交易转化能力高

一个符合海外客户需求、价格/运费设置合理，且售后服务有保障的商品是客户想要的。可以通过观察一个商品曝光的次数以及最终促成了多少成交来综合衡量一个商品的交易转化能力。转化高代表客户需求高，商品有市场竞争优势，从而会排序靠前；转化低的商品会排序靠后，甚至没有曝光的机会，逐步被市场淘汰。一个商品累积的成交和好评，有助于帮助客户快速地做出购买决策，因此也会使排序靠前。如果客户对一个商品的评价不好，会严重地影响该商品的排名。

● 卖家的服务能力好

除商品本身的质量外，卖家的服务能力是直接影响客户采购体验的因素。在搜索排名上，平台会非常看重卖家的服务能力，能提供优质服务的卖家排名将靠前，服务能力差、客户投诉严重的卖家会受到排名严重靠后甚至不参与排名的处罚，同时也可能会受到平台规则的相关处罚。

● 无搜索作弊的情况

平台禁止搜索作弊的行为，通过日常的监控和处理，及时清理作弊的商品。处理手段包括商品排名靠后、商品不参与排名或者隐藏该商品。对于作弊行为严重或者屡犯的卖家，会处以店铺一段时间内整体排名靠后或者不参与排名的处罚；特别严重者，甚至会关闭账号，进行清退。

项目背景

深圳市征途箱包有限公司国际运营部的跨境电商专员高云、王红、李兵、张平团队在速卖通平台顺利注册了店铺“Alnaue Store”，接下来要完成以下任务：独立运营速卖通店铺“Alnaue Store”，主要工作包括商品上架和发布、完成店铺设计与装修，以及店铺优化和订单处理。为了将这些工作出色完成，团队 4 人进行了工作分工，其中张平负责该环节的商品资料编辑、整备以及刊登发布任务，王红负责店铺视觉设计环节，李兵负责店铺 Listing（商品详情页）优化环节，高云负责最后的订单处理环节。

接到任务后，在部门经理的指导下他们根据平台产品刊登规则，上架发布 50 款童包产品，并在店铺首页查看产品的展示情况；根据店铺设计规范，用 Photoshop 等软件工具设计制作店招、商品主图、详情页、营销活动页等图片，完成店铺装修任务；根据店铺流量和订单情况优化店铺 Listing；完成店铺订单处理操作等。通过本项目的学习，要求学生完成以下学习目标。

知识目标

1. 理解店铺运营的整体思路。
2. 熟悉商品上架资料包的内容和制作标准。
3. 掌握商品刊登发布的流程步骤。
4. 熟悉速卖通店铺优化的内容和标准。
5. 熟悉店铺 Listing 优化的内容和标准。
6. 熟悉店铺订单处理的流程。
7. 掌握店铺订单线上线下发货流程。

技能目标

1. 能根据店铺商品刊登要求，进行商品资料搜集和整理。
2. 能根据店铺运营目标，进行商品价格的刊登。
3. 能根据平台规则，完成店铺商品的刊登与发布。
4. 能依照平台规则和店铺装修要求，进行店铺视觉设计与优化。
5. 能依照平台规则和店铺运营目标，进行店铺商品 Listing 优化。
6. 能根据平台发货规则和订单处理规则，在限定时间内完成店铺订单的发货处理。

素养目标

1. 培养成本意识和统筹规划意识。
2. 培养互联网思维和创新思维。
3. 培养审美意识。
4. 培养精益求精的工匠精神。
5. 培养“中国制造”的自信。

任务 1　商品上架与发布

任务引入

深圳市征途箱包有限公司跨境电商专员高云团队顺利开通速卖通店铺“Alnaue Store”后，准备根据平台产品刊登规则，上架并发布 50 款产品。商品上架和发布是店铺运营的第一步。为了顺利完成商品上架和发布任务，高云团队需要思考以下问题：如何准备上架的商品资料？速卖通的商品发布规则有哪些？如何编辑商品信息？如何定价？如何设置物流方式？

任务分析

商品上架与发布看似简单，却直接影响着销售，商品发布做得好，有良好的曝光度，销量就有了保障，店铺运营就稳定了。所以，要结合速卖通平台商品发布规则，认真做好商品发布工作。

相关知识

一、速卖通商品图片要求

速卖通卖家在上架商品时，应当配商品图片宣传，但并非所有图片都能上传，不合格的图片会导致商品上架不成功，甚至可能会侵权。所以卖家必须要了解速卖通平台对商品图片的相关要求。

1. 商品图片尺寸

商品主图建议尺寸为：800 px × 800 px（1：1），750 px × 1 000 px（3：4）。

无线端店招自定义背景图片尺寸为：750 px × 300 px。

无线端海报建议图片尺寸为：宽度 750 px，高度不超过 960 px。

PC 端店招自定义背景图片尺寸为：1 920 px × 90 px。

PC 端海报建议图片尺寸为：宽度 1 200 px～1 920 px，高度 60～750 px。

2. 图片数量

至少准备 6 张图片，包含商品正面图、背面图、实拍图、侧面图和 2 张细节图，另外需要准备 1：1 白底图和 3：4 场景图，这两张营销图用于展示在搜索、推荐、频道等商品导购场景中。图 4-1-1 所示反映了上传商品图片及其尺寸要求。

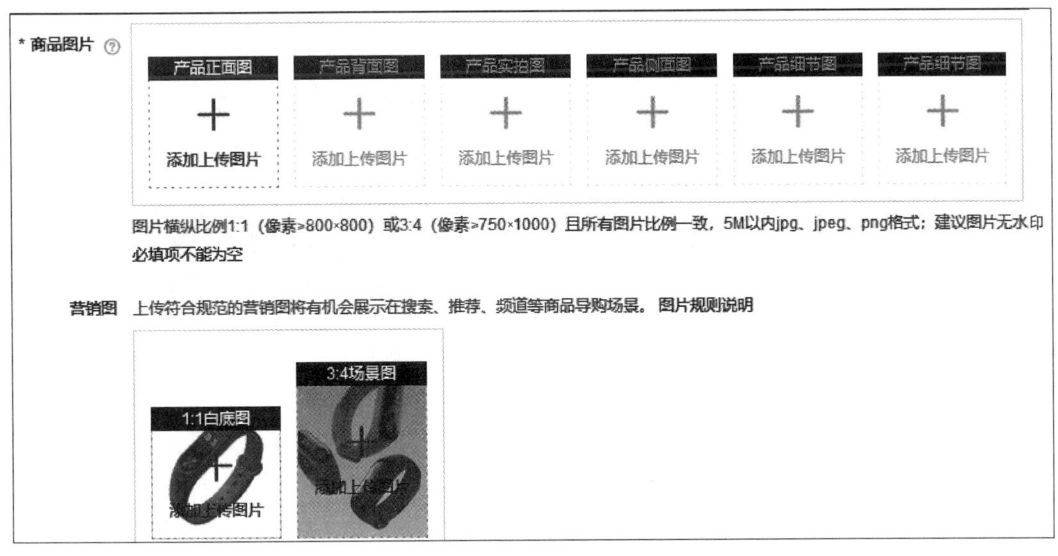

图 4-1-1　图片和尺寸要求

3. 图片上不要有文字

图片上不要出现文字。供应商提供的图片往往包含中文，如图 4-1-2 所示。

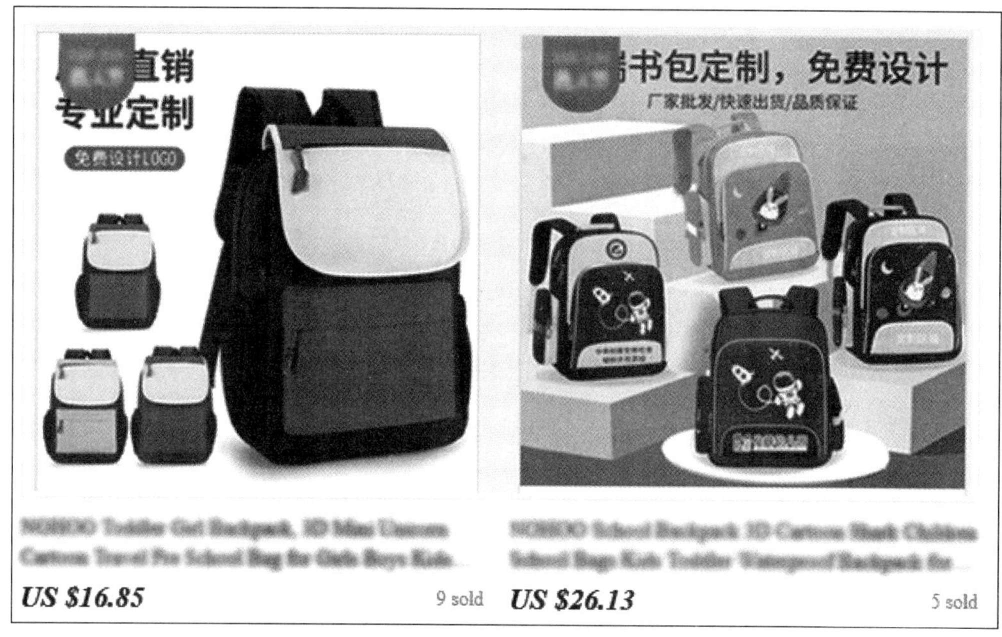

图 4-1-2　不合格的主图

上述图片就属于不合格的图片，应当将图片上的文字去掉。合格的主图如图 4-1-3 所示。合格的商品主图便于客户了解商品，有利于提升转化率。

图 4-1-3　合格的主图

4. 信息一致

标题、图片名、属性填写和详情描述四个方面保持一致性，可以大大提高搜索点击率。

5. 图片版权

速卖通平台严厉打击图片侵权。速卖通知识产权规则中明确规定了对图片侵权的严厉处罚措施（参见表 1-3-3）。如果店铺没有专门的美工岗位，可以让工厂提供图片以及原始图片，并且要保存好这些图片，以备未来申诉用。切忌直接盗用同行图片。

二、商品信息编辑要点和卖点提炼

1. 机器翻译与人工翻译相结合

使用翻译软件翻译商品中文说明后再进行人工审核和优化，可以避免机器翻译出现的生硬、晦涩、难懂，避免词不达意。

2. 运用生活化、口语化的描述

在遵守速卖通规则的前提下，商品信息描述要根据客户阅读习惯做出相应的调整。一方面，专业化的商品描述可以让客户对商品性能更信服，才会放心购买；另一方面，过于“术语化”的表述会晦涩难懂，令人对商品产生厌烦情绪。所以，在保证商品信息科学准确的前提下，描述偏向口语化、生活化，可以增进商品与客户的亲近感，加强客户对商品的心理认同。此外，应避免在描述中出现大量关键词堆砌的情况。

3. 不要夸大描述

描述商品时要客观、真实，不要过分夸大卖点，更不能虚假炒作，以免造成客户对商品，甚至店铺的不信任，留下差评，甚至引发“货物与描述不符”的纠纷。

4. 充分了解商品

充分了解商品的卖点非常重要。挖掘商品的卖点不仅要从商品本身出发，还要从更深层次去发现商品的附加值，而这种附加值要符合购买者的心理预期，在编辑商品信息时，可以采用 FAB 法则全面描述商品的特性（Feature）、优势（Advantage）和利益（Benefit），帮助客户进一步了解商品，吸引客户的注意力。

Tips FAB 法则

FAB 法则是零售业常用的销售技巧，要求卖家详细介绍所销售的商品如何满足客户的需求，如何给客户带来利益，有助于更好地展示商品。FAB 对应的三个英文单词分别是：Feature（特性）、Advantage（优势）和 Benefit（利益），在进行网店商品信息编辑时，按照这样的顺序描述商品信息，会让客户更快更好地了解商品。

F（Feature）：是指商品的各种尺寸数据、产地、设计风格、材料等。

A（Advantage）：是指商品的优点和卖点。

B（Benefit）：是指商品能给客户带来的好处。

5. 提炼卖点

熟悉商品后，接下来就要提炼商品的卖点。商品的卖点就是与其他商品的差异性，卖点要能用文字描述出来。一般来说，商品卖点提炼可以从以下几个方面着手：一是从商品的外观上提炼，即强调设计风格、形状、款式、色调、材质等特点；二是从商品的功能上提炼，商品功能求同存异，重在功能差异性，使商品的功能卖点别具一格；三是从商品的参数上提炼，对技术参数的提炼要注意抓住消费者心理，把技术参数与消费者的利益诉求有机结合，文字描述要通俗易懂。

三、刊登商品上架价格的考虑因素

1. 确定最小计量单元

最小计量单元是指商品的最小售卖单位，常用的计量单元有包、双、件/个等，如图 4-1-4 所示。在商品上架时，卖家需要根据商品的具体计量单元进行选择。其中“件/个（piece/pieces）”是英文中最常用单位之一，因此在没有更合适计量单元的情况下可以使用“件/个（piece/pieces）”，并在描述中对“一件”商品包含的具体内容使用“what’s in the box”列清单说明，以免买家误解而造成纠纷订单。

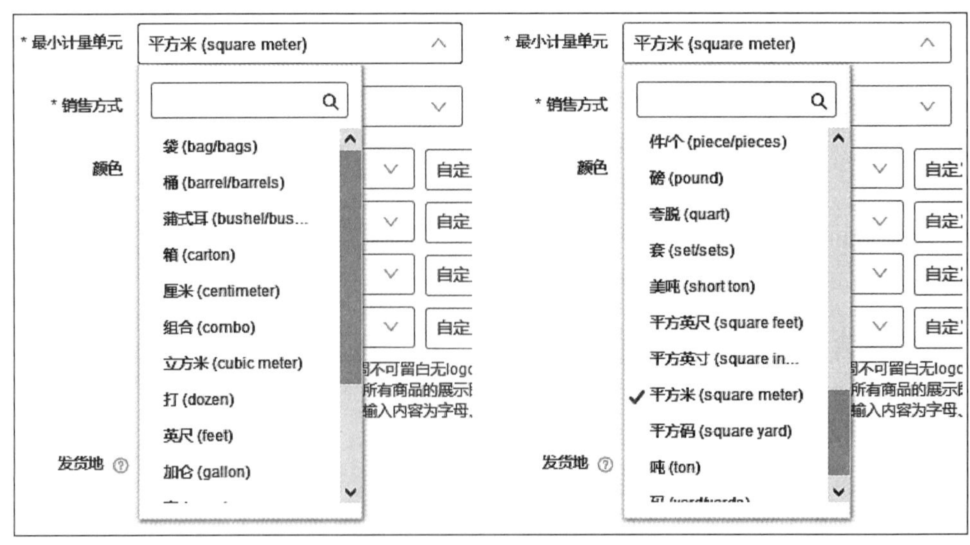

图 4-1-4　商品计量单元

2. 零售价定价

商品价格既会影响商品的排序，又会影响商品的点击率，还会影响商品的成交转化率。进行商品定价时需要考虑的因素有商品成本、期望利润、运费、折扣率、利润率、促销活动的价格空间、同行商品的定价、销售策略等。

（1）预期毛利润。过低的毛利润将无法抵销仓储、水电、房租和人工等成本。

（2）参考同行商品的价格。不要盲目地和同行打价格战，要在保证合理利润的基础上定价。

（3）考虑平台佣金。速卖通平台根据类目不同佣金为 5%～8%，在计算商品价格时务必将佣金体现到价格里。部分产品类目的技术服务费年费和佣金比例见表 4-1-1。

表 4-1-1　　部分产品类目技术服务年费和佣金比例

<table>
<tr><th>单店经营范围</th><th>经营大类</th><th>技术服务费年费（元）</th><th>类目</th><th>佣金比例</th></tr>
<tr><td rowspan="6">服装配饰</td><td rowspan="6">服装配饰</td><td rowspan="6">10 000</td><td>Apparel Accessories（服饰配件）</td><td>8%</td></tr>
<tr><td>Women's Clothing（女装 / 女士精品）</td><td>8%</td></tr>
<tr><td>Men's Clothing（男装）</td><td>8%</td></tr>
<tr><td>Novelty & Special Use（新奇特及特殊用途服装）</td><td>8%</td></tr>
<tr><td>Costumes & Accessories（扮演服饰及配件）</td><td>8%</td></tr>
<tr><td>World Apparel（世界服饰）</td><td>8%</td></tr>
<tr><td rowspan="2">箱包鞋类</td><td rowspan="2">箱包鞋类</td><td rowspan="2">10 000</td><td>Luggage & Bags（箱包皮具 / 热销女包 / 男包）</td><td>8%</td></tr>
<tr><td>Shoes（男女鞋）</td><td>5%</td></tr>
<tr><td>精品珠宝</td><td>精品珠宝</td><td>10 000</td><td>Fine Jewelry（精品珠宝）</td><td>5%</td></tr>
<tr><td rowspan="4">流行饰品及配件</td><td rowspan="4">流行饰品及配件</td><td rowspan="4">10 000</td><td>Fashion Jewelry（流行饰品）</td><td>8%</td></tr>
<tr><td>Jewelry Findings & Components（首饰配件和部件）</td><td>8%</td></tr>
<tr><td>Jewelry Packaging & Display（首饰包装和展示用具）</td><td>8%</td></tr>
<tr><td>Jewelry Tools & Equipments（首饰工具）</td><td>8%</td></tr>
<tr><td>手表</td><td>手表</td><td>10 000</td><td>Watches（手表）</td><td>8%</td></tr>
<tr><td>婚纱礼服</td><td>婚纱礼服</td><td>10 000</td><td>Weddings & Events（婚纱及重要场合）</td><td>5%</td></tr>
</table>

（4）考虑汇率问题。速卖通平台是以美元为默认单位进行定价的。近年来全球贸易摩擦加剧，汇率波动大，尤其在人民币对美元贬值时更需要保守定价，以防止汇率变动影响利润。

（5）避免“运费倒挂”，即将商品的价格定得过低，把运费价格定得过高，这种情况是平台禁止的，属于搜索作弊的一种方式，将会被搜索屏蔽，情节严重的将会被强制下架。

零售价格核算可以参考以下公式：

零售价格 =（商品成本 + 国内运费 + 跨国运费）÷（1- 预期毛利率）÷（1- 佣金比例）÷ 汇率

注意：以上公式未列出仓储、水电、房租和人工等成本，应根据店铺的规模大小保守体现到预期毛利率中。

3. 批发价定价

为了增加客单价、鼓励客户批量采购，卖家可以为客户设置批发价，以刺激有需求的客户批量下单购买。设置批发价有两种方式，一种是在零售价格之上进行打包销售，具体的设置内容如图 4-1-5 所示。

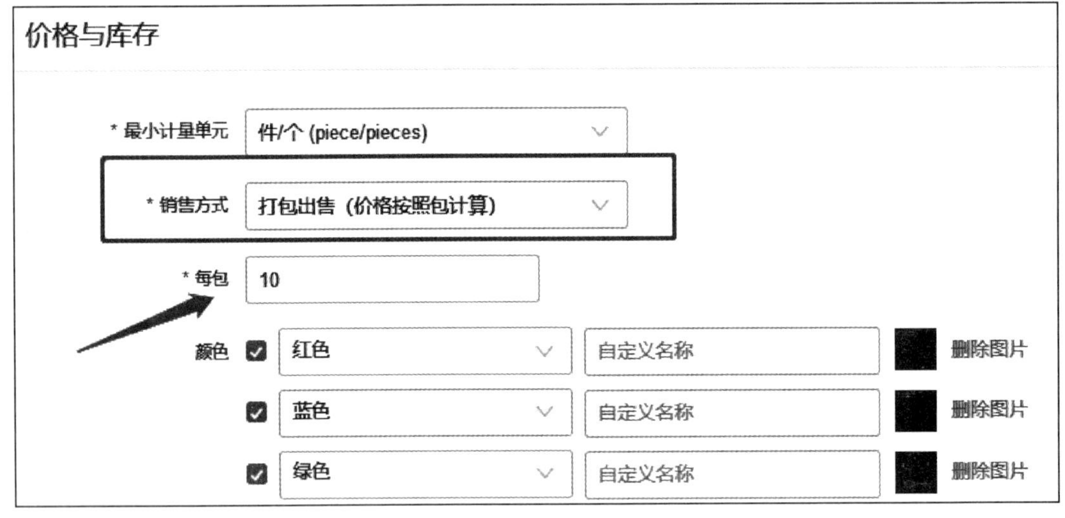

图 4-1-5　商品打包销售

另一种方式是设置最低起批量（MOQ，Minimun Order Ouantity）。设置最低起批量的目的是让包裹重量突破首重或者低性价重量，从而形成价格优势，具体的设置内容如图 4-1-6 所示。但是对于规则包装盒商品，且需要拼整箱的包裹，为了避免客户拍出 7 pcs（pcs 是 pieces 的缩写）、11 pcs、13 pcs 这种难打包的数量，最好先提前设置好打包销售量，例如先设置好 4 pcs / lot（4 件每包），再按“包”设置起批量来规避这个问题。

价格与库存　详细描述　包装与物流　其它设置

区域定价 设置

批发价 ☑ 支持 起批量 10 零售价基础上 (如有日常促销价，将以此为准) 减免 4 % (9.60) 折

颜色	零售价(USD)	起批量(件)	批发价(USD)
红色	5.68	10	5.45
蓝色	5.68	10	5.45
绿色	5.68	10	5.45

图 4-1-6　商品批发价设置

4. 人民币定价

为降低汇率波动对卖家的影响，从 2022 年 11 月起，全球速卖通平台面向中国卖家开放人民币报价。使用人民币作为报价币种，能够有效地降低汇率波动造成的经营损失，使商品保持在稳定的价格上，简化定价；同时使用人民币报价能够减少美元外汇入境的不确定性。

四、商品刊登

在进行商品刊登前要先准备好“商品资料包”。商品资料包主要包括商品价格、商品图片（包括主图和展示用图）、商品库存、商品重量、商品颜色、商品品牌名称、商品材质、商品包装、配送费等信息。然后根据这些商品资料信息进行商品刊登。

1. 标题的编写

好的标题能提高商品的曝光量和订单量，是商品获取平台自然免费流量最重要的要素之一。

（1）标题构成

通常采用“三段法”撰写标题，即核心词 + 属性词 + 流量词。

核心词也是类目词，就是能描述商品最根本属性的词汇，分为一级核心、二级核心等，一般为名词，例如 woman boots，baby bag 等。

属性词一般为形容词或修饰词，能精准地描述商品的材质、尺寸、颜色、风格等客观属性，例如 pure cotton，european style 等。

流量词也称为营销词，与商品关联性弱，但具有一定的时效热点，能为商品带来边

际流量。其词汇范围较广，不受词性限制，例如 NEW，HOT，Genine 等。

长尾词由“属性词＋核心词”组成，可以是词或者短语，但不能是句子，例如 yellow heels sandals，gladiator sandals women，woman vulcanize shoes Genuine leather pumps 等 。

（2）标题词的来源

标题词的来源即关键词的来源，一般有多个渠道，包括商品的名称和属性等。“生意参谋”中的搜索词如图 4-1-7 所示。我们可以根据搜索人气、搜索指数和竞争指数等指标对关键词进行排列筛选，整理成优质关键词库，以备标题撰写和后期词库优化。

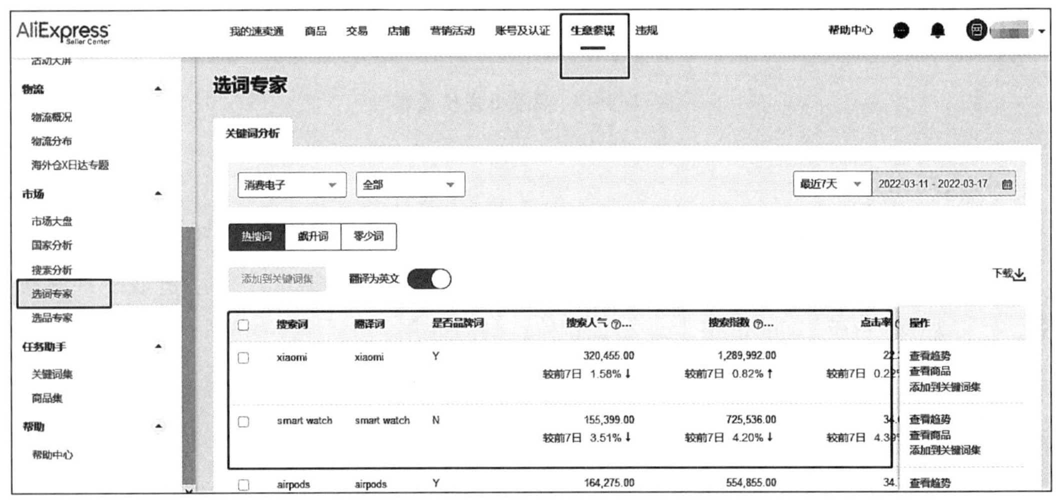

图 4-1-7　“生意参谋”查找关键词

（3）撰写规则

速卖通平台的商品标题最多使用 128 个字符。值得注意的是，一个英文字母占一个字符，一个汉字占两个字符，每个空格也占一个字符。标题里不应直接使用未经授权的品牌名，否则容易侵权而受到平台的处罚。撰写标题时需要避免同一标题里同一个词语出现 3 次以上，即标题堆砌。标题堆砌属于搜索作弊行为，是被平台所禁止的。

2. 类目的选择

类目指的是商品的类型和目录。从最大的一级类目到具体商品的二级、三级细分类目，类目定位准确有助于商品获得更多的精准匹配的流量。

选择类目可以通过两种方式，一是通过搜索框直接搜索；二是在各级类目下逐级展开。从左到右的类目中，左边的类目是母类，右边的类目是子类，故越靠近左边的母类，流量基数越大；越靠近右边的子类，流量基数越小，匹配的属性越具体。

切不可因为没有销售权限或者为了蹭类目流量，将商品错放类目。错误的类目选择不仅会影响商品的正常曝光，而且会使卖家受到平台处罚。

3. 商品主图

速卖通平台将主图的质量作为商品链接质量的一项评判标准。好的主图能吸引客户的眼球，激发客户浏览该商品的兴趣，从而增大商品链接的流量，提高商品成交率。

4. 商品属性的填写

商品属性是指商品本身固有的性质，是商品在不同领域的差异性的集合。发布一款商品前，卖家要对商品进行颜色、材质、特性、尺寸、使用方法等的全方位剖析，以保证商品发布准确。

为确保卖家准确填写商品属性，速卖通后台除了系统推荐属性之外，还增加了自定义属性填写。如图 4-1-8 所示，②所示就是自定义属性，当①所示系统属性不足以完整描述商品时，可以在自定义属性中继续添加。

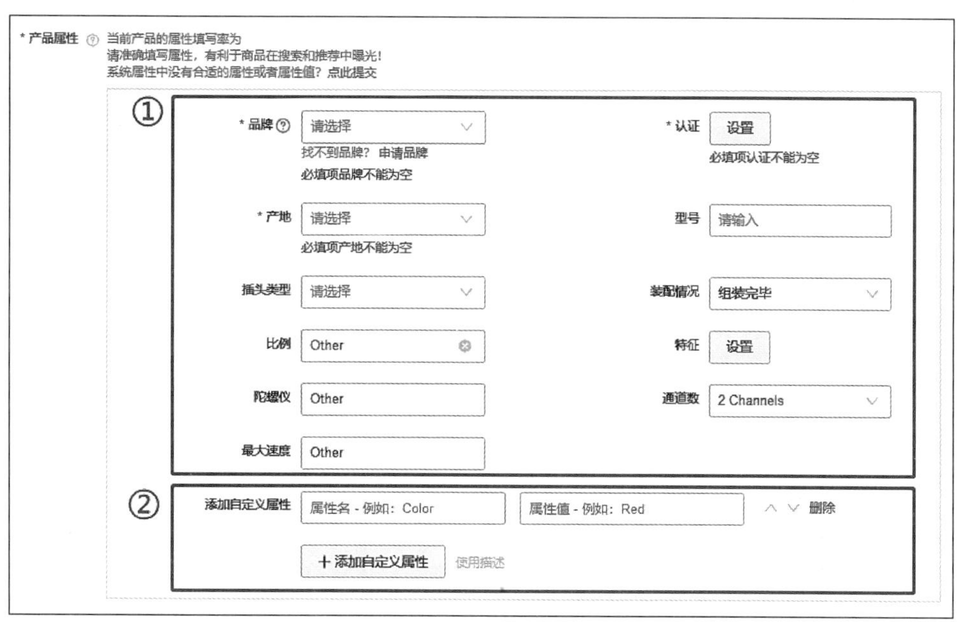

图 4-1-8 商品属性填写

建议卖家根据商品的实际情况适当补充自定义属性，可以添加一些吸引流量的关键词，也可以添加一些标题上没有使用的关键词或者商品的属性词。这样在自然搜索中，自定义属性可以给商品带来“系统推荐”与“商品标题”以外的曝光量，能增加商品被更多客户搜索到的机会。

5. 商品详细描述的编辑

商品详细描述是将商品特色、功能、服务、包装及运输等信息通过页面的形式展示出来，让客户全面了解商品，能对客户的购买决策产生重要影响。商品详细描述里的文字等关键词信息对增加商品的搜索流量有非常重要的作用。精准的商品详细描述能增强客户的购买欲，增加订单转化率。

更新后的速卖通“详细描述”模块可以做到 PC 端和无线端详细描述一键同步，无须重复编辑，功能全面，如图 4-1-9 所示。卖家也可以单独设计无线端详细描述，让商品的描述更有针对性。

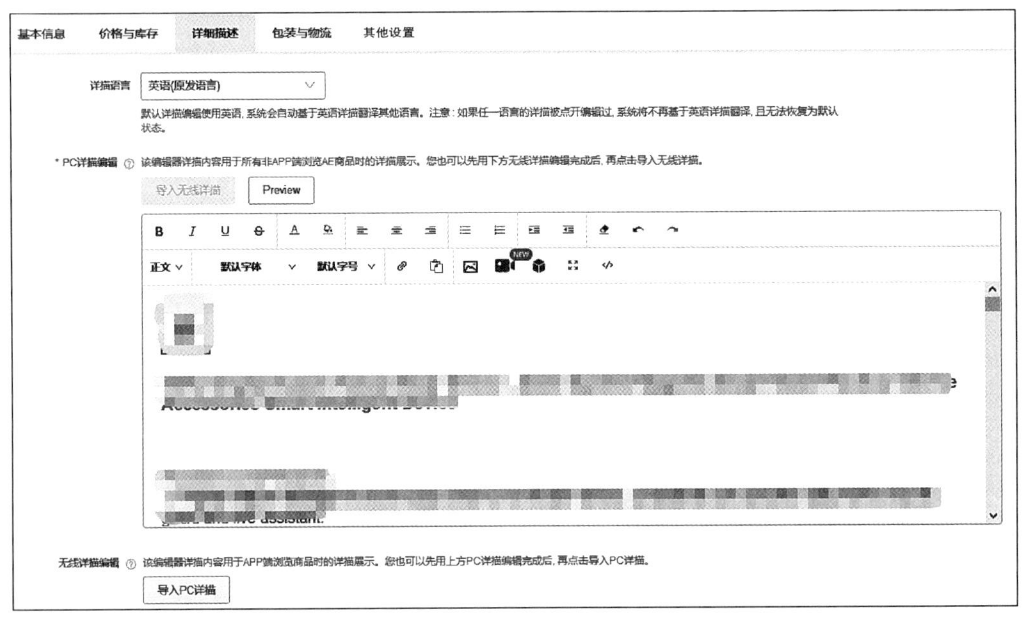

图 4-1-9　商品详细描述

商品详细描述页面是客户了解商品详细信息的重要地方，卖家在这里可以补充或再次强调商品的特色，如颜色、发货期、尺码、商品面料、材质、商品细节图等。

详细描述编辑框中的内容可以按如下顺序罗列：

①商品标题；②图文结合的商品卖点；③主图、细节图和实拍图；④客户秀图；⑤物流信息图；⑥好评截图；⑦授权证书照片、资质照片和车间照片等。

6. 包装与物流编辑

“包装与物流”栏向客户传递发货期、包裹信息和物流渠道等重要信息，卖家应根据实际情况完整填写，如图 4-1-10 所示。

（1）发货期

发货期是指订单从客户下单后到商品被打包发出，并填写订单跟踪号的时间间隔。例如发货期为 5 天，如果订单支付信息在北京时间星期二 12：00 审核通过，则卖家必须在 5 日内填写发货信息（周末、节假日顺延），即在北京时间下一周的星期二 12：00 前填写好发货信息。若卖家未在发货期内填写发货信息，系统将关闭订单并将货款全额退还给客户。因此，卖家应及时填写发货信息，避免出现货款两失的情况。

在没有备货或者供应商供货无法保证的情况下，切勿轻易将发货期填写过短，这样容易造成发不了货、订单退款，影响店铺数据。

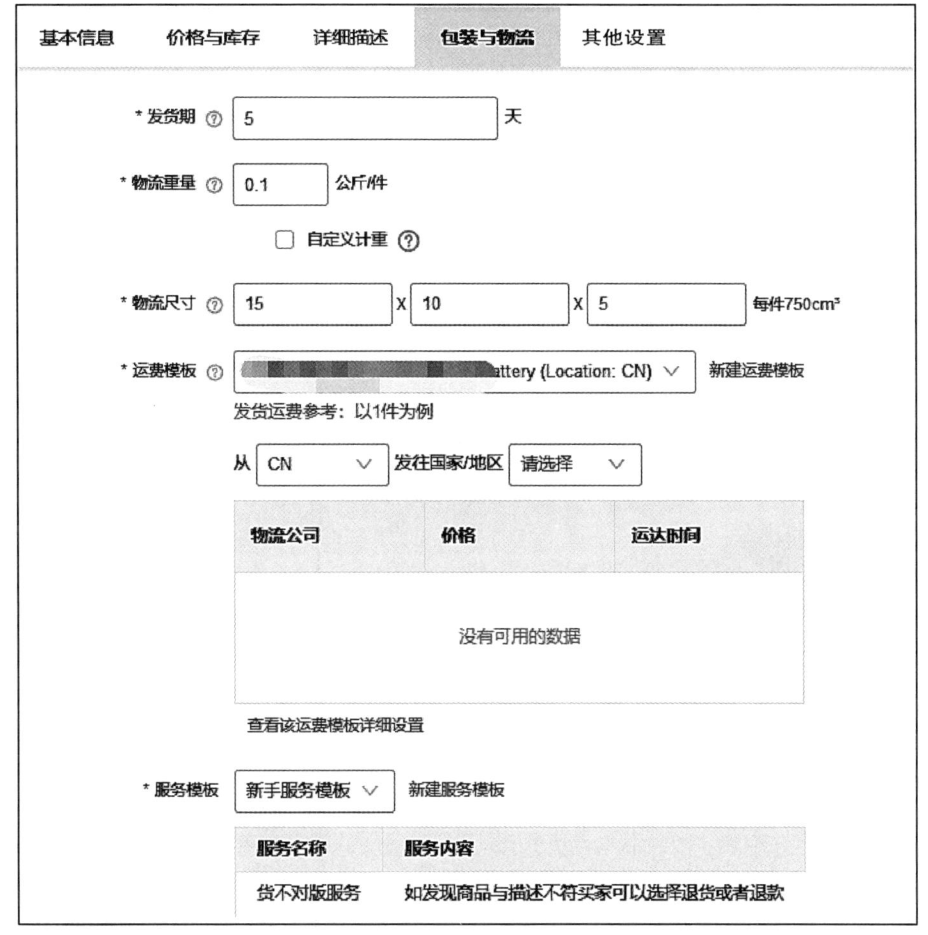

图 4-1-10 “包装与物流”栏

（2）物流重量和物流尺寸

物流重量和物流尺寸是指商品打包装好准备发货时的重量与尺寸，这两项信息关系商品的运费核算、物流方式的选择，尤其对于 2 kg、5 kg、21 kg 等临界重量的包裹，可能对运费成本影响巨大。所以卖家应准确填写物流重量和物流尺寸，避免填写错误而造成运费损失。

（3）运费模板

卖家根据物流重量和物流尺寸选择设置好的对应的运费模板（如中国邮政小包和大包、商业快递、专线物流等），再选择相应的服务模板（可以自定义服务模板）。

7. 其他设置

其他设置包括商品分组、库存扣减方式、支付宝、商品发布条款等内容。

（1）商品分组

商品分组既能帮助客户快速查找商品，也方便卖家管理商品。卖家可以根据需要设置多个商品组，并将同类商品放在一个商品组内。

（2）库存扣减方式

库存扣减方式分为下单减库存和付款减库存两种方式。

下单减库存是指当客户拍下商品后系统即锁定库存，待其付款成功后进行库存的实际扣减，若超时未付款则会释放锁定库存。其优点是：可避免商品库存接近零时，多个买家同时付款的现象发生，即“超卖”。缺点是：存在被“恶拍”的风险，即不良客户故意将商品库存全部拍完而不付款。

付款减库存是指在客户拍下商品且完成付款后系统扣减库存。该方式可避免商品被“巡拍”，但是也存在“超卖”风险。

（3）支付宝

“支付宝”必须勾选支持，使买卖双方的交易均得到有效保障。

（4）商品发布条款

必须勾选同意平台的相应条款，不同意相应条款无法发布商品链接。

至此即完成各项设置，卖家单击“提交”按钮，就可以成功发布商品了。

任务实施

跨境电商运营专员高云团队准备按照速卖通平台商品上架规则，完成速卖通店铺“Alnaue Store”50 款童包产品的上架和发布。请结合本次任务要求和相关知识，完成以下任务：

★任务一：制作“儿童卡通背包”的商品资料包

任务目标： 跨境电商运营专员高云团队准备在速卖通店铺上架 50 款童包产品，请根据“狮子卡通背包素材”（图 4-1-11 至图 4-1-13），完成“儿童卡通背包”的商品资料包的制作。

任务工具： 速卖通平台（https: //www.aliexpress.com/）、Photoshop 软件、素材图片、在线翻译软件。

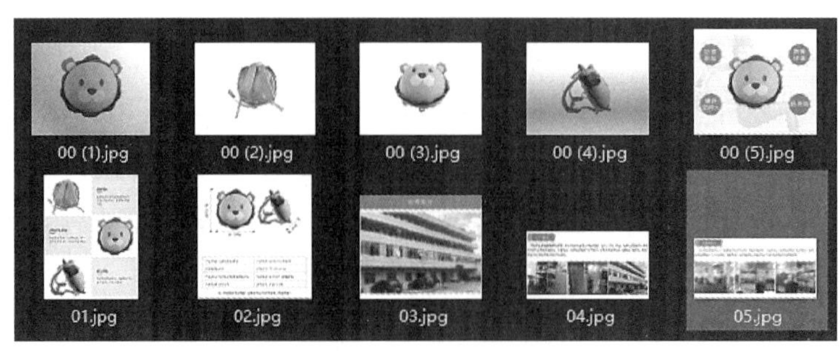

图 4-1-11　狮子卡通背包素材图片包（可扫描二维码提取素材包）

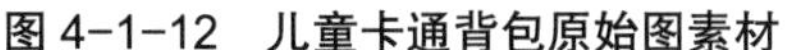

图 4-1-12　儿童卡通背包原始图素材

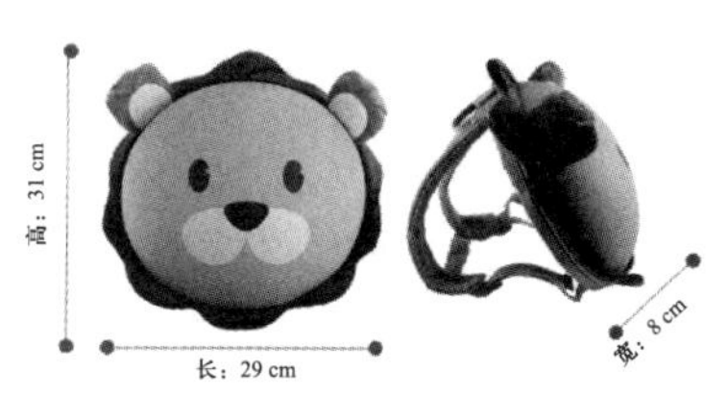

产品名称：儿童可爱双肩包	产品材质：EVA+PU+佳积布
产品表面：丝印	产品尺寸：31 cm×29 cm×8 cm
产品拉头：可定制动物图案软胶拉头	功能用途：防水、防尘、耐磨耐用
产品拉链：尼龙拉链	是否加工：可加工订制

注：本商品为手工测量，可能存在1~2 mm的误差，敬请谅解！

图 4-1-13　商品中文说明图片

任务实施：

【步骤 1】明确商品图片的制作标准，完成表 4-1-2 的填写。

表 4-1-2　　商品图片的制作标准

图片尺寸 /px	
图片大小 /MB	
图片格式（PNG/JPG/GIF）	
图片背景颜色	

【步骤 2】使用 Photoshop 软件裁剪原始照片的尺寸。对供应商提供的原始图片素材进行去背景和剪裁，通过以下步骤清单完成任务，并将图片保存在"狮子卡通背包资料包"文件夹。

按以下步骤剪裁图片尺寸：

1. 打开 Photoshop 软件；
2. 打开目标图片（双击空白工作区 / 拖拽文件 /Ctrl+O）；
3. 点击菜单栏上"图像"—"图像大小"（Ctrl+Alt+I）；
4. 切换单位为"像素"，修改高度为 800 像素，保持"约束长宽比"；
5. 点击菜单栏上"图像"—"画布大小"（Ctrl+Alt+C）；
6. 切换单位为"像素"，修改宽度为 800 像素；
7. 保存图片。

按以下步骤整理图片背景：

1. 打开目标图片（双击空白工作区 / 拖拽文件 /Ctrl+O）；
2. 点击菜单栏上"图像"—"调整"—"色阶"（Ctrl+L）；

3. 调整色阶面板中的“输入色阶”最大值为 190 左右，直至灰色阴影变淡；

4. 点击“确定”保存；

5. 点击存储（Ctrl+S），将图片保存到文件夹。

【步骤 3】翻译商品中文说明。通过在线翻译软件对“狮子卡通背包素材图片包”中图片上的商品中文说明进行翻译，然后进行人工校准，填写在表 4-1-3 中，并以 word 格式保存到资料包中。

表 4-1-3　　翻译图片

原始中文材料	使用在线翻译软件翻译的英文文本	校准后的英文文本

【步骤 4】提炼卖点。结合“狮子卡通背包素材图片包”介绍，提炼商品的卖点，将中文翻译成英文，并校准，填写在表 4-1-4 中，并以 word 格式保存到资料包中。

表 4-1-4　　商品卖点的提炼

商品卖点中文描述	翻译软件翻译文本	校准后的英文文本

★任务二：在速卖通后台刊登商品信息

任务目标：跨境电商运营专员高云团队制作好商品资料包后，接下来将根据速卖通平台商品上架规则，完成速卖通平台后台“狮子儿童卡通背包”商品的刊登。

任务工具：速卖通平台（https: //www.aliexpress.com/）、速卖通卖家登录页面（https: //login.aliexpress.com/seller.htm）。

任务实施：

【步骤 1】登录账号。打开速卖通卖家登录页面（https: //login.aliexpress.com/seller.htm），使用店铺注册的账号和密码登录账号。

【步骤 2】查询商品刊登规则，完成表 4-1-5 的填写。

表 4-1-5　　商品刊登注意事项

项目	内容
1. 商品标题撰写及长度要求	
2. 需要准备商品图片数量及尺寸要求	
3. 商品所属类目要求	
4. 是否允许出现政治、宗教敏感信息	
5. 是否允许水印出现在图片上	
6. 是否可以添加自定义属性	
7. 是否可以将相同商品重复刊登	

【步骤 3】根据以下信息确定商品的上架价格。

依据供应商提供的采购成本价格为 25 元 / 个、100 个以上为 23 元 / 个；商品单重 440 g，预估使用包装后单重 490 g；速卖通平台类目佣金在后台可查；公司要求预期毛利率不低于 25%。计算儿童卡通背包深圳直发零售价格，并完成表 4-1-6 的填写。

表 4-1-6　　商品价格刊登用表

项目	内容
商品采购成本 / 元	
国内运费预估 / 元	
平台佣金比例	
跨境运费 / 元	
预期毛利率	
零售价格	

【步骤 4】完成商品刊登。根据以上步骤内容在店铺后台按照操作流程完成商品刊登。

任务评价

本次任务主要通过理论学习、网络学习和任务实践，使学生掌握店铺商品刊登的流程，并完成相关任务单（表格）的填写。

本次任务引入跨境电商专员岗位角色，让学生以跨境电商专员角色组建小组（运营团队），根据每个工作任务情境和任务要求开展任务实施，在学习评价中采用过程性评价和结果性评价相结合的方式，从课前、课中、课后多角度评价，从知识能力、职业素养、专业能力三维度评价，发挥学生的主动性。同时开展小组讨论，培养团队协作意识。

一、职业素养评价

职业素养评价表是对任务完成过程中所需的职业规范、组织协作、沟通能力、创新实践四个方面进行评价，对组员的评分由组长完成，对组长的评分由组员集体评定，评价结果填写在表 4-1-7 中。

表 4-1-7　　职业素养评价表

评价项目	评价标准	完全符合（90～100 分）	比较符合（70～89 分）	基本符合（60～69 分）	完全不符合（59 分及以下）
①职业规范	按时到岗，具备职业认同感				
	工作过程诚实守信、遵纪守法、吃苦耐劳				
	仪容仪表符合职业规范				
②组织协作	服从组内安排				
	能完成小组分配的任务				
	能主动配合或帮助组员				
③沟通能力	小组讨论时能踊跃发表观点				
	能参与本组任务方案展示的准备或解说				
	能清晰准确地表达自己的观点				
④创新实践	能提出创新性的建议并落实				
	能总结反思并持续改进				
	能在实践活动中发挥个人特长				
合计					

二、任务实施评价

本次任务的专业能力评价表根据本次任务目标和要求填写，评价形式采取线上线下相结合，分为课前、课中、课后三个环节全面评价学生的综合专业能力。评价结果填写在表 4-1-8 中。

表 4-1-8　　专业能力评价表

序号	评价项目	评价标准	评价方式	评价环节	完全符合（90～100分）	比较符合（70～89分）	基本符合（60～69分）	完全不符合（59分及以下）
1	课前任务	数字资源平台 PPT、微课的学习程度	线上	课前				
		学习任务书填写情况						
2	任务一：制作“儿童卡通背包”的商品资料包	资料符合平台规则和法律法规	线上+线下	课中				
		任务成果齐备，尺寸格式正确						
		任务全面完成，步骤无遗漏						
		符合行业、企业标准						
		任务成果有创新						
3	任务二：在速卖通后台刊登商品信息	符合速卖通平台发布规则	线上+线下	课中				
		任务成果填写准确无误、计算无误						
		任务全面完成，步骤无遗漏						
		任务成果有创新						
4	学习成果输出	按时上交任务可视化成果（文档、照片、视频等）	线上+线下	课后				
		入选优秀作业（作品）集						

三、任务综合评价

根据任务权重计算方式填写任务综合评价总表（见表 4-1-9），记录小组任务执行情况，每个小组完成任务的可视化学习成果予以存档。

表 4-1-9　　　　　　　　　　　　任务综合评价总表

<table>
<tr><td>任务名称</td><td colspan="6"></td></tr>
<tr><td rowspan="2">小组名称</td><td rowspan="2">小组成员</td><td rowspan="2">职业素养评价（20%）</td><td colspan="3">专业能力评价</td><td rowspan="2">总分</td></tr>
<tr><td>课前学习评价（10%）</td><td>课中任务评价（60%）</td><td>课后验收评价（10%）</td></tr>
<tr><td rowspan="4">小组一</td><td></td><td></td><td></td><td></td><td></td><td></td></tr>
<tr><td></td><td></td><td></td><td></td><td></td><td></td></tr>
<tr><td></td><td></td><td></td><td></td><td></td><td></td></tr>
<tr><td></td><td></td><td></td><td></td><td></td><td></td></tr>
<tr><td>组平均分</td><td colspan="6"></td></tr>
<tr><td>考核记录</td><td colspan="6"></td></tr>
</table>

思考与练习

高云团队接到一个委托项目，需要帮助一家运动器械公司完成 10 套商品资料的整理。请梳理商品资料整理流程，并填写于表 4-1-10 中。

表 4-1-10　　　　　　　　　　　　商品资料整理流程表

序号	流程名称	成果标准	预计耗费工时
1			
2			
3			
……			

任务 2　店铺设计与装修

任务引入

店铺设计美观可以帮助提升订单转化率和销售额。为了完成好店铺视觉设计工作，高云团队计划设计速卖通店铺的店招、详情页、促销图和轮播图等，并完成速卖通 PC 端和无线端后台模块的设计。

任务分析

速卖通店铺装修是一个相对烦琐的工作，而目前的模块化装修已极大程度地降低了网页设计难度，使操作变得简单、易于上手。卖家应熟悉店铺装修功能，做到融会贯通，方能设计制作出既有专业度、又符合买家审美的优秀店铺。

相关知识

一、店铺装修

网上店铺的装修与实体店铺的装修一样，装修效果良好的店铺能够最大限度地提升店铺的形象，增加客户在店铺的停留时长，进而提高浏览量。

1. 店铺装修要注意的问题

（1）清晰的装修思路

店铺的特色是什么？主营商品是什么？采用什么色调，达到什么目标等，这些都是店铺装修前卖家应考虑的问题，对店铺装修，卖家自己首先要有一个明确的思路，即使是借鉴他人成功的店铺装修，也应该提前思考好：对方店铺哪些是要借鉴的，哪些是要创新的，哪些是要取舍的。

（2）把握好装修时机

装修时机要提前确定好。店铺装修不能突发奇想，想装就装，想改就改。正确的做法是：抓住店铺店庆日、节假日促销、新品发布等时机，可以将店铺装修效果成倍放大，做到事半功倍。

（3）谁来主导装修

常有卖家认为自己不擅长做店铺装修，就直接外包给别人，自己做个甩手掌柜。其实要想做好店铺装修，卖家一定要发挥主导作用，因为只有卖家才最了解自己的店铺。卖家应积极参与并主导店铺装修，一是可以将自己的思路体现出来，二是可以和外包团队保持沟通，减少后期返工的重复劳动。

（4）装修过程中的沟通

店铺装修，尤其是大店的装修，产品类目繁多，参与运营人数多，美工与运营人员需要沟通协调的问题多。如果装修外包则更要求全程沟通，并尽量做到现场沟通。实践证明，远程沟通的成本是巨大的，而且大家不见面，看不到肢体语言和表情，很容易出现误会、沟通不畅，甚至造成不必要的矛盾，阻碍装修工作的顺利推进。所以现场面对面沟通是提升沟通效率的最好选择。

2. 店铺装修内容

目前速卖通的店铺装修得益于模块化操作，工作量已大幅减少，并且易上手，但围绕店铺装修依然有很多内容需要整合。店铺装修内容包括店招设计、促销图和轮播图设计、热区图文设计、店铺模块布局以及商品主图和详情页设计等内容。

二、店铺首页设计

店铺首页最重要的组成部分就是店招。店招就像一本书的封面，是一个店铺的门脸，并且速卖通店铺的店招在店铺内的任何页面都能看到，所以店招设计在店铺装修中具有重要意义。如图 4-2-1 方框所示就是店招。

速卖通店招设计要求简洁明了，突显店铺的整体风格，因此在色调选取上应当考虑和店铺布局色调一致，且元素不可堆砌。因为导航栏为深色，结合店铺整体色调，可以考虑店招也使用深色背景图片，不带文字类信息更佳。另外，无论图片还是店招的其他全部素材，建议保留原始备份，以防被盗图时申诉有证据可依。速卖通平台对尺寸也有统一要求，PC 端店招自定义背景图图片尺寸为 1 920 px × 90 px，无线端店招自定义背景图图片尺寸为 750 px × 300 px。无线端店招在店铺的最顶端位置，如图 4-2-2 方框所示。店招图片支持 JPG、PNG 格式，大小不得超过 2 MB。

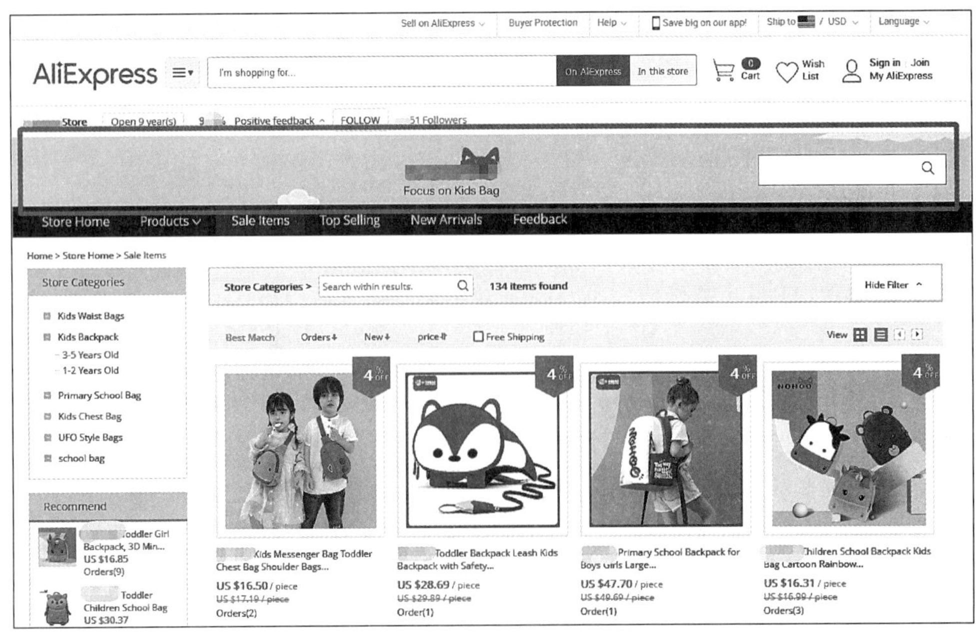

图 4-2-1　速卖通店铺店招

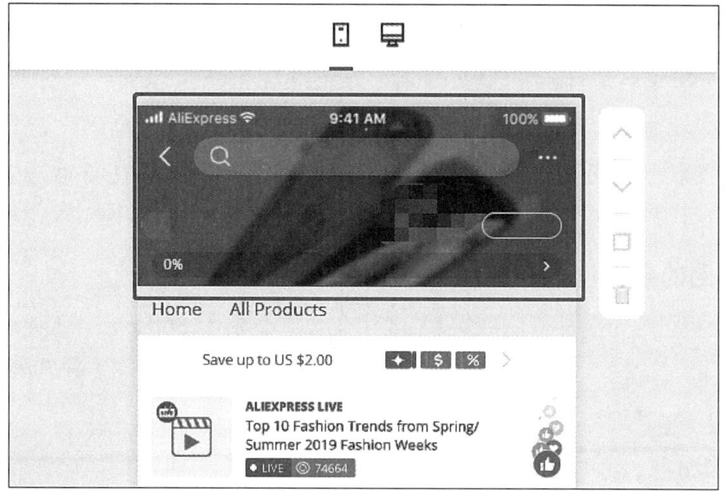

图 4-2-2　无线端店招

速卖通店铺导航栏也可以在 PC 端店招进行编辑，如图 4-2-3 所示，除了默认的 Store Home，Products，Sale Items 和 feedback，还可以添加自定义导航按钮。建议卖家根据自己的商品品类进行添加，或者按照官方分类标签：Top Selling，New Arrival，Brand Story 进行添加。

图 4-2-3　PC 端店招导航栏编辑

三、商品主图设计

商品主图是决定客户体验的重要因素，好的商品主图可以向客户传递商品信息，提升客户好感，增加购买转化率。可以说，优质的商品主图是帮助客户决策的重要前提，同时买家通过谷歌搜索页面查询到商品时，商品主图还会出现在谷歌搜索单条信息中，这对于提升点击率尤为重要。

1. 商品主图的要求

速卖通主图背景颜色为白色或纯色，图片尺寸不小于 800 px × 800 px，图片的水平和垂直比例为 1∶1 或 3∶4；图片不能有边框和水印；图片上可以有品牌 LOGO，但应放置在图片左上角。

商品主图共 6 张，顺序分别是商品正面图、背面图、实拍图、侧面图和 2 张细节图。图片主题应清晰，因此不应添加边框。一张图片中有多种产品是允许的，但是拼合图片是不允许的，并且图片上不允许使用中文字体。不同的产品类目对速卖通主图有不同的要求，具体情况还需要根据不同产品类目来决定。

2. 商品主图的设计原则

商品主图设计需要从商品拍摄源头开始构思，如拍摄角度、补光等。在满足毛坯图片拍摄条件的基础上，主图的设计可以遵循以下原则和技巧。

（1）主图清晰

在满足不低于 800 px × 800 px 的尺寸基础上，主图的分辨率尽量不低于 72 dpi，如图 4-2-4 所示。需要注意的是，如果图片是使用微信传送，会被默认压缩分辨率，图片会变得模糊，因此在传输时需要勾选“原图”。同样如果相机拍出来的照片分辨率过高，可以调整分辨率（路径：使用 Photoshop 软件中的图像—图像大小—分辨率），使其不超过 5 MB。

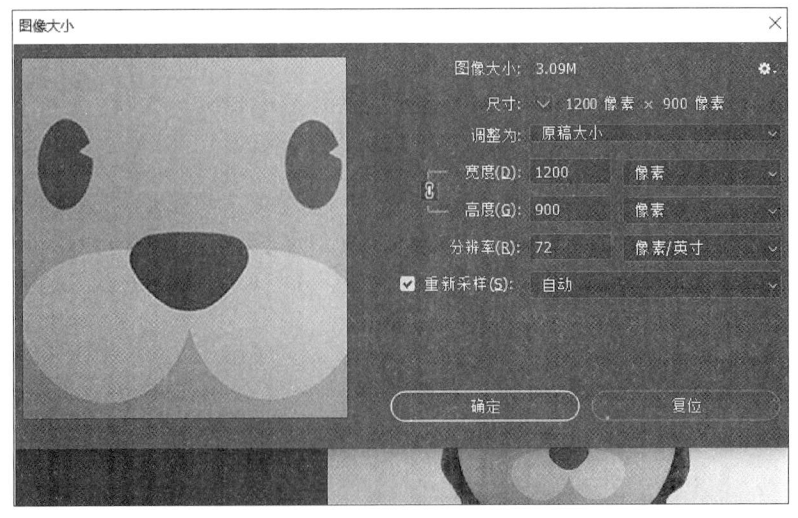

图 4-2-4　主图分辨率

（2）构图占比合理

根据速卖通主图的构图要求，商品主体应占据图片中心位置，不发生任何一个方向的偏移，同时商品主体占图片的面积不应过大或者过小，一般占主图整体面积的70%左右是合理的，因为占比过小会使商品不易被查看，过大则影响整体效果。通过Photoshop软件能够轻易调整构图占比（路径：打开图片—全选图片—编辑—自由变换—拖动变换边框调整），如图4-2-5所示。

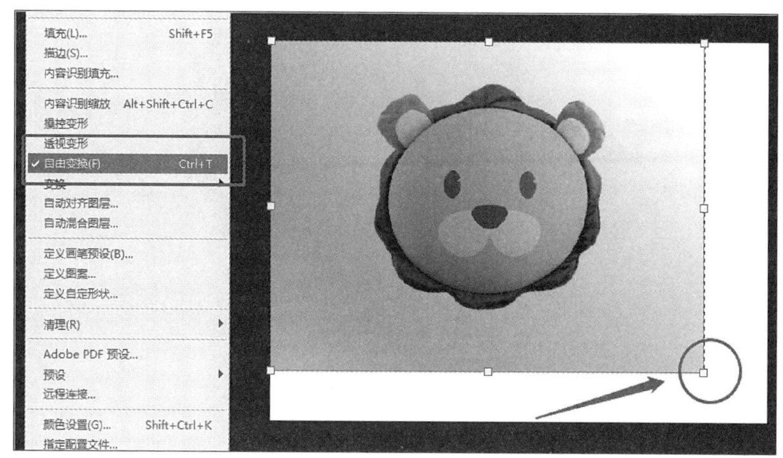

图4-2-5 调整构图占比

（3）背景纯色

速卖通主图背景应简洁清晰，拍摄时应当以纯白色为背景布，但是在后期处理过程中由于补光、对焦等原因主图背景很难做到拍出来就呈纯白色，因此需要后期调整，可使用Photoshop软件中的色阶工具（路径：使用Photoshop软件中的图像—调整—色阶—调整预设里的最大值来调白背景），如图4-2-6所示。

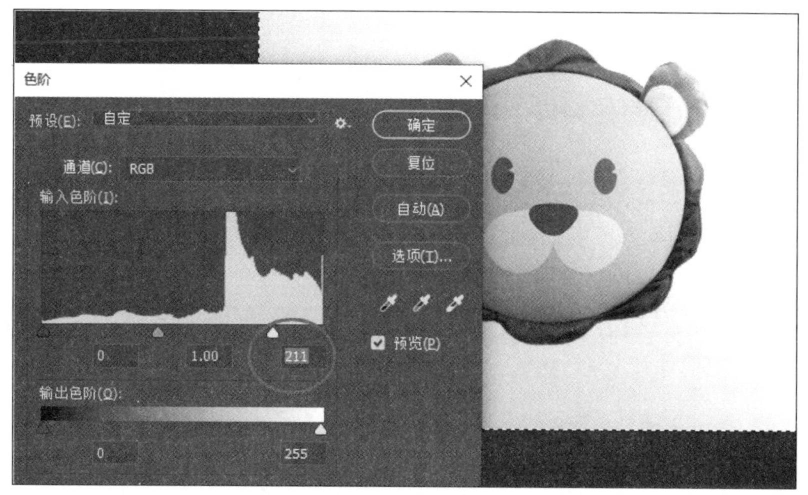

图4-2-6 主图背景纯色调整

如果商品本身颜色偏亮，调整色阶就很难达到目的，这时需要使用抠图工具来完成商品和背景的分离，如使用 Photoshop 的“快速选择工具”来抠图，如图 4-2-7 所示。

图 4-2-7　抠图

如果商品颜色为白色或各种浅色，抠图效果也不佳时，建议在拍摄时直接改用其他颜色的背景布替换纯白背景，后期就可以顺利处理成简洁背景。

（4）商品配件

从首图构图需求考虑，配件会影响首图的整体感官，所以对于非必要配件不要在首图中出现，可以在后面的细节图里体现；但是对于必要配件，应该在拍摄时就考虑其与商品主体的搭配，尽量避免通过后期主图拼合，因为拼合的图片很难兼顾整体平衡。

四、商品详情页设计

网店的商品详情页主要由文字、图片、视频等元素构成，是向客户介绍商品属性、使用方法等详细情况的页面。其最主要作用就是促进订单转化。

1. 速卖通商品详情页的组成

速卖通商品详情页一般包含营销页头、商品属性、图文描述、物流政策、客服支持以及购买评价等内容，见表 4-2-1。

表 4-2-1　商品详情页的构成

模块名称	内容	示例图
营销页头	品牌形象展示、新品促销、活动海报等	ANIMALS Waist Bag & Chest Bag

续表

模块名称	内容	示例图
商品属性	通过文字或整张图片的方式，详细罗列商品的各项具体属性，如颜色、尺寸、材料等	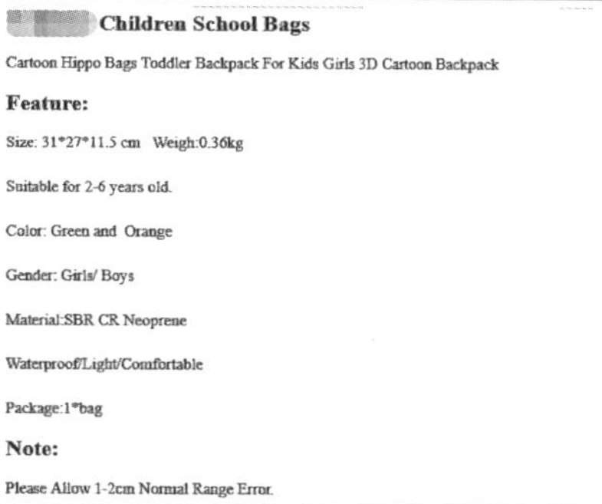 Children School Bags Cartoon Hippo Bags Toddler Backpack For Kids Girls 3D Cartoon Backpack Feature: Size: 31*27*11.5 cm Weigh:0.36kg Suitable for 2-6 years old. Color: Green and Orange Gender: Girls/ Boys Material:SBR CR Neoprene Waterproof/Light/Comfortable Package:1*bag Note: Please Allow 1-2cm Normal Range Error.
图文描述	描述商品卖点的图片素材和文字的组合，可以是纯图片的使用场景图、细节图、效果图，也可以是如示例中的图片＋文字介绍	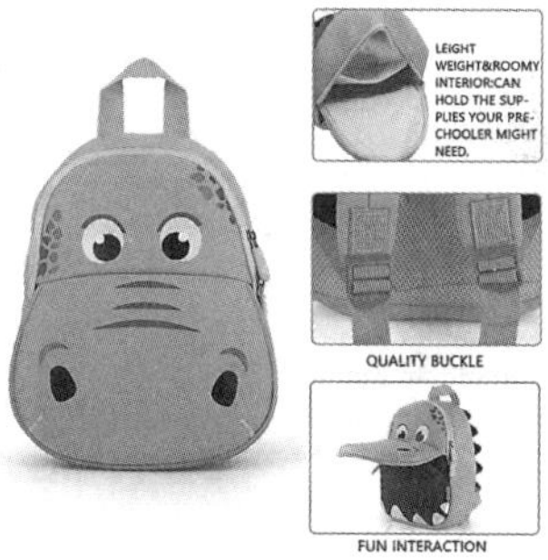 LEIGHT WEIGHT&ROOMY INTERIOR:CAN HOLD THE SUPPLIES YOUR PRE-CHOOLER MIGHT NEED. QUALITY BUCKLE FUN INTERACTION
物流政策	发货时间、到货时间、跟踪信息以及退换货政策	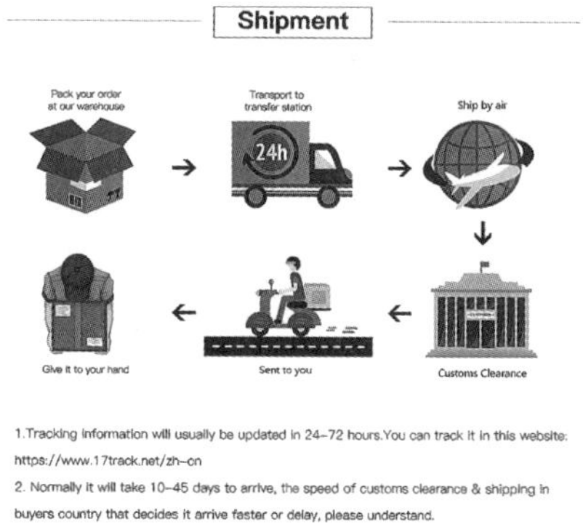 Shipment Pack your order at our warehouse Transport to transfer station 24h Ship by air Customs Clearance Sent to you Give it to your hand 1.Tracking information will usually be updated in 24-72 hours.You can track it in this website: https://www.17track.net/zh-cn 2. Normally it will take 10-45 days to arrive, the speed of customs clearance & shipping in buyers country that decides it arrive faster or delay, please understand.
客服支持	客服联系方式、工作时间等信息	 Customer Service ON LINE Monday to Saturday Beijing Time:09:00-18:00; New York Time 20:00-05:00; Melbourne Time 12:00-21:00 ; London Time 01:00-10:00. Please feel free to contact us at any time. We will reply ASAP.
购买评价	引导客户留评或展示该商品的优质评价	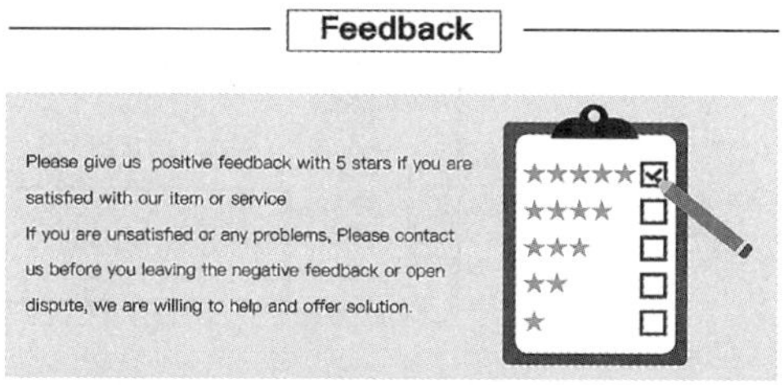 Feedback Please give us positive feedback with 5 stars if you are satisfied with our item or service If you are unsatisfied or any problems, Please contact us before you leaving the negative feedback or open dispute, we are willing to help and offer solution.

2. 商品详情页设计注意事项

好的商品详情页是提升订单转化率的重要途径。在商品详情页的设计过程中需要注意以下事项：

（1）充分了解商品

商品本身才是商品详情页的根本。只有深入分析商品的优势、劣势、机会、威胁，明确商品特点，才能设计出客观、全面、准确的商品详情页，缺乏对商品的了解，即使说得天花乱坠，最终也不会使客户产生购买兴趣。

（2）分析目标人群

准确分析目标人群，才能做出有针对性的商品详情页。分析目标人群，包括分析目标客户的年龄、性别、消费能力、消费习惯，购买过程中可能产生的顾虑以及相应的解决措施。

（3）注意模块顺序

一般从上到下模块按照重要顺序，即营销页头、商品属性、图文描述、物流政策、客服支持、购买评价的顺序依次罗列，应避免顺序混乱而影响浏览体验。

五、速卖通店铺装修

1. 速卖通店铺模块设置

（1）自带模块

店铺不能删除的模块，排在靠前位置。无线端自带模块默认有店招、优惠券、直播和页面尾部 4 个模块，如图 4-2-8 所示，而 PC 端仅有店招模块。

图 4-2-8　自带模块设置（框中为自带模块）

（2）图文类模块

图文类模块包含文本、轮播图、热区图文、双列图文和单列图文，可以用来展示主推商品，制作促销图片推荐热品，从而将店铺流量导流到利润款商品上。

（3）营销类模块

营销类模块包含满件折、粉丝专项优惠券、粉丝专项折扣商品、邀请活动、店铺签到有礼 5 个模块，它们是为开展促销活动、提升客单价和增加粉丝黏度的功能模块。

（4）产品类模块

产品类模块包含产品列表、排行榜、猜你喜欢、智能分组和新品。该模块的作用是帮助卖家进行商品排列展示。卖家可以根据商品特性以及季节、流行等因素合理地利用这些模块在店铺排列商品。

2. 添加模块

速卖通平台提供的模块化的操作让店铺装修功能更强大，如图 4-2-9 所示。

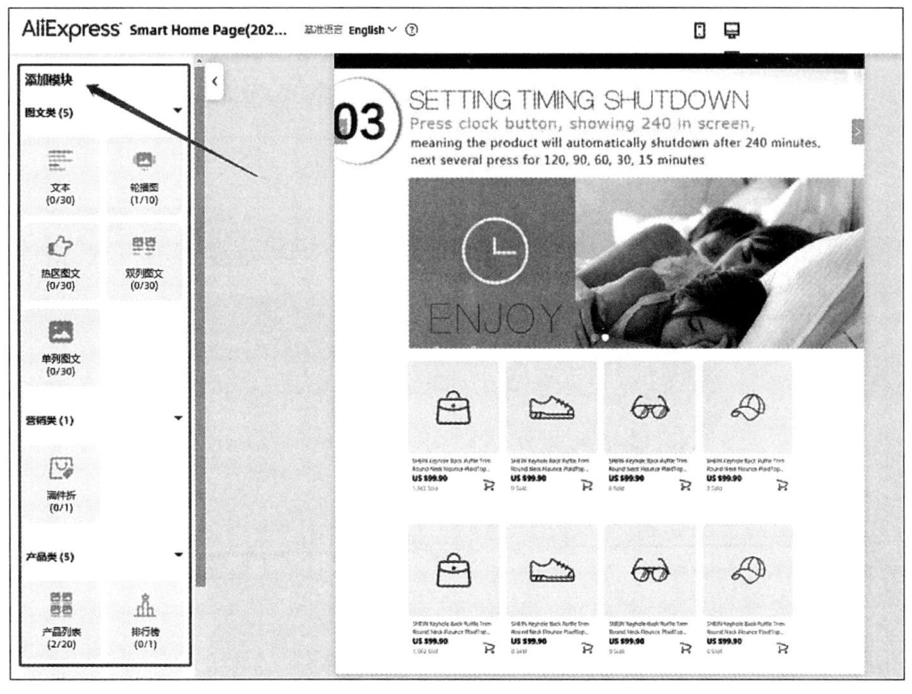

图 4-2-9　模块化装修

回到店铺首页，可以将店铺首页不同的模块按照“人”“货”“场”归纳分类，总结出一个“模块全集”。例如，围绕“货”可分成少量商品（如主推款、单品、多品、合辑、清单）和大量商品（商品瀑布流），围绕“人”可以有编辑精选、达人精选、买家秀、评价等模块，围绕“场”可以有氛围、活动、营销等模块。

模块分为图文类、营销类和产品类，每个大类所包含的模块如图 4-2-10 所示，可以通过拖动的方式加入店铺编辑区。

图 4-2-10　模块大类

3. 模块管理

在做速卖通店铺装修时，首先设计好店铺结构，通过拖动的方式，将模块从左侧拖动到中间编辑区，同样通过上下拖动改变各个模块的位置，确定好位置后在右侧模块编辑区添加图片和功能，如图 4-2-11 所示。

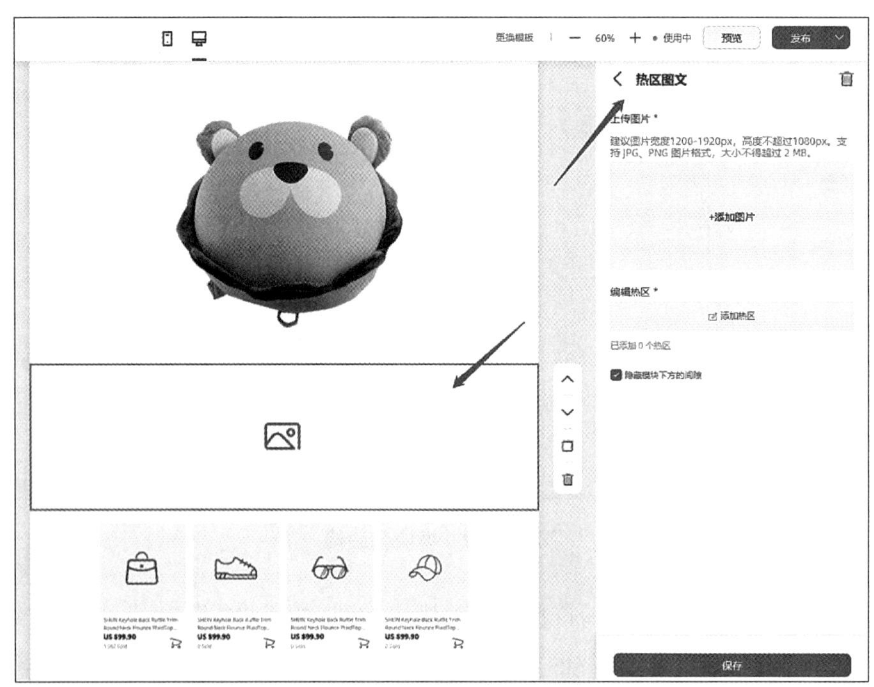

图 4-2-11　模块管理

4. 无线端和 PC 端装修

更新后的速卖通店铺装修可以实现 PC 端和无线端共有的模块同步，系统会按照当前编辑页面内容自动同步，但仅支持无线端或仅支持 PC 端的模块也会出现不同步。同步过程中还会出现图片尺寸适配问题，部分图片可能需要调整尺寸或重新上传，如图 4-2-12 所示。

图 4-2-12　同步编辑

5. 预览与发布

在完成模块编辑保存后，完成最后的预览和发布。如需要配合消费市场当地的节日活动，可以使用定时发布功能，如图 4-2-13 所示。

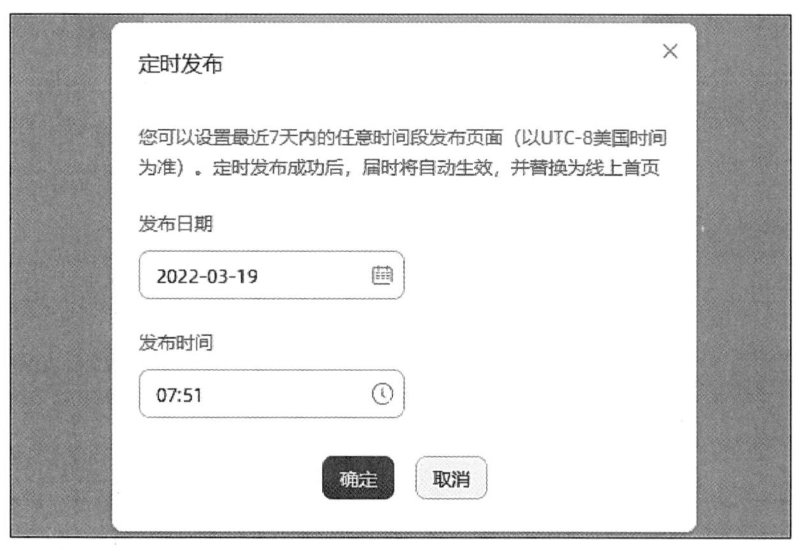

图 4-2-13　定时发布

不同卖家对店铺装修有不同的要求，应事先制定好店铺装修方案，具体内容可扫描二维码进行学习。

任务实施

跨境电商专员高云团队准备根据速卖通平台店铺装修规则完成速卖通店铺“Alnaue Store”的整体装修。请结合本次任务要求和相关知识，完成以下任务：

★任务一：店铺店招的设计与制作

任务目标：高云团队按照公司要求，对目前运营的店铺开展店铺视觉设计，团队商讨将速卖通店铺定位为“儿童背包垂直类店铺”，并开始着手设计制作店招，他们打算使用供应商提供的素材文件夹，再结合图片素材网站中的现成素材来完成设计制作。

任务工具：速卖通平台（https: //www.aliexpress.com/）、速卖通卖家登录页面（https: //login.aliexpress.com/seller.htm）、Photoshop 软件等。

任务实施：

【步骤 1】明确速卖通店铺店招的制作标准和设计方案，填写表在 4-2-2 中。

表 4-2-2　　店招设计方案

店招尺寸 /px	
店招大小 /MB	
店招图片格式	
店招设计色调	
店招文案 / 字体	
店招构图思路	

【步骤 2】加工 PNG 格式的店招商品素材。

将供应商提供的商品图片从背景中抠图出来，保存为 PNG 格式备用；选取两张图片素材，一张为正面，一张为侧面，操作示例如图 4-2-14 所示。

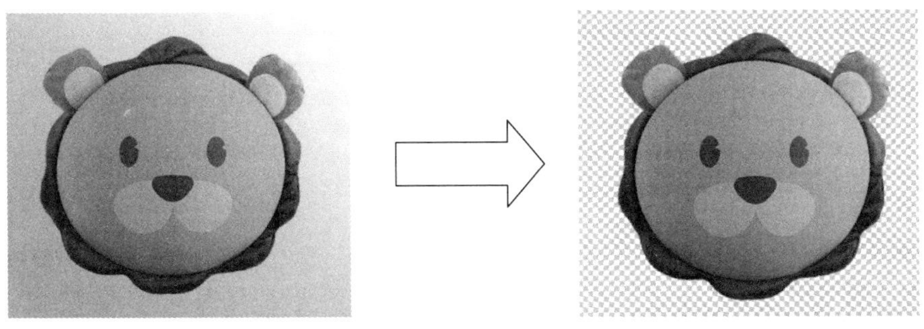

图 4-2-14　抠图示例

【步骤 3】获取 PSD 格式的店招素材。

打开国内专业图片素材网站，在搜索栏输入“店招”，从搜索结果中找到色调、构图和与店招设计方案相似的素材，点击下载 PSD 格式的源文件，保存到桌面待用。

【步骤 4】使用 Photoshop 软件完成速卖通店招设计制作，并以 PSD 格式提交。

★任务二：速卖通店铺整体装修设置

任务目标： 高云团队需要同时完成 PC 端和无线端店铺的装修，登录速卖通卖家后台，完成店铺装修的基本设置。

任务工具： 速卖通官网（https: //www.aliexpress.com/）、速卖通卖家登录页面（https: //login.aliexpress.com/seller.htm）、Photoshop 软件等。

任务实施：

【步骤 1】设计店铺整体装修设置方案，填写在表 4-2-3 中。

表 4-2-3　店铺整体装修设置方案

店铺名称	店铺二级域名	店铺头像方案

【步骤 2】完成店铺后台设置。

按照以下步骤完成店铺后台设置：

1. 设置店铺名称；

2. 设置店铺头像；

3. 设置店铺二级域名。

店铺后台设置完成如图 4-2-15 所示。

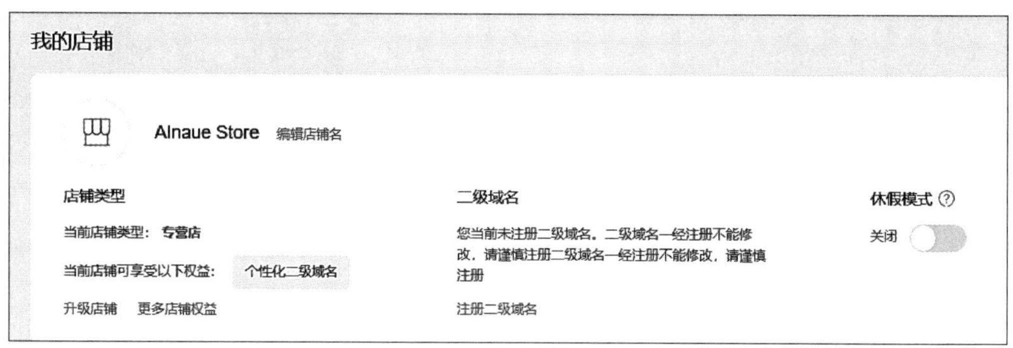

图 4-2-15 店铺后台设置完成

【步骤 3】进入速卖通店铺，点击“编辑店铺装修”按钮进入店铺装修页面，完成以下操作：

按照以下步骤完成无线端店铺装修：

1. 设置店招：点击无线端店招—自定义背景图—上传无线端店招图片；

2. 添加模块：拖拽新品、轮播图和热区图文三个模块到编辑区；

3. 编辑模块顺序：拖拽右侧模块，改变模块顺序从上到下依次是轮播图、新品、热区图文；

4. 添加轮播图内容：添加 3 张已上传 Listing 的图片和链接；

5. 添加热区图文内容：添加混搭商品图片，点击“添加热区”给图片划区后添加商品链接。

按照以下步骤完成 PC 端店铺装修：

1. 点击编辑区顶部切换按钮，切换到 PC 端店铺装修；

2. 设置店招：点击 PC 端店招—自定义背景图—上传 PC 端店招图片；

3. 在“店铺招牌”旁边点击“店铺导航”，添加“New Arrival”“Promotion”两个自定义导航；

4. 同步无线端店铺模块设置，点击发布完成装修。

任务评价

本次任务主要通过理论学习、网络学习和任务实践，使学生掌握跨境店铺设计技巧和装修流程，并完成相关任务单（表格）的填写。

本次任务引入跨境电商专员岗位角色，让学生以跨境电商专员角色组建小组（运营团队），根据每个工作任务情境和任务要求开展任务实施，在学习评价中采用过程性评价和结果性评价相结合的方式，从课前、课中、课后多角度评价，从知识能力、职业素养、专业能力三维度评价，发挥学生的主动性。同时开展小组讨论，培养团队协作意识。

一、职业素养评价

职业素养评价表是对任务完成过程中所需的职业规范、组织协作、沟通能力、创新实践四个方面进行评价，对组员的评分由组长完成，对组长的评分由组员集体评定，评价结果填写在表 4-2-4 中。

表 4-2-4　　职业素养评价表

评价项目	评价标准	完全符合（90～100 分）	比较符合（70～89 分）	基本符合（60～69 分）	完全不符合（59 分及以下）
①职业规范	按时到岗，具备职业认同感				
	工作过程诚实守信、遵纪守法、吃苦耐劳				
	仪容仪表符合职业规范				
②组织协作	服从组内安排				
	能完成小组分配的任务				
	能主动配合或帮助组员				
③沟通能力	小组讨论时能踊跃发表观点				
	能参与本组任务方案展示的准备或解说				
	能清晰准确地表达自己的观点				
④创新实践	能提出创新性的建议并落实				
	能总结反思并持续改进				
	能在实践活动中发挥个人特长				
合计					

二、任务实施评价

本次任务的专业能力评价表根据本次任务目标和要求填写，评价形式采取线上线下相结合，分为课前、课中、课后三个环节全面评价学生的综合专业能力。评价结果填写在表 4-2-5 中。

表 4-2-5 专业能力评价表

序号	评价项目	评价标准	评价方式	评价环节	完全符合（90～100分）	比较符合（70～89分）	基本符合（60～69分）	完全不符合（59分及以下）
1	课前任务	数字资源平台 PPT、微课的学习程度	线上	课前				
		学习任务书填写情况						
2	任务一：店铺店招的设计与制作	资料符合平台规则和法律法规	线上+线下	课中				
		尺寸合理、格式正确						
		任务全面完成，步骤无遗漏						
		符合行业、企业标准						
		任务成果有创新						
3	任务二：速卖通店铺整体装修设置	资料符合平台规则和法律法规	线上+线下	课中				
		店铺整体效果和谐美观						
		任务全面完成，步骤无遗漏						
		任务成果有创新						
4	学习成果输出	按时上交任务可视化成果（文档、照片、视频、链接等）	线上+线下	课后				
		入选优秀作业（作品）集						

三、任务综合评价

根据任务权重计算方式填写任务综合评价总表（见表 4-2-6），记录小组任务执行情况，每个小组完成任务的可视化学习成果予以存档。

表 4-2-6　　任务综合评价总表

任务名称						
小组名称	小组成员	职业素养评价（20%）	专业能力评价			总分
			课前学习评价（10%）	课中任务评价（60%）	课后验收评价（10%）	
小组一						
组平均分						
考核记录						

思考与练习

高云在组织大家做店铺优化的过程中，发现热区图文模块功能很强大，于是计划将一张多款卡通背包的合集图片（见图 4-2-16）制作成热区图文。请将图片中的款式刊登上架后，在店铺装修中制作此图的热区图文模块，并加上链接保存后将该模块移动到直播模块下面。

图 4-2-16　卡通背包的合集图

任务 3　店铺商品 Listing 优化

任务引入

高云团队在完成了店铺设计和装修后，发现刊登上架的几款商品自然曝光量比其他同行店铺低很多，团队经过细致分析，发现是此前上架到店铺的商品 Listing 质量不佳，客户在首页搜索不到，平台也无法正常抓取商品 Listing 进行推送，因此需要进一步优化，以提高商品的曝光量和转化率。

任务分析

Listing 就是一个商品页面，一件商品一个页面。商品 Listing 优化是一项需要耐心、细心的工作，如果卖家不进行 Listing 的优化，店铺商品排名会很低，这样消费者便看不到商品 Listing，便不会有流量，也就不会有订单。为了能够得到更多的关注，吸引更多的流量和订单，卖家应在符合速卖通平台规则的前提下针对商品标题、详情页以及商品图片等信息进行优化。

相关知识

一、商品 Listing 优化的内容

1. 获取关键词

在速卖通店铺运营中关键词起着非常重要的作用，好的关键词能够带来高曝光、高流量，销量自然也会跟着提升。商品 Listing 页面其实就包含了很多关键词，将获取的关键词进行分类，可以分为主关键词、长尾词、属性词。商品 Listing 优化的一项重要工作就是将这些关键词合理地布局到速卖通 Listing 页面中。

在速卖通平台获取高质量关键词的方式有：通过速卖通卖家后台的“生意参谋”工具获取关键词、通过速卖通买家端的搜索栏下拉框获取关键词、通过直通车工具获取关键词、通过商品页面下方的“Related Search”获取关键词等。

（1）通过“生意参谋”工具获取关键词

通过速卖通卖家后台，点击“生意参谋”—“搜索分析”，选择搜索时间，如 30 天，并选取收集关键词的子类目，就可以获取关键词，如图 4-3-1 所示。

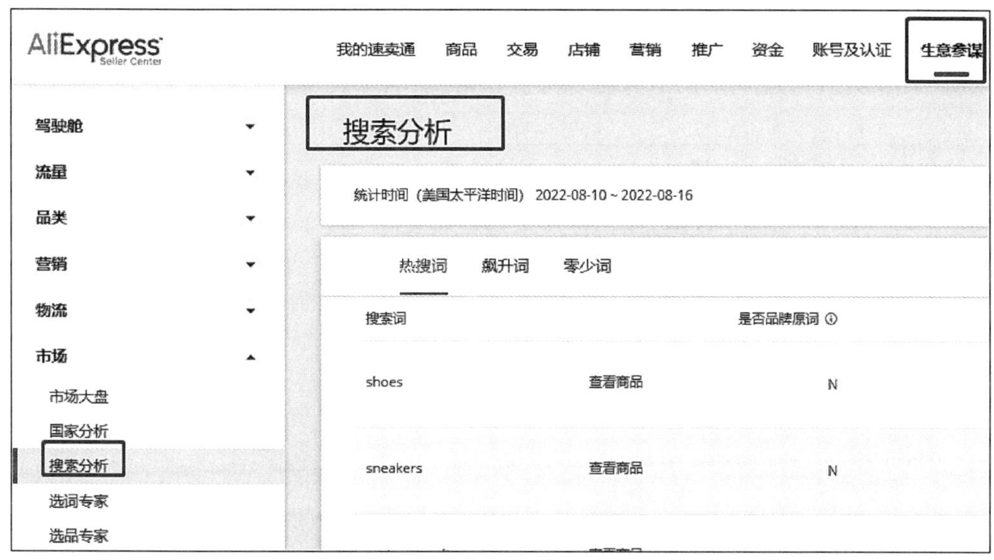

图 4-3-1 “生意参谋”中的搜索分析

也可以点击“生意参谋”—“选词专家”，选择搜索时间、类目，即可得到有关关键词数据。如图 4-3-2 所示为使用“选词专家”对 30 天内箱包类目关键词的分析数据。

图 4-3-2 “生意参谋”中的“选词专家”

（2）通过买家端“搜索栏下拉框”获取关键词

卖家打开速卖通买家端搜索页，在搜索栏直接输入商品主关键词后会自动出现相关关键词下拉框，下拉框中的词汇就是买家在寻找此类目商品时使用的搜索关键词，有非常高的价值。例如，在速卖通买家端搜索栏中搜索 bag，下拉框中就会出现与“bag”相关的所有同类关键词，如图 4-3-3 所示，将所有下拉框关键词记录在表格中备用。

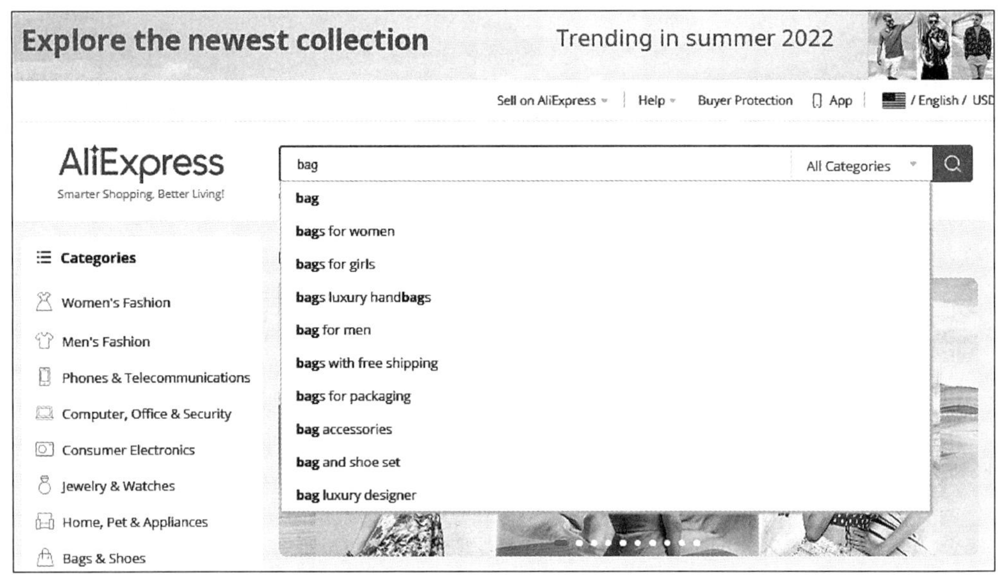

图 4-3-3　买家端搜索栏下拉框

（3）通过直通车工具获取关键词

进入直通车推广后台，在优化工具中找到“关键词工具”，点击进入“关键词工具”窗口后，在自定义关键词框中输入主关键词后查询，在出现的关键词列表中点击勾选需要的关键词，点击“添加关键词到商品”或者直接复制“已选关键词”，即可快速实现关键词收集，如图 4-3-4 所示。

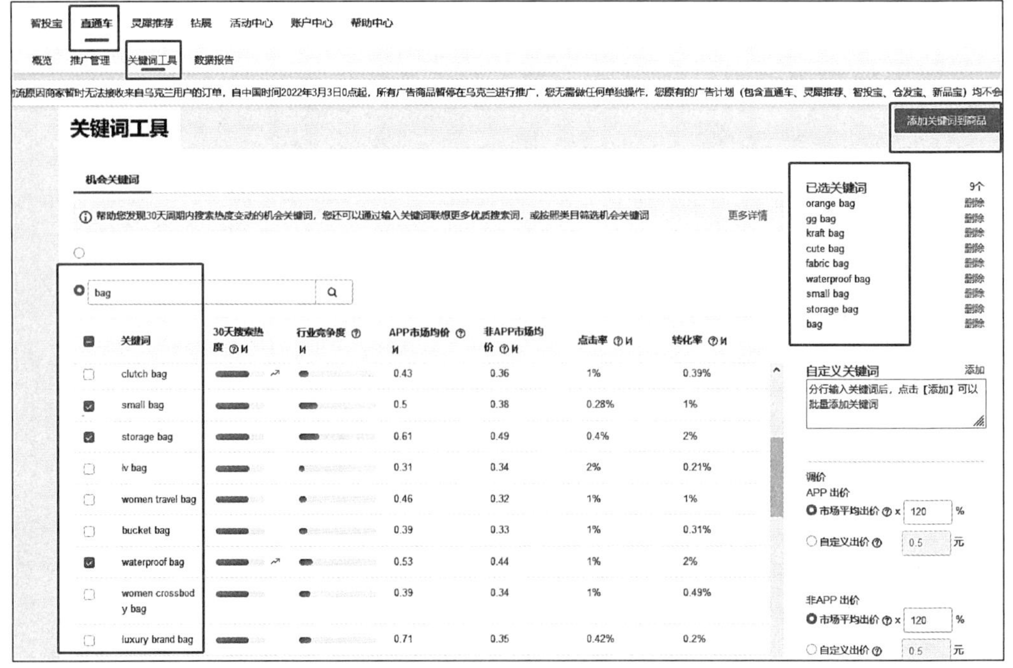

图 4-3-4　直通车关键词工具

（4）通过商品页面下方的“Related Search”获取关键词

在商品页面的最下方，可以看到一些搜索的相关推荐（Related Search），卖家可以从这里筛选需要的关键词，如图 4-3-5 所示。

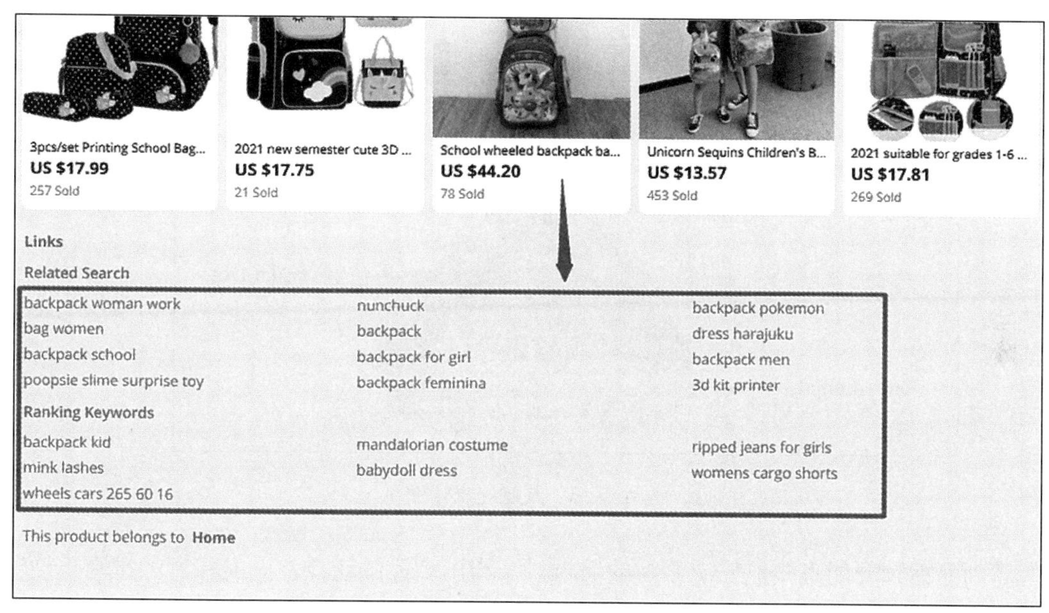

图 4-3-5　商品页面下方的“Related Search”

值得注意的是，卖家通过各个渠道获取的关键词，需要进行甄别优化后才能使用。因为一些品牌关键词，如 PRADA，不小心被误用会导致账号侵权。操作时一定要防止这种失误出现。

2. 优化商品标题（Title）

商品标题直接影响着商品的搜索量和流量，一个符合搜索规则的标题可以带来高搜索率、高浏览量。打造高质量的标题是做好速卖通运营的基础工作之一。

速卖通高质量标题必须包含的内容：核心词 + 属性词 + 流量词。一般情况下，标题前 30 个字符的关键词权重较高，因此，撰写标题需要有规律地排列关键词。关键词排列顺序并不是固定的，可以自由排列，保持搜索人气高的关键词排在前面即可。

速卖通高质量标题通用公式如下：

标题 = 核心词 1（精准）+ 属性词 + 核心词 2（相似）+ 属性词 + 核心词 3（热门）+ 属性词 / 流量词

如图 4-3-6 是某店铺儿童连衣裙的图示，结合商品特征，根据速卖通商品标题的通用公式，可以生成以下标题：

核心词1　核心词2

Kids Dresses For Girls Sleeveless Bow Dot Pink Princess Dress Summer Wedding Ceremony Birthday Girls Dress Baby Girl Clothes

核心词3

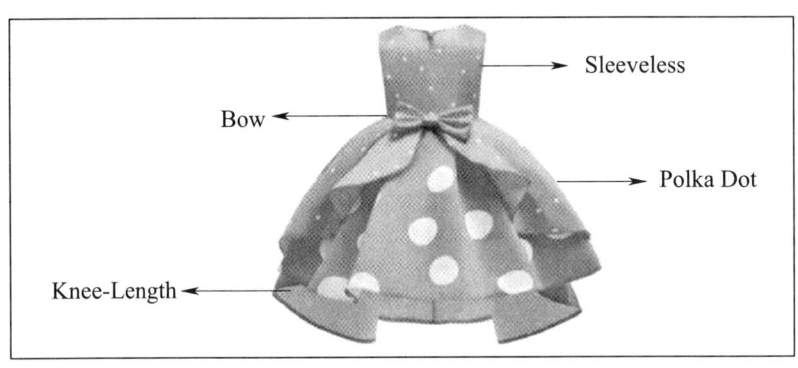

图 4-3-6　儿童连衣裙图示

商品标题要能直接抓住消费者的需求点，突出商品的卖点，同时标题的撰写也要熟悉顾客的搜索习惯。商品标题的优化应注意以下几个方面：

（1）标题字数不能过长。以英文标题为例，标题字符数不能超过 128 个；每个单词首字母大写，介词（例如 with\for）除外；能使用数字的避免使用单词（如用“2”代替“two”）。

（2）切忌在标题中堆砌关键词、滥用关键词，以免被平台处罚。因为速卖通平台对于买家体验非常重视，虚假描述和关键词堆砌这类问题，都会直接导致卖家的商品搜索降权。

（3）单位用单词表达，而不用单位符号。比如表达“英寸”的时候，要使用 inches，而不是单位符号。

（4）商品标题禁止出现侵权词，例如 LV、PRADA 等品牌侵权词。

（5）标题描述要简洁，让顾客一眼能辨别出商品本质和特性，切忌标题包含与商品特性无关的信息，例如无搜索热度的词：Free Shipping，New Arrival，Best Seller，Hot Selling 等。

3. 优化商品描述（Description）

速卖通商品详情页的商品描述（Description）模块是一个客户了解商品信息的重要途径，是对商品的较为详细的介绍说明。撰写商品描述时应注意详细描写商品功能和优势，字数控制在 100～300 个单词，尽量使用简洁的语言、短句及短段落，让客户轻松浏览描述内容。也可以用“讲故事”的方式描述商品的独特卖点，将商品的主要功能展现出来，让消费者置身于商品使用的场景中，增加代入感。另外还可以在商品描述中展示商品的品牌信息，赢得客户的信任。图 4-3-7 所示是速卖通店铺“Alnaue Store”的童包商品描述。

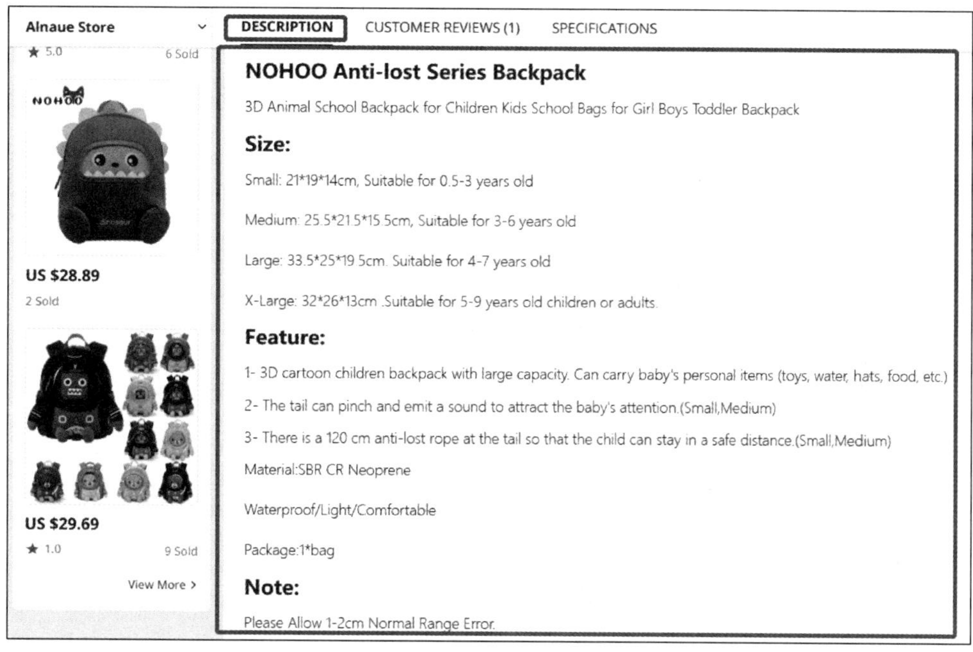

a）

DESCRIPTION　CUSTOMER REVIEWS (465)　SPECIFICATIONS

Dear Friend, If you like this item,please add it to your "Wish List"
If you like our store,please add it to your "Store List".

100% Brand New and high quality!

Comfortable Material, Fashion Casual Clothing For Children
Perfect fit for your little princess

Size Chart

Small cute children's schoolbag

1. Easy to clean: Crystal super soft plush material, easy to clean when dirty. Machine washable.

2. Humanized design: cute backpack, very individual. It's easy to carry in the back. Suitable for children over 1-4 years old.

3. Multi-function: you can put candies and small toys.

4. Specifications and capacity: sitting height is about 23 cm. About 21 cm wide. About 9 cm thick,

Product Show

b）

图 4-3-7　速卖通店铺“Alnaue Store”的童包商品描述

为增加商品详情页的吸引力，赢得客户的信赖，还可以通过图文结合的方式，在商品描述（Description）模块中插入“店铺服务描述”和“客户好评”截图，如图 4-3-8 所示。

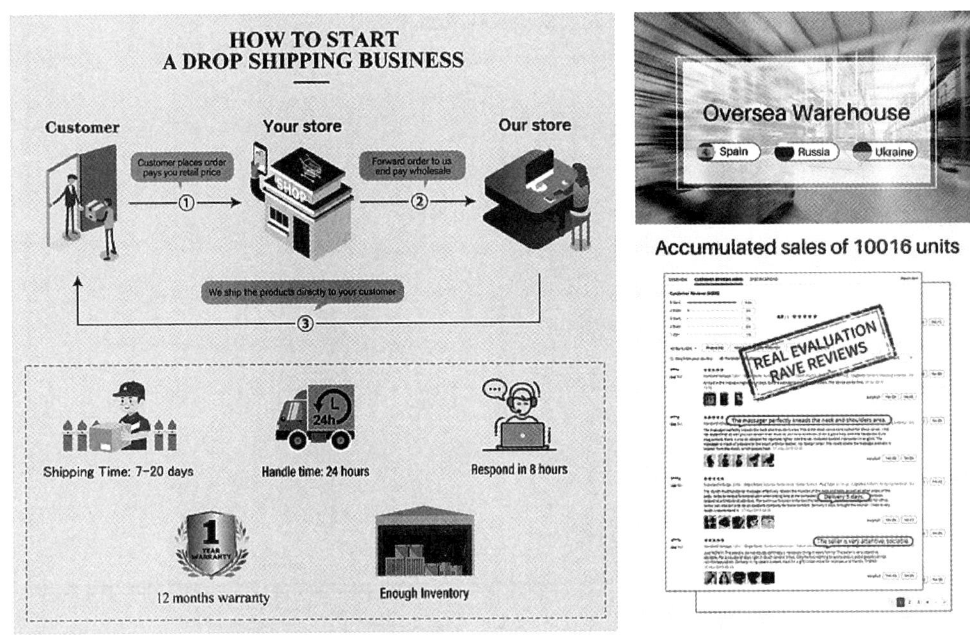

图 4-3-8 商品描述（Description）中的“店铺物流发货”和“买家好评”图片展示

值得注意的是，切忌从同行高销量 Listing 中直接复制和粘贴商品描述，这不仅不会让我们赢得客户，反而可能会降低店铺的排名。客户经常使用的搜索引擎谷歌就曾对此发布过声明：如果所有卖家的商品描述都相同，那在曝光的时候只会展示排名最好的产品。所以商品描述最好是原创的，用独特的文案吸引客户。

4. 优化商品图片（Image）

商品图片直接影响消费者对商品的第一印象，打造高质量、视觉效果好的商品图片是打造高质量 Listing 的首要保证。卖家在速卖通平台可以上传 6 张商品图片：1 张主图（页面显示的第一张图片）和 5 张辅图（细节图、多角度图或场景图）。高质量商品图片的要求如下：

（1）主图对点击率具有决定性的影响。一张高质量的主图不要有文字，图片要美观，避免正上方或正侧方拍摄的 180° 摆放或 90° 摆放的图，建议背景底色为白色或纯色，以充分展示商品的核心卖点。主图直接影响无线端的转化率，应尽量使主图和辅图风格一致。

（2）图片要清晰，不要出现水印等标志，图片尺寸为 800 px × 800 px 及以上，图片横向和纵向比例为 1∶1 或 3∶4，以达到最佳显示效果，文件大小不超过 5 MB。图片应是高质量的原创图片。

（3）图片摆放有逻辑顺序，有渐进关系，应先展示多角度图，其次展示细节图，最后展示场景图，如图 4-3-9 所示。另外，在速卖通平台上不同类目商品的图片有不同的要求，应根据不同分类要求，打造相应类目的高质量商品图片。

图 4-3-9　童包商品图片摆放顺序示例

5. 优化客户评论（Reviews）

如图 4-3-10 所示是客户评论（Reviews）模块。管理和优化“客户评论”是维护 Listing 的重要环节，也是提升流量转化、提升销售额的关键。要了解“客户评论”的新算法，注意维护“客户评论”数量以及星级，同时关注首页是否有差评、评论质量高低等，这些都会影响 Listing 优化的效果。

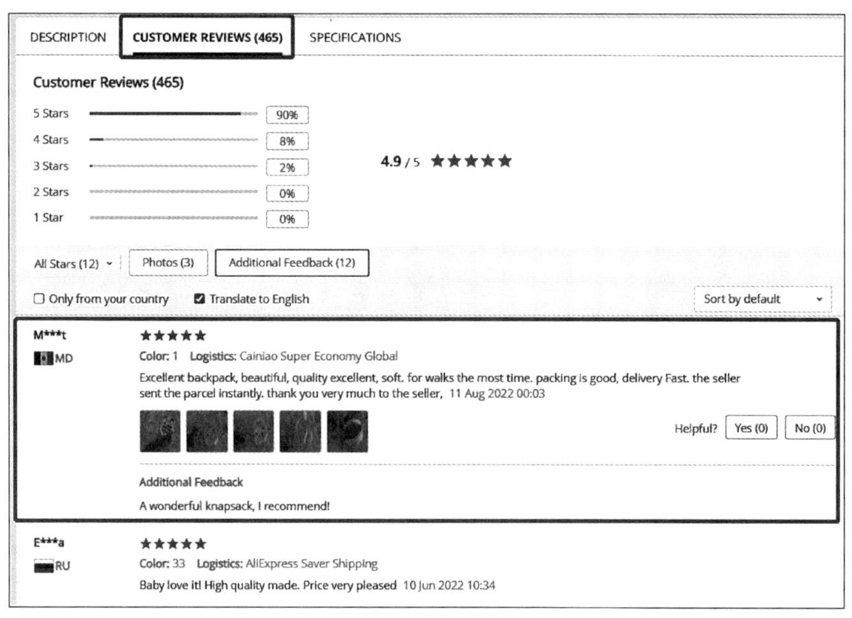

图 4-3-10 客户评论（Reviews）示例

尤其要注意主推的引流款和利润款 Listing 的“客户评论”，可以通过以下方法和技巧来优化客户评论。

（1）评论内容最好图文结合，卖家可以引导购买过该商品的客户留下积极正面的评价，再配上几张商品图片，可以是商品细节图片、商品使用图片等。

（2）在客户评论的内容里，卖家可以引导客户多描述商品的功能特征，比如质量好、安全、使用方便、性价比高等内容；也可以引导客户多描述卖家的售后服务，比如发货快、服务态度好等内容。

（3）针对留下中差评的客户评论，卖家应积极主动联系客户，找到客户留下中差评的真实原因，帮助卖家改进服务，规避类似问题再次发生。

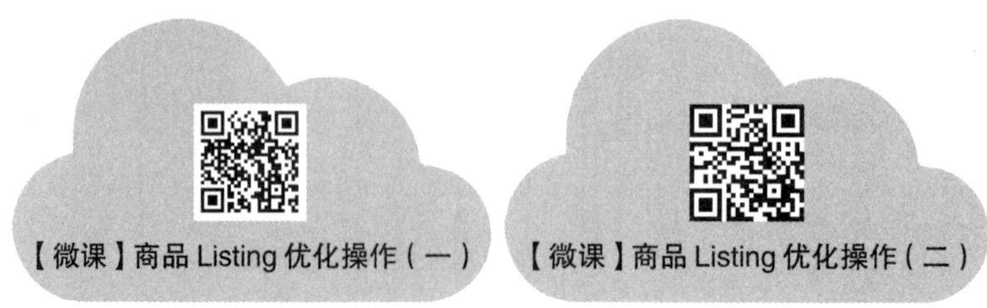

任务实施

跨境电商运营专员高云团队准备对店铺中几款自然曝光量不高的商品进行 Listing 优化，以提高商品的浏览量和转化率。主要工作包括优化商品标题（Title）、优化商品描述（Description）、优化商品图片（Image）等，请结合本次任务要求和相关知识，完成以下任务。

★任务一：优化店铺商品标题（Title）

任务目标： 高云团队发现此前匆忙刊登上架的“儿童卡通背包”商品 Listing 质量不佳，导致该商品页面基本没有自然流量。目前该商品的 Listing 标题是：Mini Cartoon Lion School Bag School Bags Kids Bag for Gift，该商品的卖点和功能介绍如图 4-3-11 所示。请完成该商品标题的优化。

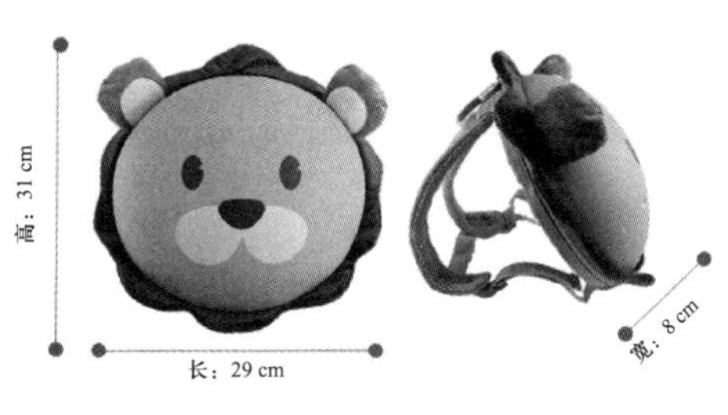

产品名称：儿童可爱双肩包	产品材质：EVA+PU+佳积布
产品表面：丝印	产品尺寸：31 cm×29 cm×8 cm
产品拉头：可定制动物图案软胶拉头	功能用途：防水、防尘、耐磨耐用
产品拉链：尼龙拉链	是否加工：可加工订制

注：本商品为手工测量，可能存在1~2 mm的误差，敬请谅解！

图 4-3-11　儿童背包的卖点和功能介绍

任务工具： 速卖通平台（https: //www.aliexpress.com/）、速卖通卖家登录页面（https: //login.aliexpress.com/seller.htm）、速卖通“生意参谋”工具等。

任务实施：

【步骤 1】列出标题设计的规则，填写在表 4-3-1 中。

表 4-3-1　　速卖通标题设计

高质量标题设计公式	

【步骤 2】列出标题关键词来源，填写在表 4-3-2 中。

表 4-3-2　　标题关键词来源统计表

来源 1：	来源 2：
来源 3：	来源 4：

【步骤 3】编辑生成关键词库，填写在表 4-3-3 中。

表 4-3-3　　关键词库

核心词	属性词	流量词

【步骤 4】组合关键词获得标题，填写在表 4-3-4 中。

表 4-3-4　　标题优化信息表

优化前标题	Mini Cartoon Lion School Bag School Bags Kids Bag for Gift
优化后标题 1	
优化后标题 2	
优化后标题 3	

★任务二：优化店铺商品描述（Description）文案

任务目标：“儿童卡通背包”商品 Listing 的商品描述过于简单，不能向客户充分展示商品的属性和特征。请完成该商品描述（Description）的优化。

任务工具：速卖通平台（https: //www.aliexpress.com/）、速卖通卖家登录页面（https: //login.aliexpress.com/seller.htm）、Photoshop 软件等。

任务实施：

【步骤 1】翻译并优化中文描述，填写在表 4-3-5 中。

表 4-3-5　　“商品描述”文案优化内容

供应商提供的文案	优化后的中文文案	翻译的英文文案
双肩减负 轻盈化设计释放您肩膀的压力，人体工学肩带，有效提升减震效果		
造型时尚美观 精选优质面料，手感舒适，便于清洁，抗压性强，能更好地保护物品		
做工精细 采用优质材质，细腻的工艺，做工精致，牢固、不脱线		

【步骤 2】提炼“儿童卡通背包”的卖点。依据原始文案和商品的属性描述，提炼 5 点商品卖点（Product Features），填写在表 4-3-6 中。

表 4-3-6　　商品卖点（Product Features）提炼

Product Features	1. 2. 3. 4. 5.

【步骤 3】在商品页面的最后位置加入物流政策、客服支持和购买评价等图片。根据表 4-3-7，撰写 3 个图片模块的文案，填写在表 4-3-8 中。

表 4-3-7　　“商品描述”图片优化的内容

模块名称	内容	示例图
物流政策	发货时间、到货时间、跟踪信息以及退换货政策	Shipment Pack your order at our warehouse → Transport to transfer station → Ship by air → Customs Clearance → Sent to you → Give it to your hand 1.Tracking information will usually be updated in 24-72 hours.You can track it in this website: https://www.17track.net/zh-cn 2. Normally it will take 10-45 days to arrive, the speed of customs clearance & shipping in buyers country that decides it arrive faster or delay, please understand.
客服支持	客服联系方式、工作时间等信息	Customer Service ON LINE Monday to Saturday Beijing Time:09:00-18:00; New York Time 20:00-05:00; Melbourne Time 12:00-21:00 ; London Time 01:00-10:00. Please feel free to contact us at any time. We will reply ASAP.
购买评价	引导客户留评或展示该商品的好评	Feedback Please give us positive feedback with 5 stars if you are satisfied with our item or service If you are unsatisfied or any problems, Please contact us before you leaving the negative feedback or open dispute, we are willing to help and offer solution.

表 4-3-8　　图片模块文案内容

物流政策	客服支持	购买评价

【步骤 4】使用 Photoshop 软件制作【步骤 3】要求的 3 张图片。

按照以下步骤完成商品描述模块图片的制作:

1. 打开 Photoshop 软件，新建图片尺寸设定为宽 750 px、高 1500 px；
2. 使用选框工具在画布中画出 3 个模块的名称框;
3. 使用文本工具通过拖动画框的方式粘贴文本到画布中;
4. 将图片网站上筛选的素材拖入画布，调整大小，放置到合适的位置;
5. 保存文件：点击菜单栏上“文件”—“存储为”—选定“保存类型”（选 JPEG）—命名“店招文件”—保存。

【步骤 5】在店铺后台将以上成果更新到商品 Listing，点击保存完成优化。

任务评价

本次任务主要通过理论学习、网络学习和任务实践，使学生掌握跨境店铺商品 Listing 优化的方法，并完成相关任务单（表格）的填写。

本次任务引入跨境电商专员岗位角色，让学生以跨境电商专员角色组建小组（运营团队），根据每个工作任务情境和任务要求开展任务实施，在学习评价中采用过程性评价和结果性评价相结合的方式，从课前、课中、课后多角度评价，从知识能力、职业素养、专业能力三维度评价，发挥学生的主动性。同时开展小组讨论，培养团队协作意识。

一、职业素养评价

职业素养评价表是对任务完成过程中所需的职业规范、组织协作、沟通能力、创新实践四个方面进行评价，对组员的评分由组长完成，对组长的评分由组员集体评定，评价结果填写在表 4-3-9 中。

表 4-3-9 职业素养评价表

评价项目	评价标准	完全符合（90～100 分）	比较符合（70～89 分）	基本符合（60～69 分）	完全不符合（59 分及以下）
①职业规范	按时到岗，具备职业认同感				
	工作过程诚实守信、遵纪守法、吃苦耐劳				
	仪容仪表符合职业规范				
②组织协作	服从组内安排				
	能完成小组分配的任务				
	能主动配合或帮助组员				
③沟通能力	小组讨论时能踊跃发表观点				
	能参与本组任务方案展示的准备或解说				
	能清晰准确地表达自己的观点				
④创新实践	能提出创新性的建议并落实				
	能总结反思并持续改进				
	能在实践活动中发挥个人特长				
合计					

二、任务实施评价

本次任务的专业能力评价表根据本次任务目标和要求填写，评价形式采取线上线下相结合，分为课前、课中、课后三个环节全面评价学生的综合专业能力。评价结果填写在表 4-3-10 中。

表 4-3-10 专业能力评价表

序号	评价项目	评价标准	评价方式	评价环节	完全符合（90～100 分）	比较符合（70～89 分）	基本符合（60～69 分）	完全不符合（59 分及以下）
1	课前任务	数字资源平台 PPT、微课的学习程度	线上	课前				
		学习任务书填写情况						

续表

序号	评价项目	评价标准	评价方式	评价环节	完全符合（90～100分）	比较符合（70～89分）	基本符合（60～69分）	完全不符合（59分及以下）
2	任务一：优化店铺商品标题（Title）	资料符合平台规则和法律法规	线上+线下	课中				
		标题设计符合“三段法”原则						
		列出4个关键词来源						
		核心词、属性词、流量词提炼准确						
		符合行业、企业标准						
3	任务二：优化店铺商品描述（Description）文案	资料符合平台规则和法律法规	线上+线下	课中				
		任务全面完成，步骤无遗漏						
		任务成果格式排版美观						
		符合行业、企业标准						
4	学习成果输出	按时上交任务可视化成果（文档、照片、视频等）	线上+线下	课后				
		入选优秀作业（作品）集						

三、任务综合评价

根据任务权重计算方式填写任务综合评价总表（见表4-3-11），记录小组任务执行情况，每个小组完成任务的可视化学习成果予以存档。

表 4-3-11　　任务综合评价总表

任务名称						
小组名称	小组成员	职业素养评价（20%）	专业能力评价			总分
			课前学习评价（10%）	课中任务评价（60%）	课后验收评价（10%）	
小组一						
组平均分						
考核记录						

思考与练习

1. 高云团队在整理关键词时，通过对背包类目的整理积累了经验。考虑到未来可能会将经营类目外延到其他品类的箱包，高云团队打算利用业余时间建立一个箱包类目关键词库，请根据表 4-3-12 完成关键词的收集。

表 4-3-12　　关键词库

类目		核心词	属性词	流量词
女士	手包			
	挎包			
	双肩包			
男士	公文包			
	登山包			
	斜挎包			

2. 以下是某款童包产品（见图 4-3-12）的标题，请分析标题的结构。

标题：NNO Kids Backpack with Safety Leash Anti-lost Toddler Backpack Lightweight Waterproof Preschool Bag for Boys Girls

图 4-3-12　某款童包产品

任务4　店铺订单处理

任务引入

高云团队在注册店铺、刊登商品、优化店铺等一系列工作完成之后，店铺自然流量开始进入，速卖通店铺的“儿童卡通背包”也开始陆续有订单成交。面对世界各地的订单纷至沓来，高云等人却不知从何入手。在部门经理的指导下，高云团队开始系统学习订单处理流程，并着手处理店铺的新订单。

任务分析

订单处理是速卖通运营的关键环节，如何保证买家的购物体验，在兼顾物流时效和成本、包装效果和成本等方面做出平衡，是这一环节中值得重点关注的问题。同时订单处理过程中各种 ERP（企业资源计划）网站的运用也是提升订单效率的不错选择。

相关知识

一、绑定店铺到 ERP

为提升店铺运营效率，使用 ERP 工具网站 / 软件是最佳的选择。目前市场上可以对接速卖通的 ERP 网站非常多，各网站基础功能相差不大。ERP 网站除了绑定授权后处理订单之外，还可以帮助打理店铺的 Listing、处理客服问题、管理仓库等，如图 4-4-1 所示，功能非常强大。

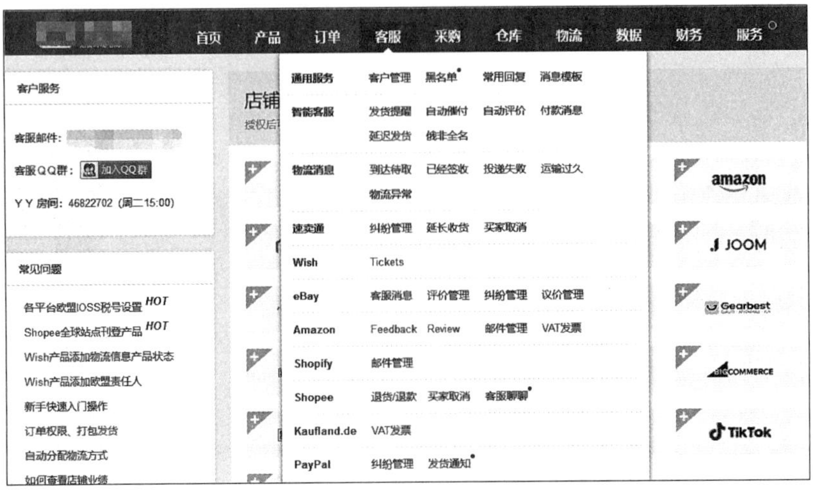

图 4-4-1　ERP 网站功能

表 4-4-1 所示为支持速卖通的常见跨境电商 ERP 网站。

表 4-4-1　　支持速卖通的常见跨境电商 ERP 网站

ERP 名称	网站链接
店小秘	https: //www.dianxiaomi.com/
马帮	https: //www.mabangerp.com/
全球交易助手	https: //www.cnfth.com/
速脉	https: //www.sumy.org.cn/
通途	https: //www.tongtool.com/

在授权速卖通之前，需要先进入速卖通服务市场购买服务，然后进入 ERP 网站点击添加速卖通授权店铺，完成授权。具体的操作流程可扫描二维码进行学习。

二、订单处理

及时、正确履约发货是获得客户好评的重要因素，而好评率直接影响店铺信誉和服务等级，因此一定要重视订单处理。订单处理的过程主要包括以下几个方面：

1. 订单登记

客户已经下单并付款，但可能还没有通过平台的风控审核，这时卖家可以先登记订单以进入订单处理流程。未付款的订单属于客户催付的范畴，只有付款成功的订单才能进入订单处理流程。

2. 订单确认

订单确认的主要内容是确认客户所购买的货物是什么、是否有货，以及确定客户的联系方式、地址、物流选择。如果缺货，客服需将该情况反馈给客户并与客户沟通解决。另外俄罗斯客户的收件姓名如果少了中间名，可能会造成无法妥投，确认订单时要特别核实客户姓名，如发现问题，要及时联系客户完善信息。

3. 单据打印

订单确认无误后，卖家即可按出货流程及所选择的物流方式打印对应的单据，包括发货标签和商业发票等。

4. 配货打包

在仓库货架配货订单，然后在发货区对商品进行打包。如果客户购买了多个商品，卖家可按照客户的需求及选择的物流方式来配货。如果有需要合并订单、分拆包裹的情况，也一定要和客户进行沟通。

5. 校验分流

在打好包裹并进行称重拍照的同时，检查订单、单据、货物重量等各方面是否存在问题，若无问题就可以移入相应的物流通道。

6. 配送交付

在确认校验环节没有问题、渠道选择也没有任何问题之后，就可以联系物流公司取货。如果货量小，不满足上门收货的最小货量，则需要将货物发至物流公司或者物流公司指定的仓库。

7. 后台发货

货物发出后 ERP 网站会返回包裹的跟踪号，如果系统无法返回，或者部分渠道需要有转单号，则要将转单号再填入后台订单，以防出现跟踪号无效而造成客户退款。

三、物流渠道的选择

选择物流渠道时，在考虑成本的同时，要兼顾渠道的时效性。如果一味地寻找低价物流渠道，造成包裹延迟妥投甚至丢包，就得不偿失了。因此选择物流方案时，需要根据商品的特质、客户所在地区以及客户的要求等具体情况，选择最合适、最有利于订单履约和店铺整体运营的方案。

物流方案选择时应考虑的主要因素包括:商品类型，例如普货、敏感货物;包裹重量，例如轻货、重货；商品价格是否低于 5 美元；物流成本和时效；发货方式；以及突发状况，例如渠道折扣调整、部分地区局势变化等。

在速卖通后台单击“交易”，找到“物流”下面的“物流方案查询”，可以查询平台物流方案。

四、订单线上发货

平台发货分为线上发货和线下发货。线上发货就是走平台提供的物流渠道，把货发往平台物流渠道指定的仓库。线下发货就是卖家自己找货代或物流公司发货。

1. 线上发货的方式

速卖通平台“线上发货”是由阿里巴巴全球速卖通、菜鸟网络联合多家优质第三方物流商打造的物流服务体系。卖家使用线上发货可直接在速卖通后台在线选择物流方案，物流商上门揽收（或卖家自寄至物流商仓库），再发货到国外。卖家可在线支付运费并在线发起物流维权，阿里巴巴作为第三方将全程监督物流商服务质量，保障卖家权益。卖家也可以在后台进行线上发货操作，即通过第三方 ERP 网站 / 软件，如全球交易助手、店小秘、通途 ERP 等发货操作，对接平台线上发货接口，通过自有 ERP 系统进行线上发货操作。

2. 线上发货流程

线上发货的操作相对比较简单，卖家按照系统的提示操作就可以完成发货。流程顺序依次为：待发货订单选择线上发货、选择物流方案、创建物流订单、将货物打包、交货给物流商、填写发货通知和支付运费七个步骤。具体的线上发货操作可以扫描二维码学习。

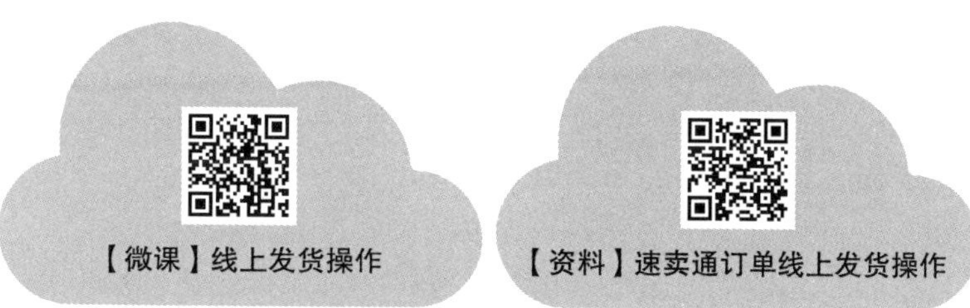

五、订单线下发货

线下发货是根据卖家和物流货代公司的协议进行打包和辨识内容张贴，然后把包裹交给货代公司。相关费用是卖家自行与货代公司自由协商结算。与线上发货相比，线下发货有更大范围的渠道可选，可以灵活处理特殊情况的订单。

【资料】速卖通订单线下发货操作

任务实施

★任务一：选择合适的物流渠道

任务目标：高云团队发现店铺的 10 个订单中有部分订单买家没有明确订单发货渠道，高云团队在处理订单时就需要依据订单的具体情况选择合适的物流渠道，以下是其中两个订单的详细情况，请为这两个订单选择合适的物流方案。

订单 1：

商品：狮子卡通背包

重量：1.35 kg

包裹尺寸：35 cm × 40 cm × 15 cm

收件人信息：

Contact name：Abo*** Fullerto

Address：6*** W Commonwealth Ave，Fullerton，92868 California

Country：United States

Phone No.：(714) 871-9***

订单 2：

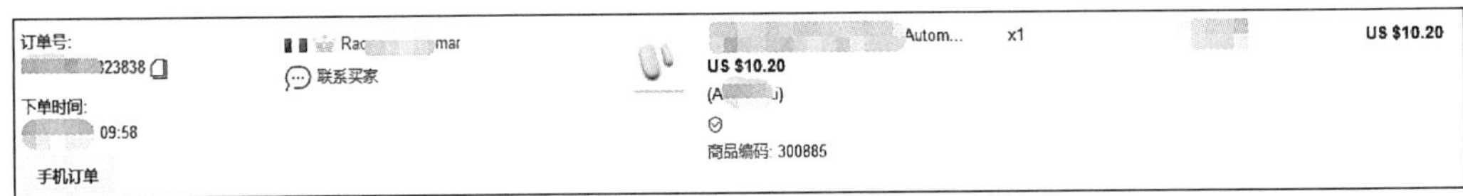
订单号:
323838
下单时间:
09:58
手机订单
Rac mar
联系买家
Autom... x1
US $10.20
US $10.20
商品编码: 300886

商品：青蛙卡通小挎包

重量：0.45 kg

包裹尺寸：25 cm × 20 cm × 12 cm

收件人信息：

Contact name：Rac*** Gayette

Address：2***，Rue de Sevres，75007 Paris

Country：France

Phone No.：+33（0）134131***

任务工具： 速卖通平台（https: //www.aliexpress.com/）、速卖通卖家登录页面（https: //login.aliexpress.com/seller.htm）等。

任务实施：

登录速卖通店铺后台，打开“交易”—“物流”—“物流方案查询”，填写包裹信息和目的地后进行查询，并在表 4-4-2 中填写物流方案信息。

表 4-4-2　　物流方案信息查询

订单编号	推荐物流方案名称	运费价格（CNY）	预计时效（天）
订单 1			
订单 2			

★任务二：完成订单线下发货处理

任务目标： 在处理订单过程中，高云团队发现订单 3 如果使用公司现有物流渠道发货不仅价格合适，时效方面相较线上发货还具有一定优势。因为有现成的渠道资源，高云团队打算将订单 3 进行线下发货。

订单 3：

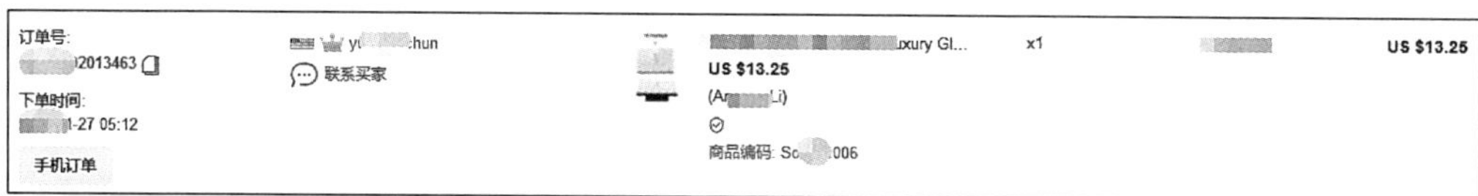
订单号:
2013463
下单时间:
1-27 05:12
手机订单
联系买家
Luxury Gl...
US $13.25
x1
US $13.25
商品编码: So 006

商品：狮子卡通背包

重量：1.35 kg

包裹尺寸：35 cm × 40 cm × 15 cm

收件人信息：

Contact name：Wo*** Chevro

Address：1*** W Main St.，Alhambra，92821 California

Country：United States

Phone No.：(714) 231-1***

任务工具： 速卖通平台（https: //www.aliexpress.com/）、速卖通卖家登录页面（https: //login.aliexpress.com/seller.htm）等。

任务实施：

【步骤 1】物流方案查询对比。重复任务一中的物流方案查询步骤，确定线上价格和线下价格的比较优势，填写在表 4-4-3 中。

表 4-4-3　　物流方案比较

比较项目	公司现有物流方案	线上发货推荐方案
方案名称	中邮 e 邮宝（惠州）	
运费价格	122.6 元	
预计时效	14 天	
其他	跟踪号 48 小时内可查	

【步骤 2】后台执行线下发货操作。

按照以下步骤完成后台线下发货操作：

1. 登录卖家页面，点击“交易”下的“所有订单”，进入订单管理页面；

2. 单击“发货未完成”，查看所有还未发货的订单，找到订单 3；

3. 进入合作货代公司的官网，根据订单目的地、包裹重量等查询收费方案，从中选择最优方案，单击“下单”；

4. 进入订单详细信息填写页面，填写相关信息，完成后进入生成订单的页面；

5. 将已填好的订单详细信息页面保存，回到货代公司官网首页，单击“确认订单”；

6. 选中刚刚创建的订单，然后单击“提交预报”；

7. 回到“订单信息”页面，单击“填写发货通知”填写货运跟踪号后提交完成线下发货。

【步骤 3】线下发货打印标签和投递。

按照以下步骤完成标签打印和投递。

1. 从货代公司官网系统找到发货的订单；
2. 通过系统执行打印不干胶标签；
3. 将标签贴到包裹平整面的正中央位置；
4. 通知货代上门收货或将包裹送到货代公司。

任务评价

本次任务主要通过理论学习、网络学习和任务实践，使学生掌握店铺订单处理的流程、线上线下发货流程，并完成相关任务单（表格）的填写。

本次任务引入跨境电商专员岗位角色，让学生以跨境电商专员角色组建小组（运营团队），根据每个工作任务情境和任务要求开展任务实施，在学习评价中采用过程性评价和结果性评价相结合的方式，从课前、课中、课后多角度评价，从知识能力、职业素养、专业能力三维度评价，发挥学生的主动性。同时开展小组讨论，培养团队协作意识。

一、职业素养评价

职业素养评价表是对任务完成过程中所需的职业规范、组织协作、沟通能力、创新实践四个方面进行评价，对组员的评分由组长完成，对组长的评分由组员集体评定，评价结果填写在表 4-4-4 中。

表 4-4-4　职业素养评价表

评价项目	评价标准	完全符合（90～100 分）	比较符合（70～89 分）	基本符合（60～69 分）	完全不符合（59 分及以下）
①职业规范	按时到岗，具备职业认同感				
	工作过程诚实守信、遵纪守法、吃苦耐劳				
	仪容仪表符合职业规范				
②组织协作	服从组内安排				
	能完成小组分配的任务				
	能主动配合或帮助组员				
③沟通能力	小组讨论时能踊跃发表观点				
	能参与本组任务方案展示的准备或解说				
	能清晰准确地表达自己的观点				

续表

评价项目	评价标准	完全符合（90～100分）	比较符合（70～89分）	基本符合（60～69分）	完全不符合（59分及以下）
④创新实践	能提出创新性的建议并落实				
	能总结反思并持续改进				
	能在实践活动中发挥个人特长				
合计					

二、任务实施评价

本次任务的专业能力评价表根据本次任务目标和要求填写，评价形式采取线上线下相结合，分为课前、课中、课后三个环节全面评价学生的综合专业能力。评价结果填写在表 4-4-5 中。

表 4-4-5　专业能力评价表

序号	评价项目	评价标准	评价方式	评价环节	完全符合（90～100分）	比较符合（70～89分）	基本符合（60～69分）	完全不符合（59分及以下）
1	课前任务	数字资源平台 PPT、微课的学习程度	线上	课前				
		学习任务书填写情况						
2	任务一：选择合适的物流渠道	资料符合平台规则和法律法规	线上+线下	课中				
		任务全面完成，步骤无遗漏						
		任务成果计算准确						
		符合行业、企业标准						
3	任务二：完成订单线下发货处理	符合速卖通平台订单交易规则	线上+线下	课中				
		任务成果填写准确无误						
		任务全面完成，步骤无遗漏						
		任务成果有创新						

续表

序号	评价项目	评价标准	评价方式	评价环节	完全符合（90～100分）	比较符合（70～89分）	基本符合（60～69分）	完全不符合（59分及以下）
4	学习成果输出	按时上交任务可视化成果（文档、照片、视频等）	线上+线下	课后				
		入选优秀作业（作品）集						

三、任务综合评价

根据任务权重计算方式填写任务综合评价总表（见表4-4-6），记录小组任务执行情况，每个小组完成任务的可视化学习成果予以存档。

表4-4-6　任务综合评价总表

任务名称						
小组名称	小组成员	职业素养评价（20%）	专业能力评价			总分
			课前学习评价（10%）	课中任务评价（60%）	课后验收评价（10%）	
小组一						
组平均分						
考核记录						

思考与练习

高云团队完成了店铺第一批订单的处理，其中订单打包流程耗费的时间比较多。本着优化流程、节省成本的原则，高云决定通过1688网站调研目前适合打包儿童卡通背包的打包耗材的材质、价格和重量，形成可选方案后方便团队进行成本控制，提升店铺运营效率。

已知目前热销款背包的出厂包装是印刷塑料袋简装，单个毛重是440 g，尺寸约为35 cm × 32 cm × 12 cm，可以考虑的三种包装材料是快递袋、气泡袋和纸箱（飞机盒）（见图4-4-2）。请通过1688网站搜索这三种打包耗材的价格和重量，在团队处理这批订单时，提供一个最优的打包耗材使用方案。

a）快递袋

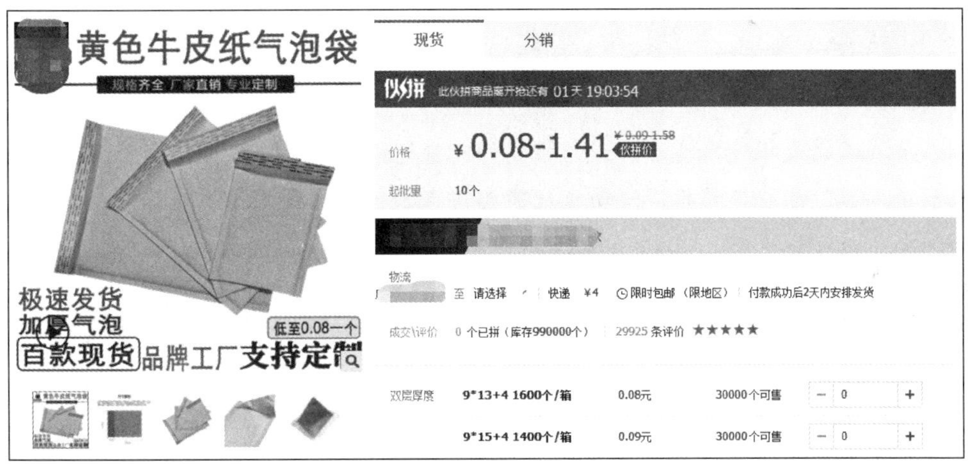

b）气泡袋

c）纸箱

图 4-4-2　1688 网包装耗材资料

项目五 跨境电商营销推广

案例导入

海外营销推广必看：北美全年节日营销日历

节日营销是跨境电商海外营销推广的重要途径，节日氛围会让消费者释放购物欲望，适时开展营销推广活动往往能获得事半功倍的效果。下面是面向北美市场的全年节日营销日历，卖家可以针对性地做好选品，把握商机，制定营销策略。

北美全年节日营销日历	
● JANUARY	1月1日元旦节，这是一个全球大狂欢的节日，每个国家都会在这一天迎接新年。对于卖家而言，一月是服装的销售旺季，除因节日消费外，寒冬即将结束，春季即将到来，服装换季需求旺盛，线上线下服装折扣力度都非常大
● FEBERARY	2月14日是情人节，卖家宜备具有礼物属性的商品，如情侣杯子、情侣袜子等，时尚饰品、珠宝和手表等类目的商品也将火热销售
● MARCH	3月进入春季，也是服装销售旺季。同时园艺商品、户外用品的线上销售也快速升温
● APRIL	复活节是4月17日，建议提前上架印有复活节彩蛋、复活节兔子等图案的具有节日氛围的商品。同时4月也是筹办婚礼的季节，新娘伴娘礼服或婚礼用品销售比较火热
● MAY	5月的第二个星期日是母亲节，服装配饰、珠宝饰品、箱包商品、贺卡等商品销售会随着母亲节的到来而变得异常火热。对具有礼物属性的商品，建议提前优化 Listing，把与节日相关的关键词加入标题
● JUNE	6月的第三个星期日是父亲节，除此之外，6月也是大学的毕业季，是手机和消费电子用品的销售旺季。水上用品也将随着夏季的到来销售逐渐火爆

续表

北美全年节日营销日历	
● JULY	7月4日是美国独立日。服装产品将迎来换季折扣。同时7月还是亚马逊的Prime day，亚马逊拥有1亿多会员，建议在这个时期设置一些会员专属折扣，吸引消费者
● AUGUST	8月迎来学生返校采购季。返校季是服装鞋类商品的一个热卖季节，也是手机、消费电子用品、办公用品、运动用品的热卖月
● SEPTEMBER	9月5日是美国的劳动节。秋季也是服装热卖的季节之一，美容化妆品会由于秋季新品到来而热销。卖家还可以为11月的“黑色星期五”“网络星期一”等促销活动做准备，因为旺季的物流非常慢，每年都有非常多卖家因为物流拥堵而错过旺季，所以需要提早准备
● OCTOBER	10月—又一销售旺季拉开帷幕，卖家要确保店铺库存充足。10月体育用品份会强劲打折，同时也是毛绒玩具热销月
● NOVEMBER	11月1日是万圣节，11月24日是感恩节，“黑色星期五”是11月的第四个星期五，“网络星期一”是感恩节后的第一个星期一。所以11月是全年最值得期待的销售旺季，一些家电用品开始打折，厨房用品、毛绒玩具热销，礼品会随着11月众多的节日来临进入热销季
● DECEMBER	12月24日是平安夜，12月25日是圣诞节。滑雪用品、取暖用品热卖，同时节前将会迎来一波送礼热，卖家可以抓住这个时机进行清旧换新

项目背景

深圳市征途箱包有限公司跨境电商专员高云团队经过前期的店铺运营，店铺已经上传了50多款产品，店铺曝光率也有所提升，但总体流量还是较少，近3个月来店铺的订单量和商品成交总额（Gross Merchandise Volume，GWV）增长缓慢。部门经理建议：在做好店铺的基础建设之后，接下来需要进行店铺引流，即营销推广。营销推广分站内推广和站外推广，做推广前要做好店铺的营销推广策划方案，通过站内和站外，不断优化营销推广效果，从而提高产品的曝光率、店铺商品浏览量，引导客户成功下单。

高云团队接到任务后，在部门经理的指导下，登录速卖通店铺，查看并分析上架商品的曝光量、浏览量和访客数等指标数据，确定开展店铺站内外营销推广的策略，制定店铺站内营销方案和站外推广方案。接下来根据店铺站内营销要求，登录速卖通平台，根据平台活动报名条件，选择合适的平台活动，准备平台报名所需资料，完成平台活动报名，同时利用营销工具，在后台完成活动设置。根据店铺站外推广方案，结合商品品牌定位和商品特点，撰写并发布推广内容，完成海外媒体广告投放和电子邮件营销（EDM营销）。通过本项目的学习，要求学生完成以下学习目标。

知识目标

1. 了解店铺促销活动类型。
2. 熟悉店铺自主营销活动的类型。
3. 了解海外社交媒体平台的类型和优势。
4. 掌握海外社交媒体营销的步骤。
5. 了解 EDM 推广的内容和步骤。

技能目标

1. 能根据促销目标和平台规则，完成店铺推广活动方案的策划。
2. 能根据促销目标和平台规则，开展平台直通车推广引流。
3. 能根据店铺促销目标，完成店铺活动创建和设置。
4. 能根据店铺站外推广要求，完成主流海外社交媒体平台推广活动创建。
5. 能根据站外营销目标，制定海外社交媒体营销推广方案。
6. 能根据站外营销目标，制定 EDM 营销推广方案。

素养目标

1. 培养统筹规划意识、成本意识和全局意识。
2. 培养诚实守信、遵纪守法的职业道德。
3. 培养互联网思维和创新思维。
4. 培养精益求精的工匠精神。

任务 1　策划专题推广活动

任务引入

进入9月，深圳市征途箱包有限公司国际运营部异常繁忙，部门要为“万圣节”“黑色星期五”“圣诞节”等即将到来的节日开展一系列的营销推广活动。跨境电商专员高云团队将围绕店铺经营目标，开展节日营销活动策划与实施，提升网站排名，获得更多流量和曝光率，进一步提高转化率。他们该如何做呢?

任务分析

每个节日都是跨境电商企业扩大流量、提升订单的重要时机。节日来临前，跨境电商企业均要做好准备，制定营销活动推广方案，同时，这期间的店铺运营、营销推广效果也是对跨境电商企业营销推广工作的重要检验。因此，可以提前对重要节日活动进行统筹规划，结合自身商品特点策划合理的专题推广活动。

相关知识

一、策划专题推广活动方案

阿里巴巴的“双十一”、亚马逊的 Prime day、“黑色星期五”、“网购星期一”等重要购物节及平台活动，圣诞节、万圣节、感恩节等各目标市场国的重要节日一直是各跨境电商平台及店铺借势开展营销推广活动的重要时机。那么，如何围绕这些目标国节日、平台大促日策划专题推广活动方案呢?

1. 熟悉国外主要节日季

节日季是增加销售、获取新客户的好时机，了解国外主要节日及其传统目的就是找到更适合推广自己企业产品的节日，抓住节日季大好时机来提升销量。因此，卖家需要广泛了解自己主营业务所针对的目标市场地区的主要节日季。表 5-1-1 列举了欧美国家的重要节日，表 5-1-2 列出了跨境电商平台大促活动日。

表 5-1-1　欧美国家重要节日

序号	节日	时间
1	万圣节	11 月 1 日
2	感恩节	11 月的第四个星期四
3	圣诞节	12 月 25 日
4	元旦	1 月 1 日
5	情人节	2 月 14 日
6	母亲节	5 月的第二个星期日
7	父亲节	6 月的第三个星期日

表 5-1-2　跨境电商平台大促活动日

序号	名称	时间	说明
1	“双十一”大促	每年 11 月 11 日的网络促销日	“双十一”购物狂欢节，源于淘宝商城（天猫）2009 年 11 月 11 日举办的网络促销活动。作为“国际版淘宝”的速卖通平台，从 2014 年开始每年一度的“双十一”大促活动，活动面向速卖通平台覆盖的全球 220 多个国家和地区

续表

序号	名称	时间	说明
2	Amazon Prime day	7月中旬	全球购物促销活动 Prime day 会员日是亚马逊每年一度举办的周年庆，时间一般在7月，旨在为特定国家的 Prime 会员提供促销、秒杀、打折的优惠活动
3	网购星期一	感恩节后的第一个星期一	网购星期一是美国一年当中最火爆的购物日之一。在这一天，许多商家会在网上商店提供相当大的折扣幅度以吸引顾客。因为美国商家发现，越来越多的消费者选择在感恩节过后的周一上网购物
4	九月采购节	9月	阿里巴巴国际站的9月采购节又被称作外贸行业的“双十一”，是阿里巴巴国际站为全球 B2B 买卖双方提供的大促活动。之所以在9月举办，是因为每年的9月是传统外贸采购高峰时期
5	黑色星期五	11月的第四个星期五	黑色星期五源自美国，是美国非官方的圣诞购物季的启动日。在这一天，各大商家都会推出大量的打折和优惠活动，这是在年底进行的最后一次大规模促销

2. 节日前：规划营销策略并做好各项准备

在购物节狂潮来临前制订好周全计划，预先设置适当的营销工具，了解目标受众需求，至少提前1个月规划节日促销策略。在节日开始前，还要做好以下细节准备：

（1）货源问题：确定促销的商品，并备好充足的货。

（2）消费对象：定位好消费群体，以便进行精准的营销推广。

（3）人员培训：首先是调动员工的积极性和热情，做到思想上重视；其次是对员工进行专业技能培训，让员工对商品和活动细节有较深入的了解。

（4）活动方案：在节前结合具体的节日特点进行活动策划，广告语、横幅、网页、海报、文案、照片、关键词等要契合节日主题，并且挖掘商品卖点和客户的购买需求，使其与节日完美地融合，做好借势营销策划。

节前进行广告促销文案策划时需要注意以下事项：

（1）促销时要关注消费者的内在需求；

（2）促销要给予消费者真正的实惠；

（3）促销策划应该发掘新颖独特的创新思维；

（4）要体现节日特色，主题富有感染力；

（5）对促销商品的质量和售后服务要介绍清楚；

（6）避免环节过于烦琐，使客户厌烦或产生怀疑。

3. 节日期间：装饰店铺，维护店铺营销活动正常运营

在节日期间，将店铺、官网、Facebook 和 Twitter 等线上平台的 Banner（横幅）/ 相册更换成节日主题营销活动页面。页面主题应契合节日主题形象，并符合海外市场目标

客户的审美喜好。活动内容要与平台节日营销活动内容相契合，但更要推陈出新，具有自己的创意与风格。在节日季购物高峰期，最经济高效的营销方式就是向熟知品牌的人群投放广告，吸引他们到网店购物。

在节日期间还要注意以下事项：

（1）假如促销广告与商品描述不符，比如商品信息有变化（换批次等），要注意及时修改完善促销信息，避免引起客户的误解。

（2）在仓储物流上，店铺的主推款需要放在靠近发货的区域，且最好借助海外仓发货，以避免因运输时效过慢而导致客户的不满。同时在发货前，要注意对商品质量进行严格的检查，以免发货后由于质量问题造成大面积的退货。此外，需要对活动商品的数量有精准的把控，既要避免销量太高导致断货，又要防止销量低迷导致库存积压。

（3）要一直关注店铺热销款的流量和销量，以及平台同类商品的销售情况，一旦发现同行抄袭你的商品或者恶意竞争，要及时采取有效的措施。

（4）由于跨境电商客服岗位的特殊性和时差的原因，客服在节日期间最好实行轮班制，一定要保证节日大促夜间有客服值班。

4. 节日后：做好物流和售后服务，保持客户黏性

对于节日活动期间努力赢得的客户，可以利用节后的恰当时机加深与这些客户的关系，将他们变为回头客。为更好地提升客户满意度，还需要注意以下问题：

（1）物流在发出货品后，卖家要时刻追踪物流公司的物流情况。

（2）商品质量问题是售后的重点工作。如果客户收到货后发现商品质量不好或者在运输途中遭到破损，卖家要确认货品确实已经遭到损坏，并且安抚客户的情绪，给客户退款或重新发货。

每次节日营销整体活动结束后都需进行一番很好的评估总结，比如本次活动销量情况、执行有效性、客户评价及同行概况等。分析每次活动的优点和不足，总结成功之处，吸取不足与教训，这样才能持续提升节日营销的品质和效果。总之，评估总结的目的，就是为了今后规避风险，以获取更大的成功。

二、速卖通平台大促活动介绍

“速卖通大促”是速卖通“全网大促销”的简称。从 2014 年起，速卖通每年组织 3 次大促，分别在 3 月、8 月和 11 月发布上线。速卖通大促集聚网站全部力量，引入海量新流量，发放百万元优惠券，组织上千万种优惠商品，吸引消费者集中消费，为卖家和网站带来交易额的跨越式提升。平台数据表明，每次大促活动，网站的交易额至少拉高 4 倍，参与大促的卖家交易额能平均提升 5 倍以上，善于营销的卖家交易额甚至可以达到 100 倍的提升。

很多卖家会通过速卖通平台活动来开展促销活动，有关情况可以从速卖通卖家后台进入查看，如图 5-1-1 所示。

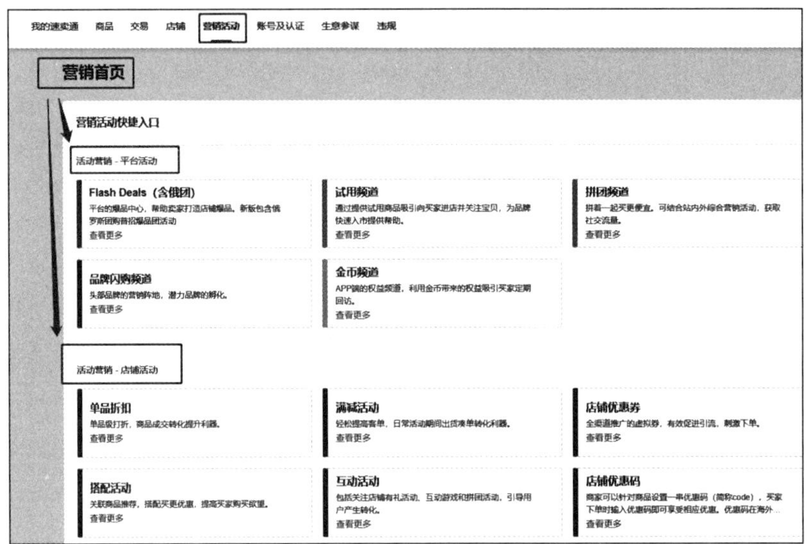

图 5-1-1　速卖通平台营销活动

平台活动是速卖通平台面向卖家会员发起的综合性、常规性的促销活动，平台会为这些大型活动制订专门的海外引流计划，短时间内形成流量爆发点。平台活动不仅能够提高销量，还能宣传品牌，卖家可以根据自己的商品实际情况，选择参加平台活动。由于平台活动往往是整个平台在做大规模的引流，卖家一旦参加，就有机会获得比较大的流量，从而增加商品的曝光率。

登录速卖通卖家后台，进入“营销活动”—“平台活动”，即可进入平台活动营销中心，了解平台活动信息，如图 5-1-2 所示。

图 5-1-2　速卖通平台营销活动入口

速卖通的平台活动包括一些固定频道活动，如 Super Deals（包括 Flash Deals）、试用频道、拼团频道、品牌闪购频道、金币频道等，如图 5-1-3 所示。平台固定频道活动往往是整个平台常年规划性的持续的引流活动，虽然其相对于大促活动流量低，但是这也是一部分非常重要的流量来源，不可忽视。参加固定频道活动有利于商品持续性流量的获得。平台固定频道活动报名页面如图 5-1-4 所示。

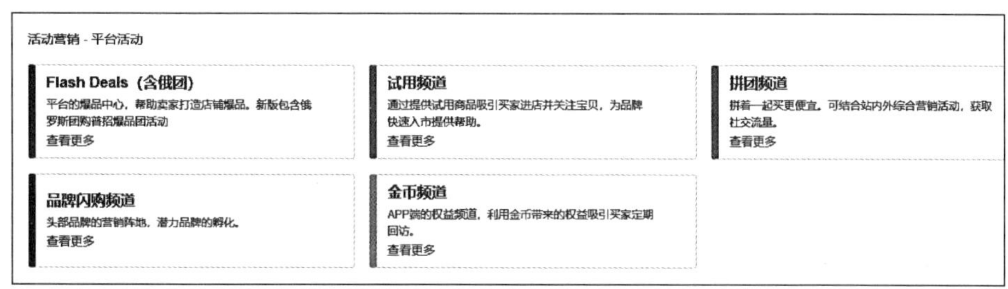

图 5-1-3　速卖通平台固定频道活动

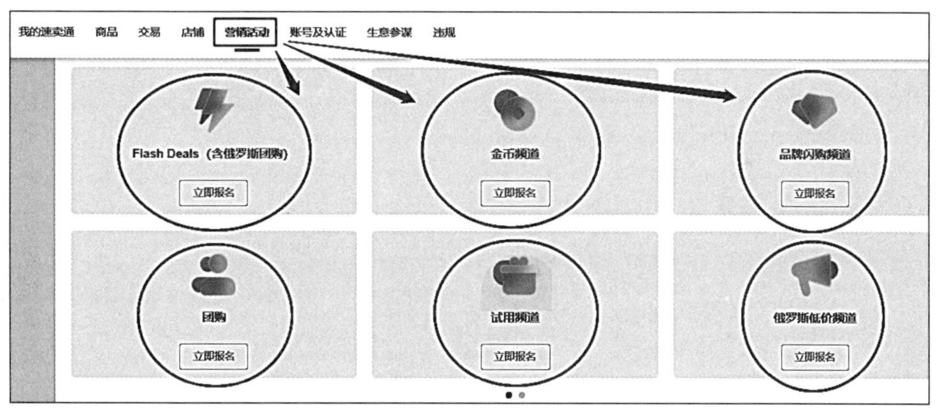

图 5-1-4　速卖通平台固定频道活动报名

平台活动还包括平台专享邀约、推荐活动等栏目内容，这些活动都是根据店铺的整体运营效果，由平台实行邀请制参加的，不是针对所有卖家的活动类型。如果店铺整体运营效果良好，将会有机会获得平台的邀请。专享邀约活动如图 5-1-5 所示。

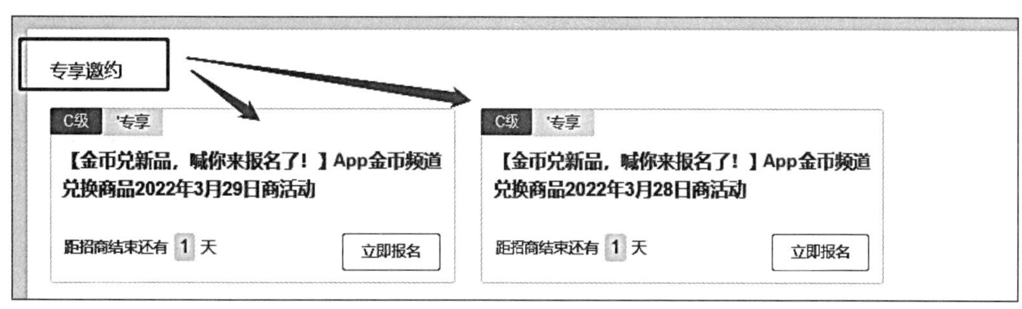

图 5-1-5　专享邀约活动

平台活动是速卖通面向卖家推出的免费推广服务，也是营销效果最为明显的营销利器之一。但是并不是所有的平台活动卖家都可以参与，卖家要通过“活动报名”，对照自己的店铺情况，查看报名要求和条件，符合条件的方可参加。对一些重要的活动，卖家要设法让店铺满足参加活动的条件，以便有机会获得更多的流量。平台活动报名页面如图 5-1-6 所示。

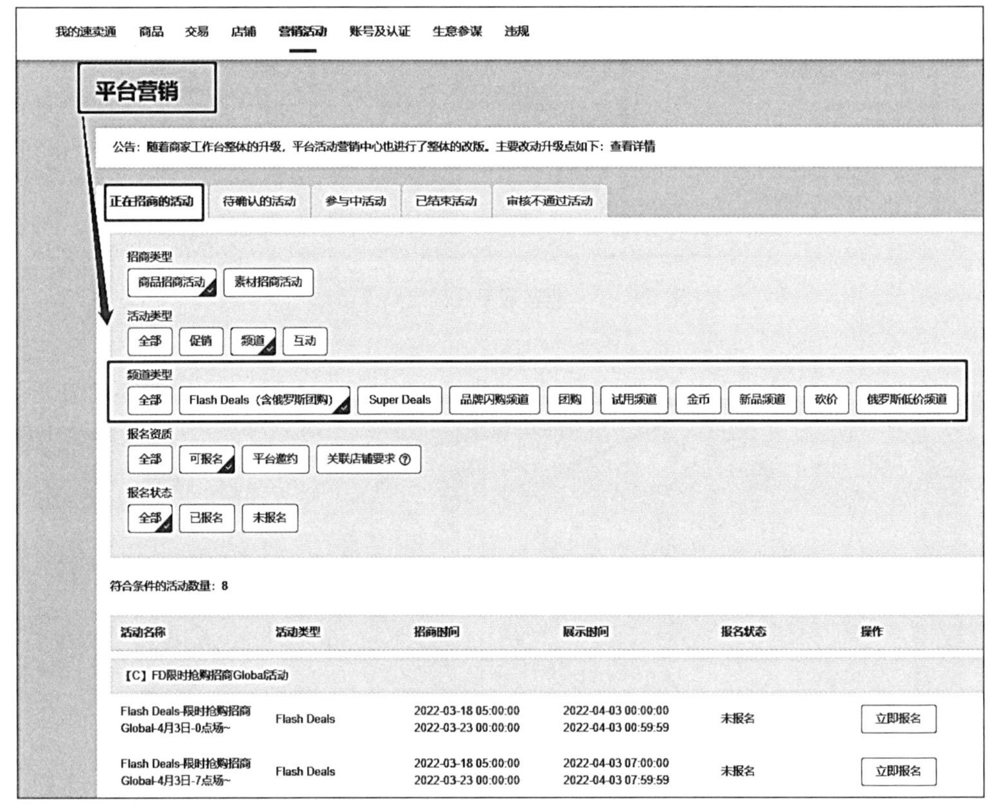

图 5-1-6　平台活动报名页面

任务实施

跨境电商专员高云团队围绕店铺经营目标，开展节日营销活动策划与实施，提升网站排名，以获得更多流量和曝光率，进一步提高转化率。请结合本次任务背景和相关知识，完成以下任务。

★任务：开展店铺促销推广活动

任务目标：在圣诞节来临之际，结合深圳市征途箱包有限公司的速卖通店铺（https://alnaue.aliexpress.com/）的主营商品，开展节日促销推广活动。图 5-1-7 所示为“Alnaue Store”童包店铺首页。

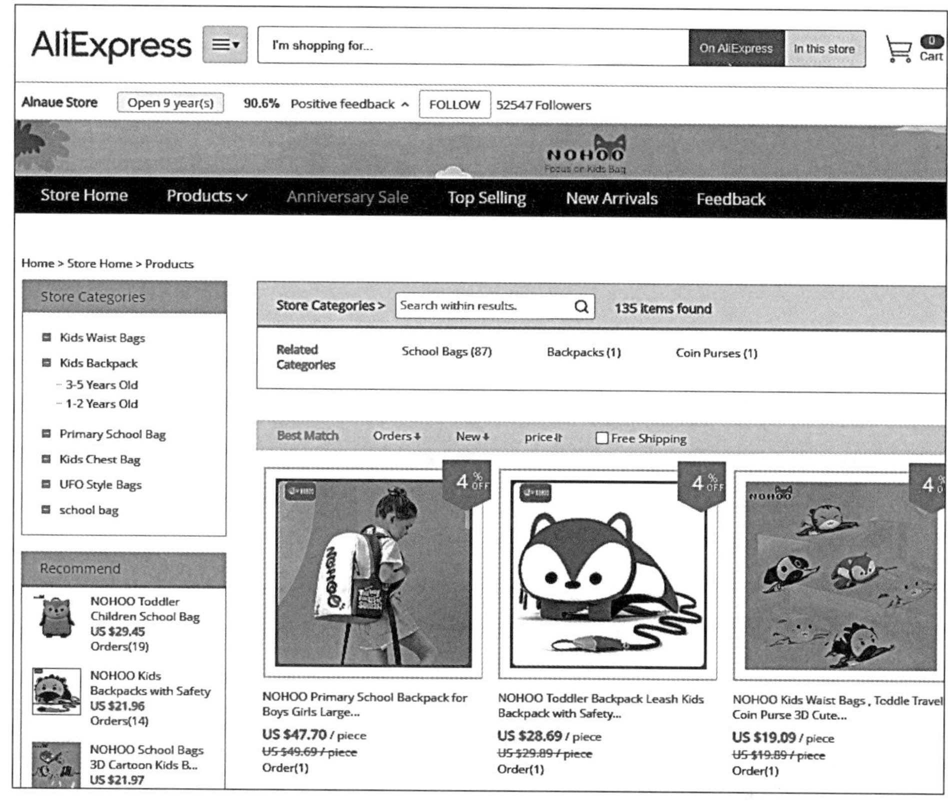

图 5-1-7 “Alnaue Store”童包店铺首页

任务工具：PC 端或手机端网络搜索引擎（如百度）、速卖通商家门户网站（https: // sell.aliexpress.com/zh/ ）。

任务实施：

【步骤 1】策划节日促销推广方案，完成表 5-1-3 的填写。

表 5-1-3　“圣诞节”店铺促销方案策划

项目	内容
1. 推广目的	
2. 推广步骤	
3. 推广方法	
4. 推广对象	
5. 推广时间	
6. 人员安排	

【步骤 2】进行店铺选品。登录速卖通平台，采用前面学过的方法调研目标市场情况，运用选品工具查看产品热度，筛选出适用于节日促销的商品，完成表 5-1-4 的填写。

表 5-1-4　　　　　　　　　　　　店铺选品策划

参与促销的商品名称	定价	商品特点	商品评论

【步骤 3】装饰店铺。选择图形图像设计工具或第三方设计工具重新设计店铺横幅、广告等，使店铺装修带有浓浓的圣诞节氛围，更能吸引客户注意力。示例如图 5-1-8 所示。

圣诞节店铺横幅图片

示例：

圣诞节店铺广告图片

示例：

图 5-1-8　“圣诞节”店铺推广图片示例

【步骤 4】报名参加速卖通平台活动。登录速卖通商家后台，进入“营销活动”—“平台活动”，即可报名参加平台活动。

【步骤 5】向客户发送邮件，告知促销活动信息。可以使用速卖通站内的邮件营销工具给客户发送营销邮件。方法是：登录速卖通卖家后台，进入“营销活动” — “客户营销” — “邮件营销”，按照实际情况，选择客户、撰写邮件、选择促销商品等，实施邮件营销，如图 5-1-9 所示。

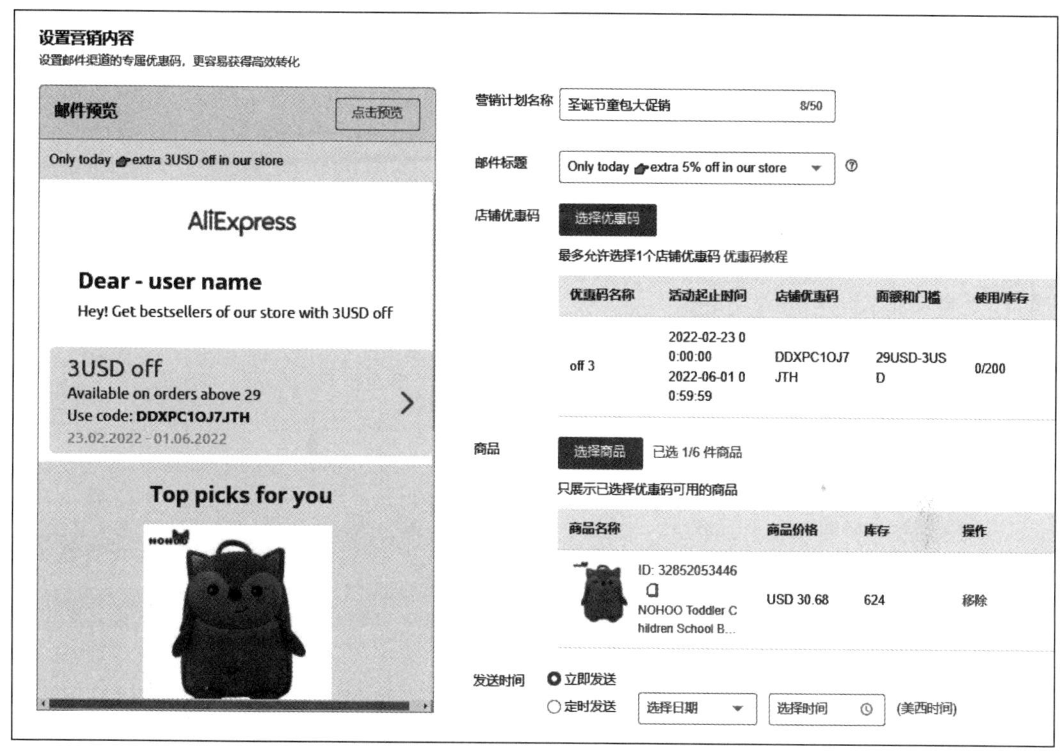

图 5-1-9　促销邮件的设置

【步骤 6】店铺推广活动设置完成，接下来要关注推广活动的后续进展情况。

任务评价

本次任务主要通过理论学习、网络学习和任务实践，使学生掌握店铺促销活动的设置方法和流程，并完成相关任务单（表格）的填写。

本次任务引入跨境电商专员岗位角色，让学生以跨境电商专员角色组建小组（运营团队），根据每个工作任务情境和任务要求开展任务实施，在学习评价中采用过程性评价和结果性评价相结合的方式，从课前、课中、课后多角度评价，从知识能力、职业素养、专业能力三维度评价，发挥学生的主动性。同时开展小组讨论，培养团队协作意识。

一、职业素养评价

职业素养评价表是对任务完成过程中所需的职业规范、组织协作、沟通能力、创新实践四个方面进行评价，对组员的评分由组长完成，对组长的评分由组员集体评定，评价结果填写在表 5-1-5 中。

表 5-1-5　　职业素养评价表

评价项目	评价标准	完全符合（90～100 分）	比较符合（70～89 分）	基本符合（60～69 分）	完全不符合（59 分及以下）
①职业规范	按时到岗，具备职业认同感				
	工作过程诚实守信、遵纪守法、吃苦耐劳				
	仪容仪表符合职业规范				
②组织协作	服从组内安排				
	能完成小组分配的任务				
	能主动配合或帮助组员				
③沟通能力	小组讨论时能踊跃发表观点				
	能参与本组任务方案展示的准备或解说				
	能清晰准确地表达自己的观点				
④创新实践	能提出创新性的建议并落实				
	能总结反思并持续改进				
	能在实践活动中发挥个人特长				
合计					

二、任务实施评价

本次任务的专业能力评价表根据本次任务目标和要求填写，评价形式采取线上线下相结合，分为课前、课中、课后三个环节全面评价学生的综合专业能力。评价结果填写在表 5-1-6 中。

表 5-1-6　　专业能力评价表

序号	评价项目	评价标准	评价方式	评价环节	完全符合（90～100 分）	比较符合（70～89 分）	基本符合（60～69 分）	完全不符合（59 分及以下）
1	课前任务	数字资源平台 PPT、微课的学习程度	线上	课前				
		学习任务书填写情况						

续表

序号	评价项目	评价标准	评价方式	评价环节	完全符合（90～100分）	比较符合（70～89分）	基本符合（60～69分）	完全不符合（59分及以下）
2	任务：开展店铺促销推广活动	促销推广方案具有可操作性	线上+线下	课中				
		能正确进行促销选品操作						
		能完成店铺促销活动图片的设计						
		按照平台政策报名参加平台活动						
		任务全面完成，步骤无遗漏						
		任务成果有创新						
3	学习成果输出	按时上交任务可视化成果（文档、照片、视频等）	线上+线下	课后				
		入选优秀作业（作品）集						

三、任务综合评价

根据任务权重计算方式填写任务综合评价总表（见表 5-1-7），记录小组任务执行情况，每个小组完成任务的可视化学习成果予以存档。

表 5-1-7　　任务综合评价总表

任务名称						
小组名称	小组成员	职业素养评价（20%）	专业能力评价			总分
			课前学习评价（10%）	课中任务评价（60%）	课后验收评价（10%）	
小组一						
组平均分						
考核记录						

思考与练习

分组查找一项最近热门的事件（如各类赛事：奥运会、冬运会、亚运会、欧洲杯、世界杯等），策划一个事件促销方案。

任务 2　开展站内营销推广

任务引入

跨境电商专员高云团队策划了万圣节、“黑色星期五”、圣诞节等节日促销活动方案后，他们要为速卖通店铺“Alnaue Store”童包进行站内营销推广，提升网站排名，以获得更多流量和曝光率，他们该如何做呢?

任务分析

站内营销，就是在店铺所在平台内采用平台营销工具进行店铺的营销和推广。做好站内营销，可以提升店铺知名度，增加店铺订单量，使店铺排名靠前。速卖通平台的站内推广，要根据平台活动报名条件，选择合适的平台活动，准备平台报名所需资料，完成平台活动报名。同时利用平台营销工具，在后台完成平台活动设置。

相关知识

一、店铺活动（店铺自主营销）

店铺活动是指由卖家自主发起的店铺促销活动，卖家可自由选择时间段、产品、促销形式来开展店铺活动。常见店铺活动类型包括单品折扣、满减活动、店铺优惠券、搭配活动等。登录速卖通卖家后台，点击“营销活动”—“店铺活动”即可进入店铺活动页面，如图 5-2-1 所示。

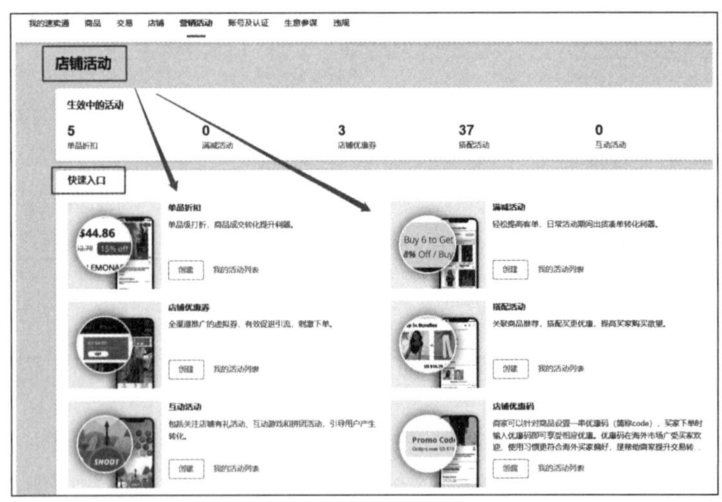

图 5-2-1　速卖通店铺活动类型

1. 单品折扣

商品打折是最常见的促销手段之一。速卖通买家购物车、收藏夹里的商品一旦打折，立刻会收到系统提示，从而提升购买率。单品折扣，是指对指定的商品进行单品限时打折，以增强客户购买欲，提高商品转化率。该活动设置时间不宜过长，一般3～7天为宜，结合满立减和优惠券等其他活动，效果更好。活动开始后可告知老客户，尽可能招揽老客户实现成交。切忌对产品提价后打折，一旦被平台发现，将有可能被限制流量和展示，或者限制开展相应活动，甚至被处以更严重的处罚。

单品折扣活动的创建和单品折扣工具的操作流程可以扫描二维码学习。

2. “满立减”活动

卖家可以根据自身经营状况，对店铺设置“满X元优惠Y元”的促销规则，即当订单总额满足X元，客户付款时则享受Y元优惠扣减。利用“满立减”活动可以轻松提升客单价（即每个客户平均购买商品的金额），刺激客户购买欲，提升商品的转化率。

在设置“满立减”活动时，须注意“满立减”的金额是包括客户所购买商品的货值及运费的总金额，避免错误计算造成亏损。

通过扫描二维码，学习速卖通“满立减”活动的创建步骤和操作流程。

3. 店铺优惠券

店铺优惠券是可以实现全渠道推广的虚拟券，能有计划地引流，刺激下单转化，刺激老客户再次成交等。卖家既可以设置对所有商品都适用的优惠券，也可以根据客单价，让客户先领券再下单，以提升购买转化率。

通过扫描二维码，学习速卖通店铺优惠券活动的创建步骤和操作流程。

4. 搭配活动

卖家可以通过“搭配活动”将店铺商品进行组合销售，实现关联商品推荐，搭配买更优惠，从而提高客户购买欲，有效提升商品转化率。搭配活动工具的操作流程如下：

（1）创建搭配活动套餐。登录速卖通卖家后台，点击“营销活动”—“店铺活动”—“创建搭配活动”，如图 5-2-2 所示。

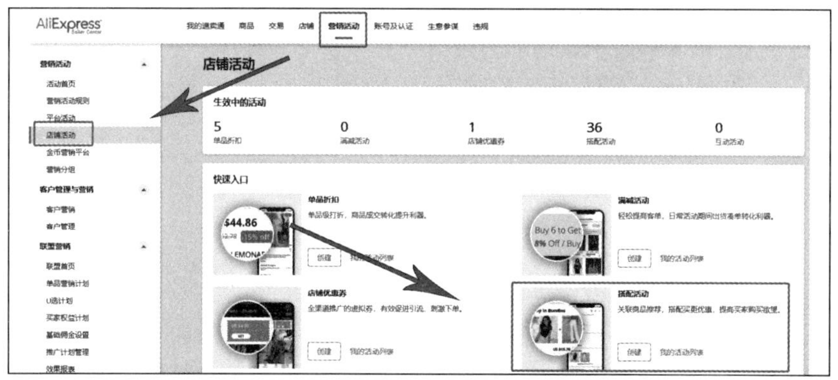

图 5-2-2　创建搭配活动

（2）选择主商品和搭配的子商品，设置搭配信息。选择 1 个主商品和 1～4 个子商品，同时设置搭配价，如图 5-2-3 所示。一个商品最多可在 3 个搭配套餐中作为主商品，最多可在 100 个搭配套餐中作为子商品。

图 5-2-3　设置搭配商品信息

（3）点击“创建搭配套餐”按钮，完成搭配活动创建。搭配套餐目前仅支持在 App 应用（无线端）的商品详情页自动展示，PC 端暂不支持展示。图 5-2-4 所示为“搭配活动”在 App 应用的前台展示。

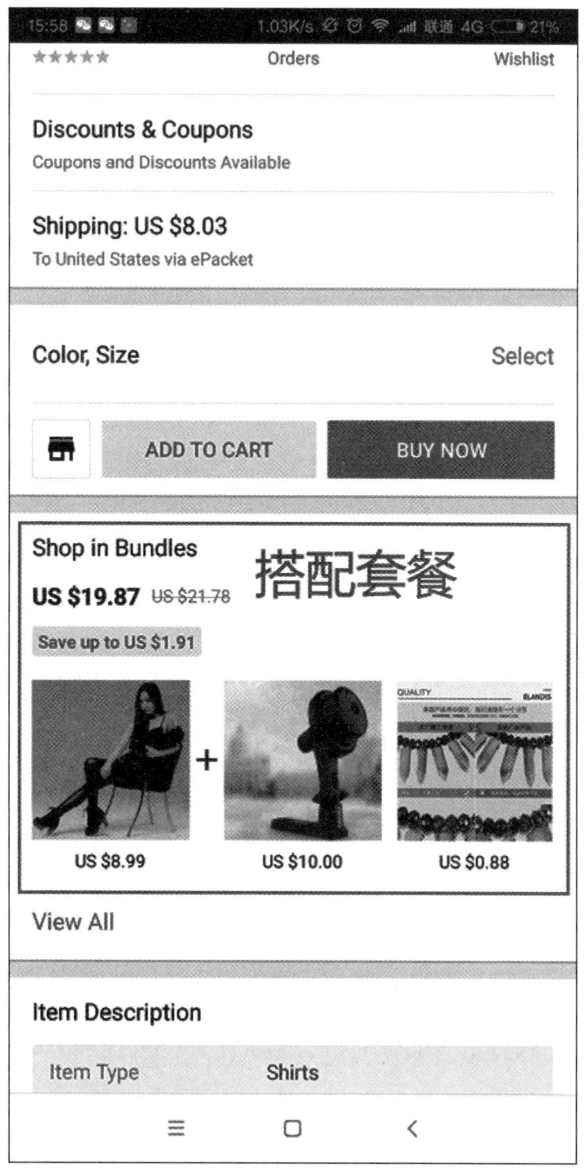

图 5-2-4 “搭配活动”在 App 应用的前台展示

5. 互动活动

店铺互动活动分为互动游戏和拼团两类。互动游戏包括“翻牌子”“打泡泡”“关注店铺有礼”三种，其中活动时间、买家互动次数和奖品都可自行设置，设置后选中放入“粉丝趴”帖子中可快速吸引流量到店。具体创建流程是：登录速卖通卖家后台，点击“营销活动”—“店铺活动”—“创建互动游戏”，如图 5-2-5 所示。

图 5-2-5　创建互动游戏

店铺拼团是一个可以更好对外传播拉新的工具，通过拼团营销工具设置更低的折扣，驱动客户在站外和好友分享并共同下单。其操作流程与“互动游戏”创建基本相同，登录后进入“互动游戏”，点击“创建拼团”后进行活动基本信息设置。

二、直通车推广

速卖通直通车，又称 P4P 广告，是速卖通卖家自主设置多维度关键词，平台免费展示商品信息，通过大量曝光商品来吸引潜在客户，并按照点击付费的一种广告模式。简单地说，速卖通直通车就是一种快速提升店铺流量的营销工具。

1. 直通车的优势

（1）迅速提高所推广商品的曝光量，增加访客流量，进而产生交易。

（2）帮助店铺爆品获得更多的曝光机会，巩固并持续提升爆品的转化效果，为卖家打造爆款提供数据支撑。

（3）可以帮助卖家测试新品，为开发新品提供方向，为新品备货提供库存量的参考数据。

（4）帮助卖家提升商品排名，为报名参加平台活动积累数据。

2. 直通车商品展示位置

目前直通车广告位分为移动端和 PC 端，商品展示规则如下：

（1）移动端分为手机 App 端和手机网页端，20 个商品为一页。手机 App 端广告位动态变化，首个广告位最高可至搜索结果页首页第 2 位。

（2）手机网页端广告位在第一页中从第 3 位起，位于第 3、11、19 位；从第二页起，位于第 6、16 位。

（3）PC 端的广告位在主搜页和搜索页底部的智能推荐位。

（4）PC 端搜索主页中，60 个商品为一页，直通车广告位从第 5 位起，每隔 4 个有一个直通车推广位，即第 5、10、15、20、25、30、35、40、45、50、55、60 位。

具体直通车展位会随着商品更新变化而有所调整。图 5-2-6 所示为 PC 端直通车广告位在搜索首页和搜索页底部的智能推荐位。

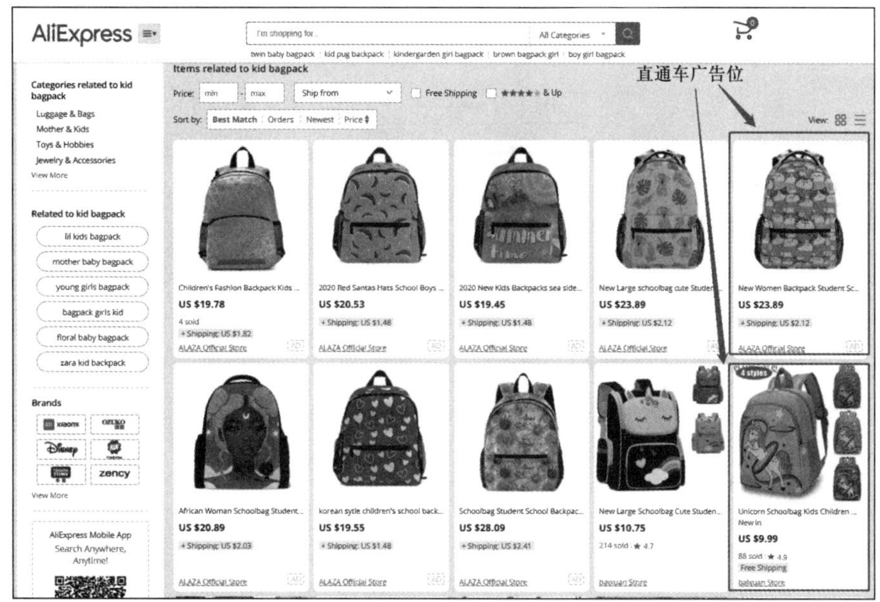

a）PC 端搜索首页的直通车广告位

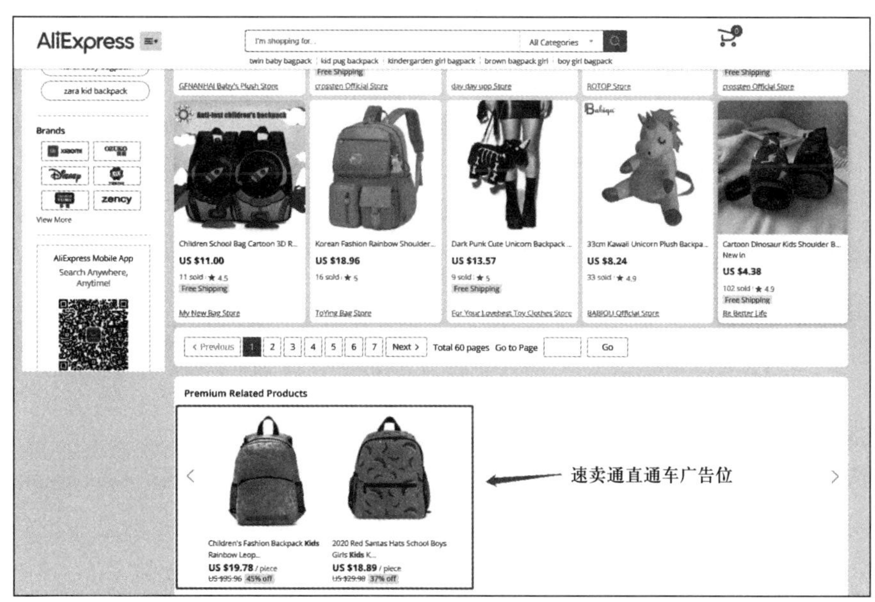

b）PC 端搜索页底部的智能推荐位

图 5-2-6　PC 端直通车广告位在搜索页的位置

3. 直通车推广的设置

速卖通直通车推广的创建流程如下:

(1)登录速卖通卖家后台,点击“营销活动”—“直通车”—“新增推广计划”,如图 5-2-7 所示。

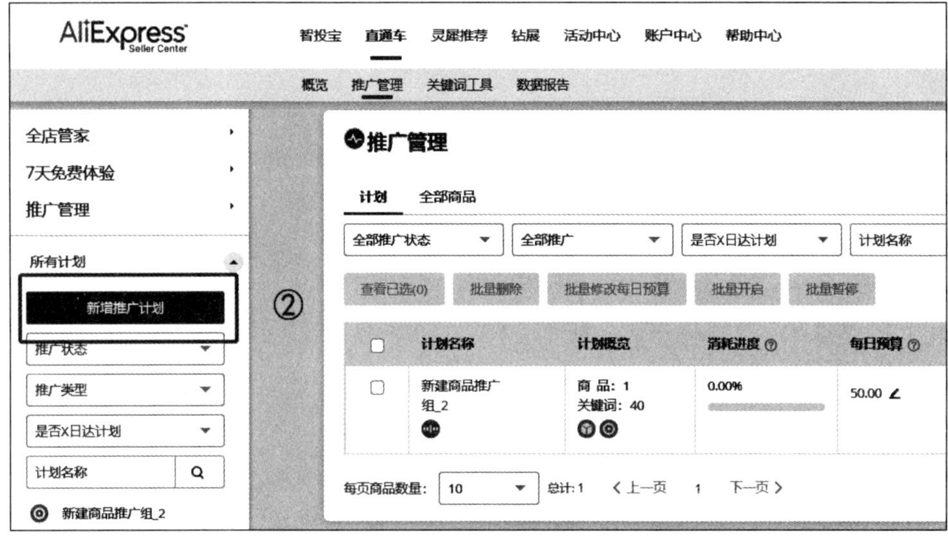

图 5-2-7 新增推广计划

(2)添加推广商品,如图 5-2-8 所示。

图 5-2-8 添加推广商品

(3)设置推广详情。

1)选择推广方式。推广方式包括智能推广—均匀曝光、重点推广和快捷推广三种。

①智能推广—均匀曝光。指系统根据商家出价进行智能调整,计划中的每个商品都可以获得均衡曝光流量,以测试商品市场热度,快速掌握测试款数据。

②重点推广。适用于重点商品的推广管理。卖家最多可以建立 50 个重点计划,每个重点计划最多包含 100 个单元。每个单元内可以最多容纳 1 个商品、200 个词。建议

优先选择市场热销或自身有销量、有收藏、有价格优势的商品进行推广（可参考商品分析中的成交转化率、购物车、搜索点击率等数据）。其独有创意推广等功能，可帮助卖家更好地打造爆款。

③快捷推广。适用于普通商品的批量推广。卖家最多可以建立 50 个快捷推广计划，每个计划最多容纳 100 个商品、20 000 个关键词。快捷推广中的批量选词、出价等功能可帮助卖家更加快速地制订自己的计划，捕捉更多流量，并从中筛选出有推广潜力的商品。

2）设置关键词和创意。按图 5-2-9 所示设置关键词和创意。

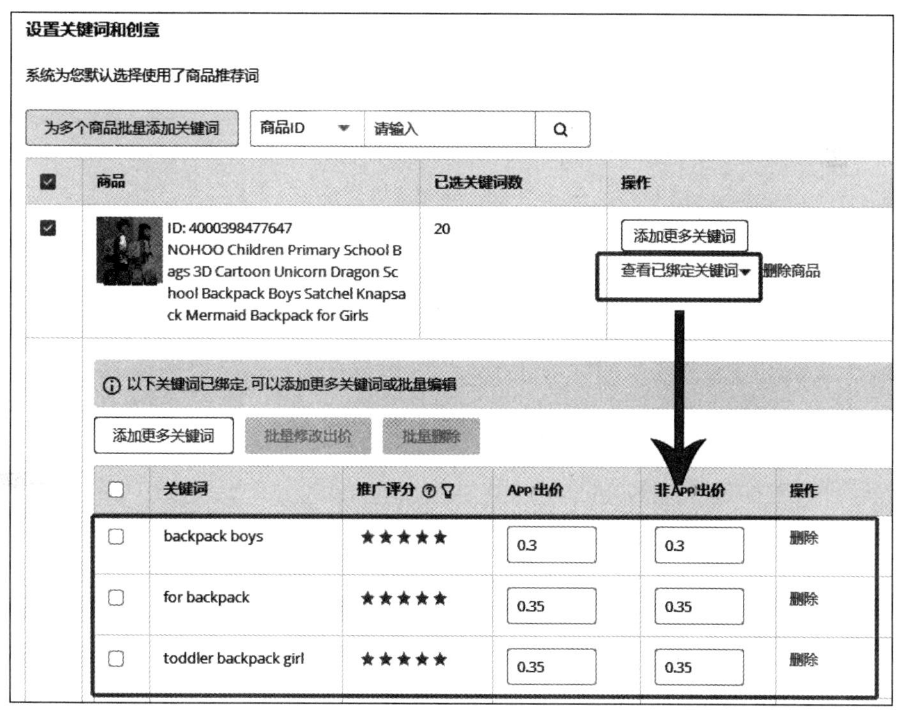

图 5-2-9 设置关键词和创意

3）定制核心国家溢价、设置人群溢价。溢价是指愿意为指定的流量（访客定向、兴趣点定向或群体定向）加价，也叫作人群搜索溢价。通俗地说，就是出价超出了原定价。设置溢价可帮助卖家在一些国家的流量上更具竞争力，如图 5-2-10、图 5-2-11 所示。

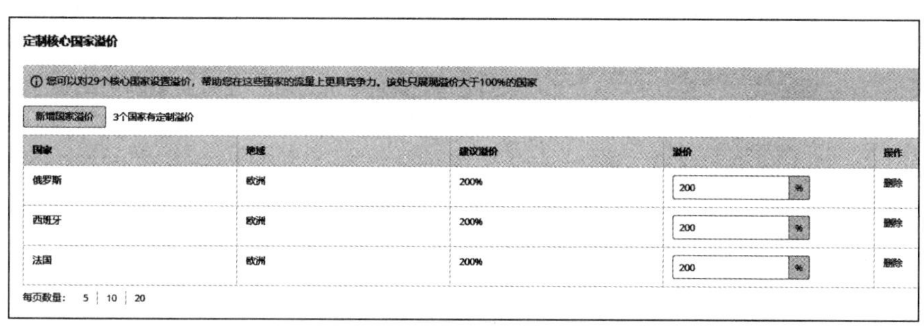

图 5-2-10 定制核心国家溢价

图 5-2-11　设置人群溢价

例如，关键词的原始出价为 1 元，核心国家（如美国）的溢价系数为 120%，则在美国流量上该关键词的最终出价 = 1 × 120% = 1.2 元。地域溢价与人群溢价会分别起作用，当某一流量同时符合地域溢价条件和人群溢价条件时，溢价比例叠加。

举例说明，卖家同时设置了人群 A（溢价 200%）和美国（溢价 120%）两个溢价条件。

情况 1：如果一个流量属于人群 A 但不属于美国流量，则该关键词的最终出价 = 1 × 200% = 2 元；

情况 2：如果一个流量不属于人群 A 但属于美国流量，则该关键词的最终出价 = 1 × 120% = 1.2 元；

情况 3：如果一个流量不属于人群 A 也不属于美国流量，则该关键词的最终出价 = 1 元；

情况 4：如果一个流量同时属于人群 A 和美国流量，则该关键词的最终出价 = 1 × 200% × 120% = 2.4 元。

（4）提交推广。完成以上设置后，就可以观察直通车的推广效果了，在“计划详情”里查看推广的数据和效果，如图 5-2-12 所示。

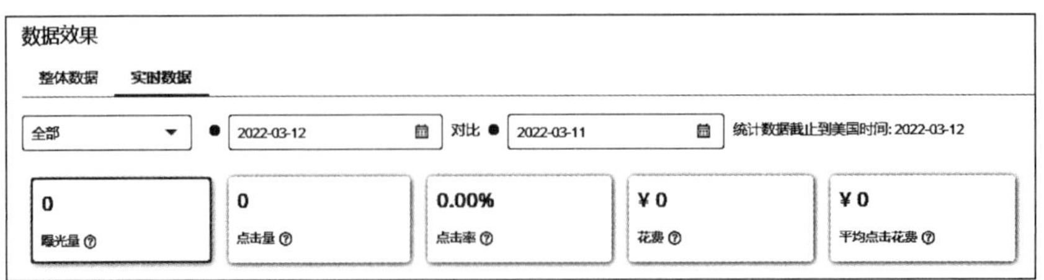

图 5-2-12　查看推广效果

三、速卖通联盟营销

速卖通联盟营销是一种按效果付费的推广模式。加入速卖通联盟之后，商品除了以现有的渠道进行曝光外，站内还会在速卖通的联盟专属频道得到额外曝光，联盟也会将卖家的商品投放到社交平台、导购网站等站外渠道进行推广。若有买家通过联盟营销的链接进入店铺购买商品并交易成功，商家需要支付佣金给联盟，即参与到联盟营销的卖家无须预先支付任何费用，推广过程完全免费，只需为联盟网站带来的成交订单支付联盟佣金。图 5-2-13 所示为速卖通联盟营销页面。

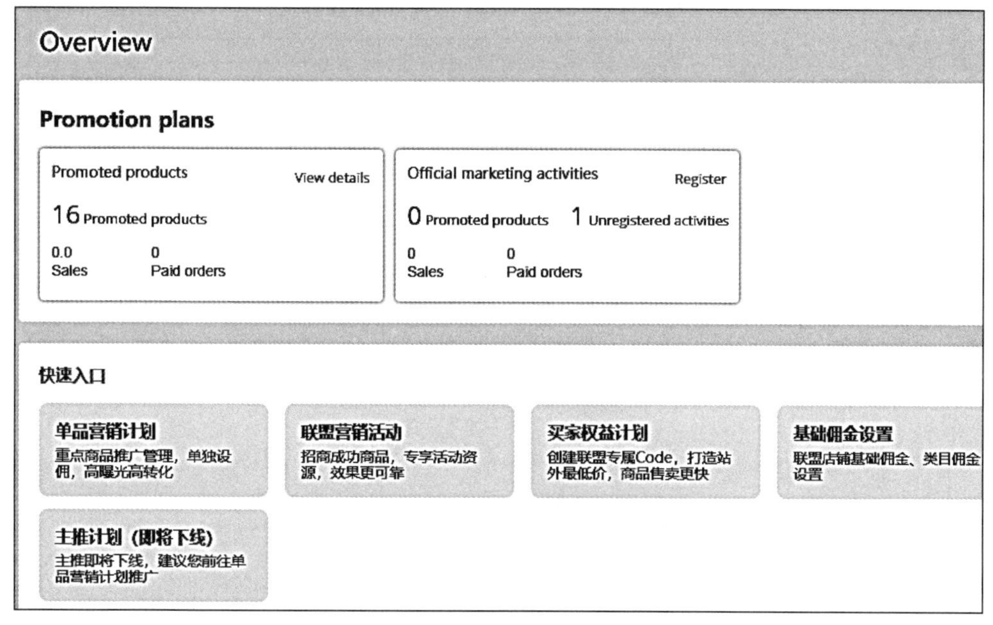

图 5-2-13　速卖通联盟营销页面

四、速卖通粉丝营销

速卖通无线频道 Store Club，作为卖家的粉丝营销阵地，是根据买家和卖家的关注关系来显示内容，其功能类似于淘宝的“微淘”。关注店铺的买家可以从卖家那里收到动态信息，包括店铺上新、买家秀、粉丝专享活动、导购文章等。此外，获得了直播权限，卖家的直播视频也会同步展示到频道内，且支持买家对相应的内容进行点赞和评论。图 5-2-14 所示为速卖通粉丝营销页面。

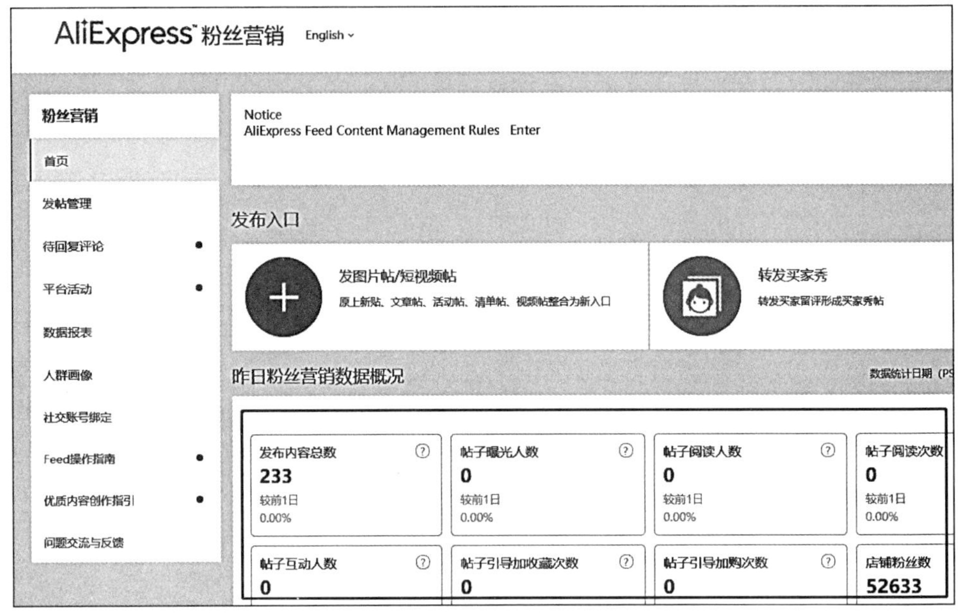

图 5-2-14　速卖通粉丝营销页面

任务实施

进入 9 月，深圳市征途箱包有限公司国际运营部异常繁忙，部门要为万圣节、“黑色星期五”、圣诞节等即将到来的节日开展一系列的营销推广活动。跨境电商专员高云团队要为速卖通店铺“Alnaue Store”的童包开展站内营销推广活动，提升网站排名，获得更多流量和曝光率，进一步提高商品转化率。请结合本次任务要求和相关知识，完成以下任务。

★任务一：开展店铺“满立减”活动

任务目标：店铺“Alnaue Store”的秋季童包新品已经上线，店铺准备针对过季的夏款童包商品开展促销活动，以缓解库存成本和资金压力。近期店铺准备策划一场为期 3 天（2022 年 9 月 1 日 9：00 至 9 月 3 日 9：00）的“满立减”活动，对滞销的 8 种夏款商品进行清仓处理。跨境电商专员高云团队制定了 3 个不同的活动方案，具体如下：

“满立减”活动方案 1:单笔订单金额满 \$59 立减 \$10;单笔订单金额满 \$69 立减 \$20;

单笔订单金额满 $79 立减 $30。

“满立减”活动方案 2:单笔订单金额满 $59 立减 $20;单笔订单金额满 $129 立减 $50;单笔订单金额满 $219 立减 $70。

“满立减”活动方案 3:单笔订单金额满 $99 立减 $30;单笔订单金额满 $169 立减 $50;单笔订单金额满 $269 立减 $80。

在以上 3 个“满立减”活动方案中选择一个最符合营销目标的方案，完成此次“满立减”活动的设置，另外此次活动不可叠加优惠。

任务工具: 速卖通卖家后台（https: //gsp.aliexpress.com/）。

任务实施:

【步骤 1】通过测算，确定最佳的促销活动方案。

【步骤 2】登录速卖通卖家后台（https: //gsp.aliexpress.com/），点击“营销活动”—“店铺活动”—“满减优惠”，创建“满立减”活动；再根据任务要求，完成活动基本信息、活动商品及促销规则等内容的设置。请将操作过程录屏或制作成 PPT 提交。

★任务二：开展店铺“优惠券”活动

任务目标: 店铺“Alnaue Store”的秋季童包新品准备上线，店铺为了回馈新老客户，进行新品上新促销，准备开展一次优惠券发放的营销活动。通过向客户发放优惠券、限时 3 天内使用的方式，短时间内快速为店铺引流，提高客单价。跨境电商专员高云团队制定了 4 个不同的优惠券活动方案，具体如下:

活动时间: 2022 年 9 月 4 日 00：00 至 2022 年 9 月 7 日 00：00

方案 1：设置 $2 无门槛优惠券。

方案 2：设置满 $25 减 $5 的优惠券活动。

方案 3：设置满 $45 减 $8 的优惠券活动。

方案 4：设置满 $100 减 $10 的优惠券活动。

目前店铺的有效粉丝数是 20 000 人，优惠券每人限领 2 张，覆盖率 2%。请在以上 4 个优惠券活动方案中选择一个最合理的方案，并完成此次“优惠券”活动的设置。

任务工具: 速卖通卖家后台（https: //gsp.aliexpress.com/）。

任务实施:

【步骤 1】确定最佳的优惠券活动方案。

【步骤 2】登录速卖通卖家后台（https: //gsp.aliexpress.com/），点击“营销活动”—“店铺活动”—“创建店铺优惠券”，创建“优惠券”活动；再根据任务要求，完成活动基本信息、优惠券领取规则设置、优惠券使用规则设置等内容。请将操作过程录屏或制作成 PPT 提交。

★任务三：开展店铺“单品折扣”活动

任务目标: 店铺“Alnaue Store”的秋季童包新品上架一段时间后，店铺的某款儿童双肩包的曝光量及转化率都不理想。跨境电商专员高云团队准备针对该款儿童双肩包开展“单品折扣”促销活动。初步确定活动时间是 2022 年 9 月 21 日 00：00 至 9 月 24 日 00：00。同类店铺促销活动折扣在 6 折左右，为了争夺更多的流量，运营人员准备在不亏本的情况下（毛利率 10% 盈亏平衡），拿出 500 件商品进行限时打折促销，以提高此款商品的交易数。

此款儿童双肩包售价为 $37.5，平均客单量为 2 件。表 5-2-1 为该款儿童双肩包的主要成本构成（其余成本忽略不计）。

表 5-2-1　　某款儿童双肩包主要成本构成

进货成本	包装成本	物流成本	推广成本	平台佣金
$10/ 件	$4/ 包裹（个）	$8/ 包裹（个）	$2/ 件	10%

此次活动规定每人限购 2 件。请结合营销目标及有关要求完成“儿童双肩包单品折扣”的设置。

任务工具：速卖通卖家后台（https: //gsp.aliexpress.com/）。

任务实施：

【步骤 1】通过计算得出活动折扣率。

【步骤 2】登录速卖通卖家后台（https: //gsp.aliexpress.com/），点击“营销活动”—“店铺活动”—“创建单品折扣”，创建活动；再根据任务要求，完成活动基本信息、活动商品选择、折扣率等内容设置。请将操作过程录屏或制作成 PPT 提交。

★任务四：开展店铺直通车推广

任务目标：店铺“Alnaue Store”的秋季童包新品上架一段时间后，店铺的某几款儿童双肩包的曝光量及转化率都还不错。跨境电商专员高云团队准备采用直通车的重点推广计划，对利润、销量均比较好的两款童包产品进行推广设置，并设计出相应的表格记录推广效果，具体要求见表 5-2-2。

表 5-2-2　　童包直通车推广设置要求

推广商品 ID	推广方式	计划推广名称	每日预算	添加关键词数	新增核心国家溢价	人群溢价设置
4002003001	重点推广	儿童双肩包 A 款	60	10	俄罗斯 / 溢价 200%	200%
4002003002	快捷推广	儿童双肩包 B 款	50	15	德国 / 溢价 200%	200%

请结合以上要求为店铺的两款童包产品设置直通车推广计划。

任务工具：速卖通卖家后台（https: //gsp.aliexpress.com/ ）。

任务实施：

【步骤 1】登录速卖通卖家后台（https: //gsp.aliexpress.com/ ），点击“营销活动”—“直通车”—“新增推广计划”，创建活动；再根据任务要求，完成每日预算、推广方式等内容设置。请将操作过程录屏或制作成 PPT 提交。

【步骤 2】直通车推广计划实施一段时间后，查看并记录推广数据，填写直通车推广效果记录表（见表 5-2-3）。

表 5-2-3　　店铺“Alnaue Store”直通车推广效果记录表

商品 ID	近 7 天曝光量	近 7 天点击量	近 7 天点击率	近 7 天花费	近 7 天平均点击花费
4002003001					
4002003002					

任务评价

本次任务主要通过理论学习、网络学习和任务实践，使学生掌握跨境店铺站内推广的方法和操作流程，并完成相关任务单（表格）的填写。

本次任务引入跨境电商专员岗位角色，让学生以跨境电商专员角色组建小组（运营团队），根据每个工作任务情境和任务要求开展任务实施，在学习评价中采用过程性评价和结果性评价相结合的方式，从课前、课中、课后多角度评价，从知识能力、职业素养、专业能力三维度评价，发挥学生的主动性。同时开展小组讨论，培养团队协作意识。

一、职业素养评价

职业素养评价表是对任务完成过程中所需的职业规范、组织协作、沟通能力、创新实践四个方面进行评价，对组员的评分由组长完成，对组长的评分由组员集体评定，评价结果填写在表 5-2-4 中。

表 5-2-4　　职业素养评价表

评价项目	评价标准	完全符合（90～100 分）	比较符合（70～89 分）	基本符合（60～69 分）	完全不符合（59 分及以下）
①职业规范	按时到岗，具备职业认同感				
	工作过程诚实守信、遵纪守法、吃苦耐劳				
	仪容仪表符合职业规范				
②组织协作	服从组内安排				
	能完成小组分配的任务				
	能主动配合或帮助组员				
③沟通能力	小组讨论时能踊跃发表观点				
	能参与本组任务方案展示的准备或解说				
	能清晰准确地表达自己的观点				
④创新实践	能提出创新性的建议并落实				
	能总结反思并持续改进				
	能在实践活动中发挥个人特长				
合计					

二、任务实施评价

本次任务的专业能力评价表根据本次任务目标和要求填写，评价形式采取线上线下相结合，分为课前、课中、课后三个环节全面评价学生的综合专业能力。评价结果填写在表 5-2-5 中。

表 5-2-5　　专业能力评价表

序号	评价项目	评价标准	评价方式	评价环节	完全符合（90～100 分）	比较符合（70～89 分）	基本符合（60～69 分）	完全不符合（59 分及以下）
1	课前任务	数字资源平台 PPT、微课的学习程度	线上	课前				
		学习任务书填写情况						

续表

序号	评价项目	评价标准	评价方式	评价环节	完全符合（90～100分）	比较符合（70～89分）	基本符合（60～69分）	完全不符合（59分及以下）
2	任务一：开展店铺“满立减”活动	选择最合适的“满立减”活动方案	线上+线下	课中				
		给出具体的操作步骤和内容						
		任务全面完成，步骤无遗漏						
		符合速卖通平台活动设置规则						
3	任务二：开展店铺“优惠券”活动	选择最合适的“优惠券”活动方案	线上+线下	课中				
		给出具体的操作步骤和内容						
		任务全面完成，步骤无遗漏						
		符合速卖通平台活动设置规则						
4	任务三：开展店铺“单品折扣”活动	计算出正确的单品折扣率	线上+线下	课中				
		给出具体的操作步骤和内容						
		任务全面完成，步骤无遗漏						
		符合速卖通平台活动设置规则						
5	任务四：开展店铺直通车推广	按照要求完成直通车推广计划设置	线上+线下	课中				
		给出具体的操作步骤和内容						
		任务全面完成，步骤无遗漏						
		符合速卖通平台活动设置规则						
6	学习成果输出	按时上交任务可视化成果（文档、照片、视频等）	线上+线下	课后				
		入选优秀作业（作品）集						

三、任务综合评价

根据任务权重计算方式填写任务综合评价总表（见表 5-2-6），记录小组任务执行情况，每个小组完成任务的可视化学习成果予以存档。

表 5-2-6　　任务综合评价总表

<table>
<tr><td>任务名称</td><td colspan="6"></td></tr>
<tr><td rowspan="2">小组名称</td><td rowspan="2">小组成员</td><td rowspan="2">职业素养评价（20%）</td><td colspan="3">专业能力评价</td><td rowspan="2">总分</td></tr>
<tr><td>课前学习评价（10%）</td><td>课中任务评价（60%）</td><td>课后验收评价（10%）</td></tr>
<tr><td rowspan="4">小组一</td><td></td><td></td><td></td><td></td><td></td><td></td></tr>
<tr><td></td><td></td><td></td><td></td><td></td><td></td></tr>
<tr><td></td><td></td><td></td><td></td><td></td><td></td></tr>
<tr><td></td><td></td><td></td><td></td><td></td><td></td></tr>
<tr><td>组平均分</td><td colspan="6"></td></tr>
<tr><td>考核记录</td><td colspan="6"></td></tr>
</table>

思考与练习

1. 速卖通平台活动有哪些？比较速卖通平台活动与大促活动的异同。
2. 分析速卖通平台活动的形式，完成表 5-2-7 的填写。

表 5-2-7　　速卖通平台活动

活动名称	活动入口	优势	卖家入选条件	活动效果

任务 3　开展海外社交媒体营销

任务引入

深圳市征途箱包有限公司国际运营部计划在 Facebook 等社交媒体平台建立自己

的账号并开展站外推广活动，促进产品销售，提升品牌影响力。跨境电商专员高云团队决定先浏览海外的一些知名社交媒体平台，了解不同平台的风格特点，观察粉丝量多的账号发布信息的特点，为店铺站外引流做准备。那么，如何开展海外社交媒体营销呢？

任务分析

海外社交媒体营销（即 SNS 营销）是跨境电商卖家常用的一种站外推广方式。跨境电商卖家通过 SNS 营销，进行产品宣传，塑造企业形象，实现目标用户的精准营销，有效降低营销成本。进行 SNS 营销需要设定营销目标、选定推广平台、制订内容规划和推广计划，最后针对用户开展营销活动。

相关知识

社交媒体（Social network site，SNS），也称社会化媒体，指允许人们撰写、分享、评价、讨论、相互沟通的网站和技术。常见的社交媒体营销方式包括社交网站、论坛、博客、问答社区四大类。

海外社交媒体营销，指的是利用海外 SNS 平台，进行品牌推广、产品宣传、营销活动等。Facebook、Twitter 、Instagram、YouTube、Linkedin、Google+、Reddit、VK、Slideshare、Pinterest 、Disqus 等都是跨境电商卖家常用的 SNS 网站。在 SNS 营销渠道中，Facebook 是使用最广泛的。

一、常见的海外社交媒体平台

海外社交媒体平台主要分为以下两大类：

一是基于熟人之间强关系的社交媒体，通常为实名社交。这类社交媒体将用户线下真实的社交关系通过平台实现线上链接，常见的有 Facebook、Linkedin 等。

二是基于共同兴趣爱好关系的社交媒体，通常为非实名社交。这类社交媒体最看重的是“内容”，即建立内容与人的关系，主要包括 YouTube、Pinterest、Twitter、专业论坛等。

1.Facebook

Facebook 中文称脸书、脸谱网，创立于 2004 年，总部位于美国加利福尼亚州门洛帕克。主要创始人是马克·扎克伯格。

Facebook 是全球最大的社交媒体平台之一，月活跃用户为 25 亿，有超过 8 000 万优质采购商。据美国知名市场研究机构 eMarketer 调查发现，2019 年约 86.8% 的美国营销人员通过 Facebook 进行社交营销活动。Facebook 通过关键词搜索的方式让客户看到企业的产品和服务，增进了企业与潜在客户之间的联系，并通过群组、帖文等为企业和客户创造了一个沟通平台，甚至直接形成客户转化。

2.Twitter

Twitter 中文统称推特，是一家美国社交网络及微博客服务的网站，是全球互联网上访问量最大的十个网站之一。Twitter 可以让用户更新不超过 280 个字符的消息（除中文、日文和韩语外），这些消息也被称作“推文（Tweet）”，因此 Twitter 被形容为“互联网的短信服务”。Twitter 用户群体较为年轻，通过发文 Twitter 能够起到粉丝互动、解决问题、为网站引流等作用，被视为与消费者建立强大互动、为网站引流以及提高转化率的最佳渠道。

3.Linkedin

Linkedin 创立于 2003 年 5 月，是全球职场社交平台，有很多企业在上面发布招聘信息。该网站的目的是让注册用户维护他们在商业交往中认识并信任的联系人，即“人脉”。用户可以邀请他认识的人成为“关系”（Connections）圈的人。截至 2020 年 5 月，Linkedin 的用户总量已经超过 6.9 亿，在我国拥有超过 5 000 万名用户。2014 年 2 月 25 日，Linkedin 简体中文版网站正式上线，并宣布中文名为“领英”。因为这个平台商务性较强，所以它也成为企业开发客户的重要渠道。

4.Pinterest

Pinterest 堪称图片版的 Twitter，网友可以在 Pinterest 找到自己感兴趣的图片并收藏进自己的收藏夹，也可以在这些图片下留言，与其他网友交流。许多公司在 Pinterest 建立了主页，用图片营销旗下的产品和服务。Pinterest 采用的是瀑布流的形式展现图片内容，无须用户翻页，新的图片不断自动加载在页面底端，让用户不断地发现新的图片。

对于在 Pinterest 开展营销推广的跨境电商卖家来说，需要建立一个有价值的形象，所上传的产品图片需要抓住用户的情感和需求，引起共鸣，从而吸引用户对产品的关注。在 Pinterest 上传帖子后，帖子在用户的转发和保存下会存在很长时间。

5.Instagram

Instagram 即照片墙，是一款运行在移动端上的社交应用，它以一种快速、美妙和有趣的方式将人们随时抓拍下的图片彼此分享。Instagram 是 Facebook 旗下的社交媒体品牌，目前拥有 8 亿多活跃用户，日活跃用户量可达 5 亿。对于跨境电商卖家来说，Instagram 是一个免费的营销推广工具，如果在 Instagram 上发布合适的产品图片，顾客不知不觉就会被你的产品吸引，从而借助 Instagram 提升店铺浏览量，增加产品销量。

6.YouTube

YouTube，中文称“优兔”或“油管”，是全球最大的视频网站，流量在全球排名第三。跨境电商卖家可以在 YouTube 建立自己的频道，挑选爆款产品并拍摄视频，上传到 YouTube 进行宣传。它还可以在 YouTube 上寻找大的拍客与之合作，即拍客推广，利用大拍客的力量，将他们的粉丝转化为客户。此外，还鼓励真实客户拍视频上传到 YouTube，更易引发共鸣。

7.Google+

Google（谷歌）是全世界最大的搜索引擎，Google+ 是谷歌旗下的社交媒体平台，是一个多语种的社交网络和身份服务网站。它的优势在于允许用户自己创建不同的社交圈子，建好圈子之后就可以向他人发送信息。利用平台的这一特点，卖家可以把自己的目标群体细分，再向自己的目标客户发送针对性的信息。不同的群体定位不同，推广的标准也不同，细分之后网络推广带来的效果会更明显。Google+ 推出特色服务，分别为资讯串、相片、社交圈、个人资料、群组聊天（Huddle）、灵感话题（Sparks）、视频聚会和游戏。在 Google+ 上做营销，是目前跨境电商行业的热门引流手段。

二、海外社交媒体营销的优势

1. 高性价比

几乎所有社交网络平台都允许免费注册和创建个人资料，与其他营销策略相比，它可以让企业有更高的投资回报预期，同时为其他营销和业务支出留出更多的预算。

2. 更高的转化率

社交媒体营销是一种可以精准定位目标客户群体的营销方式。更加精准的客户定位，意味着可以花更少的预算覆盖更多真正有效的潜在客户，用户的每篇文章、照片、视频或评论都有可能为公司的网站带来更多的流量，为店铺带来更多的流量，从而带来更高的转化率。

3. 提升品牌忠诚度和知名度

发展忠实的客户群是所有企业的营销目标之一，定期与客户互动并与他们建立并保持联系至关重要。社交媒体不仅仅用于介绍企业的产品和促销活动，它还是与客户直接沟通的服务渠道。每次分享的每个帖子或内容都有助于向客户展示企业形象，增进与客户的互动，通过推广企业的产品或服务，及时解决客户的疑问。

4. 充当“客服补充”

当卖家无法通过站内信等方式联系到跨境电商平台的客户时，社交媒体营销可以成为跨境电商平台客服体系的一个补充。因为令人惊喜的是，那些我们无法通过站内信联系到的客户，在社交媒体上几乎是“秒回”信息。所以，在社交媒体上与客户进行联系，不仅效率高，也能带来更好的客户体验。

三、海外社交媒体营销步骤

跨境电商企业开展海外社交媒体营销，可以按以下步骤进行：

1. 设定目标

跨境电商企业通过海外社交媒体运营想要实现什么目标？是想提高企业知名度，还是想加大产品曝光度？或者是希望加强与粉丝的联系？不同的运营目标所采取的营销手段和策略会各不相同。所以，设定好目标，是企业开展海外社交媒体营销的第一步。目标的设定可以遵循“SMART 原则”，即 Specific（明确）、Measurable（可衡量）、Achievable（可达到）、Relevant（相关）和 Time-bound（有时限）。具体如下：

- 社交媒体营销目标应清晰明确。
- 目标必须是可以衡量的。

- 目标必须是可以达到的。
- 目标必须与其他目标存在相关性。
- 设定可以在确定的时间范围内实现的目标。

2. 选择合适的社交媒体平台

跨境电商企业开展社交媒体营销并不需要基于全部社交媒体平台，而应从客户喜好及自身资源两方面综合考虑，合理选择社交媒体平台。例如时尚、彩妆等视觉驱动的行业，Instagram、Pinterest 等图片分享平台较为适用；而 3C 产品等适合以文字为主的方式进行推广的产品，则更适合 Twitter。同时，不同社交媒体的运营需要不同的专业人员，如 Pinterest 的运营基于优美图片，Google+ 则更重视高品质的内容，企业需考虑自身人员的业务水平来选择。同时跨境电商企业还需要了解潜在客户多使用哪些海外社交媒体平台、他们在海外社交媒体上花费了多少时间、他们最活跃的时间段以及他们之间的互动方式等，以此作为平台选择的考虑因素。

扫描二维码可以了解更多主流海外社交媒体平台推广活动的创建。

3. 注册并完善信息

选定合适的社交媒体平台后，跨境电商企业需要完成社交媒体平台注册，并不断完善及优化企业信息。一份完整、优质的企业信息资料反映出企业的专业性和品牌一致性，它向访客说明了企业参与社交媒体的认真度。因此企业应定期检查社交媒体上的简介，确保头像、企业简介等信息的完整并及时更新。

信息资料包括视觉和文字两个部分。视觉部分需要保持一致性和熟识度，如 Twitter 头像要与 Facebook 头像相一致、Google+ 和 Linkedin 的封面图最好也保持一致。文字部分需注重如下规则：展示“我做了什么”往往比介绍“我是谁”的效果更好；确定明确的品牌及产品关键词，并向用户不断强调；保持语言的新鲜度，但要避免过于时髦的用词；保持个性化的风格等。

4. 制定内容策略

如果运营社交媒体时，只是简单地把产品图片或者促销信息反复推送，不仅找不到潜在客户，还会引起粉丝的反感。因为社交媒体平台首先是一个以社交为载体的平台，要先建立友情链接，再进行分享式、软文式营销。

制定内容策略包含三个重要的维度，即发帖内容、发布时间、发布频率。

海外社交媒体依靠内容引流，促进品牌传播。在 Facebook 等社交媒体平台上最好分享 60% 跟业务相关的内容，让人觉得更专业化；然后分享 30% 跟生活相关的内容，让人体会到亲切感；再分享 10% 跟行业前沿观点相关的内容，让人感觉有深度。内容形式应多样化，包含纯文字、图片、链接、视频、信息图表、海报、互动等。

不同社交媒体，其发布时间的效果各不相同。据调查显示，Facebook 平台的最佳发布时间是周三的 11—13 点。一周当中，周三是效果最好的一天，周日是效果最差的一天。最佳互动时间是工作日的 9 点到 15 点，最差互动时间是 7 点前和 17 点后。Twitter 平台的最佳发布时间为周三和周五上午 9 点，最佳互动时间是工作日的 8 点到 16 点，最差互动时间是夜里 22 点到凌晨 4 点。不过，每个账号的受众都是独一无二的，跨境电商企业需要不断进行测试，从而寻找到最适合的发帖时间。

考虑到企业的内容生产能力需要逐步释放，刚开始的时候发布频率可以适当放慢，以摸索出适合自己账号的规律，比如发帖时间、内容类别、互动规律等，然后逐步提高发布频率，并密切观察更高的发帖量是不是带来更好的效果，比如到达人数、阅读量、互动量、转化率等。

5. 数据分析及调整优化

随着发帖增多，跨境电商企业会发现适合自己的发帖内容、发布时间和发布频率。多数主流媒体平台都提供数据分析功能，加上日益丰富的相关第三方应用，这些工具可以向企业展示详细的数据，包括帖子的浏览点击量、分享量、点赞数和评论等。跨境电商企业要通过后台及相关的数据工具来挖掘和监控账号在社交媒体平台传播的反馈数据，根据数据对所发送的产品、视频、图片等内容进行分析、判断、调整和优化，而且要定期地进行查看和监控，及时调整内容，从而达到更好的传播效果，有效实现企业海外社交媒体营销的目标。

任务实施

按照公司计划利用海外社交媒体开展站外推广活动的要求，跨境电商专员高云团队决定先对海外的一些知名社交媒体平台进行调研，在此基础上制定海外社交媒体营销推广方案，并在 Facebook 平台注册账号、发帖、创建 Ad（广告），为店铺站外引流做准备。请结合相关知识和任务要求，完成以下任务。

★任务一：制定海外社交媒体营销推广方案

任务目标：店铺“Alnaue Store”的秋季童包新品准备上线，为了做好产品宣传、提升品牌曝光度，准备利用海外社交媒体进行站外推广。请根据图 5-3-1 的产品信息，制定海外社交媒体营销推广方案。

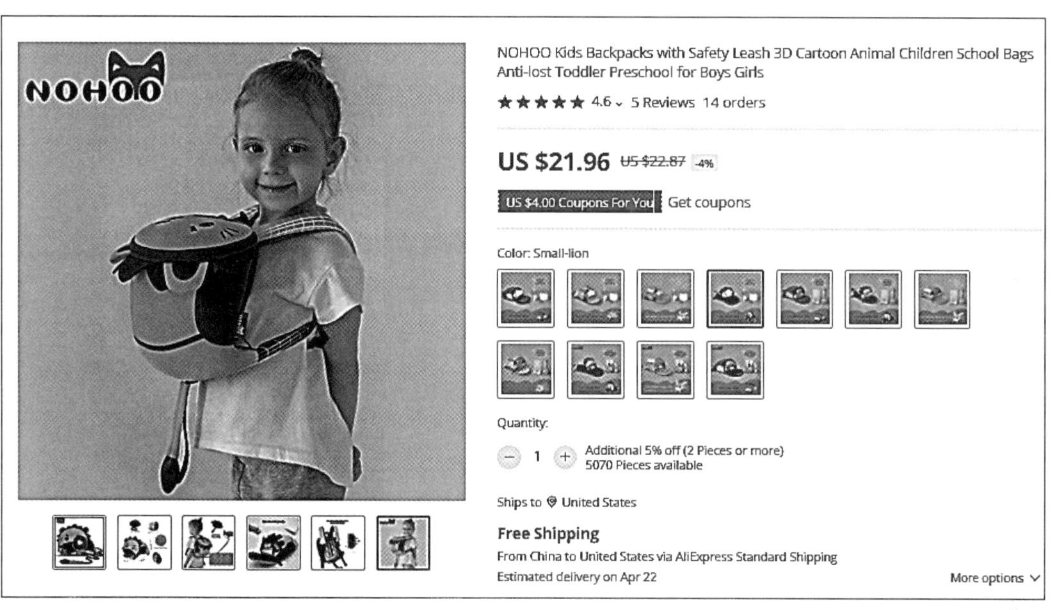

图 5-3-1　店铺“Alnaue Store”产品信息

任务工具：PC 端或手机端网络搜索引擎（如百度）。

任务实施：

【步骤 1】调研主流的海外社交媒体平台，根据店铺品牌特点和商品信息，选择和确定需要投放的海外媒体平台。使用 PC 端或手机端网络搜索引擎，登录需要查询的海外社交媒体网站，对比分析后，完成表 5-3-1 的填写。

表 5-3-1　　TOP5 的海外 SNS 平台分析

序号	SNS 平台名称	网址	所在国家	平台简介	活跃用户数量	平台推广优势
TOP1						
TOP2						
TOP3						
TOP4						
TOP5						

【步骤 2】根据表 5-3-2 的海外社交媒体营销推广方案框架，制定海外社交媒体营销推广方案。

表 5-3-2　　海外社交媒体营销方案框架

步骤	主要内容
1. 确定推广目标，分析受众	本次营销推广的目标是什么？推广的产品有哪些潜在消费者？ 潜在消费者喜欢关注哪些与产品相关的话题？
2. 选择合适的海外社交媒体平台	产品的潜在消费者主要活跃在哪些社交媒体平台？选择的社交媒体平台有哪些推广优势？
3. 完成目标推广平台的账号创建	头像如何选择？封面图采用什么风格？如何完善平台的账号信息？
4. 主题规划	推广的主题是什么？是否跟推广目标一致？跟店铺活动的关联性如何？
5. 实施方案	收集了哪些发帖的素材？发帖策略有哪些？发帖的内容（链接、图片、转发和纯文本信息）如何设计？发帖时间和发帖频率如何把握？内容发布采用什么方式？如何增加粉丝？如何提高转化率？
6. 数据分析和跟踪监测	发帖带来的浏览量、点击量、分享量、点赞数和评论如何？怎样改进和调整优化？

【步骤 3】撰写并提交一份完整的海外社交媒体营销推广方案，进行小组汇报展示。

★任务二：注册 Facebook 平台账号、发帖、创建 Ad

任务目标：跨境电商专员高云团队为了进一步推广店铺的童包产品，准备在 Facebook 社交媒体平台注册账号，并创建产品发布页面（pages），发布首篇帖子（post），创建广告（Ad）。Facebook 平台注册具体要求见表 5-3-3。

表 5-3-3　　Facebook 平台注册要求

创建“Create a page”		
填写项目	平台要求	填写说明
Page name	SZ-ZT Luggage Co.Ltd	可以使用企业、品牌或店铺名称作为页面名称
Category	Choose a category that describes what type of business, organization or topic the Page represents.	可以在下拉列表中选择企业类型，例如店铺是做箱包零售的，可以在下拉列表中选择“Retail Company”
Profile photo	Use a logo or image that helps people identify this Page in search results.	上传一张企业标识或图片作为个人资料使用。个人资料照片的理想尺寸是 170 px × 170 px。正方形的尺寸是最好的，Facebook 会在广告和帖子中将其裁剪为圆形。
Cover photo	Use an image that represents what this Page is about.	上传封面照片。封面照片的理想尺寸为 820 px × 462 px，封面照片出现在页面顶部，这是展示品牌、吸引访问者注意力的绝佳位置。
Posts	发布第一篇帖子，内容自定	通过发布帖子（状态更新、链接、照片、视频、事件或里程碑）来向页面添加内容

创建“Automated Ads”	
设置项目	设置内容
广告类型	Automated Ads
Choose your goal	Get more messages on Messenger
People Reached	1.1-3.2K
Daily budget	20
Ad version	示例： New Arrivals! Click here to buy now：https：//www.aliexpress.com/××××. We ship FREE internationally. Coupon expiring soon.

任务工具：PC 端或手机端网络搜索引擎（如百度），Facebook 网站（www.facebook.com）。

任务实施：

【步骤 1】注册 Facebook 个人账号。打开 Facebook 官方网页，选择“注册账号”，如图 5-3-2 所示，进入账号注册页面填写主要信息，包括姓名、手机号或邮箱、密码、出生日期等，应实名注册，保证信息准确。

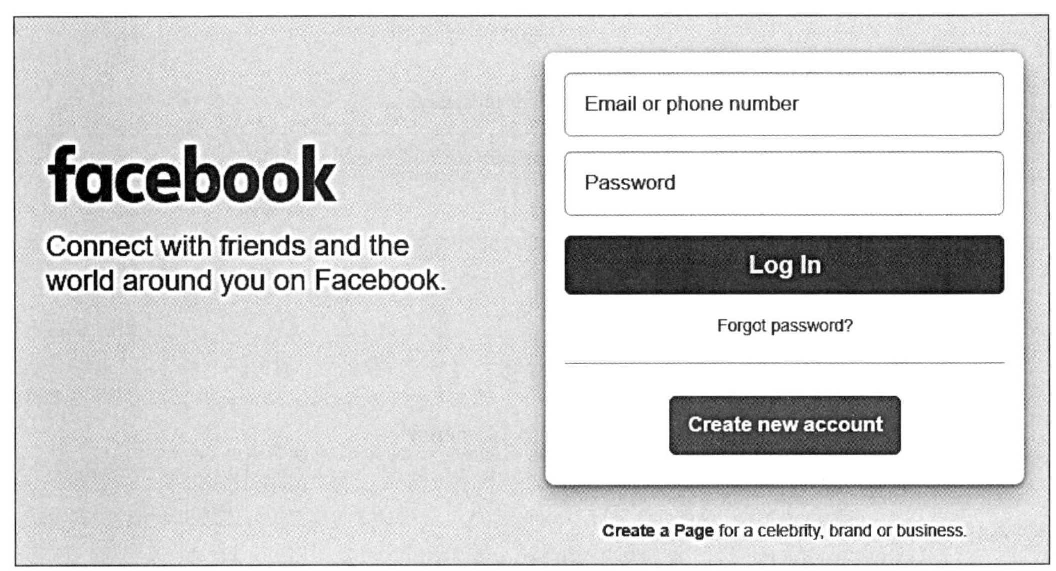

图 5-3-2 Facebook 登录页

【步骤 2】注册 Facebook Page。根据提示，选择“Menu”—“Page”，创建一个产品页面，填写和完善相关信息，如图 5-3-3 至图 5-3-5 所示。

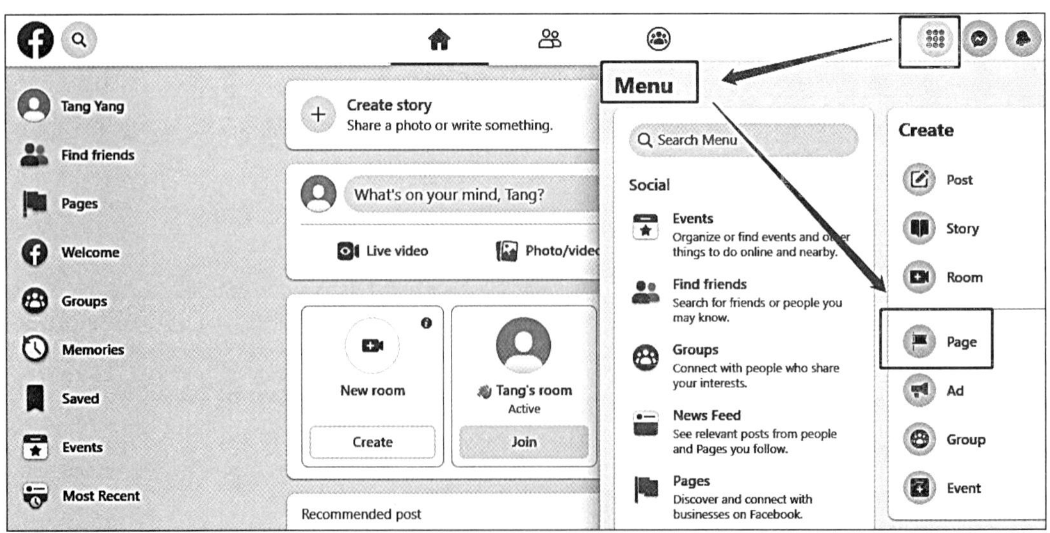

图 5-3-3 创建产品页面

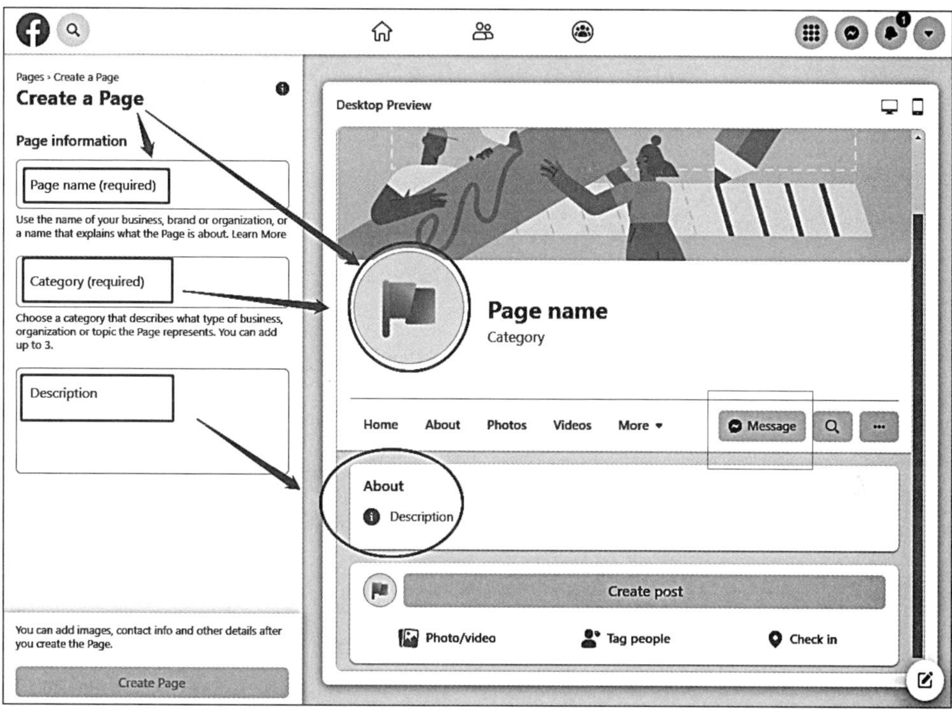

图 5-3-4 “Create a page”（创建主页）页面信息填写

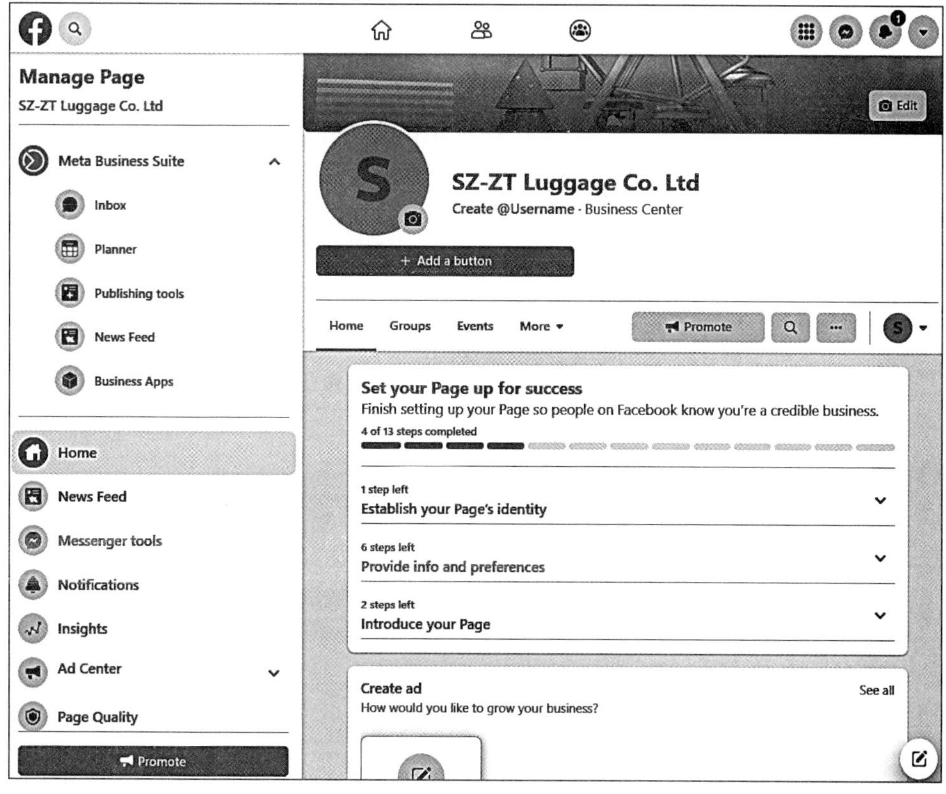

图 5-3-5 完善页面信息

完成注册后，可以通过 Facebook 后台的“Page Insights”（页面详情）查看每天的实时数据，包括粉丝构成、浏览量、触及率等，并及时调整营销策略，如图 5-3-6 所示。

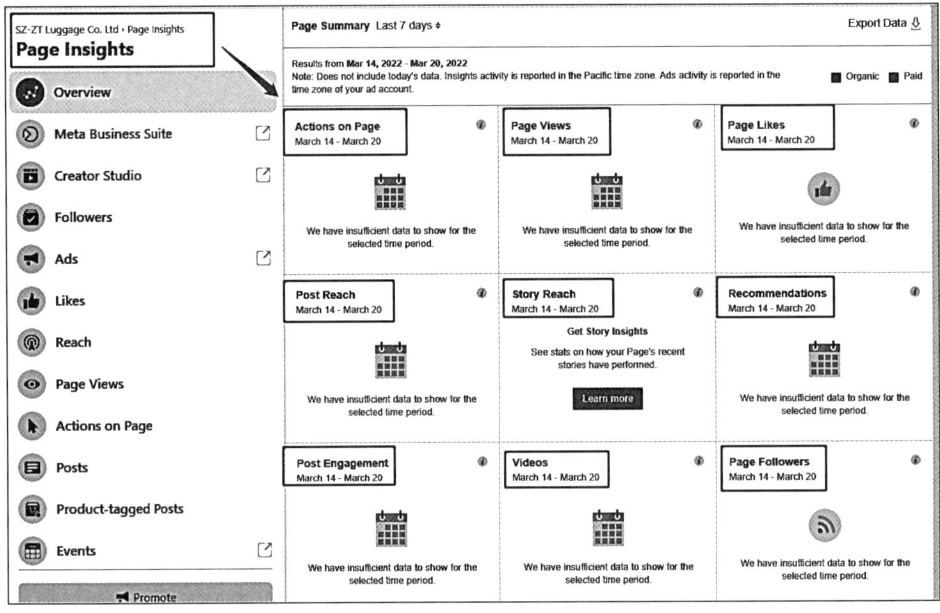

图 5-3-6 Facebook 的“Page Insights”

【步骤 3】发布一篇帖子。进入 Facebook 后台的“Page Insights”—“posts”—“Create post”，创建和发布帖子，如图 5-3-7 所示。

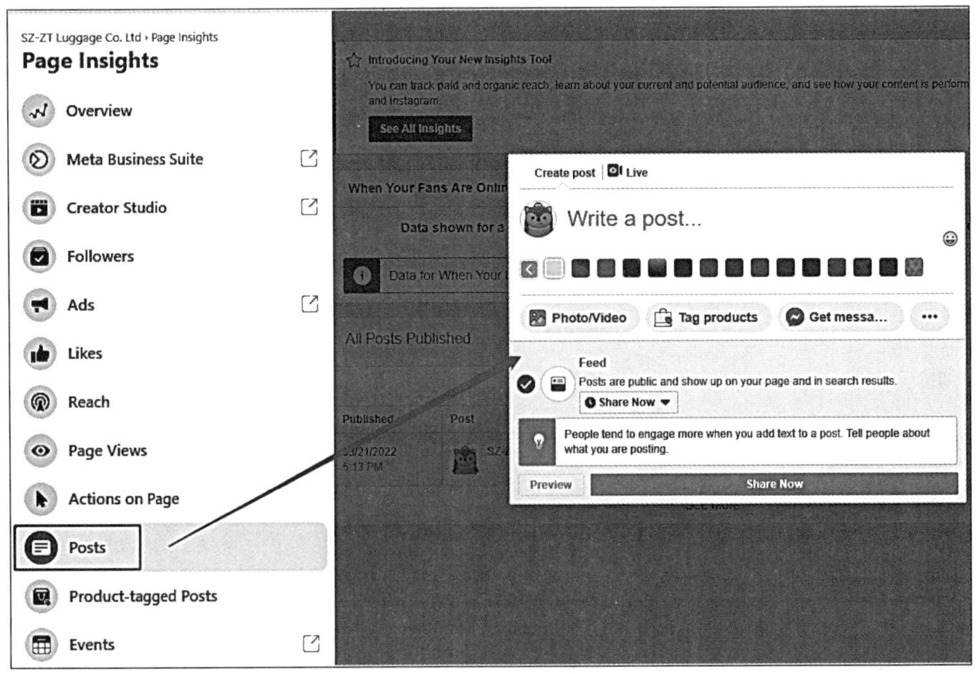

图 5-3-7 创建和发布帖子

【步骤4】创建Facebook Ad。进入Facebook后台的“Manage Page”—“Ad Center”—“Create ad”，按要求完成广告的设置，并撰写 facebook Ads 文案（填入表 5-3-4 中），最后发布，如图 5-3-8、图 5-3-9 所示。

表 5-3-4　Facebook Ads 文案

Facebook Ads 文案构思

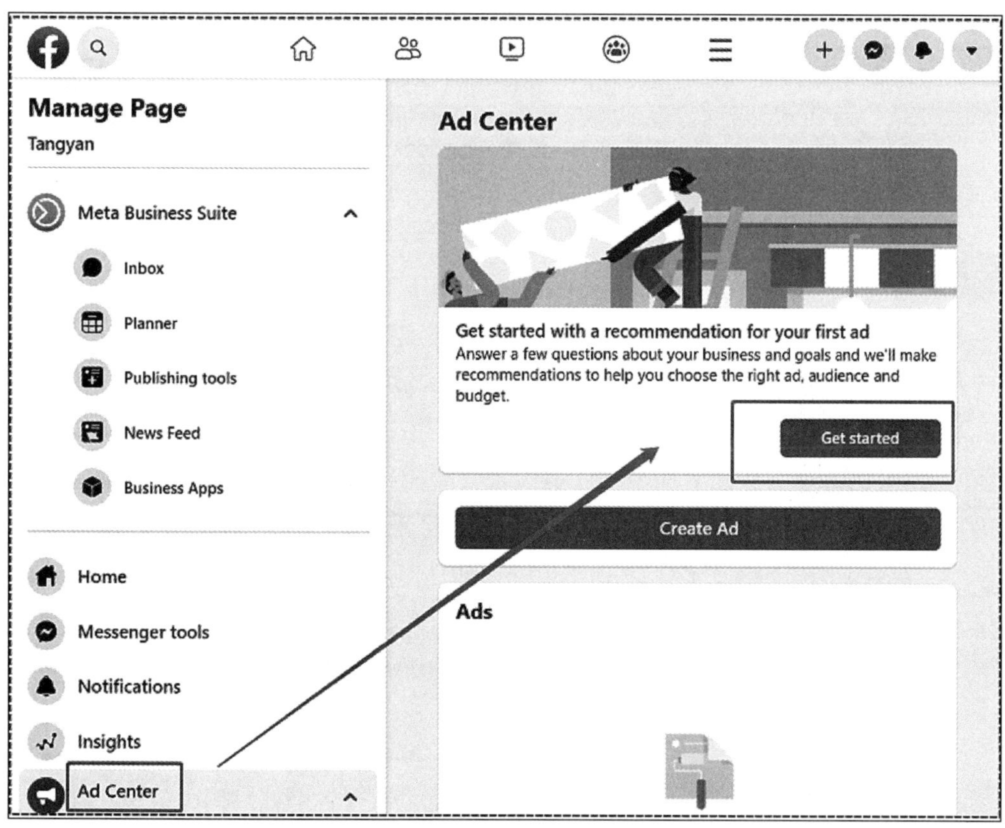

图 5-3-8　创建 Ad

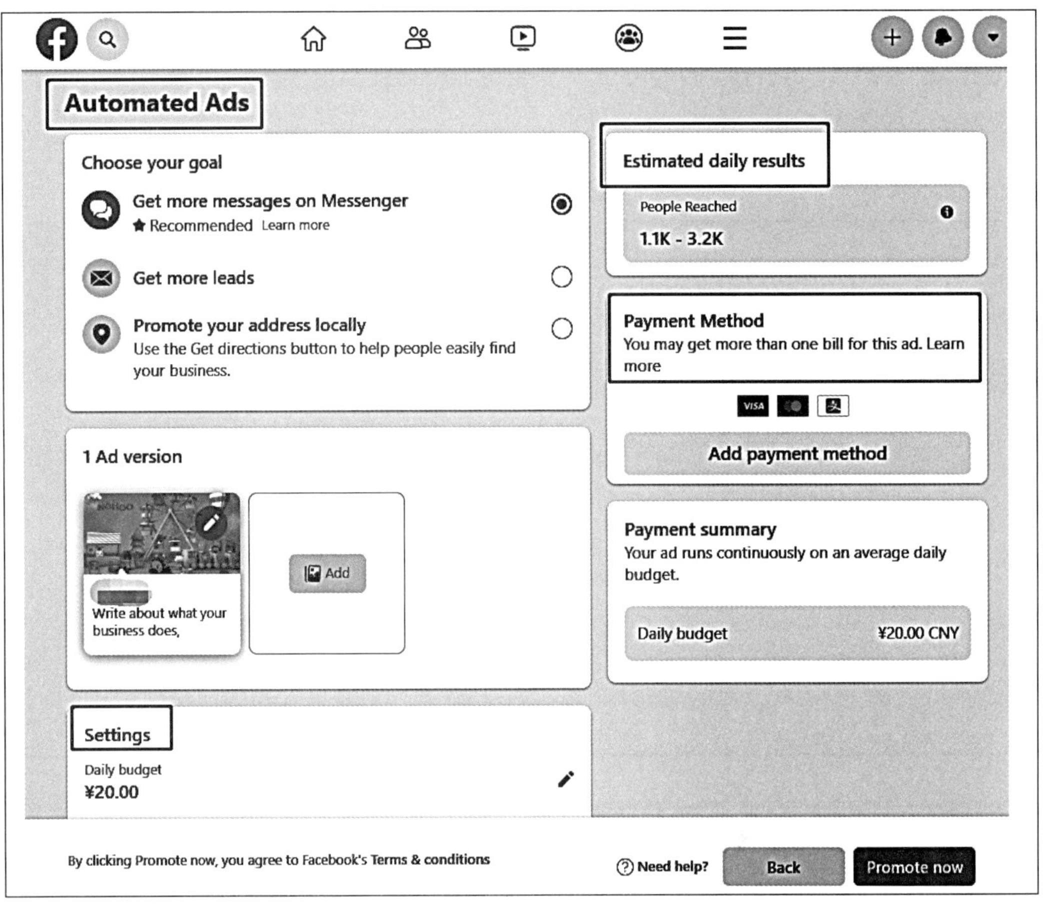

图 5-3-9　设置 Facebook Ads

任务评价

本次任务主要通过理论学习、网络学习和任务实践，使学生掌握海外社交社媒体的推广方式、推广设置，并完成相关任务单（表格）的填写。

本次任务引入跨境电商专员岗位角色，让学生以跨境电商专员角色组建小组（运营团队），根据每个工作任务情境和任务要求开展任务实施，在学习评价中采用过程性评价和结果性评价相结合的方式，从课前、课中、课后多角度评价，从知识能力、职业素养、专业能力三维度评价，发挥学生的主动性。同时开展小组讨论，培养团队协作意识。

一、职业素养评价

职业素养评价表是对任务完成过程中所需的职业规范、组织协作、沟通能力、创新实践四个方面进行评价，对组员的评分由组长完成，对组长的评分由组员集体评定，评价结果填写在表 5-3-5 中。

表 5-3-5　　职业素养评价表

评价项目	评价标准	完全符合（90～100分）	比较符合（70～89分）	基本符合（60～69分）	完全不符合（59分及以下）
①职业规范	按时到岗，具备职业认同感				
	工作过程诚实守信、遵纪守法、吃苦耐劳				
	仪容仪表符合职业规范				
②组织协作	服从组内安排				
	能完成小组分配的任务				
	能主动配合或帮助组员				
③沟通能力	小组讨论时能踊跃发表观点				
	能参与本组任务方案展示的准备或解说				
	能清晰准确地表达自己的观点				
④创新实践	能提出创新性的建议并落实				
	能总结反思并持续改进				
	能在实践活动中发挥个人特长				
合计					

二、任务实施评价

本次任务的专业能力评价表根据本次任务目标和要求填写，评价形式采取线上线下相结合，分为课前、课中、课后三个环节全面评价学生的综合专业能力。评价结果填写在表 5-3-6 中。

表 5-3-6　　专业能力评价表

序号	评价项目	评价标准	评价方式	评价环节	完全符合（90～100分）	比较符合（70～89分）	基本符合（60～69分）	完全不符合（59分及以下）
1	课前任务	数字资源平台 PPT、微课的学习程度	线上	课前				
		学习任务书填写情况						
2	任务一：制定海外社交媒体营销推广方案	对于可能出现的情况是否考虑周全	线上+线下	课中				
		方案制定合理，具有可行性						
		方案有创新、能创造性地解决问题						
		任务全面完成，步骤无遗漏						

续表

序号	评价项目	评价标准	评价方式	评价环节	完全符合（90～100分）	比较符合（70～89分）	基本符合（60～69分）	完全不符合（59分及以下）
3	任务二：注册Facebook平台账号、发帖、创建Ad	Facebook 平台账号注册流程无误	线上+线下	课中				
		准确完成 Facebook 平台发帖操作						
		Facebook Ad 创建过程无误						
		完全按照任务要求填写相关内容						
		任务全面完成，步骤无遗漏						
4	学习成果输出	按时上交任务可视化成果（文档、照片、视频等）	线上+线下	课后				
		入选优秀作业（作品）集						

三、任务综合评价

根据任务权重计算方式填写任务综合评价总表（见表 5-3-7），记录小组任务执行情况，每个小组完成任务的可视化学习成果予以存档。

表 5-3-7　　任务综合评价总表

任务名称						
小组名称	小组成员	职业素养评价（20%）	专业能力评价			总分
			课前学习评价（10%）	课中任务评价（60%）	课后验收评价（10%）	
小组一						
组平均分						
考核记录						

思考和练习

1. 注册一个 Instagram 账号，为店铺的爆款产品“儿童双肩包”（图 5-3-10）进行营销推广，为该产品撰写 4 个标签（hashtag）。

图 5-3-10　产品信息

2. 请根据深圳市征途箱包有限公司童包产品的目标市场特点，为其 SNS 营销推广选择合适的海外社交媒体。

3. 分析 Facebook 的用户特征，请思考在 Facebook 平台如何保持粉丝增长。

任务 4　开展 EDM 营销推广

任务引入

经研究发现，电子邮件在国外应用广泛，海外客户更倾向于使用电子邮件进行沟通，其发展水平高于国内。深圳市征途箱包有限公司跨境电商专员高云团队计划使用电子邮件为店铺做站外引流，同时开拓新客户、维护老客户，进行品牌活动推广。那么，如何开展电子邮件营销呢?

任务分析

在国外和国内，“电子邮件”在人们心目中的地位很不一样。国外几乎任何人都有自己的固定邮箱，每天打开计算机的第一件事就是查收邮件，40% 的人也会通过手机来查看邮件。他们热衷于邮件交流就像我们热衷于 QQ、微信交流一样。所以邮件营销在跨境电商行业具有天然的优势。虽然邮件营销在国外的接受度很高，但跨境电商卖家在邮件内容上需要下足功夫，选择最佳邮件营销工具，设计有效的邮件主题和内容，做好客户关系维护，采用合适的发送频率和制订关联度高的邮件发送计划，只有这样才能使自己的邮件在客户的邮件列表中脱颖而出。

相关知识

电子邮件营销（Email Direct Marketing，EDM），也称为 Email 营销、EDM 营销，是指企业向目标用户发送电子邮件，建立同目标用户的沟通渠道，向其直接传达相关信息，以促进销售的一种营销手段。相对于其他营销方式来说，邮件营销传播速度快，成本低，回报率高，投放精准，同时能与订阅用户保持长期联系，可增加用户黏度，提高用户忠诚度。

一、EDM 营销效果衡量标准

1. 到达率：即电子邮件不被拒收，能够顺利到达目标用户的邮箱的总数与邮件发送总数之比

要提高邮件的到达率，需要得到消费者的事先许可。电子邮箱和电话号码一样，都是消费者的隐私。在跨境电商营销中，如果商家在没有经过事先许可的情况下，把商品促销广告发送到消费者邮箱中，很容易遭到消费者的抵触，也许消费者甚至没打开邮件，就直接将商家屏蔽或列入黑名单。从各国的《反垃圾邮件法》来看，未经许可的这类邮件一般都被定性为垃圾邮件。

在电商行业，这种许可一般都是通过网站注册完成的。很多国外主流电商都会在首页显著位置提醒用户注册，甚至一些电商网站要求用户注册后才能浏览到商品。邮件到达率的计算公式为：

邮件到达率 =（邮件送达总数 ÷ 邮件发送总数）×100%

2. 打开率：即电子邮件到达邮箱后能够被目标用户点击打开的总数与邮件送达总数之比

营销邮件到达目标客户的邮箱，只是迈出成功的第一步。接着就是关键的一步，即让用户能打开 E-mail。这时 E-mail 的标题就起到了很重要的作用。在当前垃圾邮件充斥网络的情况下，很多用户对陌生 E-mail 直接就予以删除。所以设定一个好标题吸引用户点击并阅读邮件内容是一个技术活。邮件打开率的计算公式为：

邮件打开率 =（邮件打开总数 ÷ 邮件送达总数）×100%

3. 转化率：即用户通过邮件来到网站并进行注册或购买的总数与邮件打开总数之比

优化营销邮件的设计和内容是提高转化率的重要方式之一，通过邮件内容让用户转变成为注册会员、能够点击目标网页、主动回复邮件等。跨境电商卖家要根据目标用户的特殊需求和偏好及时调整营销策略。转化率的计算公式为：

转化率 =（因邮件营销增加的用户总数 ÷ 邮件打开总数）×100%

二、跨境电商 EDM 营销实用工具

EDM 营销工具有多种用途，可以设计邮件模板、发送电子广告、产品信息、销售

信息、市场调查、市场推广活动信息等，尤其可以精准投放客户，这是 EDM 营销的利器。以下介绍三款常用的 EDM 营销工具。

1.Mailchimp（https: //mailchimp.com/）

Mailchimp 不仅可以让卖家自行设计邮件模板、群发邮件、管理用户列表、更新 email 邮件列表等，还可以结合网站搜集和管理用户资料。Mailchimp 的注册用户每月可以免费向 2 000 个收件人发送 10 000 封邮件。如果卖家的会员数和月发信量超过了上面的标准，就需要另外付费。不同的价格模块可以使用的功能不同，收件人数量和发送邮件数量也不同。图 5-4-1 所示为 Mailchimp 注册首页。

图 5-4-1　Mailchimp 注册首页

2.Cakemail（https: //www.cakemail.com/）

Cakemail 支持多种语言，可跟踪电子邮件是否已交付，邮件是否被打开，记录打开电子邮件的位置和时间等信息。图 5-4-2 所示为 Cakemail 注册首页。

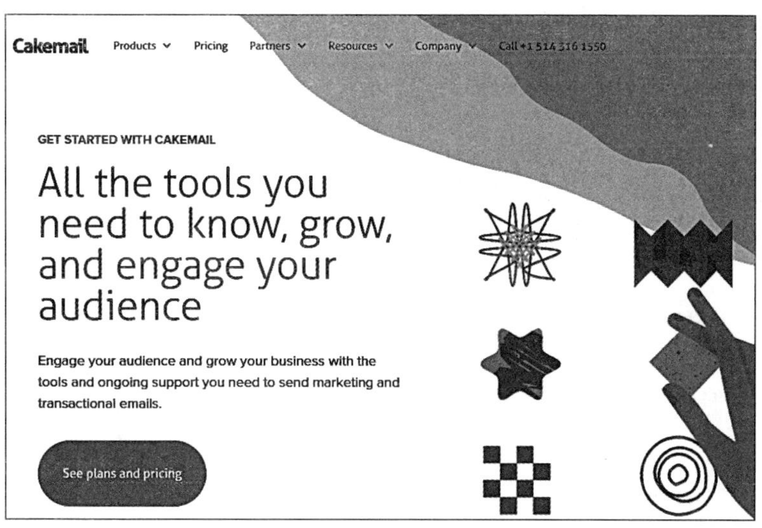

图 5-4-2　Cakemail 注册首页

3.AWeber（https: //www.aweber.com/）

AWeber 为小型企业提供功能强大而简单的电子邮件营销功能，可以自定义电子邮件和登录页面，无须编写任何代码，并提供庞大的电子邮件模板。图 5-4-3 所示为 AWeber 注册首页。

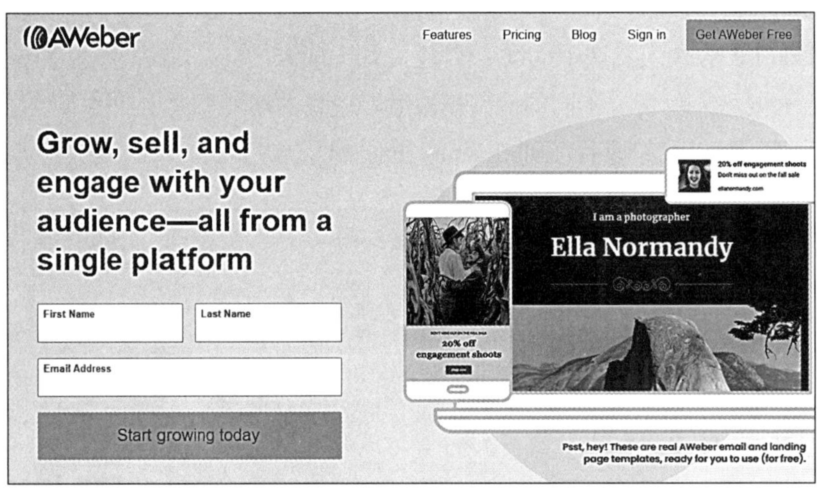

图 5-4-3　AWeber 注册首页

4.Sendinblue（https: //www.sendinblue.com/）

Sendinblue 可以支持智能发送，支持卖家自行设计电子邮件模板，也可以直接从模板库选择，可以根据需要对联系人进行分组，并根据选择的标准（如性别、地理位置、购买历史记录等）定位更小的细分受众群，实现精准营销。图 5-4-4 所示为 Sendinblue 注册首页。

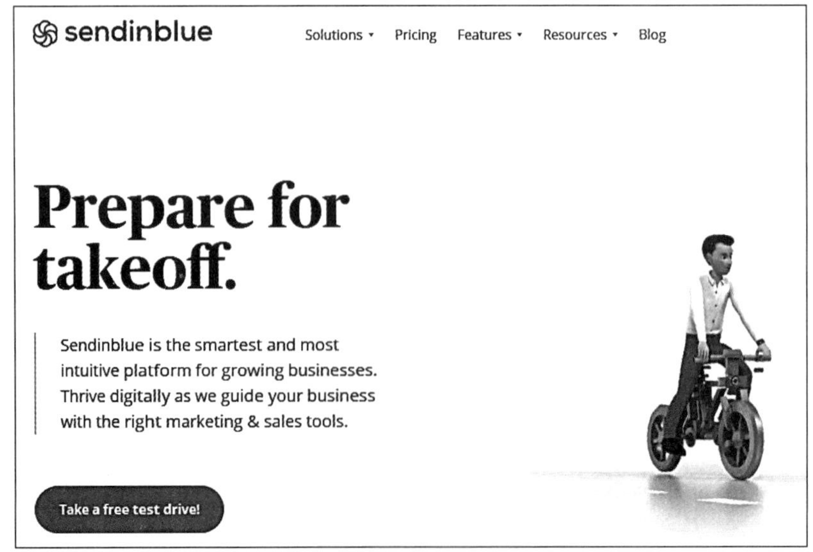

图 5-4-4　Sendinblue 注册首页

三、EDM 营销推广流程

EDM 营销推广流程包括以下几个步骤。

1. 获取客户邮件地址

作为 EDM 营销的第一步，跨境电商卖家要搜集客户的邮件地址。跨境电商网站的订阅用户、网站会员的邮件地址、网站上具有购买记录的邮件地址等都是企业的邮件数据来源，也可采取购买方式获得客户邮件地址。

需要注意的是，即使获得了很多用户的邮件地址，跨境电商卖家也不要滥发邮件，一定要结合产品推广需要找准客户，这样转化率才高，同时也避免造成客户的反感。

2. 制订 EDM 营销活动计划，确定目标

推广活动正式开始前，先确定这次活动的性质。活动性质可以分为长期的、短期的，又可以分为促销、介绍、客户维护等。根据活动性质才能更好地确定邮件主题内容及受众群体。EDM 营销活动计划可以根据不同性质的活动设定相应的目标，比如促销类型的 EDM，就可以将目标定为销量和利润率两方面；如果是提高网站流量的 EDM，就可以从网站的 PV（Page View，页面访问量）和 UV（Unique Visiter，独立访客访问数）方面来设定目标。无论是哪一种活动，邮件本身的参数也是一种考核指标，如邮件送达率、点击率、退信率等。

3. 选择 EDM 营销工具

无论是服务器端或是客户端，EDM 营销都要用到相关软件。客户端可以是 PC 端、手机端，相关的应用程序有很多。服务器端就是邮件服务器，如 Gmail 等。也有群发邮件等客户端，可以为企业进行 EDM 营销节省不少成本。在正式开始发送推广邮件前，先要进行相关测试，特别是邮件模板的测试。商家可以与大型邮件服务商合作进行测试，并根据相关的回复进行修改。

4. 规划邮件标题和内容

（1）邮件标题的设定

邮件标题好不好直接决定邮件打开率，所以邮件标题需要精心设计。邮件标题的设计技巧包括以下几个方面：

1）简短有力。通常人们关注一个标题的时间不会超过 3 秒，所以标题不宜过长。每一个浏览器、电子邮件客户端或移动设备显示标题行字符的数量各不相同，50% 以上的邮件人们都在手机上阅读，因此，标题越简短有力越好，不要超过 50 个字符。

2）要避免全部用大写。外贸邮件的标题要避免全部用大写，否则邮件看起来像垃

圾邮件或病毒邮件。另外，还要控制标点符号的使用，避免过多使用“！”“$”等符号，增加邮件被过滤概率。

3）不要使用敏感词语。在跨境电商 EDM 邮件中，带有敏感词语的标题容易被屏蔽，如 advertisement，casinos，earn a college degree，get out of debt（广告、赌场、获得大学学位、摆脱债务）。不要使用这类容易被当作垃圾邮件的敏感词语做标题。

4）标题要具有吸引力。有吸引力的标题才能引起客户的兴趣，标题中可以融入一些能给客户带来实际利益的信息。例如，强调打折信息的标题：Final hours to get 20% off an online clearance item！（获得 20% 折扣清仓品的最后时刻！）又如，强调热门促销活动的标题：【BLACK FRIDAY】From Just $1.99 & Win Free Xiaomi AI！（[黑色星期五] 仅需 $1.99 即可赢取免费小米 AI！）等。

5）包含核心关键词。关键词在用户搜索邮件时十分有用。因为很多用户在收到邮件时可能不立即处理，而是在收到邮件一段时间后回想起自己曾经收到过一封邮件，其标题中含有自己需要的关键词，进而进行搜索。例如，关键词是 mascara（睫毛膏），其长尾关键词可以是：smudge-proof mascara（防晕染睫毛膏），所以一个关于睫毛膏销售的邮件标题可以打造为：The best smudge-proof mascara，you shall never miss it.（防晕染效果最好的睫毛膏，你绝不能错过！）

（2）邮件营销内容的设定

跨境电商卖家开展 EDM 营销，对邮件主要内容的设计应注意以下事项：

1）邮件内容要图文并茂，即使图片未能自动显示，也有文字吸引眼球。切忌内容为纯图片或者只有链接的邮件，这种邮件被过滤概率非常高。

2）要注意邮件内容贴合主题，营造参与感，富有创意。跨境电商卖家需要结合相关节日、文化、事件等资源开展营销，创建激发用户需求、吸引用户眼球的邮件内容，例如设计具有特点的节日、活动邮件模板等。

图 5-4-5 是由 Thea Jewelry 设计的母亲节活动邮件。Thea Jewelry 以定制珠宝饰品闻名，客户可以自行选择形状、文字、宝石种类等，由 Thea Jewelry 制作成独一无二的饰品。为了宣传母亲节活动，Thea Jewelry 设计了这封手写体的信件，里面色彩缤纷的文字都是 Thea Jewelry 的产品。手写信让客户感受到亲切及温暖，这种良好的感觉也会转移到对商品的热爱上，给商品价值大大加分！

3）要注意邮件内容的布局。一般邮件的头部包含退订链接、查看网页的链接、品牌 LOGO、导航条（促销信息）等，如图 5-4-6 所示。邮件的尾部要加入“服务条款”，以提高客户的信任度；加入“邮件说明”，解释客户收到邮件的原因，以降低客户的反感，如图 5-4-7 所示。

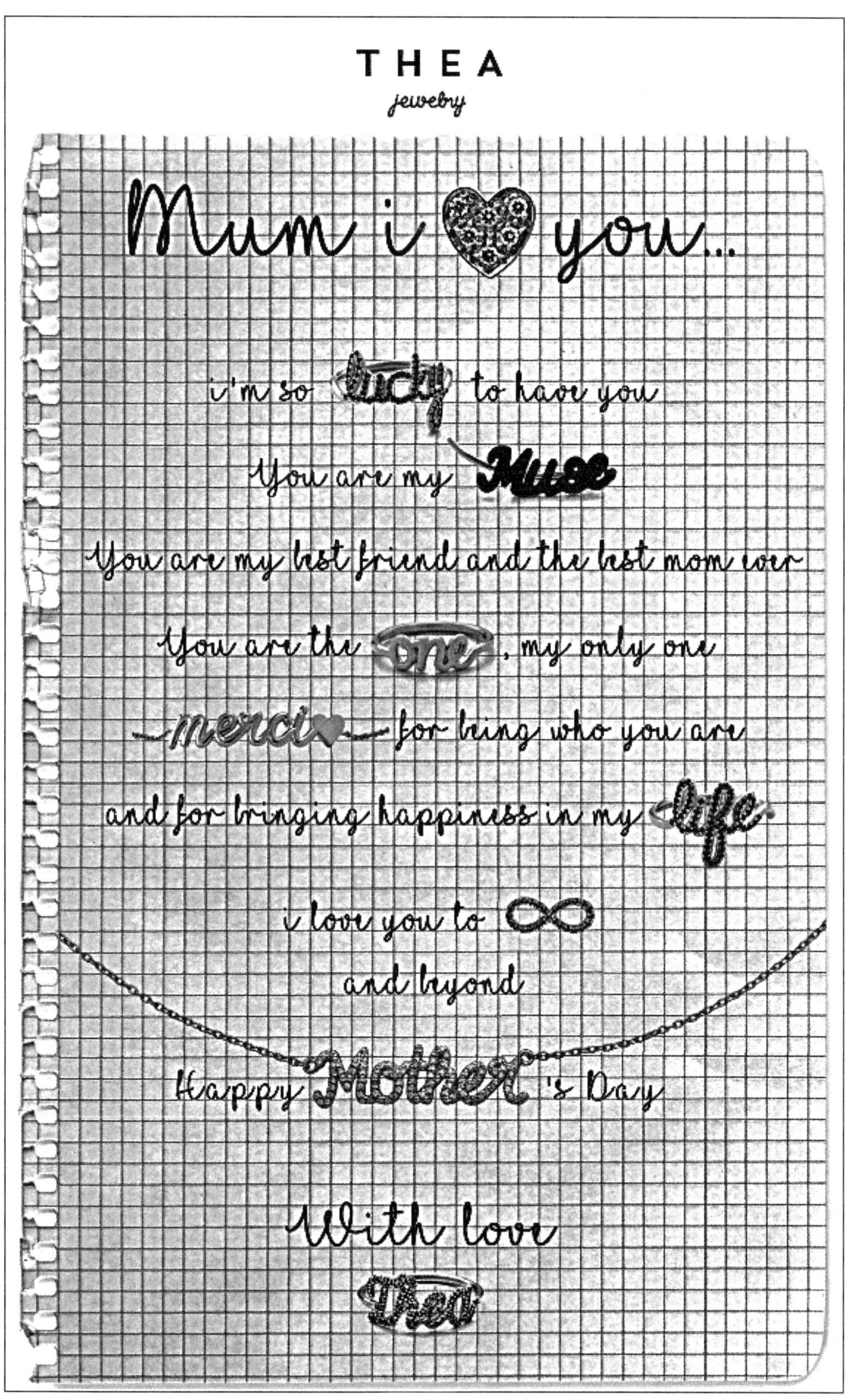

图 5-4-5　Thea Jewelry 的母亲节活动邮件内容设计

图 5-4-6　某企业的邮件头部内容展示

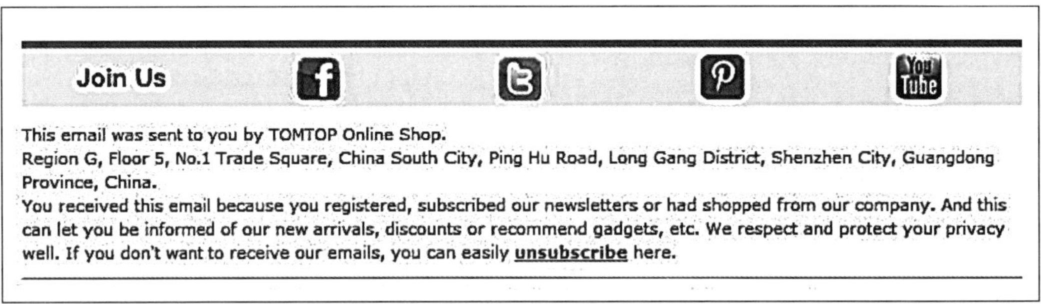

图 5-4-7　某企业邮件尾部内容展示

4）邮件的附件要简洁。如果附件较难打开，则极少会有用户会继续设法去打开，所以邮件的附件要尽量简洁，能使用 TXT 发送的文字信息不要用 DOC 格式发送，能用 JPG 格式展示的图片不要用 PSD 格式。

5. 发送邮件

（1）固定发送和不定期发送

固定发送类的有团购网站、电子杂志月刊（周刊）等。这类公司已有优质的固定客户，所以 EDM 营销效果明显，各项指标数值都很高。只要企业风格及服务质量没有太大的改变，营销效果就不会下降。

不定期发送是要按需发送的。不同的客户有不同的习惯，所以要遵守相关的规则进行发送，使发送的邮件能够最大限度地到达用户手中，实现最大的转化率。不定期发送主要是短期性及独立性的活动，如季节折扣活动等。

（2）发送时间

并不是任何时段都适合发送邮件，只有了解用户的作息时间规律，选择恰当的时间发送邮件才会起到事半功倍的效果。研究表明，1 号是一个月中最适合发送邮件的日子，平均打开率约为 16.4%，紧随其后的是 4 号、11 号和 19 号，也是卖家发送邮件的优选时间。具体到一天中，8：00 和 13：00 是平均打开率和点击率最高的时间段，也就是发送邮件的最佳时间点。

6. 邮件营销效果监测与分析

营销邮件的效果是可监控的，利用各类指标数据来衡量营销邮件的效果，从而了解哪些类型或面向哪个节日的电子邮件营销取得了成功，找到真正需要布局的电子邮件营销重点，以及研究如何改进营销方案。常用指标有邮件退回率、邮件到达率、邮件打开率及邮件转化率等。

任务实施

深圳市征途箱包有限公司跨境电商专员高云团队计划设计 EDM 营销方案来开展站外推广引流活动，开拓新客户，维护老客户，进行店铺品牌活动推广。请结合相关知识和任务要求，完成以下任务。

★任务一：设计 EDM 营销方案

任务目标：为深圳市征途箱包有限公司设计 EDM 营销整体方案，具体要求见表 5-4-1。

表 5-4-1　　EDM 营销方案设计表

方案事项	主要内容
1. 获取客户邮件地址，建立邮件列表数据库	获取客户邮件地址的方式、按客户进行邮件列表分类
2. 分析受众、明确 EDM 营销目标	EDM 营销目标与营销活动一致
3. 选取 EDM 营销平台	EDM 服务商的选择、群发邮件软件的选择
4. 设计邮件标题和内容	设计有吸引力的邮件标题和内容
5. 管理邮件发送过程	发送时间、发送频率、发送数量的选择
6. 监控和分析 EDM 营销效果	确定邮件的退回率、打开率、到达率、转化率

任务工具：PC 端或手机端网络搜索引擎（如百度）。

任务实施：结合相关知识和任务要求，采用网络搜索引擎查找相关信息，撰写 EDM 营销方案，并制作 PPT，按小组进行课堂汇报并提交。

★任务二：开展 EDM 营销推广活动

任务目标： 店铺“Alnaue Store”的夏季童包新品已经上线，刚好临近一年一度的“儿童节”，店铺为了回馈新老客户，进行两款童包新品上新促销。为配合此次“儿童节”打折促销活动，高云团队计划通过电子邮件营销为店铺引流，以提高客单价，具体活动要求见表 5-4-2。请根据活动要求，创建并发布促销活动邮件，开展 EDM 营销活动。

表 5-4-2　“儿童节”促销活动策划

<table>
<tr><td>1. 活动时间</td><td colspan="2">2022 年 5 月 22 日至 6 月 2 日</td></tr>
<tr><td>2. 活动主题</td><td colspan="2">“儿童节”单品折扣促销活动</td></tr>
<tr><td>3. 活动对象</td><td colspan="2">欧美市场买家</td></tr>
<tr><td>4. 活动方式</td><td colspan="2">通过 Mailchimp 群发电子邮件</td></tr>
<tr><td>5. 活动内容</td><td colspan="2">新老客户购买指定两款（A、B 款）童包可获得 8% 折扣（8% off）</td></tr>
<tr><td rowspan="2">6. 活动产品</td><td>A 款</td><td>B 款</td></tr>
<tr><td>Brand：Nohoo
Size：32 cm × 26 cm × 13 cm
Weigh：0.35 kg
Color：blue/ rose
Gender：Boys/ Girls
Material：SBR CR Neoprene
Feature：Waterproof/ Light/ Comfortable
Age：5−8 years old</td><td>Brand：Nohoo
Size：29 cm × 22 cm × 9 cm
Weigh：0.35 kg
Color：Orange/ Red
Gender：Boys/ Girls
Material：SBR CR Neoprene
Feature：Waterproof/ Light/ Comfortable
Age：2−7 years old</td></tr>
</table>

任务工具： PC 端或手机端网络搜索引擎（如百度），Mailchimp 工具（https: //mailchimp.com / ）。

任务实施：

【步骤 1】登录 Mailchimp 网站（https: //Mailchimp.com/ ），注册账号，注册成功后，通过后台创建邮件模板，如图 5-4-8 所示，选择一个合适的邮件模板，如图 5-4-9 所示。

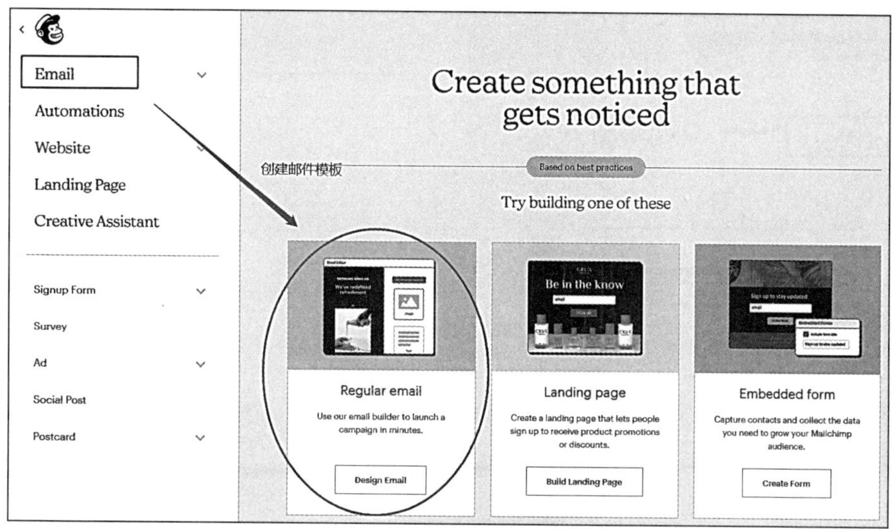

图 5-4-8 使用 Mailchimp 创建邮件模板

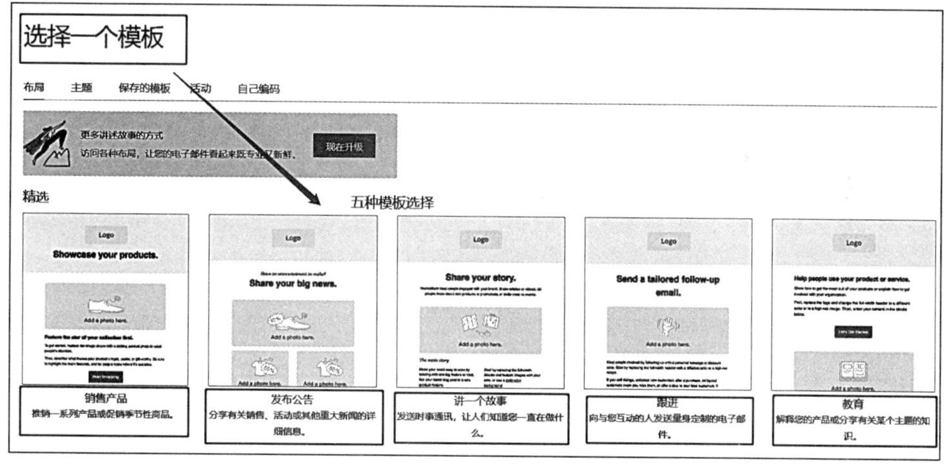

图 5-4-9 选择一个合适的邮件模板

【步骤 2】设计促销活动邮件标题和内容，填写在表 5-4-3 中，并根据要求编辑邮件模板，如图 5-4-10 所示。

表 5-4-3 “儿童节”童包产品促销邮件内容设计

项目	内容
1. 邮件模板风格选择	□销售产品 □发布公告 □讲一个故事 □跟进 □教育
2. 邮件标题文案	
3. 邮件内容文案	
4. 使用的图片描述	
5. 插入店铺链接地址	

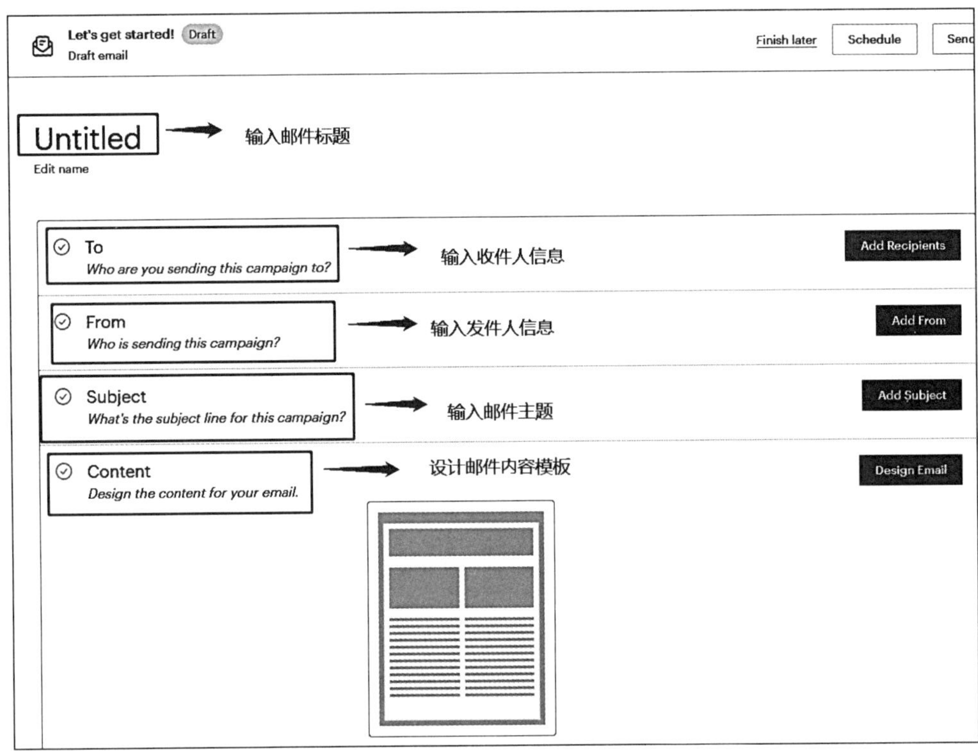

图 5-4-10　编辑邮件内容

【步骤 3】发送邮件，统计及效果分析，并进行复盘总结，完成表 5-4-4 的填写。

表 5-4-4　　　　邮件发送管理及效果指标分析

项目	具体描述
1. 规划发送时间	
2. 规划发送频率	
3. 衡量效果指标	邮件到达率 =（邮件送达总数 ÷ 邮件发送总数）× 100% 邮件打开率 =（邮件打开总数 ÷ 邮件送达总数）× 100% 邮件转化率 =（因邮件营销增加的用户总数 ÷ 邮件打开总数）× 100%
EDM 营销活动复盘： 1. 效果分析 2. 活动改进	

任务评价

本次任务主要通过理论学习、网络学习和任务实践，使学生掌握 EDM 推广方法和操作流程，并完成相关任务单（表格）的填写。

本次任务引入跨境电商专员岗位角色，让学生以跨境电商专员角色组建小组（运营团队），根据每个工作任务情境和任务要求开展任务实施，在学习评价中采用过程性评价和结果性评价相结合的方式，从课前、课中、课后多角度评价，从知识能力、职业素养、专业能力三维度评价，发挥学生的主动性。同时开展小组讨论，培养团队协作意识。

一、职业素养评价

职业素养评价表是对任务完成过程中所需的职业规范、组织协作、沟通能力、创新实践四个方面进行评价，对组员的评分由组长完成，对组长的评分由组员集体评定，评价结果填写在表 5-4-5 中。

表 5-4-5　　　　职业素养评价表

评价项目	评价标准	完全符合（90～100 分）	比较符合（70～89 分）	基本符合（60～69 分）	完全不符合（59 分及以下）
①职业规范	按时到岗，具备职业认同感				
	工作过程诚实守信、遵纪守法、吃苦耐劳				
	仪容仪表符合职业规范				
②组织协作	服从组内安排				
	能完成小组分配的任务				
	能主动配合或帮助组员				
③沟通能力	小组讨论时能踊跃发表观点				
	能参与本组任务方案展示的准备或解说				
	能清晰准确地表达自己的观点				
④创新实践	能提出创新性的建议并落实				
	能总结反思并持续改进				
	能在实践活动中发挥个人特长				
合计					

二、任务实施评价

本次任务的专业能力评价表根据本次任务目标和要求填写，评价形式采取线上线下相结合，分为课前、课中、课后三个环节全面评价学生的综合专业能力。评价结果填写在表 5-4-6 中。

表 5-4-6　　专业能力评价表

<table>
<tr><th>序号</th><th>评价项目</th><th>评价标准</th><th>评价方式</th><th>评价环节</th><th>完全符合（90～100 分）</th><th>比较符合（70～89 分）</th><th>基本符合（60～69 分）</th><th>完全不符合（59 分及以下）</th></tr>
<tr><td rowspan="2">1</td><td rowspan="2">课前任务</td><td>数字资源平台 PPT、微课的学习程度</td><td rowspan="2">线上</td><td rowspan="2">课前</td><td rowspan="2"></td><td rowspan="2"></td><td rowspan="2"></td><td rowspan="2"></td></tr>
<tr><td>学习任务书填写情况</td></tr>
<tr><td rowspan="5">2</td><td rowspan="5">任务一：设计 EDM 营销方案</td><td>方案有创新</td><td rowspan="5">线上+线下</td><td rowspan="5">课中</td><td rowspan="5"></td><td rowspan="5"></td><td rowspan="5"></td><td rowspan="5"></td></tr>
<tr><td>EDM 方案可实际操作</td></tr>
<tr><td>符合法律规定和平台政策</td></tr>
<tr><td>涵盖 EDM 邮件营销方案 6 大要素</td></tr>
<tr><td>任务全面完成，步骤无遗漏</td></tr>
<tr><td rowspan="4">3</td><td rowspan="4">任务二：开展 EDM 营销推广活动</td><td>邮件标题设计具有吸引力</td><td rowspan="4">线上+线下</td><td rowspan="4">课中</td><td rowspan="4"></td><td rowspan="4"></td><td rowspan="4"></td><td rowspan="4"></td></tr>
<tr><td>邮件内容设计符合要求</td></tr>
<tr><td>任务全面完成，步骤无遗漏</td></tr>
<tr><td>符合法律规定和平台政策</td></tr>
<tr><td rowspan="2">4</td><td rowspan="2">学习成果输出</td><td>按时上交任务可视化成果（文档、照片、视频等）</td><td rowspan="2">线上+线下</td><td rowspan="2">课后</td><td rowspan="2"></td><td rowspan="2"></td><td rowspan="2"></td><td rowspan="2"></td></tr>
<tr><td>入选优秀作业（作品）集</td></tr>
</table>

三、任务综合评价

根据任务权重计算方式填写任务综合评价总表（见表 5-4-7），记录小组任务执行情况，每个小组完成任务的可视化学习成果予以存档。

表 5-4-7　　任务综合评价总表

任务名称						
小组名称	小组成员	职业素养评价（20%）	专业能力评价			总分
			课前学习评价（10%）	课中任务评价（60%）	课后验收评价（10%）	
小组一						
组平均分						
考核记录						

思考与练习

1. 如何设计有吸引力的邮件标题？
2. 与其他营销方式相比，EDM 营销的优势表现在哪几个方面？
3. 简述电子邮件营销的推广流程。

项目六 跨境电商客户服务

案例导入

跨境电商之战已经从单纯的“拼价格”上升至“拼服务”，相比实体店经营来说，网店经营缺乏买卖双方面对面的沟通交流，客户服务就成为两者联系的纽带。根据对网上交易活动中客户服务评价的调查统计数据，我们归纳了 18 条、6 个方面的建设性意见，它们可以帮助跨境电商卖家制定增强客户服务的新策略。

优质客户服务的重要性

1. 70% 的客户评价是基于他们如何被卖家对待和服务的评价。

2. 90% 的美国人把客户服务作为决定是否与公司做生意的一个因素。

3. 投资新客户的成本是保留现有消费者的 5 倍到 25 倍。

4. 90% 的消费者认为，当他们遇到客服问题时，“秒回”是非常重要的。60% 的消费者认为“即时”回应的时间是 10 分钟以内。

优质客户服务的力量

5. 73% 的消费者因为友好的客服代表而爱上一个品牌并保持忠诚。

6. 68% 的消费者表示，客服人员是积极客服体验的关键。62% 的人说，这在一定程度上也取决于他们的专业知识或智谋。

7. 消费者愿意为一家拥有出色消费者服务的公司多花 17% 的钱。

8. 77% 的消费者在有过一次正面体验后会向朋友推荐一个品牌。

理想客服渠道

9. 54% 的客户使用电子邮件进行客户服务，使其成为客户服务使用最多的数字渠道。

10. 62% 的客户希望通过电子邮件与公司进行客户服务交流，48% 的人想使用电话，42% 的人想在线聊天，36% 的人用“联系我们”的形式。

11. 与其他自助服务渠道相比，客户更喜欢知识库。

客户面临的挫败感

12. 33%的客户因不得不等待而感到沮丧，33%的人沮丧的原因是不得不重复多次联系客服。

13. 84% 的消费者表示，他们上一次的客户服务体验没有超出预期。

分享客服经验

14. 满意的美国消费者将与大约 11 个人分享他们的愉快经历。

15. 不满意的美国消费者会和大约 15 个人分享他们的负面经历。

客服的商机

16. 80% 的美国消费者对与他们有交流的公司目前提供的客户服务感到满意。

17. 64% 的消费者认为在决定购买一个品牌产品时，客户体验比价格更重要。

18. 仅仅增加 5% 的客户保留率就可以增加 25% 到 95% 的利润。

项目背景

张平通过了深圳市征途箱包有限公司的校招面试，担任的职位是跨境电商客服专员。在客服主管的指导下，张平开始了跨境电商客服岗位的实习之旅。作为跨境电商客服专员，不仅要了解产品信息、公司文化、服务规则等，而且要会综合运用多种海外客户常用的即时通信软件、主流电子邮箱进行沟通交流。此外，还需具备国际化视野，能够根据各国客户特点进行有效沟通，提供针对性的服务，在售前、售中、售后等各个环节服务好客户，维护好与新老客户的关系。通过本项目的学习，要求学生完成以下学习目标。

知识目标

1. 了解跨境电商客服的工作范畴。
2. 掌握翻译工具的使用技巧。
3. 掌握回复客户咨询、催促客户付款的技巧。
4. 熟记第三方平台评价管理规则。
5. 掌握客户评价的类型。
6. 了解纠纷产生的原因和类型。

技能目标

1. 能使用辅助性翻译工具与跨境电商客户进行沟通。
2. 能根据店铺订单情况，设计售前、售中和售后主要问题的沟通模板。
3. 能结合客户需求，完成店铺交易处理操作。

4. 能及时有效地回复客户好评，处理客户的中差评。
5. 能结合平台规则和店铺订单情况，有效处理客户纠纷和投诉。
6. 能针对具体的纠纷问题，提出专业解决方案。

素养目标

1. 培养诚实守信、遵纪守法的职业道德。
2. 培养客户至上的服务意识和精益求精的工匠精神。
3. 培养互联网思维和创新思维。

任务1 熟悉客户服务工作内容

任务引入

张平开始任职深圳市征途箱包有限公司跨境电商客服专员，他认为自己的英语水平很好，沟通能力也不错，可以直接上岗开始工作了，没想到客服主管给他分配的第一个任务是熟悉产品、学习企业文化，并且建议他不要着急，应先安装各种沟通和翻译工具，熟悉跨境电商客服工作内容，并将一些常见的售前、售中和售后问题归类，整理出普遍适用的沟通模板。张平该如何做呢?

任务分析

张平想要从事跨境电商客服工作，首先要对跨境电商客服岗位有整体的认识，要了解外贸企业中跨境电商客服工作的地位及其重要作用。其次，跨境电商客服与国内电商客服有很大的不同，其中最大的不同体现在对从业人员英语及其他语种的语言沟通水平上。作为跨境电商客服人员，要学会利用各种翻译软件来提高工作效率。最后，跨境电商客服人员要树立正确的服务理念，明确工作目标，不断提高工作技能。

相关知识

一、了解跨境电商客服的工作范畴

跨境电商客服属于电子商务客服的一种，是基于互联网的一种客户服务工作。跨境电商客服人员承担着客户咨询（价格、物流）解答、订单受理、商品推广、处理纠纷和投诉等职能，通过各种沟通工具与不同国家和地区的客户直接进行联系。跨境电商客

服人员还是企业的信息传递者，起着承上启下的作用。他们肩负着将客户对商品的建议、对网站平台运营操作的意见等反馈及时传递给公司其他相关部门的重任。

【微课】跨境电商客服工作岗位认知

1. 售前客户咨询回复

跨境电商客服人员要做好客户咨询回复工作，首先要了解客户咨询问题的类型。尤其是B2C平台的跨境电子商务，以速卖通为代表，其平台运营的特点是订单碎片化、小型化、多频次，客户会对卖家的商品或服务提出大量的问题，因此，客服人员主要对商品和服务提供优质的答疑服务。

首先，对商品方面的咨询进行解答，需要客服人员熟悉所售商品信息，包括商品品牌、产地、大小、款式、尺寸和功能等。例如，鞋子的尺码，国际上就有欧洲码（EUR）、美国码（US）、英国码（UK）、日本码（JP）等常见的标法。我国采用毫米数或厘米数来衡量鞋的尺码大小，如240毫米或24厘米。因此，若有美国客户说“I'd like to buy flat shoes at size 8”，跨境电商客服人员应该知道这是指多大的鞋子、客户要的鞋子按境内的尺码换算是多大尺寸等知识。

其次，对服务问题进行解答。由于跨境电商的交易流程、服务内容比境内电商更复杂，跨境电商客服人员还需要回答客户有关商品的运输物流方式、运输时间、通关清关、退换以及安全性等问题。

2. 售后问题处理

售后服务是企业保持或扩大市场份额的重要条件。优质的服务既能够提升商品的价值，又能够带来更多的潜在客户。

由于网上交易客户在下单前不能看到实物，而且货物是跨境销售，因此整个销售过程比国内电商更为复杂，销售完成时间更长。为减少纠纷，客服人员应主动联系客户，结合下单后的流程主动与客户沟通，让客户及时掌握订单最新动态，也让客户感受到卖家的重视，从而提高客户对服务的满意度。

根据下单后的流程，跨境电商的售后服务主要包括以下几个环节：

第一，告知客户物流情况。货物发出后，客服人员可以给客户发邮件，及时告知客户物流情况。

第二，鼓励客户好评与分享。客户对商品正面的评价在电商时代尤为重要，但通常客户是不会主动撰写或分享使用商品的心得的，因此，跨境电商客服的一个重要任务就是邀请客户对商品进行评论，增加商品的好评率。客服人员应在客户收到货物后向客户发邮件，邀请对方到电商平台上对商品做出好评。需要注意的是，邮件发送的频率不宜过高，数量不宜过多，以免引起客户反感，而且请求好评邮件只能跟客户购买的商品有关。客服人员不能向客户有偿索要好评，否则一些跨境电商平台，如亚马逊会对卖家进行处罚。

第三，对客户的不良评价（包括客户差评）及时跟进解释，若出现纠纷，应妥善处理客户纠纷。如果客户对商品做出了一些负面的评论，或有纠纷出现，客服人员应立即跟进，并客观地分析客户的评价，查询客户给予差评的原因，并提出解决方案。

3. 促进销售

由于线上的商品都是通过图片或视频展现的，客户无法直接接触商品、了解商品的真实情况，在购物的过程中会出现各种问题，而优秀的客服人员不仅可以回答客户的提问，还能让客户更好地了解商品，消除客户对商品的疑虑，促成交易。

4. 维护客户关系

跨境电商改变了客户的购买方式，信息变得更加透明，但行业间的竞争也变得更加激烈，企业的推广成本越来越高，这就要求企业在吸引新客户的同时，也要维护好老客户，防止客户流失，并通过各种手段主动维系好客户关系。例如，针对不同国家的客户，在重大节假日可以发一封问候祝福邮件，让顾客感受到店铺的关心与温暖；再如发生订单配送延期时，为避免客户投诉和取消订单，客服人员可以考虑为受影响的客户提供店铺折扣券，供其下次购买时使用，既安慰客户又提高客户回购率。

二、掌握翻译软件的使用

语言是跨境电商客服人员面临的巨大挑战，除了英语之外，其他语种的使用也是不可避免的，这就要求客服人员必须学会运用各种翻译工具。

1. 常用翻译工具

（1）有道词典

“有道词典”是广受欢迎的翻译软件之一，同时具有网页版和移动客户端版。其移动端除了查词、推荐英语文章外，还拥有云图书、单词本等功能，词汇量丰富，例子多，容量大，查询方便。

（2）金山词霸

金山词霸是一款经典的免费词典软件，整合 141 本词典，支持中文与英语、法语、韩语、日语、西班牙语、德语六种语言互译，同时具有浏览器划译、整句翻译、情景例句等功能。

（3）百度翻译

百度翻译支持全球 200 多种语言、近 4 万个翻译方向，满足多语种交流的需求。能够自动识别输入的语言并进行翻译，支持生物医药、电子科技、网络文学、金融等多个领域。同时支持多种格式文档翻译，较高程度保留样式和排版，可双语对照查看，提升文档翻译效率。百度翻译网址为：https: //fanyi.baidu.com/。

（4）CNKI 翻译助手

CNKI 翻译助手是专业翻译网站，能够提供学科领域内较全面、较专业的词汇翻译和（长、短）文本翻译，是专门面向学术领域终端用户打造的中、英双语在线翻译工具。CNKI 翻译助手网址为：https://dict.cnki.net/index。

2. 翻译工具使用技巧

虽然各种翻译工具给跨境电商客服工作中的客户沟通带来了便利，但是机器翻译仍具有很大的局限性，这就需要掌握机器翻译的规律，有技巧地利用这些翻译软件。

（1）避免整段翻译

大部分翻译软件翻译长段落的效果都不理想，译文往往晦涩难懂，无法体现句子的语法特征，甚至不符合正常的逻辑，语病百出。所以，在使用翻译工具时仅翻译简单的词语、短语或短句，或将较长的从句拆分成几个短句表达，避免使用缩写，这样翻译的准确度会更高。

（2）以英语为媒介

从翻译实践来看，欧洲语系之间的翻译准确度会高于与中文之间的翻译准确度，所以在使用翻译工具进行中文和小语种的翻译时，往往偏差较大，有时甚至完全不符合原句的意义。这时不要用中文与其他语种直接翻译，可先将中文翻译成英文，进行适当修改后，再将英文翻译为小语种，准确度将会大大提高，反之亦然。

（3）反复检验

对于重要的信息，如标题、关键词、产品属性等，要进行反复检验，以确保译文准确性。

1）使用多个翻译工具检验。由于翻译词库来源的不同，不同的翻译工具准确度会有所不同。推荐使用网络词库的翻译工具，也就是在线翻译工具。在无法判定哪个翻译工具更准确的时候，可以考虑使用不同的翻译工具去翻译同一句话，然后比较翻译效果。

2）互翻。在翻译之后，将翻译结果重新放到翻译工具的源语言框内，进行反向翻译，以核对翻译的准确度。

3）人工翻译／校正。对于合同等重要文件，最好通过高质量的人工翻译服务获取精准的翻译，以免因翻译不准确而产生纠纷隐患。

三、设计客户服务话术模板

为了提高工作效率，在实际客户服务工作场景中，专业的、有经验的客服人员会将所遇到的客户问题按照售前、售中、售后等不同场景进行归类，整理出统一的回复模板，并在实际工作中具体问题具体分析，做个性化应用。扫描以下二维码可以了解更多客户服务话术设计。

任务实施

跨境电商客服专员张平安装好各种沟通和翻译工具，熟悉了跨境电商客服工作内容，准备将一些常见的售前、售中和售后客服问题归类，整理出普遍适用的沟通模板。请结合本次任务要求和相关知识，完成以下任务：

★任务：撰写客户服务话术模板

跨境电商客服专员张平在公司的速卖通店铺“Alnaue Store”后台查看到一封英国客户在4月8日发来的已下单邮件，邮件内容如下“Hello，dear. I have finished the payment. When can I receive this item? ”相关商品信息如图6-1-1和图6-1-2所示，请根据所学知识撰写回复邮件，告知顾客已发货，并生成客服话术模板。

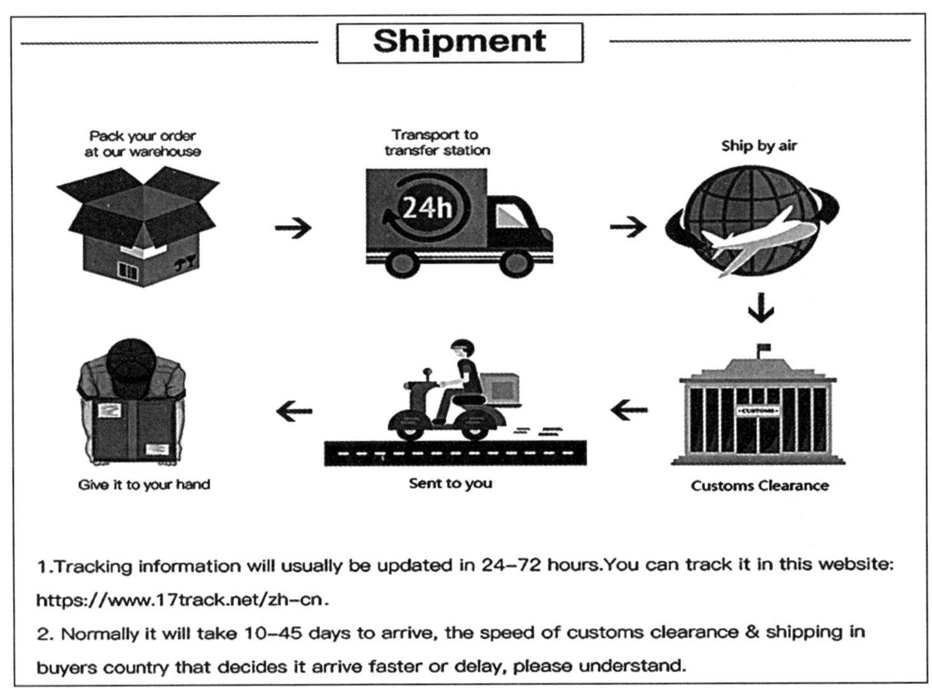

图6-1-1　店铺发货信息

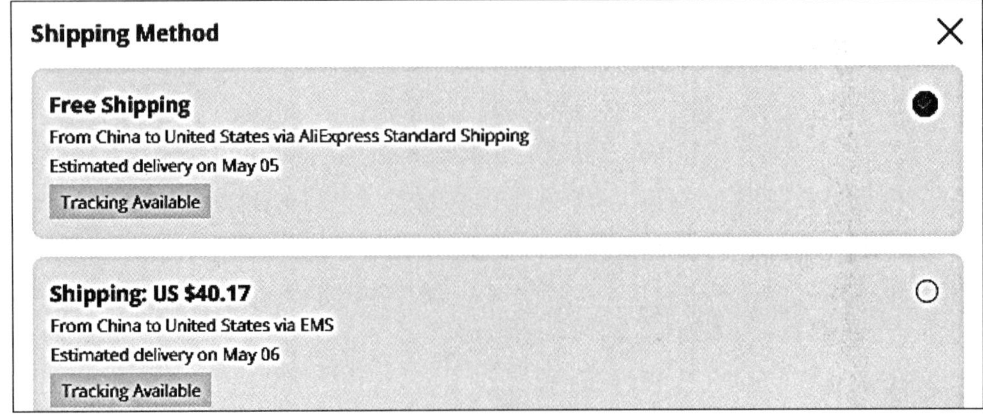

图6-1-2　产品可选发货方式

任务工具：在线翻译工具（百度翻译等）。

任务实施：

【步骤 1】借助百度翻译等工具翻译客户邮件内容，填写在表 6-1-1 中。

表 6-1-1 邮件内容翻译

翻译前： “Hello，dear. I have finished the payment. When can I receive this item?	翻译后：

【步骤 2】借助百度翻译等工具了解该店铺物流信息，包括发货时间、物流方式及时效、物流信息查询网址，完成表 6-1-2 的填写。

表 6-1-2 店铺物流信息

发货时间：	
物流方式及时效：	
物流信息查询网址：	

【步骤 3】撰写客户回复邮件，告知客户发货单号、发货时间、发货方式、物流时效和物流信息查询网址，邮件模板见表 6-1-3。

表 6-1-3 回复邮件模板

Dear ×××, Thank you for your shopping. ×××（告知客户发货单号、发货时间等信息） If you have any further questions, please feel free to contact me. Best regards. Zhang Ping

任务评价

本次任务主要通过理论学习、网络学习和任务实践，使学生知晓跨境电商客服岗位工作范畴、翻译工具使用技巧，并完成相关任务单（表格）的填写。

本次任务引入跨境电商客服专员岗位角色，让学生以跨境电商客服专员角色组建小组（运营团队），根据每个工作任务情境和任务要求开展任务实施，在学习评价中采用过程性评价和结果性评价相结合的方式，从课前、课中、课后多角度评价，从知识能力、职业素养、专业能力三维度评价，发挥学生的主动性。同时开展小组讨论，培养团队协作意识。

一、职业素养评价

职业素养评价表是对任务完成过程中所需的职业规范、组织协作、沟通能力、创新实践四个方面进行评价，对组员的评分由组长完成，对组长的评分由组员集体评定，评价结果填写在表 6-1-4 中。

表 6-1-4　　职业素养评价表

评价项目	评价标准	完全符合（90～100 分）	比较符合（70～89 分）	基本符合（60～69 分）	完全不符合（59 分及以下）
①职业规范	按时到岗，具备职业认同感				
	工作过程诚实守信、遵纪守法、吃苦耐劳				
	仪容仪表符合职业规范				
②组织协作	服从组内安排				
	能完成小组分配的任务				
	能主动配合或帮助组员				
③沟通能力	小组讨论时能踊跃发表观点				
	能参与本组任务方案展示的准备或解说				
	能清晰准确地表达自己的观点				
④创新实践	能提出创新性的建议并落实				
	能总结反思并持续改进				
	能在实践活动中发挥个人特长				
合计					

二、任务实施评价

本次任务的专业能力评价表根据本次任务目标和要求填写，评价形式采取线上线下相结合，分为课前、课中、课后三个环节全面评价学生的综合专业能力。评价结果填写在表 6-1-5 中。

表 6-1-5　　专业能力评价表

序号	评价项目	评价标准	评价方式	评价环节	完全符合（90～100分）	比较符合（70～89分）	基本符合（60～69分）	完全不符合（59分及以下）
1	课前任务	数字资源平台 PPT、微课的学习程度	线上	课前				
		学习任务书填写情况						
2	任务：撰写客户服务话术模板	任务全面完成，步骤无遗漏	线上＋线下	课中				
		邮件格式正确，符合目的国习惯						
		英语表达无明显语法错误，用词准确						
		邮件内容符合公司规定，产品特性描述准确						
		邮件措辞礼貌得体，体现以客户为中心						
3	学习成果输出	按时上交任务可视化成果（文档、照片、视频等）	线上＋线下	课后				
		入选优秀作业（作品）集						

三、任务综合评价

根据任务权重计算方式填写任务综合评价总表（见表 6-1-6），记录小组任务执行情况，每个小组完成任务的可视化学习成果予以存档。

表 6-1-6　　任务综合评价总表

任务名称						
小组名称	小组成员	职业素养评价（20%）	专业能力评价			总分
			课前学习评价（10%）	课中任务评价（60%）	课后验收评价（10%）	
小组一						
组平均分						
考核记录						

思考与练习

请同学们分组讨论跨境电商客服人员、传统外贸销售人员以及国内电商客服人员之间的区别有哪些，完成表 6-1-7 的填写。

表 6-1-7 跨境电商客服人员与传统外贸销售人员、国内电商客服人员的对比

对比项目	跨境电商客服人员	传统外贸销售人员	国内电商人员客服人员
工作场所			
岗位职责			
职业素养要求			
所面向的客户群体			
需具备的技能			

任务 2　客户交易处理

任务引入

一年一度的跨境电商销售旺季到了，深圳市征途箱包有限公司早就做好准备，上架了 30 多种促销商品，商品的排名也比较靠前，并且店铺每日都在爆单，随着订单量暴涨的是卖家后台络绎不绝的客户咨询以及源源不断的待发货订单。作为客服专员，张平所面临的工作任务非常繁杂，不仅要处理客户咨询，还要催促已下单客户尽快付款。

任务分析

跨境电商平台客服的重要岗位职责之一就是处理客户交易订单。一般来说，跨境电商客服人员的日常工作除了店铺的运营维护，还包括售前、售中与客户的沟通，以及售后的跟进与问题处理。本任务就是围绕处理交易订单这一环节下的多种具体场景，包括交易前客户咨询的回复、问题的解答到交易成功后催款、处理发货。

相关知识

一、售前客户咨询回复的原则

客服人员在回复潜在客户的疑问和咨询时，应从专业角度为客户提供关于商品的信息，尽可能解决客户疑问，推荐满足客户需求的商品，以促进销售为目标，并遵守以下原则。

1. 及时回复，礼貌真诚

客户面对成千上万相似商品的选择，需要客服人员答疑解惑，而客服人员的快速及时回复更容易获得客户好感，成为赢取客户订单的关键。由于时差，一般建议回复客户邮件不要超过 24 小时。否则回复不及时，延迟了好几天才回复，客户就有可能会转到其他同类商品的供应商处求购。

回复用语要礼貌真诚，称呼要得体，落款信息要准确。多用一些简单明了的语句，用“我 / 我们”做主语，这样才能让信函读起来充满热情。很多人都有一种误解，以为回复邮件就应该用一种特殊的“生意腔”，于是把本来应该是热情而友好的信函写得呆板而无趣。例如“Your letter has been received”“Your complaint is being looked into”，这些语句读起来感觉是机器的自动回复，让客户觉得冷冰冰的，若改为“I have received your letter”或者“We are looking into your complaint”，就显得很亲切，拉近了卖家与客户的距离。

2. 积极主动，主导沟通

要让客户感受到优质的服务，客服人员应积极主动地回应客户提出的问题，并要主动解决问题，而不是机械地应对客户的咨询，应主动了解客户问题的背后动机。例如，当客户提出“Is there any other colors，like black，not white?”时，如果客服人员只是机械简单地回复“Yes”或“No”，就有可能会失去这个客户。相反，如果客服人员尝试与客户沟通：客户为什么想要黑色，主动了解客户问题背后的原因，则完全可以针对客户需求推荐其他商品供客户选择。

客服人员应主导与客户的对话，主动向客户提供两套以上的解决方案，让客户自行选择。同时，客服人员应多替客户着想，多做一些，让客户安心，如客户在咨询商品信息时可以提醒客户店铺的一些优惠活动等。

3. 实事求是，控制期望值

客服不能为了达到销售目的而进行过度营销，更不能为了暂时敷衍客户的提问而做出过度承诺。客服人员应实事求是，回复的内容应以公司利益为前提，将客户的期望值控制在可兑现的范围内，以免因做出过度承诺而产生纠纷。

二、售前咨询回复的步骤

在回复客户咨询问题时，一般可以分以下四个步骤进行：

第一步，与客户亲切、自然地打招呼表示出你的热情，可以说些简单的问候语，如“Good morning/aftertoon/evening”“Hello dear，what can I do for you?”“Hi，how can I help you?”“May I help you?”等。

第二步，介绍商品时，应主要从商品的工艺制作、外形设计、材质色泽和质量特点等方面进行介绍。例如，客服人员向客户介绍手提包时说“这个手提包制作精巧”，便可以用英语表述为“This handbag is finely made”。再如，介绍款式，可以用 various styles（款式齐全）、elegant shapes（式样优雅）、fashionable patterns（花色时尚）、delicate colors（色泽素雅）等词语。这些词语可以搭配“There are many ... for your selection（有……供您选择）”句型，例如，“There are many elegant styles handbags for your selection.”

介绍商品质量，可以用 excellent quality/high quality（品质优良）、superior quality（质量上乘）、reliable quality（质量可靠）等词语。例如，客服人员可以向客户说：“Our products are of high quality.”

第三步，告知客户付款同时答应尽快发货。客服人员可以将这一步设为回复模板，用来提醒客户尽快下单付款。英语模板为：“Thank you for your patronage. I will send the goods to you once you make the payment.”（感谢您的光临，一旦您付款，我就把货物寄给您。）

第四步，结束语。为了让客户感受到优质的服务，客服人员应在回答完客户的咨询后，写一些简单的结束语，以感谢客户对店铺的光顾。常用的语句有以下几条：

（1）Thank you for your inquiry/coming. Thank you for shopping with us！（感谢您的询价 / 光临，感谢您购买我们好物！）

（2）Hope to see you again!（希望再见到您！）

（3）Hope you will come again next time!（希望您下次再光临！）

一般来说，境外客户在下单前对商品的信息咨询主要集中在颜色、尺码、材质、运费、库存、价格等方面，这就要求客服人员熟悉客户对商品进行咨询的常见问题，并能够熟练、专业地解答相关问题，以提高客户的满意度。具体咨询问题的回复技巧可以扫描以下二维码学习。

三、售中订单跟踪与催付

从客户进店下订单开始，客服人员要对订单状态进行跟踪。订单状态分为等待客户付款、客户已付款、卖家发货、交易成功四个环节，客服人员要及时跟踪客户购买商品的信息，帮助客户完成下单流程。值得强调的是，下单客户未成功付款时，客服人员有必要进行催款。对于客户未付款的原因，客服人员要予以区分，以便采取相应的策略帮助客户完成付款流程。下面将重点介绍客户未付款订单的处理策略。

1. 分析客户未付款的原因

客户在交易过程中，有可能由于各种各样的原因未付款，这时客服人员要具体分析客户未付款的原因，并给出相应的对策来催促客户付款。

（1）登录设备原因导致无法正常下单。部分客户喜欢使用手机客户端进行浏览下单，但由于网络的不稳定性或手机页面显示的问题，其无法正常填写个人信息或因信息填写不完整而导致下单失败。

（2）商品拍下后，无法与卖家及时确认商品细节。由于时差以及对平台的操作熟练程度等，客户拍下商品后若对商品细节有疑惑而无法及时得到客服人员的回应，会导致客户放弃该订单。

（3）商品拍下后，发现运费过高。跨境电商平台中运费的计算取决于国际物流不同渠道的计费方法，客户需要在拍下商品、选择快递后才能显示出具体的运费金额，此时客户有可能因运费过高而放弃支付该商品。

（4）对同类竞争商品再次比较。客户在平台中仍然有货比三家的需求，他们往往会将同类目标商品加入购物车后进行多次比较，最终选择符合自己心理预期的商品。

（5）对卖家信誉产生疑虑。客户可以在平台的客户评论区中查看其他购买者的评价，差评较多的卖家，其信誉会被质疑，进而影响客户的最终付款。

2. 未付款订单的处理策略

发现客户下单后未能及时付款时，客服人员要及时跟进，否则将导致订单因未及时付款而被系统自动取消。针对未付款订单的不同情况，客服人员可采取以下策略。

（1）提醒客户及时付款

对于未付款订单，客服人员可以通过提醒客户是否有商品价格、尺寸等问题，委婉提醒客户付款，并承诺付款后尽快发货。以下是提醒客户及时付款的范文。

> 范文
>
> Dear customer,
>
> I have got your order of ××××××。But it seems that the order is still unpaid. If

there's anything I can help with the price, size, etc, please feel free to contact me. After the payment is confirmed, I will process the order and ship it out as soon as possible. Thanks!

Best regards.

Zhang Ping

（2）提供价格折扣促成客户付款

对于未付款订单，也有可能是客户觉得价格偏高，正在考虑价格更优惠的卖家。这时客服人员可以提出为客户提供折扣，促成客户及时付款。以下是提供价格折扣促成客户付款的范文。

范文

Dear customer,

Thanks for your message. Well, if you buy both of the ×××× items, we can offer you a 10% discount.Once we confirm your payment, we will ship out the items for you in time.

Please feel free to contact us if you have any further questions.

Best regards.

Zhang Ping

（3）修改未付款订单价格后再次催款

如果客服人员在后台修改完订单价格，客户仍未付款，则客服人员可以再次催款。以下是客服人员修改未付款订单价格后再次催促客户付款的范文。

范文

Dear customer,

We've reset the price for you. We have given you a 10% discount on the original shipping price. Since the price we offer is lower than the market price and as you know the shipping cost is really high, our profit margin for this product is very limited. Hope you are happy with it and you are welcome to contact me if there's anything else I can help with.

Best regards.

Zhang Ping

另外，若是客服人员因时差、节假日等造成对客户的咨询回复不及时，可以先表示歉意，再通过优惠运费或促销等方式来赢取客户；如果遇到对商品进行进一步询问的客户，客服人员应耐心回答客户的问题，打动客户以促成最终交易。常用表达有以下几种。

We can say for certain that our price is comparable with any other sellers.（我们可以肯定地说，我们的价格比其他任何卖家的价格都有竞争力。）

We will give your orders preference over others'.（我们将优先处理您的订单。）

Our products have met with the approval of clients all over the world.（我们的产品已经得到了世界各地客户的认可。）

如果客户未付款的原因是对商品细节的疑虑，这时客服人员要耐心解答，必要时配以图片、视频等细节描述，积极说服客户及时付款，促成交易。

客服人员还可以通过激励、刺激等手段，提醒客户早日付款，从而避免错过折扣/优惠期限。若客户的订单商品数量较大，可提醒客户早日付款，以避免商品断货。常用表达如下：

Instant payments are very important. The earlier you pay，the sooner you will get the item.（及时付款非常重要，越早付款就越早收货。）

Please note that there are only 2 days left to get 10% off by making payments with Escrow。（请注意，使用 Escrow 支付有九折的活动只剩下两天了。）

We will ship your order within 24 hours once your payment is confirmed。（一旦您确认付款，我们将在 24 小时内发货。）

任务实施

跨境电商客服专员张平查看了速卖通店铺后台的订单情况，准备处理客户未付款订单。请结合本次任务要求和相关知识，完成以下任务：

★任务：处理客户未付款订单

跨境电商客服专员张平在公司的速卖通店铺“Alnaue Store”后台查看到有一个英国客户于 6 月 1 日下单购买 10 个儿童背包（见图 6-2-1）后仍未付款，请调查客户未付款原因，并针对具体原因给出针对性的解决方案，催促客户尽快付款。

任务工具：在线翻译工具（百度翻译等）。

任务实施：

【步骤 1】撰写站内邮件，主动了解客户未付款原因，填写于表 6-2-1 中。

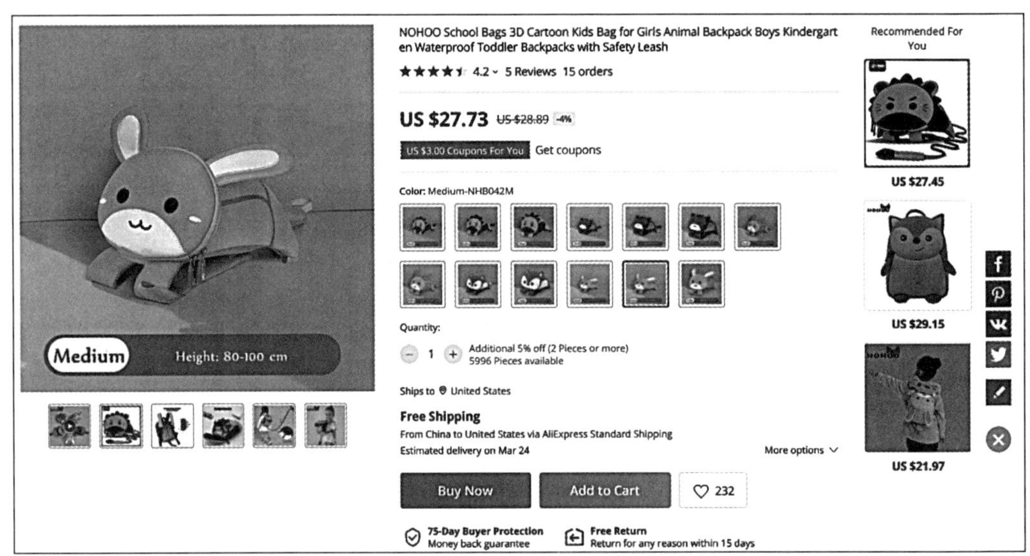

图 6-2-1　儿童背包产品详情页

表 6-2-1　　分析客户未付款原因

1. 撰写邮件询问客户未付款原因	
模板： Hello，friend. Have a nice day! We appreciated your purchase from us. However，we noticed that you haven't made the payment yet. ××××××××××（询问客户未付款原因） Thanks again! Looking forward to hearing from you soon.	
2. 分析客户未付款的原因	
原因 1	
原因 2	
原因 3	

【步骤 2】假设客户未付款原因是：客户看到产品有差评而产生付款困惑。请从店铺信誉（见图 6-2-2）、店铺优势和产品质量的角度，撰写邮件模板 1（见表 6-2-2）发给客户，解决客户购买困惑。

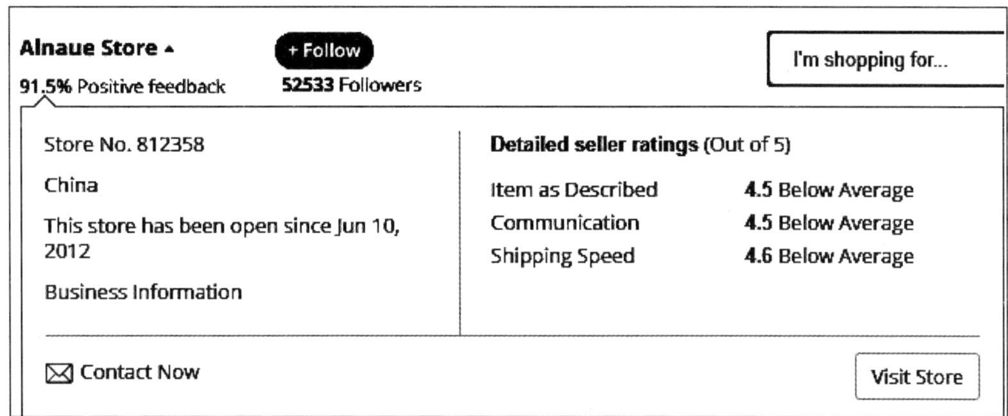

图 6-2-2 店铺信誉

表 6-2-2 未付款订单处理邮件模板 1

Dear friend, Thank you for your reply. ×××××××××××（介绍店铺信誉、店铺优势和产品质量） Thanks again! Looking forward to hearing from you soon.

【步骤 3】该产品目前正在参与“六一”儿童节 8 折大促，活动仅限 3 天。请从价格角度再次撰写站内邮件模板 2（见表 6-2-3），提醒客户早日付款，以免错过折扣 / 优惠期限。

表 6-2-3 未付款订单处理邮件模板 2

Dear friend, Thank you for your order. ×××××××××××（促销活动和付款提醒） Best regards.

任务评价

本次任务主要通过理论学习、网络学习和任务实践，使学生掌握跨境客户订单处理的技巧和操作流程，并完成相关任务单（表格）的填写。

本次任务引入跨境电商客服专员岗位角色，让学生以跨境电商客服专员角色组建小组（运营团队），根据每个工作任务情境和任务要求开展任务实施，在学习评价中采用过程性评价和结果性评价相结合的方式，从课前、课中、课后多角度评价，从知识能力、职业素养、专业能力三维度评价，发挥学生的主动性。同时开展小组讨论，培养团队协作意识。

一、职业素养评价

职业素养评价表是对任务完成过程中所需的职业规范、组织协作、沟通能力、创新实践四个方面进行评价，对组员的评分由组长完成，对组长的评分由组员集体评定，评价结果填写在表 6-2-4 中。

表 6-2-4　　职业素养评价表

评价项目	评价标准	完全符合（90～100 分）	比较符合（70～89 分）	基本符合（60～69 分）	完全不符合（59 分及以下）
①职业规范	按时到岗，具备职业认同感				
	工作过程诚实守信、遵纪守法、吃苦耐劳				
	仪容仪表符合职业规范				
②组织协作	服从组内安排				
	能完成小组分配的任务				
	能主动配合或帮助组员				
③沟通能力	小组讨论时能踊跃发表观点				
	能参与本组任务方案展示的准备或解说				
	能清晰准确地表达自己的观点				
④创新实践	能提出创新性的建议并落实				
	能总结反思并持续改进				
	能在实践活动中发挥个人特长				
合计					

二、任务实施评价

本次任务的专业能力评价表根据本次任务目标和要求填写，评价形式采取线上线下相结合，分为课前、课中、课后三个环节全面评价学生的综合专业能力。评价结果填写在表 6-2-5 中。

表 6-2-5　　专业能力评价表

序号	评价项目	评价标准	评价方式	评价环节	完全符合（90～100分）	比较符合（70～89分）	基本符合（60～69分）	完全不符合（59分及以下）
1	课前任务	数字资源平台 PPT、微课的学习程度	线上	课前				
		学习任务书填写情况						
2	任务：处理客户未付款订单	任务全面完成，步骤无遗漏	线上＋线下	课中				
		邮件格式正确，符合目的国习惯						
		英语表达无明显语法错误，用词准确						
		邮件内容符合公司规定，产品特性描述准确						
		邮件措辞礼貌得体，体现以客户为中心						
3	学习成果输出	按时上交任务可视化成果（文档、照片、视频等）	线上＋线下	课后				
		入选优秀作业（作品）集						

三、任务综合评价

根据任务权重计算方式填写任务综合评价总表（见表 6-2-6），记录小组任务执行情况，每个小组完成任务的可视化学习成果予以存档。

表 6-2-6　　任务综合评价总表

任务名称						
小组名称	小组成员	职业素养评价（20%）	专业能力评价			总分
			课前学习评价（10%）	课中任务评价（60%）	课后验收评价（10%）	
小组一						
组平均分						
考核记录						

思考与练习

在销售旺季，张平所负责的店铺每天都有很多客户前来咨询，但奇怪的是，真正下单的客户却很少，该店铺的订单量一直徘徊在个位数，而且店铺的评分也在不断下降。客服主管觉得不正常，就向张平了解情况。张平表示对客户的邮件回复挺及时，但不知道为什么客户没有继续联系。主管查阅了张平与客户的对话，马上发现问题出在哪里了。

对话 1：

Johanna：Hi, do you have light blue colour of this school bag?

Zhang Ping：Sorry, dear. No.

对话 2：

Bob：The shipping costs too much.Anyway to cut it down?

Zhang Ping：The shipping fees are fixed. I can't do that.

请思考：问题到底出在哪里？回复客户咨询的正确做法是什么？客服人员应如何打消客户的疑虑，减少客源流失，提高店铺的利润？

任务 3　管理交易评价

任务引入

速卖通店铺后台显示，张平跟进的几十个订单完成了。商品被客户签收后，有的客户立刻留下了商品评论，而有的客户则没有留下任何评论。在客户留下的评论中，有好评也有差评。客服主管告诉张平，客户的评价极为重要，要及时提醒客户给予好评；对于留下中差评的客户，更要及时跟进沟通。张平应该怎样做呢？

任务分析

客户在店铺选择商品时，往往会选择查看以往买家的评价，从中了解商品细节，发现问题，将买家评价作为重要的购买参考依据。

跨境电商客服人员应深入掌握店铺商品知识，熟记店铺的评价规则，管理好客户的评价。

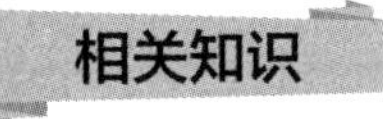

一、速卖通评价规则

1. 评价类别

速卖通平台的评价分为信用评价（Seller Summary）及店铺评分（Detailed Seller Ratings），如图 6-3-1 所示。

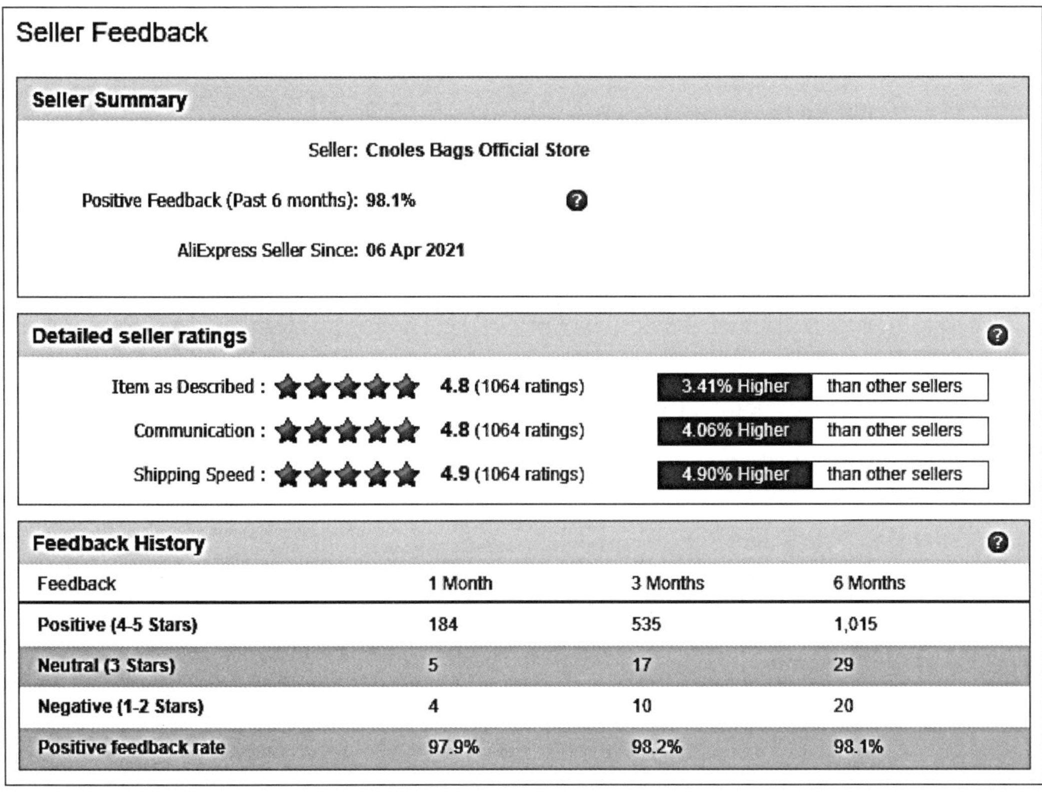

Feedback	1 Month	3 Months	6 Months
Positive (4-5 Stars)	184	535	1,015
Neutral (3 Stars)	5	17	29
Negative (1-2 Stars)	4	10	20
Positive feedback rate	97.9%	98.2%	98.1%

图 6-3-1　信用评价和店铺评分

信用评价包括好评率和评论内容。评论内容包括文字评论和图片评论。

店铺评分是指客户在订单交易结束后以匿名方式对卖家在交易中提供的商品描述的准确性（Item as described）、沟通质量及回应速度（Communication）、物品运送时间合理性（Shipping speed）三方面服务做出的评价，是客户对卖家的单向评分。对信用评价买卖双方均可以进行互评，但卖家分项评分只能由客户对卖家做出。

2. 评价时间规则

对卖家全部发货的订单在交易结束 30 天内买卖双方均可给对方留评。客户对某笔订单留评后，可以在 150 天内进行追评。如果买家支付成功后取消订单，也可在订单结束后的 30 天内留评。

3. 店铺“评价档案体系”

速卖通平台采用“评价档案体系”记录店铺的客户评价。店铺的订单将由系统自动判断计入商家好评率和商品、店铺评分。速卖通店铺的评价档案包括近期评价摘要（包括店铺名、近 6 个月好评率、店铺起始日期）、评价历史（包括过去 1 个月、3 个月、6 个月历史累计的时间跨度内的好评、中评、差评的评价数量和好评率）和评价记录（包括店铺得到的所有评价记录、给出的所有评价记录以及在指定时间段内的指定评价记录）。商家好评率（Positive Feedback Ratings）、商品评分和店铺评分（Feedback Score）的计算如下：

好评率 =6 个月内好评数量 ÷（6 个月内好评数量 +6 个月内差评数量）

差评率 =6 个月内差评数量 ÷（6 个月内好评数量 +6 个月内差评数量）

平均星级 = 所有评价的星级总分 ÷ 评价数量

卖家分项评分中各单项平均评分 = 客户对该分项评分总和 ÷ 评价次数（四舍五入）

须注意，补运费、补差价、赠品类目、定制化商品等特殊商品的评价不计入好评率和商品分数。除以上情况之外的评价，都会正常计算商家好评率、商铺或商品评分。无论订单金额多少，都统一为：四星、五星 +1，三星 0，一星和二星 -1。

4. 店铺评价修改、删除规则

客户或卖家都不可以修改或者删除评价。对于信用评价，买卖双方均可以针对自己收到的差评进行回复解释。速卖通平台有权删除评价内容中包含人身攻击或者其他不恰当言论的评价。若客户信用评价被删除，则对应的卖家分项评分也随之被删除。同时，速卖通平台有权对异常订单对应的评价及销量做不计分、屏蔽、删除等处理。异常订单包括但不限于以下情形：

（1）交易主体被排查为在注册、登录、交易、评价、退款、售后等环节明显异于正常交易的；

（2）存在扰乱速卖通平台或商家经营秩序情形的订单；

（3）其他对终端消费者不具购物决策参考意义的订单。

二、处理售后评价

对跨境电商卖家来说，客户对商品的评价是很重要的销售工具。据市场调研，超过 90% 的客户称他们在付款前会先阅读商品评论；63% 的客户称他们的购买行为会受到好评率和评论的影响。因此，客户的评论既是对卖家商品的认可与证明，也是吸引新客户的重要因素。

1. 提醒好评

客户收到货后给予好评，这对于卖家来说意义重大。这是因为对于潜在客户而言，众多的优质评论为他们提供了购买商品的积极参考，无形中会增加购买的冲动性和保障性。对于已成交客户而言，众多的优质评论会让他们坚信自己的决定是正确的，会提高他们的重复购买率，也有利于提升品牌的信誉度。对于跨境电商卖家而言，提高客户的满意度可以带来额外的交易，不仅影响到商品排序曝光，而且影响到卖家在平台业务中的资源利用。因此，跨境电商客服人员对于客户评价的及时跟进，有助于商品或店铺的长久发展。

但是，许多客户在收到货后没有给予评价的习惯，无论商品是好是坏一律不给予评价。在这种情况下，客服人员可以主动联系客户，委婉提醒客户给予评价，并给客户提供一定的评价指导。比如，客服人员在查询到客户收货后，可以发送留言或邮件咨询客户对货物是否满意。如果客户满意，可请求其给予好评；如果客户有不满意的地方，客服人员应及时给予解释和疏导，树立客户对卖家的信任感。下列范文可供参考。

范文

Dear customer,

Thanks you very much for your support. We are striving to improve ourselves in terms of service, quality, style, etc. If you are satisfied with your purchase and the services provided, please do share your positive feedback, which would be a great encouragement for us. If you have any problems or concerns about purchase, please get in touch with us as soon as possible.Thank you so much.

Best regards.

Zhang ping

如果客户给予了好评，客服人员还要回复一封感谢信，对客户进行答谢，以吸引客户成为回头客。下列范文可供参考。

范文

Dear customer,

Thank you for your positive comment. Your satistaction is our permanent pursuit! We sincerely hope that we'll have more chances to serve you.

Best regards.

Zhang Ping

2. 处理中差评

跨境电商卖家收到客户的中评或差评是常见的现象，客户给予的中评或差评对于卖家起到了督促和警示作用。客服人员应主动了解客户的中差评原因，及时发现并解决商品或服务的问题，同时积极与客户沟通处理，树立客户对商品及卖家的信心。

（1）了解中差评原因

在一般跨境电商交易中，可能引起中差评的原因主要有：商品图片与实物不符、客户期望值过高、商品质量不过关、包装破损、物流速度慢等，如果客服人员不及时与客户沟通，客户的不满就有可能演变成纠纷。因此，无论何种原因导致的中差评，都需要客服人员通过邮件和站内信息等方式向客户解释清楚，并寻求切实可行的办法予以解决。

（2）及时回复中差评

客服人员应及时与客户交流，问清楚客户给予差评的具体原因，及时回复中差评。如果是商品破损、发错货或颜色误差、长时间未收到货等问题，客服人员首先应向客户道歉，求得客户谅解，再向客户详细解释导致问题发生的原因；如果是商品外观问题，有可能是长途运输的损坏或物流刮痕造成的；如果是发错货和客户长时间未收到货等问题，可以和客户协商退货或者退款。客服人员也可委婉表达让客户提供到货图片，方便卖家后续改进，以便给客户带来更好的购物体验等。

有些跨境电商平台是支持卖家和客户协调一致后进行中差评修改的，如亚马逊平台。但是速卖通平台是不支持修改客户评价的，这种情况下，建议卖家尝试在客户评价的基础上回复该差评，进行解释说明，使其他消费者了解该差评的原因，降低其他消费者的顾虑。另外，如果是商品本身问题导致的差评，则要积极优化自身商品，避免同类问题再次发生。

总之，对于客户的中差评，客服人员要耐心对待，尊重客户的意见，在平台规则允许的情况下，尽力主动引导客户修改评价为好评。恳请客户修改中差评的范文如下。

范文

Dear customer,

We are sorry to see that you left negative feedback relating to your recent purchase experience from our store. Please contact us at any time， so we can find out why you were unhappy and resolve your problems. And we will offer you a satisfied solution about that. We hope then you can revise your feedback into a positive feedback for us!

Thank you in advance.

Best wishes.

Zhang Ping

任务实施

跨境电商客服专员张平在后台查看店铺客户评价，及时处理客户差评订单。请结合本次任务要求和相关知识，完成以下任务：

★任务：处理客户差评

任务目标：跨境电商客服专员张平在查看速卖通店铺“Alnaue Store”时，发现店铺内的爆款商品收到了一条差评，差评内容如图 6-3-2 所示。

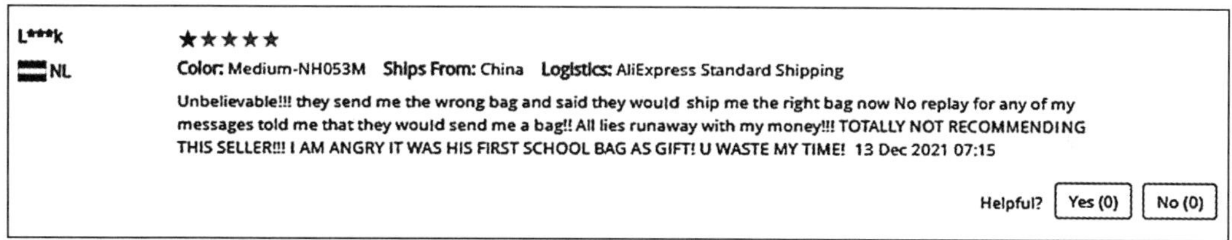

图 6-3-2　收到差评

请分析差评内容，了解客户给差评的原因，并尝试写一封邮件与客户沟通，解决客户的实际问题。

任务工具：在线翻译工具（百度翻译等）。

任务实施：

【步骤 1】利用翻译工具了解客户差评内容，填写表 6-3-1。

表 6-3-1　差评内容翻译

差评英文： Unbelievable!!! They send me the wrong bag and said they would ship me the right bag now. No replay for any of my messages told me that they would send me a bag!! All lies runaway with my money!!! TOTALLY NOT RECOMMENDING THIS SELLER!!! I AM ANGRY IT WAS HIS FIRST SCHOOL BAG AS GIFT! U WASTE MY TIME!	对应中文：

【步骤 2】分析客户给差评的原因，填写在表 6-3-2 中。

表 6-3-2　分析差评原因

原因 1	
原因 2	

【步骤 3】撰写一封邮件，及时回复客户的差评，针对性地解决客户问题。具体模板见表 6-3-3。

表 6-3-3 处理差评的邮件模板

Dear friend,
We are sorry to see that you left negative feedback relating to your recent purchase experience from our store.
××××××（针对原因 1 做出回应）
××××××（针对原因 2 做出回应）
××××××（给出弥补措施）
We hope then you can revise your feedback into a positive feedback for us!
Thank you in advance.
Best wishes.

任务评价

本次任务主要通过理论学习、网络学习和任务实践，使学生掌握跨境客户评价处理的方法和话术，并完成相关任务单（表格）的填写。

本次任务引入跨境电商客服专员岗位角色，让学生以跨境电商客服专员角色组建小组（运营团队），根据每个工作任务情境和任务要求开展任务实施，在学习评价中采用过程性评价和结果性评价相结合的方式，从课前、课中、课后多角度评价，从知识能力、职业素养、专业能力三维度评价，发挥学生的主动性。同时开展小组讨论，培养团队协作意识。

一、职业素养评价

职业素养评价表是对任务完成过程中所需的职业规范、组织协作、沟通能力、创新实践四个方面进行评价，对组员的评分由组长完成，对组长的评分由组员集体评定，评价结果填写在表 6-3-4 中。

表 6-3-4 职业素养评价表

评价项目	评价标准	完全符合（90～100 分）	比较符合（70～89 分）	基本符合（60～69 分）	完全不符合（59 分及以下）
①职业规范	按时到岗，具备职业认同感				
	工作过程诚实守信、遵纪守法、吃苦耐劳				
	仪容仪表符合职业规范				

续表

评价项目	评价标准	完全符合（90～100分）	比较符合（70～89分）	基本符合（60～69分）	完全不符合（59分及以下）
②组织协作	服从组内安排				
	能完成小组分配的任务				
	能主动配合或帮助组员				
③沟通能力	小组讨论时能踊跃发表观点				
	能参与本组任务方案展示的准备或解说				
	能清晰准确地表达自己的观点				
④创新实践	能提出创新性的建议并落实				
	能总结反思并持续改进				
	能在实践活动中发挥个人特长				
合计					

二、任务实施评价

本次任务的专业能力评价表根据本次任务目标和要求填写，评价形式采取线上线下相结合，分为课前、课中、课后三个环节全面评价学生的综合专业能力。评价结果填写在表 6-3-5 中。

表 6-3-5　　专业能力评价表

序号	评价项目	评价标准	评价方式	评价环节	完全符合（90～100分）	比较符合（70～89分）	基本符合（60～69分）	完全不符合（59分及以下）
1	课前任务	数字资源平台 PPT、微课的学习程度	线上	课前				
		学习任务书填写情况						
2	任务：处理客户差评	任务全面完成，步骤无遗漏	线上+线下	课中				
		邮件格式正确，符合目的国习惯						
		英语表达无明显语法错误，用词准确						
		邮件内容能达成任务目标						
		邮件措辞礼貌得体，体现以客户为中心						

续表

序号	评价项目	评价标准	评价方式	评价环节	完全符合（90～100分）	比较符合（70～89分）	基本符合（60～69分）	完全不符合（59分及以下）
3	学习成果输出	按时上交任务可视化成果（文档、照片、视频等）	线上+线下	课后				
		入选优秀作业（作品）集						

三、任务综合评价

根据任务权重计算方式填写任务综合评价总表（见表 6-3-6），记录小组任务执行情况，每个小组完成任务的可视化学习成果予以存档。

表 6-3-6　　任务综合评价总表

任务名称						
小组名称	小组成员	职业素养评价（20%）	专业能力评价			总分
			课前学习评价（10%）	课中任务评价（60%）	课后验收评价（10%）	
小组一						
组平均分						
考核记录						

思考与练习

为了更好地处理差评，客服主管要求张平将自己工作中遇到的客户差评进行归类，总结经验，制定出一份差评处理方案表。请你和小组同学讨论不同问题引起的差评处理方法，并完成表 6-3-7 的填写。

表 6-3-7　　差评处理方案

产生差评的原因	处理方法
质量问题产生的差评	
发货问题产生的差评	
因客户心理造成的差评	

任务 4　处理客户纠纷

任务引入

深圳市征途箱包有限公司的速卖通店铺“Alnaue Store”参加了速卖通平台的大促活动，取得了很好的销售成绩，整个客服团队都为销量直线上升而感到高兴。可是订单货物寄出后，售后问题和纠纷也随着销量的上涨而上升。如果这些纠纷处理不好，不仅会影响公司的长期业绩，而且会对店铺的排名和评分产生很大的负面影响。张平他们应该怎样解决客户纠纷呢?

任务分析

纠纷直接导致客户的购物体验差，让客户对卖家产生质疑，甚至还会间接地影响到客户对平台的信任，造成客户的流失。导致客户纠纷产生的原因有很多，例如在长距离的跨境物流环节中商品存在破损的风险，也会由于突发情况导致物流延迟而影响客户的购物体验，导致客户纠纷增加。如果客户纠纷过多，就会直接影响店铺的服务指标，平台系统会对店铺进行靠后排名处理，导致店铺曝光率下降、订单量减少，损害卖家的利益。所以，及时有效地处理客户纠纷问题是客服人员的一项重要工作。

相关知识

一、纠纷的类型

纠纷，一般指争执不下的事情或者不易解决的问题。速卖通平台交易过程中所产生的纠纷属于交易纠纷，即在交易过程中买卖双方产生了误会或者一方刻意隐瞒，从而无法使交易顺利完成。速卖通平台上导致客户在交易中提起退款申请的纠纷主要有两类，一类是客户未收到货物而产生的纠纷，俗称未收到货；另一类是客户收到货物，但货物与约定不符导致的纠纷，俗称货不对版。

1. 未收到货

平台未收到货的纠纷主要涉及查无物流信息、物流显示已妥投（客户仍投诉未收到货物）、货物在海关被扣、货物在运输途中、货物原件退回、卖家私自更改物流方式以及客户拒签等。

（1）查无物流信息

查无物流信息是指卖家填写的运单号在物流网站查不到跟踪信息。

（2）物流显示已妥投（客户仍投诉未收到货物）

物流显示已妥投（客户仍投诉未收到货物）分为以下两种情况:

1）物流妥投地址与客户下单地址匹配，即物流信息显示已妥投，且物流妥投国家与客户下单地址国家一致，省份、城市、邮编和签收人均一致。

2）物流妥投地址与客户下单地址不匹配，即物流信息显示已妥投，但物流妥投信息与客户下单地址不一致。

（3）货物在海关被扣

货物在海关被扣是指物流信息显示货物在海关，货物由于进口国海关要求而被扣留。海关扣留的原因包括但不限于以下原因：①进口国对进口货物有限制。②客户因关税过高不愿清关。③订单货物属于假货、仿货、违禁品。④货物申报价值与实际价值不符。⑤卖家无法出具进口国需要的相关文件。⑥客户无法出具进口国需要的相关文件。

（4）货物在运输途中

货物在运输途中是指包裹在物流公司官方网站的物流跟踪信息介于"收寄"和货物"妥投"之间的情形，包括但不限于以下几种情形:离开中国、发往某地、到达某某邮局、未妥投。

（5）货物原件退回

货物原件退回是指物流有跟踪信息，且跟踪信息显示货物被退回。

（6）卖家私自更改物流方式

卖家私自更改物流方式是指未经客户允许，卖家使用与客户下单时选择的不同物流方式发货。

（7）客户拒签

客户拒签即客户拒绝签收包裹。客户拒签包括有理由拒签和无理由拒签。有理由拒签是指当货物递送至客户（包括客户代表）时，客户发现货物存在肉眼可见的货物损坏或与订单不符的情况，如货物破损、短装、质量问题等情况，客户当场拒绝签收。无理由拒签，即货物递送到客户（包括客户代表）时，客户无任何理由拒绝签收。

2. 货不对版

货不对版是指客户收到货物但货物与约定不符，包括货物与描述不符、质量问题、销售假货、货物短装、货物破损、赠品问题纠纷等。

（1）货物与描述不符

货物与描述不符是指客户收到的货物与卖家在网站相应的产品详情页面的描述存在颜色、尺寸、商品包装、品牌、款式／型号等方面的差距。

1）颜色不符，是指所收到货物的颜色与商品描述（图片和文字描述）不符。

2）尺寸不符，是指所收到货物的尺寸与商品描述不符。

3）商品包装不符，是指所收到货物的内包装与描述不符（如无包装、包装不符、包装破损和有污渍）。商品包装是指商品本身所有的包装，邮局、卖家使用的外包装除外。

4）品牌不符，是指所收到货物的品牌与描述不符。

5）型号／款式不符，是指所收到货物的型号／款式与商品描述（图片和文字描述）不符。型号／款式是指产品的规格和大小等。

（2）质量问题

质量问题是指客户所收到的货物出现品质、使用方面的问题，如电子设备无法工作、商品的质地差等。

（3）销售假货

客户收到货物后因货物为侵权假冒商品或涉嫌侵权假冒商品而提起退款。

（4）货物短装

货物短装是指客户所收到货物的数量少于订单上约定的数量。

（5）货物破损

货物破损是指客户所收到的货物存在不同程度的外包装（限产品自身包装，如手机产品的外包装，邮局、卖家使用的外包装除外），或者产品本身有损坏的情况。

（6）赠品问题纠纷

赠品问题纠纷是指卖家没有按照约定寄送赠品而导致的纠纷。

二、平台客户纠纷处理流程

在速卖通平台，买卖双方对交易纠纷没有达成共识时，他们中的任何一方都可以向速卖通平台提交纠纷申请，邀请速卖通平台方作为第三方处理纠纷。客户纠纷处理基本流程如图 6-4-1 所示。

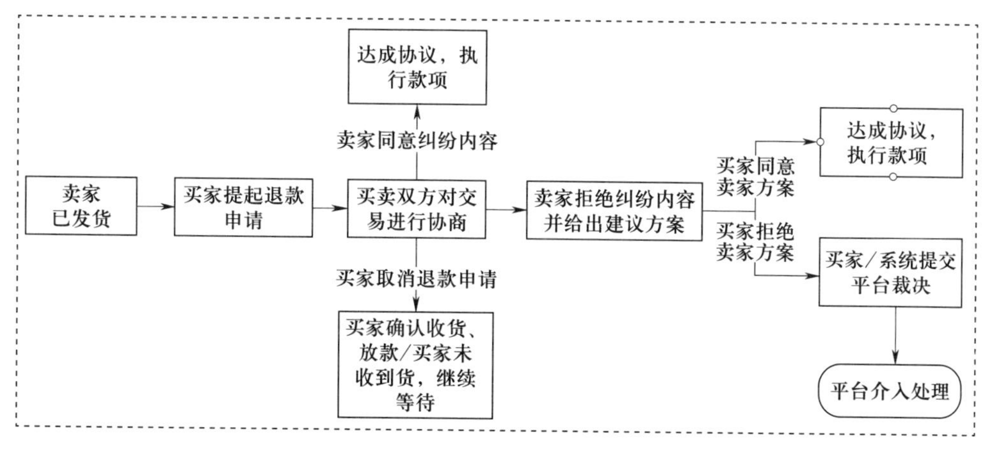

图 6-4-1　客户纠纷处理基本流程

注意：如果买卖双方达成退款协议且买家同意退货的，买家应在达成退款协议后 10 天内完成退货发货并填写发货通知。通常速卖通平台将按以下情形处理：

（1）买家未在 10 天内填写发货通知，则结束退款流程并交易完成；

（2）买家在 10 天内填写发货通知且卖家 30 天内确认收货，速卖通根据退款协议执行；

（3）买家在 10 天内填写发货通知，30 天内卖家未确认收货且卖家未提出纠纷的，速卖通根据退款协议执行；

（4）在买家退货并填写退货信息后的 30 天内，若卖家未收到退货或收到的货物货不对版，卖家也可以提交到速卖通平台进行纠纷裁决。

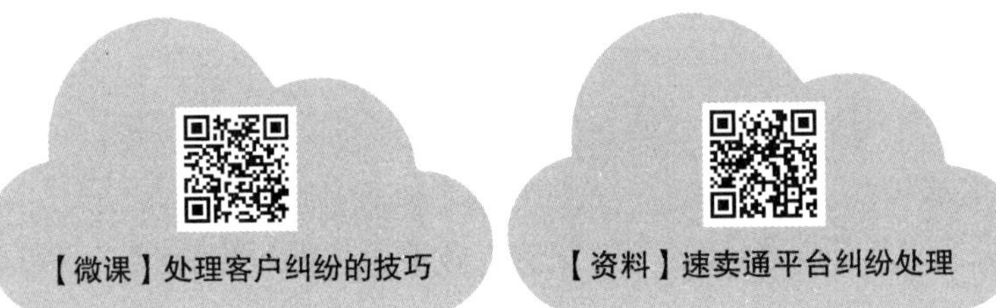

三、商品纠纷处理技巧

客服人员遇到客户投诉纠纷时，要及时主动地与客户沟通，在处理纠纷问题时，应坚持客户第一的原则，站在客户的角度考虑纠纷问题的解决办法。在平时工作中，应以减少纠纷发生为目标，尽量避免纠纷的产生。下面以商品纠纷处理为例介绍纠纷处理技巧。

商品纠纷是一种常见的售后纠纷，主要包括质量问题、商品缺货断货、货物破损等。发生纠纷后，客服人员首先要弄清纠纷原因，再根据纠纷原因收集证据、核实详情，最后判定是拒绝纠纷申请还是接受纠纷申请。

1. 了解缘由，收集证据

客服人员若收到客户发来的投诉，要第一时间回复客户，询问引起纠纷的缘由，并要求客户提供证据。下列范文可供参考。

> 范文
>
> Dear customer,
>
> We are so sorry to hear from your dispute messages. Could you tell us what the problem is the product? In line with our company policy, we need some clear photos or video to process your complaint.
>
> Please send them to us ASAP, so that we would be able to resolve it sooner. Thank you for your time.
>
> Best regards!
>
> Zhang Ping

2. 确认问题

在客户提供了相关证据后，如照片或视频，客服人员应仔细核实客户所投诉的问题。如果是商品没有达到客户期望值，而不是商品本身质量问题，那么客服人员应在邮件中陈述相关事实并列举支持自己观点的证据或商品截图，如商品描述里的信息。下列范文可供参考。

范文 Dear customer, Thanks for your pictures. After reviewing the pictures, we found that it is under our specifications not the flaw. The slight difference is allowed, which is also the same as our listing pictures. We are sorry that you don't like it. In order to show our apologies, would we give you some discounts or gifts in you next order? Best regards! Zhang Ping

如果客服人员检查后，发现确是商品质量问题，那么就要询问客户是要求退款还是要求重新发货，具体可以参考以下范文。

范文 Dear customer, Thanks for your pictures. We are sorry that this is our quality issue. Would you like to refund or new replacement? If you accept the above solution, could you please cancel the dispute? This gives us hugely damages to our shop. Please kindly advise so that we can move forward. Best regards. Zhang Ping

如果客户要求客服人员重新发货，可以参考以下范文进行回复。

范文 Dear customer, Thanks for your pictures. We are sorry that this is our quality issue. Ok, we will send you a new one for replacement tomorrow. Best regards. Zhang Ping

如果商品质量方面出现的问题不大，且不影响使用，只是外观方面有些问题，若直接让客户申请退货寄回，运费方面就显得有些高了。所以，一般的做法是给客户退回一些金额作为补偿，如 2～3 美元，让客户觉得得到额外的补偿，让不满意的购物体验转化为满意的购物体验。具体的回复内容可以参考以下范文。

范文

Dear customer,

The photos were received with thanks. Sorry that we failed to check out the product and we would pay more attention on this part. Anyway, as it is a minor problem, can you accept $3 for compensating it? Or, could you just accept this time and we would like to provide a bigger discount for your next time coming? Due to the rising shipping cost, the cases only have minimum margin profit.So sorry for the trouble. Please feel free to let us have your comments.

Best regards.

Zhang Ping

3. 退换货

如果客户提出想退货或换货，若卖家同意，客服人员应在邮件中给予提示如何退换货，并提供退货地址。当然，一定要提醒客户退换的货物是不能影响二次销售的，客服人员可以在邮件中加一句“退回的货物应保持完好无损”，即“Returned goods must remain intact and in perfect condition”，以保护卖家的权益。

任务实施

跨境电商客服专员张平准备处理客户退款纠纷，请结合本次任务要求和相关知识，完成以下任务：

★任务：处理客户退款纠纷

任务目标： 英国客户在速卖通店铺“Alnaue Store”下单购买了一个儿童背包，16 天后客户顺利收到了包裹，但他所收到的儿童背包外观却存在明显的破损和划痕，由于该背包是客户送给儿子的生日礼物，对于背包外观的磨损，客户不能接受，向速卖通平台提起了退款申请，请运用所学知识处理此退款纠纷。

任务工具： 在线翻译工具（百度翻译等）。

任务实施：

【步骤 1】第一时间回复客户，询问具体的商品问题及投诉原因，并要求客户提供照片或视频等证据。撰写该邮件，具体见表 6-4-1。

表 6-4-1　　“询问客户投诉原因”话术模板

Dear customer,
××××××××××（询问具体商品问题及投诉原因）
Best regards!

【步骤 2】在客户提供了背包外观磨损的照片后，客服人员要向客户解释产生此问题的原因是长距离跨境运输造成的商品磨损。考虑到退货成本，询问客户是否愿意接受该商品，店铺可以给予 20% 的降价折扣作为补偿。撰写该邮件，具体见表 6-4-2。

表 6-4-2　　“处理客户纠纷”话术模板

Dear customer,
Thanks for your pictures.
××××××××××（解释原因）
××××××××××（给予 20% 的降价折扣作为补偿，征求客户意见）
Best regards!

【步骤 3】客户坚持退款，并表示可以将商品退回给卖家。请撰写站内邮件，并在邮件中给予提示：如何退款退货，并提供退货地址。具体见表 6-4-3。

表 6-4-3　　“退款退货”话术模板

Dear customer,
Thank you for your reply.
××××××××××（同意退款）
××××××××××（提供退货地址以及其他退款注意事项）
Best regards!

任务评价

本次任务主要通过理论学习、网络学习和任务实践，使学生掌握跨境客户纠纷处理的方法和操作流程，并完成相关任务单（表格）的填写。

本次任务引入跨境电商客服专员岗位角色，让学生以跨境电商客服专员角色组建小组（运营团队），根据每个工作任务情境和任务要求开展任务实施，在学习评价中采用过程性评价和结果性评价相结合的方式，从课前、课中、课后多角度评价，从知识能力、职业素养、专业能力三维度评价，发挥学生的主动性。同时开展小组讨论，培养团队协作意识。

一、职业素养评价

职业素养评价表是对任务完成过程中所需的职业规范、组织协作、沟通能力、创新实践四个方面进行评价，对组员的评分由组长完成，对组长的评分由组员集体评定，评价结果填写在表 6-4-4 中。

表 6-4-4　　职业素养评价表

评价项目	评价标准	完全符合（90～100 分）	比较符合（70～89 分）	基本符合（60～69 分）	完全不符合（59 分及以下）
①职业规范	按时到岗，具备职业认同感				
	工作过程诚实守信、遵纪守法、吃苦耐劳				
	仪容仪表符合职业规范				
②组织协作	服从组内安排				
	能完成小组分配的任务				
	能主动配合或帮助组员				
③沟通能力	小组讨论时能踊跃发表观点				
	能参与本组任务方案展示的准备或解说				
	能清晰准确地表达自己的观点				
④创新实践	能提出创新性的建议并落实				
	能总结反思并持续改进				
	能在实践活动中发挥个人特长				
合计					

二、任务实施评价

本次任务的专业能力评价表根据本次任务目标和要求填写，评价形式采取线上线下相结合，分为课前、课中、课后三个环节全面评价学生的综合专业能力。评价结果填写在表 6-4-5 中。

表 6-4-5　　专业能力评价表

序号	评价项目	评价标准	评价方式	评价环节	完全符合（90～100 分）	比较符合（70～89 分）	基本符合（60～69 分）	完全不符合（59 分及以下）
1	课前任务	数字资源平台 PPT、微课的学习程度	线上	课前				
		学习任务书填写情况						

续表

序号	评价项目	评价标准	评价方式	评价环节	完全符合（90～100分）	比较符合（70～89分）	基本符合（60～69分）	完全不符合（59分及以下）
2	任务：处理客户退款纠纷	任务全面完成，步骤无遗漏	线上+线下	课中				
		邮件格式正确，符合目的国习惯						
		英语表达无明显语法错误，用词准确						
		能撰写话术模板准确询问客户投诉原因						
		能撰写话术模板有效处理客户纠纷						
		邮件措辞礼貌得体，体现以客户为中心						
3	学习成果输出	按时上交任务可视化成果（文档、照片、视频等）	线上+线下	课后				
		入选优秀作业（作品）集						

三、任务综合评价

根据任务权重计算方式填写任务综合评价总表（见表 6-4-6），记录小组任务执行情况，每个小组完成任务的可视化学习成果予以存档。

表 6-4-6　　任务综合评价总表

任务名称						
小组名称	小组成员	职业素养评价（20%）	专业能力评价			总分
			课前学习评价（10%）	课中任务评价（60%）	课后验收评价（10%）	
小组一						
组平均分						
考核记录						

思考与练习

为了更好地处理客户纠纷，客服主管要求张平将两种纠纷类型及其表现进行归类，总结经验，制定一份处理纠纷方案。请你和小组同学讨论不同类型纠纷如何处理，帮助张平完成表 6-4-7、表 6-4-8 的填写。

表 6-4-7　未收到货类纠纷表现及解决方法

未收到货类纠纷	卖家举证	处理原则	建议
查无物流信息			
物流显示已妥投（物流妥投地址与客户下单地址一致）			
物流显示已妥投（物流妥投地址与客户下单地址不一致）			
物流显示货物未妥投（货物在海关被扣）			
物流显示货物未妥投（货物在运输途中）			
物流显示货物原件退回			
卖家私自更改物流方式			
客户拒签			

表 6-4-8　货不对版类纠纷表现及解决方法

货不对版类纠纷	卖家举证	处理原则	建议
货物与描述不符			
质量问题			
销售假货			
货物短装			
货物破损			
赠品问题纠纷			

参考文献

【1】速卖通大学．跨境电商：阿里巴巴速卖通宝典 [M]. 北京：电子工业出版社，2015.

【2】陈秀梅，冯克江．跨境电商客户服务 [M]. 北京：人民邮电出版社，2020.

【3】肖旭．跨境电商实务 [M]. 北京：中国人民大学出版社，2020.

【4】王婧．跨境电商营销（微课版）[M]. 北京：中国人民大学出版社，2021.

【5】全球速卖通．全球速卖通平台规则（卖家规则）[EB/OL].[2022-11-21] https://www.aliexpress.com/campaign/sellerrulepage/hmw4emi2ka?wh_weex=true&tag=1&hideHeader=true&spm=5261.8113035.102.1.43217c27zJdEjl#basic 全球速卖通平台规则（2020 版）.

【6】中华人民共和国商务部．中国电子商务报告（2021）[EB/OL].[2022-11-16]. http://www.mofcom.gov.cn/article/zwgk/gkb.